솔리디티 프로그래밍
완벽 가이드

솔리디티 프로그래밍
완벽 가이드

지은이 조대환

펴낸이 박찬규 엮은이 최용 디자인 북누리 표지디자인 Arowa & Arowana

펴낸곳 위키북스 전화 031-955-3658, 3659 팩스 031-955-3660
주소 경기도 파주시 문발로 115, 311호 (파주출판도시, 세종출판벤처타운)

가격 32,000 페이지 488 책규격 188 x 240mm

초판 발행 2022년 08월 10일
ISBN 979-11-5839-343-4 (93000)

등록번호 제406-2006-000036호 등록일자 2006년 05월 19일
홈페이지 wikibook.co.kr 전자우편 wikibook@wikibook.co.kr

솔리디티 프로그래밍
완벽 가이드

Solidity 기초 문법부터 디앱 개발과 배포까지,
한 권으로 깨부수기

조대환 지음

위키북스

비트코인, 블록체인, NFT, 스마트 컨트랙트와 같은 단어를 한 번쯤 접한 적이 있을 것입니다. 비교적 최근에 나온 개념이라 각 단어가 많이 생소하고 혼란스러웠을 텐데요. 예를 들어 비트코인과 블록체인은 엄연히 다른 개념임에도 불구하고 이 두 개념을 동일시하는 실수를 많이 합니다.

《솔리디티 프로그래밍 완벽 가이드》는 개발 경험은 없지만 블록체인에 관심이 있는 분, Web3.0에 관심이 있는 Web2.0 개발자분 모두 쉽게 볼 수 있도록 만들어진 책입니다. 이 책에서는 블록체인과 블록체인에서 작동하는 프로그램 스마트 컨트랙트의 개념을 먼저 알아볼 것입니다. 그러고 나서 스마트 컨트랙트를 구현하도록 설계된 프로그래밍 언어 솔리디티를 중점적으로 다룰 것입니다.

솔리디티는 비교적 최근에 나온 언어이며, 지속적으로 버전이 업그레이드되고 있습니다. 이로 인해 여러 버전이 존재하며, 각 버전마다 코드 작성법이 달라집니다. 솔리디티는 타 프로그래밍 언어와 다르게 각 버전의 코드 문법을 알아 두는 것이 좋습니다.

솔리디티로 작성된 스마트 컨트랙트는 블록체인에 배포되며, 그 스마트 컨트랙트는 변경이 불가능합니다. 즉 배포된 스마트 컨트랙트는 최신 버전으로 코드를 변경할 수 없습니다. 또한 여러 버전의 솔리디티로 작성된 스마트 컨트랙트가 블록체인에 존재합니다.

게다가 많은 신생 프로젝트는 이미 검증되고 유명한 프로젝트의 코드를 그대로 포킹(forking)을 하기도 하며, 또는 기존에 배포된 타 프로젝트의 스마트 컨트랙트와 상호작용을 하기도 합니다. 따라서 각 버전별로 솔리디티 문법을 알아 두는 것이 좋습니다. 이 책에서는 옛날 버전과 최신 버전을 포함하고 있어 솔리디티 문법을 배우기에 유용합니다.

또한 솔리디티의 주요 개념을 현실에서 흔히 접할 수 있는 예시로 보여줘서 프로그래밍 경험이 없어도 누구나 쉽게 솔리디티 문법을 배울 수 있습니다. 나아가 이 책은 다양한 예제를 통해 코드의 작동 원리를 쉽게 파악할 수 있습니다. 아울러 책의 각 장마다 개념체크와 연습문제가 있으므로 배운 내용을 정리 및 응용할 수 있습니다.

03장

가시성 지정자와 함수

05장

매핑, 배열, 구조체

10장

메타마스크를 활용한 배포

01

블록체인,
스마트 컨트랙트와
솔리디티

블록체인과 암호화폐를 동일하게 생각하는 사람이 있다. 그러나 블록체인과 암호화폐는 엄연히 다른 개념이다. 블록체인은 분산형 데이터 저장 기술이며, 암호화폐는 블록체인의 부산물이다. 즉, 암호화폐가 송금될 때마다 블록체인 기술이 적용되어 모든 송금내역이 블록에 저장된다.

분산형 데이터 저장 기술인 블록체인 자체만으로는 실용성이 떨어질 수 있으나, 이더리움의 스마트 컨트랙트 개념을 블록체인에 도입하면서 블록체인의 실용성이 크게 향상됐다. 이러한 스마트 컨트랙트를 개발할 때 쓰이는 프로그래밍 언어가 바로 이 책의 주제인 솔리디티다.

이 장에서 배우는 내용:

- 블록체인의 구조와 특징
- 스마트 컨트랙트의 목적, 특징, 작동 방식, 장단점
- 솔리디티 언어 소개
- 가스와 이더

1.1 블록체인이란

블록체인은 분산형 네트워크 기반의 데이터 저장 기술이다. 따라서 네트워크에 참여한 모든 노드는 동일한 데이터베이스를 갖고 있다. 이러한 특성으로 인해 블록체인에 존재하는 데이터는 쉽게 위변조할 수 없다. 하나의 노드가 악의적으로 자신의 데이터를 변경하더라도, 다른 노드의 데이터는 변경되지 않으므로 고의로 변조된 데이터는 수용되지 않는다.

1.1.1 블록체인 구조

블록체인을 쉽게 이해하려면 '블록체인(blockchain)'이라는 단어의 의미를 파악하는 것이 좋다. 영어사전에 따르면, 블록은 사각형 덩어리이며 체인은 연속으로 이어진 띠다. 즉, 블록체인은 다음 그림과 같이 사각형 덩어리들이 끊임없이 이어진 것을 나타낸다.

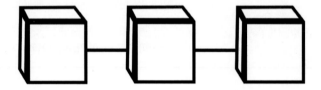

그림 1.1 블록체인 구조

각 블록에는 정보를 저장한다. 대표적인 예로 암호화폐의 거래 내역이 있다. 그림 1.2의 블록에는 앨리스(Alice)가 밥(Bob)에게 0.5 이더(Ether)를 보낸 기록과 함께 여러 송금 내역이 담겨 있으며, 블록에 기록된 정보는 누구든 쉽게 접근이 가능하다. 이더는 이더리움 프로토콜의 주 암호화폐다.

그림 1.2 저장된 데이터가 있는 블록의 내부

1.1.2 블록체인 특징

블록체인은 불변성, 탈중앙화, 합의 알고리즘이라는 두드러지는 3가지 특징이 있다. 이 3가지 특징은 블록체인의 보안성을 높이고, 더 나아가 블록체인이 기존 중앙화 시스템과 다른 혁신적인 기술임을 나타낸다.

01. 불변성

앞에서 살펴봤듯이 블록에 들어간 정보는 쉽게 위변조가 불가능하다. 모든 노드는 동일한 데이터를 갖고 있으며, 해커 입장에서 보면 이 모든 노드의 데이터를 변경하는 것이 쉽지 않다. 그러므로 블록체인은 불변성이라는 강력한 보안적 특징을 갖고 있다. 이러한 특성은 블록체인 개발자도 예외가 아니다. 즉, 어느 누구든 블록에 들어간 정보를 쉽게 변경하는 것은 불가능하다.

02. 탈중앙화

탈중앙화 시스템은 모든 정보가 공유된 상태다. 탈중앙화 시스템을 쉽게 이해하려면 중앙화 시스템을 먼저 알아야 한다. 기존의 중앙화 시스템은 한 개인이나 단체, 국가가 모든 데이터를 통제한다. 예를 들어 구글은 회원정보를 자체적으로 관리한다. 이러한 중앙화 시스템은 여러 가지 보안적 위험성을 가지고 있다.

- 데이터가 저장된 서버가 망가지면 백업 서버에 의존하거나, 심각하게는 데이터를 손실할 수 있다.
- 해커가 악의적으로 해킹하여 서버에 있는 데이터를 변경할 수 있다.
- 내부 직원이 시스템에 저장된 회원들의 민감한 데이터를 팔 수 있다.

이와 반대로 탈중앙화 시스템은 모든 노드가 똑같은 정보를 갖고 있으므로 중앙화 시스템의 문제점을 해소할 수 있다.

- 블록체인을 갖고 있는 대부분 노드가 망가진다고 해도 하나의 노드가 살아있는 이상 블록체인에 저장된 데이터를 공유할 수 있다.
- 해커가 악의적으로 하나의 노드가 갖고 있는 데이터를 변경한다고 해도 다른 노드들은 변조되지 않은 데이터를 갖고 있으므로 변조된 데이터가 무시된다.
- 회원의 민감한 데이터가 아닌 지갑 주소로 개개인을 식별하므로 개인 정보 유출 위험을 해소할 수 있다.

03. 합의 알고리즘

합의 알고리즘은 다수의 노드가 다수결에 의거해 블록의 타당성을 검증한 후 블록을 블록체인 네트워크에 수용한다. 새로운 블록이 생성되는 시기는 블록체인 네트워크마다 다르다. 대표적인 예로, 이더리움 블록체인 네트워크에서는 평균 12~14초마다 새로운 블록이 생성된다. 블록이 생성될 때마다 합의 알고리즘을 통해 블록을 수용한다. 합의 알고리즘에 참여한 노드, 즉 마이너(Miner)는 기여도에 따라서 이더를 보상받는다. 대표적인 합의 알고리즘은 작업 증명(Proof of Work)과 지분 증명(Proof of Stake) 방식이다.

- **작업 증명**

  각 블록은 고유한 해시값을 가지고 있다. 작업 증명은 새롭게 생성될 블록의 고유한 해시값을 찾는 마이닝 과정부터 시작한다. 노드가 새로운 블록을 찾으면 여러 노드의 검증과 합의를 통해 블록을 수용한다. 즉, 연산 능력이 좋을수록 다음 블록을 찾을 확률이 높아진다. 또한, 마이닝 과정에 기여한 보상의 양이 커진다.

- **지분 증명**

  지분 증명 방식의 마이닝 과정은 노드의 지분에 따라 결정된다. 노드의 지분은 코인의 양을 뜻한다. 많은 양의 코인을 분산형 네트워크에 묶어 두는 노드가 새로운 블록을 찾고 검증하는 데 유리하다. 즉, 부유한 노드일수록 채굴 보상을 받을 확률이 높아진다.

1.2 이더리움과 스마트 컨트랙트

1.2.1 이더리움

이더리움 창시자 비탈릭 부테린(Vitalik Buterin)은 비트코인이 블록체인을 완벽히 활용하지 않는다고 생각해, 2013년 비트코인 커뮤니티에 이더리움 프로토콜과 스마트 컨트랙트(Smart contract)의 개념을 최초로 제안했다. 2015년 7월 30일 이더리움이 세상에 나왔다. 기존의 비트코인이 오로지 결제 시스템에만 목적을 두었다면 이더리움은 결제, 계약을 통해 다양한 분야에 블록체인을 확장할 수 있도록 개발됐다.

1.2.2 스마트 컨트랙트

스마트 컨트랙트는 이더리움의 핵심 기능이며 블록체인 기술을 실용적으로 여러 분야에 적용할 수 있도록 만들어준 전환점이 되었다. 스마트 컨트랙트 전후로 블록체인은 블록체인 1.0과 2.0으로 구분 지을 만큼 스마트 컨트랙트의 개념은 혁신적이다. 블록체인 1.0은 주로 비트코인과 같은 암호화폐의 거래 내역을 저장하는 데 목적을 두었다면, 블록체인 2.0은 암호화폐의 거래내역 저장과 자동화 계약 시스템, 즉 스마트 컨트랙트를 통해 계약당사자 간의 신뢰를 강조한다.

스마트 컨트랙트의 특징, 작동 방식, 장단점은 다음과 같다.

스마트 컨트랙트의 특징

스마트 컨트랙트는 기존에 활용하던 서면 계약서가 코드로 구현돼, 블록체인에서 작동하는 디지털화된 계약서다. 일반적으로 부동산 계약을 할 때 계약당사자를 완전히 신뢰할 수 없으므로 중개인을 통해 계약의 안전성을 높인다. 그러나 이러한 과정으로 인해 계약당사자는 중개인에게 수수료를 지불해야 한다.

반면에 스마트 컨트랙트는 중개인의 필요성을 해소시켜주며 계약당사자간의 신뢰성을 높인다. 스마트 컨트랙트에 명시된 금액이 입금되면 스마트 컨트랙트는 그 금액을 부동산 판매자에게 전송하고 부동산의 소유권을 부동산 구매자에게 보낸다. 즉 스마트 컨트랙트에 정의된 코드가 계약을 이행하므로 중개인에게 수수료를 지불할 필요가 없어진다. 결론적으로 블록체인에 돈과 직결된 암호화폐의 거래내역과 스마트 컨트랙트의 정보가 투명하게 저장되므로 스마트 컨트랙트를 통해 계약을 안전하게 할 수 있다.

스마트 컨트랙트의 작동 방식

스마트 컨트랙트의 작동 방식은 동전 교환기와 닮은 점이 많다. 동전 교환기에 지폐를 넣으면 동전으로 반환한다. 이와 같이 스마트 컨트랙트는 미리 사전에 정의된 계약 조건에 부합하면 계약을 자동으로 이행한다. 동전 교환기를 스마트 컨트랙트로 구현하면 지폐를 받는 것이 계약 조건이 되며 동전을 반환하는 것은 계약을 이행하는 것이다.

스마트 컨트랙트를 구현하려면 세 가지 필수 요소가 있다. 첫 번째는 스마트 컨트랙트에 구체적인 조건이 프로그래밍적 언어로 올바르게 구현돼 있어야 한다. 만약 스마트 컨트랙트에 프로그래밍적인 오류가 존재한다면 스마트 컨트랙트는 계약을 이행하기 힘들 것이다.

두 번째는 둘 이상의 계약 당사자이다. 계약 당사자는 디지털 서명을 통해 스마트 컨트랙트에 명시된 계약을 동의한다. 마지막으로 계약을 증명하는 대상이 필요하다. 이는 블록체인의 노드가 계약을 증명하는 역할을 할 수 있다. 즉 노드는 합의 알고리즘을 통해 스마트 컨트랙트를 블록에 저장한다.

스마트 컨트랙트의 장단점

스마트 컨트랙트를 활용하는데 몇 가지 장점과 단점이 수반된다. 먼저 장점은 보안성, 신뢰성, 비용 절감에 있다. 기존의 서면 계약서는 분실하거나 소실될 가능성이 있다. 그러나 스마트 컨트랙트는 암호화돼서 블록체인에 저장이 되므로 분실 또는 해킹의 위험성에서 벗어날 수 있다.

계약 조건이 부합하다면 스마트 컨트랙트가 자동으로 계약을 이행하므로 신뢰성이 높다. 즉 기존의 계약 방식은 중개인을 통해 신뢰성을 높였지만 스마트 컨트랙트는 구현된 코드에 의해서 계약을 체결하므로 중개인 없이 신뢰성 있는 계약을 체결할 수 있다. 또한 중개인 없이 계약을 체결하므로 중개인에게 지불할 수수료를 절감할 수 있다.

스마트 컨트랙트가 구현된 코드에 의해서 계약을 체결한다는 점은 신뢰성이 높지만, 구현된 코드가 완벽하지 않고 버그가 존재한다면 스마트 컨트랙트의 신뢰성은 존재하지 않을 것이다. 스마트 컨트랙트는 최근에 개발된 기술이므로 법적, 제도적 장치가 완벽히 마련되지 않은 상태이므로 실생활에서 적용하는 데 문제가 있을 수 있다.

1.2.3 이더와 가스

가스

블록체인에 정보를 저장하려면 가스 비용은 항상 발생한다. 스마트 컨트랙트의 길이와 정의된 명령 코드(Operation code)에 따라서 소비되는 가스의 양이 책정된다. 그림 1.3의 이더리움 황서(Yellow paper)는 각 명령 코드 대한 가스 소비량을 보여준다. 정해진 가스의 소비량은 가스의 제한량을 나타낸다.

Name	Value	Description
G_{zero}	0	Nothing paid for operations of the set W_{zero}.
$G_{jumpdest}$	1	Amount of gas to pay for a JUMPDEST operation.
G_{base}	2	Amount of gas to pay for operations of the set W_{base}.
$G_{verylow}$	3	Amount of gas to pay for operations of the set $W_{verylow}$.
G_{low}	5	Amount of gas to pay for operations of the set W_{low}.
G_{mid}	8	Amount of gas to pay for operations of the set W_{mid}.
G_{high}	10	Amount of gas to pay for operations of the set W_{high}.
$G_{warmaccess}$	100	Cost of a warm account or storage access.
$G_{coldaccountaccess}$	2600	Cost of a cold account access.
$G_{coldsload}$	2100	Cost of a cold storage access.
G_{sset}	20000	Paid for an SSTORE operation when the storage value is set to non-zero from zero.
G_{sreset}	2900	Paid for an SSTORE operation when the storage value's zeroness remains unchanged or is set to zero.
R_{sclear}	15000	Refund given (added into refund counter) when the storage value is set to zero from non-zero.
$R_{selfdestruct}$	24000	Refund given (added into refund counter) for self-destructing an account.
$G_{selfdestruct}$	5000	Amount of gas to pay for a SELFDESTRUCT operation.
G_{create}	32000	Paid for a CREATE operation.
$G_{codedeposit}$	200	Paid per byte for a CREATE operation to succeed in placing code into state.
$G_{callvalue}$	9000	Paid for a non-zero value transfer as part of the CALL operation.
$G_{callstipend}$	2300	A stipend for the called contract subtracted from $G_{callvalue}$ for a non-zero value transfer.
$G_{newaccount}$	25000	Paid for a CALL or SELFDESTRUCT operation which creates an account.
G_{exp}	10	Partial payment for an EXP operation.
$G_{expbyte}$	50	Partial payment when multiplied by the number of bytes in the exponent for the EXP operation.
G_{memory}	3	Paid for every additional word when expanding memory.
$G_{txcreate}$	32000	Paid by all contract-creating transactions after the *Homestead* transition.
$G_{txdatazero}$	4	Paid for every zero byte of data or code for a transaction.
$G_{txdatanonzero}$	16	Paid for every non-zero byte of data or code for a transaction.
$G_{transaction}$	21000	Paid for every transaction.
G_{log}	375	Partial payment for a LOG operation.
$G_{logdata}$	8	Paid for each byte in a LOG operation's data.
$G_{logtopic}$	375	Paid for each topic of a LOG operation.
G_{sha3}	30	Paid for each SHA3 operation.
$G_{sha3word}$	6	Paid for each word (rounded up) for input data to a SHA3 operation.
G_{copy}	3	Partial payment for *COPY operations, multiplied by words copied, rounded up.
$G_{blockhash}$	20	Payment for BLOCKHASH operation.

그림 1.3 이더리움 황서

블록체인과 데이터를 저장할 때마다 원하는 가스의 사용량과 비용을 지정할 수 있다. 그림 1.3에 따르면 트랜잭션(Transaction)은 21,000의 가스를 소비한다. 트랜잭션은 암호화폐를 다른 지갑으로 송금하는 것 같이, 블록체인에 데이터를 기록하는 것을 나타낸다. 가스의 제한량을 30,000으로 지정한 후 이더 송금 시 9,000의 가스를 돌려받는다. 이와 반대로 19,000으로 가스의 제한량을 둔다면 이더의 송금이 느려지거나 실패할 수 있다. 이와 비슷하게, 소비되는 가스의 비용을 높게 지정할수록, 생성될 다음 블록에 이더 송금내역이 저장될 확률이 높아진다. 탈중앙화 네트워크에 가스가 존재하는 이유는 보안적인 측면이 강하다. 해커가 악의적으로 디도스(Distributed Denial Of Service) 공격을 시도한다고 가정했을 때 해커는 많은 양의 가스 비용을 지불해야 하므로 비용적인 측면에서 쉽게 시도하기가 힘들다.

이더

이더는 이더리움 네트워크의 암호화폐 단위다. 앞에서 살펴봤듯이 블록체인과 상호작용할 때는 가스가 소비된다. 가스 비용은 해당 블록체인 네트워크의 암호화폐로 지불한다. 이더리움의 경우는 가스 비용을 이더로 지불한다. 표 1.1은 대표적으로 사용되는 3가지 단위를 나타내며, 이더를 지웨이(Gwei), 웨이(Wei) 단위로 변환했을 때를 보여준다.

표 1.1 이더의 여러 단위 변환

단위	값
Ether	1
Gwei	$1000000000 = 10^9$
Wei	$1000000000000000000 = 10^{18}$

웨이는 이더리움 암호화폐의 가장 작은 단위를 나타낸다. 표 1.1에서 볼 수 있듯이 이더와 웨이는 10^{18}의 차이가 있다. 즉, 1 ether는 10^{18} wei이며, 1 wei는 10^{-18} ether다. 지웨이는 가스 소비량을 지불하는 단위비용으로 주로 사용된다. 1 ether는 10^9 gwei이며, 1 gwei는 10^{-9} ether다.

1.2.4 이더리움 네트워크

이더리움은 메인넷과 테스트넷을 지원하며 블록체인 네트워크의 포크를 알아보겠다.

메인넷과 테스트넷

메인넷은 실제로 스마트 컨트랙트를 배포하거나 프로젝트를 출시해 운영하는 네트워크이다. 메인넷에서 소비되는 이더는 금전적인 가치가 있다. 반면에 테스트넷은 문자 그대로 실험 목적으로 스마트 컨트랙트를 배포하는 네트워크다. 테스트넷 역시 블록체인 네트워크이므로 이더리움 대표 암호화폐인 이더가 존재하며 이더를 통해 가스를 지불한다. 그러나 테스트넷에서 소비되는 이더는 가치가 없으며 메인넷과 테스트넷은 서로 연결돼 있지 않다. 이더리움은 롭스텐(Ropsten), 코반(Kovan), 린케비(Rinkeby), 고얼리(Goerli) 테스트넷을 지원한다.

하드포크와 소프트포크

포크(fork)는 블록체인 네트워크의 버전을 업데이트한다고 쉽게 생각할 수 있다. 포크는 하드포크(hard fork)와 소프트포크(soft fork)가 있다. 하드포크와 소프트포크의 큰 차이점은 버전 업데이트의 정도이다.

먼저 블록체인 네트워크의 근본적인 틀을 변경하는 것을 하드포크라 한다. 즉 기존 노드의 규칙을 완전히 변경할 때 하드포크를 활용한다. 하드포크가 일어나면 하드포크 이전의 노드와 하드포크 이후의 노드는 서로 호환이 불가능하다. 쉽게 생각하면 한 개의 블록체인 네트워크가 두 개로 나뉘었다고 생각할 수 있다. 일반적으로 기존의 노드는 새로운 규칙을 수용해 업데이트된 버전의 네트워크를 채택하며 기존의 네트워크는 도태된다.

그러나 몇몇 노드가 새로운 규칙을 수용하지 않고 기존의 네트워크에 남는다면 두 개의 다른 네트워크가 되는 것이다. 이더리움은 하드포크로 두 개의 네트워크로 분할되어, 기존의 네트워크의 암호화폐는 이더리움 클래식, 새로운 네트워크의 암호화폐는 이더로 불린다.

이더리움은 하드포크를 통해 더 나은 방향으로 이더리움 네트워크의 버전을 업데이트한다. 최근에 일어난 하드포크는 런던 하드포크라고 하며 런던에서 열린 개발자 회의에서 하드포크의 주요 내용이 결정되었다. 런던 하드포크의 중점적인 내용은 가스비 절감이다.

소프트포크는 기존 네트워크를 기반으로 부분적으로 이뤄지는 업데이트를 말한다. 노드의 일부 규칙만 변경하므로 포크 전후의 노드는 서로 소통이 가능하다. 대부분의 노드는 새로운 규칙을 수용하고 새로운 규칙에 맞게 채굴한다.

그러나 새로운 규칙을 수용하지 않고 기존의 규칙으로 블록을 채굴하려는 노드가 존재할 수도 있다. 기존의 규칙으로 블록을 채굴한다면 새로운 규칙에 위배될 수 있다. 즉 기존의 규칙으로 채굴된 블록은 수용이 되지 않을 수 있다. 결과적으로 모든 노드는 새로운 규칙을 수용하게 된다.

1.2.5 NFT

NFT(Non-Fungible Token)는 블록체인에 저장된 대체 불가능 토큰이며 스마트 컨트랙트로 작성돼 있다. 즉 NFT는 블록체인 네트워크에 존재하는 데이터이다. 각 NFT마다 고유한 가치를 지니고 있다. NFT는 주로 사진, 비디오, 오디오, 문서 및 디지털 파일을 나타내는 데 활용한다. 쉽게 예를 들어서 NFT를 부동산 문서로 활용한다면 스마트 컨트랙트를 이용해 부동산 거래를 쉽게 할 수 있을 것이다. 즉 부동산 구매자는 정해진 이더를 지불하면 부동산 정보가 담긴 NFT를 소유하게 될 것이다. NFT는 오직 하나이므로 구매한 부동산을 대변할 수 있으며, 그 NFT를 소유한 사람이 그 부동산의 소유주라 말할 수 있다.

1.2.6 솔리디티

솔리디티는 이더리움에서 제공하는 스마트 컨트랙트 개발을 위한 프로그래밍 언어다. 2014년 이더리움 프로젝트의 솔리디티 팀이 프로그램 언어 솔리디티를 개발했다. 솔리디티는 C++와 자바스크립트(JavaScript), 파이썬(Python)의 영향을 받았다.

솔리디티는 다음과 같은 특징이 있으며, 이 책에서 자세히 알아볼 것이다.

- 솔리디티로 작성한 스마트 컨트랙트는 이더리움 가상머신상에서 바이트코드로 컴파일된다. 솔리디티는 이더를 보내고 받는 데 필요한 주소 자료형, 전역 변수, 함수들을 제공한다(2장, 9장).
- 조건문과 반복문을 사용할 수 있고(4장), 매핑, 배열, 구조체로 자료를 표현할 수 있다(5장).
- 변수와 함수 등에 가시성 지정자를 적용해 공개 대상 범위를 제한할 수 있으며, 모디파이어를 사용해 함수의 동작을 바꿀 수 있다(3장, 8장).
- 솔리디티의 이벤트는 스마트 컨트랙트 또는 유저의 특정한 상태를 출력하며, 그 상태를 블록체인에 저장한다. 스마트 컨트랙트는 객체로 표현되며, 스마트 컨트랙트 간의 상속이 가능하다. 스마트 컨트랙트들은 애플리케이션 바이너리 인터페이스(ABI)를 통해 호출된다(6장).
- 특정 조건을 충족하지 않을 때에는 트랜잭션을 실패로 처리할 수 있으며, 오류가 발생했을 때 어떤 조치를 취할지 명시할 수 있다(7장).

02

리믹스로
솔리디티 시작하기

솔리디티 언어로 스마트 컨트랙트를 개발할 때 기본적으로 스마트 컨
트랙트 컴파일, 배포, 테스트를 돕는 트러플(Truffle)을 사용한다. 트
러플은 이더리움 가상머신(Ethereum Virtual Machine)을 기반으로
개발 환경과 테스트 프레임워크를 제공한다. 그러나 초심자는 리믹스
(Remix)를 통해 솔리디티를 배우는 것이 더 적합하다. 리믹스는 자바
스크립트 가상머신 기반으로 개발 환경을 온라인으로 제공하며, 이미
개발 환경이 세팅되어 있어 초심자가 사용하기에 편리하다.

이 장에서 배우는 내용:

- 리믹스 실행과 기본 메뉴
- 리믹스로 스마트 컨트랙트를 작성, 컴파일, 배포하는 법
- Remixd로 스마트 컨트랙트를 안전하게 보관
- 스마트 컨트랙트의 기본 구조, 변수와 자료형, 연산자, 상수

2.1 리믹스 둘러보기

크롬(Chrome) 또는 마이크로소프트 엣지(Microsoft Edge)등 다양한 웹 브라우저를 통해 리믹스에 접속할 수 있다. 이 책에서는 크롬을 사용한다. 구글에서 'Remix IDE'를 검색하거나 주소창에 https://remix.ethereum.org를 입력해 바로 접속할 수 있다.

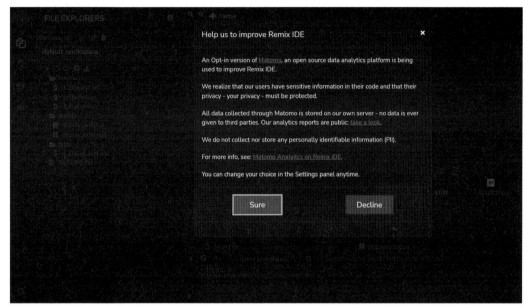

그림 2.2 리믹스 최초 접속 화면

처음 리믹스에 접속하면 그림 2.2와 같이 오픈 소스 웹 분석 플랫폼 Matomo를 통해 리믹스를 개선시켜도 되는지 여부를 묻는다. 리믹스에 사용된 모든 코드는 안전하다고 덧붙이고 있다. 수락을 원하면 [Sure], 수락을 원치 않으면 [Decline] 버튼을 누르면 된다. 수락 여부에 상관없이 리믹스를 사용할 수 있다.

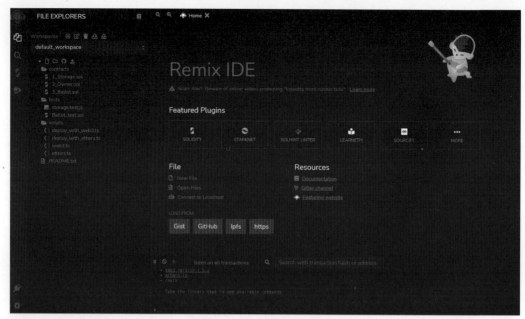

그림 2.3 리믹스 기본 화면

Sure 또는 Decline 버튼을 누르면 그림 2.3과 같이 리믹스의 기본 화면이 나온다.

그림 2.4 Settings 버튼

본격적으로 시작하기 앞서, 책에서 그림이 잘 보이도록 테마를 밝은 색으로 변경하겠다. 그림 2.4의 왼쪽 아래 톱니바퀴 모양의 [Settings] 버튼을 클릭한다.

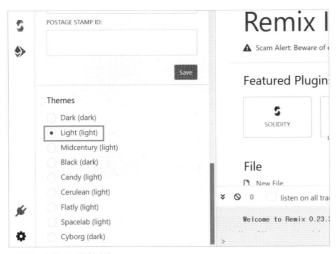

그림 2.5 리믹스 색상 변경

SETTINGS 패널을 아래로 스크롤하면 그림 2.5와 같이 Themes에 리믹스의 색상을 변경할 수 있는 다양한 옵션이 나온다. 여기서는 [Light (light)]로 변경하겠다.

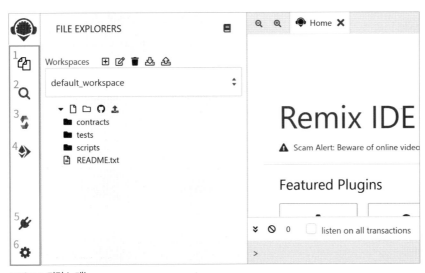

그림 2.6 리믹스 메뉴

아이콘 패널(그림 2.6 왼쪽에 표시한 부분)의 각 메뉴를 표 2.1에서 간단하게 설명했다. 서술한 메뉴는 실습을 통해 자세히 알아보겠다.

표 2.1 리믹스 기본 메뉴

번호	그림	메뉴	설명
1		File explorers(파일 익스플로러)	폴더와 스마트 컨트랙트 파일을 생성 및 조회할 수 있다.
2		Search in files	리믹스에 저장된 파일에 있는 키워드를 검색할 수 있다.
3		Solidity compiler(컴파일러)	작성한 스마트 컨트랙트를 솔리디티 컴파일러 버전별로 컴파일할 수 있다.
4		Deploy & run transactions (배포 및 실행)	컴파일이 완료된 스마트 컨트랙트를 블록체인 네트워크에 배포할 수 있다. 배포된 스마트 컨트랙트를 실행할 수 있다.
5		Plugin manager(플러그인 매니저)	리믹스의 여러 가지 플러그인 기능을 사용할 수 있다.
6		Settings(설정)	기본적인 리믹스 세팅을 할 수 있다. 앞서 살펴봤듯이, 리믹스의 색상을 변경할 수 있다.

2.2 리믹스로 스마트 컨트랙트 작성, 컴파일, 배포

여기서는 리믹스로 스마트 컨트랙트를 작성, 컴파일, 배포해보겠다. 그 과정에서 표 2.1에 언급된 리믹스의 기능을 자세히 설명할 것이다.

2.2.1 워크스페이스 만들기

스마트 컨트랙트를 실습할 워크스페이스를 따로 만들어서, 모든 예제를 순서별로 정리하는 것이 좋다.

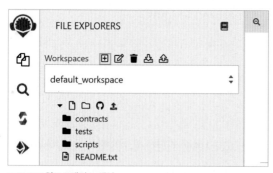

그림 2.7 워크스페이스 생성

그림 2.7에 리믹스의 기본 워크스페이스(default_workspace)가 보인다. 네모로 표시한 [Create] 버튼 (⊞)을 클릭해 워크스페이스를 생성한다.

Create 버튼을 클릭하면 나오는 Create Workspace 창에서 워크스페이스 이름을 자유롭게 지정할 수 있다. 그림 2.8과 같이 Solidity를 입력하고 [OK] 버튼을 클릭해 워크스페이스를 생성하자.

그림 2.8 워크스페이스 이름 지정

그림 2.9에서 볼 수 있듯이 Solidity 워크페이스가 정상적으로 생성됐다. 박스로 표시한 워크스페이스 이름 필드를 클릭하면 다른 워크스페이스를 열 수 있다.

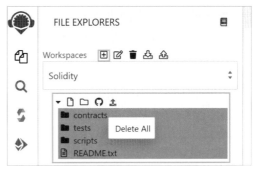

그림 2.9 워크스페이스 생성 완료

2.2.2 불필요한 폴더와 파일 삭제

Solidity 워크스페이스를 만들 때 자동으로 기본 폴더와 파일도 같이 생성됐다. 필요 없는 기본 폴더와 파일을 지우려면 Shift 키를 누르고 삭제하기를 원하는 폴더와 파일을 클릭하여 블록을 지정한 다음, 마우스 오른쪽 버튼을 클릭하고 Delete All을 선택한다.

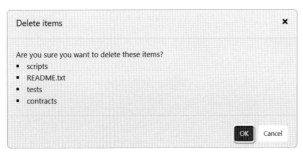

그림 2.10 삭제 목록 확인 버튼

[Delete All] 버튼을 클릭하면 그림 2.10과 같이 삭제할 폴더와 파일이 정확한지 묻는다. [OK] 버튼을 클릭해 삭제를 진행한다.

2.2.3 실습 폴더와 파일 만들기

모든 폴더와 파일이 지워지면 그림 2.11과 빈 페이지가 보일
것이다. 네모 박스로 표시한 폴더 모양 아이콘(Create New
Folder)을 클릭해 폴더를 만든다. 폴더명은 자유롭게 지정할
수 있으며, 여기서는 Chapter2라고 하겠다.

그림 2.11 워크스페이스 폴더 생성

그림 2.12처럼 Chapter2 폴더가 생성된 것을 확인할 수 있다.

Chapter2를 클릭해서 선택한 채로, [Create New File] 아
이콘(그림 2.12에 박스로 표시)을 클릭해 파일을 생성한다.
파일 이름은 자유롭게 지정 가능하며 파일의 확장자는 .sol
이다. 여기서는 파일 이름을 Ex2_1.sol로 하겠다.

그림 2.12 워크스페이스 파일 생성

그림 2.13처럼 Ex2_1.sol 파
일이 생성된 것을 확인할 수
있다. 오른쪽에 예제 코드를
작성할 공간이 생겼다.

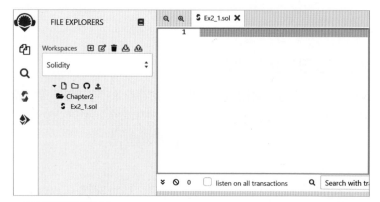

그림 2.13 파일 작성 공간

그림 2.14와 같이 마우스 오른쪽 버튼을 클릭해 폴더나 파일을
삭제하거나 변경할 수 있다.

그림 2.14 폴더와 파일 삭제, 및 변경 버튼 박스

2.2.4 코드 작성

리믹스의 오른쪽 메인 패널에 다음 예제 코드를 작성한다. 솔리디티 문법은 뒤에서 알아보겠다.

예제 2.1 스마트 컨트랙트 기본 구조

```
// SPDX-License-Identifier: GPL-3.0
pragma solidity ^0.8.7;


contract Ex2_1 {
    //행 단위 주석
    /*
        블록 단위 주석
    */
}
```

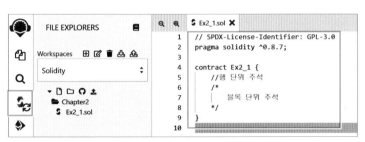

그림 2.15 코드 작성

2.2.5 컴파일과 배포

왼쪽 솔리디티 아이콘(🐚)을 클릭하면 솔리디티 컴파일러(**SOLIDITY COMPILER**) 모듈이 나타난다.

그림 2.16에서 보듯이 위쪽의 **COMPILER**에서 솔리디티 컴파일러 버전을 선택할 수 있다. 예제 코드에 `pragma solidity ^0.8.7;`이 있으므로 버전 0.8.7을 선택한다. 버전이 맞지 않으면 컴파일할 수 없다. 하단에 네모 박스로 표시한 `Compile Ex2_1.sol` 버튼을 클릭해 컴파일한다.

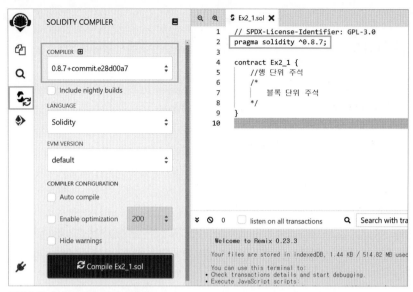

그림 2.16 솔리디티 컴파일러 페이지

컴파일이 완료되면 솔리디티 아이콘이 'the content has changed, needs recompilation'(🔄)에서 'compilation successful'(✅)으로 변한다. 그림 2.17은 [Deploy and run transactions] 아이콘(♦)을 눌러서 배포 및 실행(DEPLOY & RUN TRANSACTIONS)으로 들어간 상태이며, 아래쪽 Deploy 버튼을 클릭해 스마트 컨트랙트 EX2_1을 배포한다.

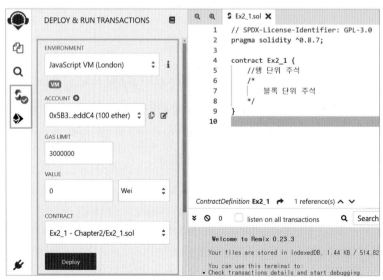

그림 2.17 솔리디티 배포 및 실행 페이지

`Deploy` 버튼의 위에는 ENVIRONMENT, ACCOUNT, GAS LIMIT, VALUE, CONTRACT가 있으며, 각 필드에 대한 설명은 다음과 같다.

01. ENVIRONMENT

ENVIRONMENT는 리믹스의 개발 환경을 나타내며 7개의 옵션이 있다. 각 옵션에 대한 설명은 다음과 같다.

▪ JavaScript VM (London)과 JavaScript VM (Berlin)

JavaScript VM (London)과 JavaScript VM (Berlin)은 리믹스에서 지원하는 웹 브라우저용 로컬 블록 체인이다. JavaScript VM (London)은 블록체인 네트워크의 런던 하드포크(hardfork) 버전을, JavaScript VM (Berlin)은 베를린 하드포크 버전을 나타낸다. 실제로 이더리움 블록체인과 연동되어 있지 않으므로 블록에 들어간 데이터는 영속성을 갖지 못하며, 리믹스를 새로 고침 하면 모든 데이터가 사라진다. JavaScript VM (London)이 기본값이다.

▪ Injected Web3

Injected Web3는 웹 브라우저에 저장된 암호화폐 지갑 메타마스크(MetaMask)와 리믹스를 연결시켜 준다. 메타마스크를 통해 메인넷 및 테스트넷에 배포할 수 있다. 메인넷은 실제 이더리움 네트워크가 작동하는 공간이며 트랜잭션이 발생할 때마다 실제 이더를 가스비로 지불한다. 반면, 테스트넷은 메인넷과 같은 공간이지만 경제적 부담 없이 개발자가 자신의 스마트 컨트랙트의 작동 여부를 검증할 수 있다.

▪ Web3 Provider

Web3 Provider는 가나슈(Ganache)와 같은 로컬 블록체인 네트워크를 연동할 수 있다.

▪ Hardhat Provider

HardHat Provider는 하드햇(Hardhat)에서 제공하는 개발용 로컬 블록체인 네트워크와 연동할 수 있다.

▪ Ganache Provider

Ganache Provider는 로컬 블록체인 네트워크 가나슈와 연동할 수 있다.

▪ Wallet Connect

Wallet Connect은 인퓨라(Infura)에서 제공하는 프로젝트 아이디를 입력한 후 6개의 암호화폐 지갑 Metamask, WalletConnect, Torus, Authereum, Bunner Connect, MEW wallet과 연결할 수 있다.

02. ACCOUNT

Account는 지갑 주소를 나타내며, 자바스크립트 가상머신은 10개의 지갑을 부여한다. 10개의 모든 지갑은 각 100 ether를 가지고 있다.

03. GAS LIMIT

GAS LIMIT는 트랜잭션이 소비할 수 있는 가스의 양을 설정할 수 있다.

04. VALUE

VALUE는 전송할 이더의 양을 정할 수 있으며 자세한 내용은 9장에서 알아보겠다.

05. CONTRACT

CONTRACT는 현재 배포할 스마트 컨트랙트의 이름을 나타낸다.

그림 2.18 배포 정보

그림 2.18의 Deployed Contracts를 보면 Ex2_1이 배포된 것을 확인할 수 있다. 스마트 컨트랙트 Ex2_1의 주소는 0xd9145CCE52D386f254917e481eB44e9943F39138이다. 오른쪽 네모 박스에서 배포된 스마트 컨트랙트의 해시값, 가스 비용, 배포자의 주소와 같은 전체적인 배포 정보를 확인할 수 있다.

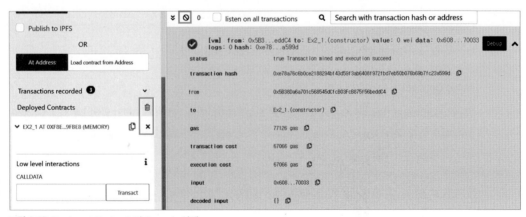

그림 2.19 Deployed Contracts와 Console 삭제

그림 2.19의 좌측 네모 박스로 표시한 휴지통 아이콘을 누르면 **Deployed Contracts**에 표시된 모든 스마트 컨트랙트가 사라지며, 가위표 아이콘을 클릭하면 배포된 스마트 컨트랙트를 개별적으로 **Deployed Contracts**에서 지울 수 있다. 상단 네모 박스로 표시된 금지 아이콘을 클릭하면 콘솔(**Console**) 창 에있는 내용을 삭제할 수 있다.

2.3 Remixd로 스마트 컨트랙트를 저장하기

리믹스에 작성된 스마트 컨트랙트는 웹 브라우저에 자동으로 저장되므로 따로 저장할 필요가 없다. 그러나 웹 브라우저 자체를 지우거나 웹 브라우저의 쿠키 및 기타 사이트 데이터를 지우면 기존에 저장된 스마트 컨트랙트는 사라진다. 그러므로 작성한 스마트 컨트랙트 파일을 안전하게 보관하는 방법을 알아두는 것이 좋다. 이 책에서 총 **3**가지 방법을 소개하겠다. 본문에서 **Remixd**를 소개할 것이고, 나머지 두 가지 방법은 부록 **A**를 참고하기 바란다.

Remixd는 사용자 컴퓨터의 로컬 폴더 및 파일을 리믹스와 연동할 수 있게 도와준다. 즉, 리믹스에 폴더와 파일을 생성하면 사용자 컴퓨터에 저장된다.

Remixd는 자바스크립트로 작성되어 외부에서 자바스크립트의 실행을 돕는 자바스크립트 런타임 **Node.js**가 필요하다. 노드 패키지 매니저(**Node Package Manager**), 약어로 npm을 통해 **Remixd**를 설치할 수 있으므로 **Node.js**와 노드 패키지 매니저를 설치하겠다. 사실 **Node.js**를 설치하면 노드 패키지 매니저도 자동으로 설치된다.

Node.js 설치와 **Remixd** 설치 및 사용법을 설명한다.

2.3.1 Node.js 설치

검색엔진에서 **Node.js**를 검색하거나 웹브라우저 주소창에 https://nodejs.org/ko/를 입력해 **Node.js** 홈페이지로 이동한다.

Node.js 페이지에 접속하면 그림 **2.20**과 같은 화면을 볼 수 있다.

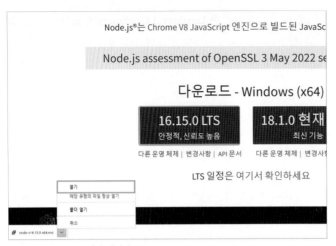

그림 2.20 Node.js 설치 페이지

현재 **Node.js**의 최신 버전은 **18.1.0**이며 안정성 높은 버전은 **16.15.0**이다. 여기서는 안정성이 높은 버전 **16.15.0**을 설치하겠다.

다운로드가 완료된 후 브라우저 하단의 파일명 옆 버튼을 클릭하고 팝업 메뉴에서 **열기**(그림에서 네모 박스로 표시)를 선택해 설치를 진행한다. 설치 과정은 그림 **2.21**부터 그림 **2.27**까지를 참고하기 바란다.

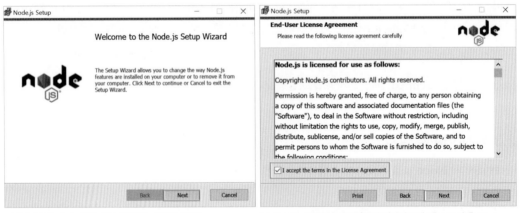

그림 2.21 Node.js 설치 초기 화면 (Next 버튼 클릭)

그림 2.22 라이선스 동의 (동의 체크박스에 체크 표시 후 Next 버튼 클릭)

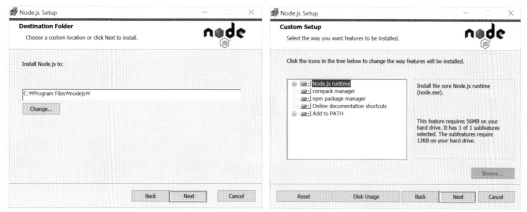

그림 2.23 설치 경로 설정 (Next 버튼 클릭)

그림 2.24 Node.js 사용자 정의 설정 (Next 버튼 클릭)

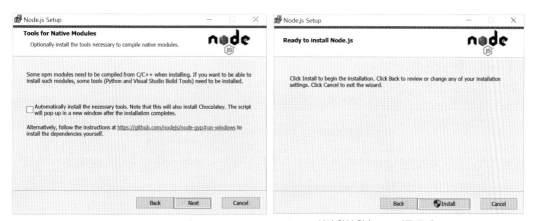

그림 2.25 Node.js 기본 모듈 도구 설치 여부 (설정 사항 그대로 두고 Next 버튼 클릭)

그림 2.26 설치 확인 창 (Install 버튼 클릭)

그림 2.27 설치 완료 창 (Finish 버튼 클릭)

Node.js를 설치하고 나서 설치가 잘 됐는지 확인하려면 명령 프롬프트를 열어야 한다(그림 2.28).

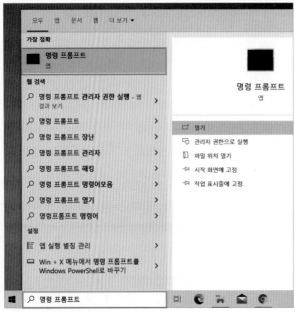

그림 2.28 명령 프롬프트 열기

명령 프롬프트를 열어 node -v와 npm -v를 순차적으로 실행한다. node -v를 실행하면 node.js의 버전이 출력되며, npm -v를 실행하면 노드 패키지 매니저의 버전이 나타난다.

그림 2.29 Node.js와 노드 패키지 매니저 버전 확인

설치된 node.js 버전은 16.15.0, 노드 패키지 매니저 버전은 8.5.0임을 알 수 있다.

2.3.2 Remixd 설치

현재 Remixd의 최신 버전은 0.5.7이며 npm install -g @remix-project/remixd를 입력하여 최신 버전을 먼저 설치한다.

그림 2.30 Remixd 최신 버전 설치

성공적으로 **Remixd** 설치가 완료되면 remixd -v를 통해서 remixd의 버전을 확인할 수 있다(그림 **2.31**).

그림 2.31 Remixd 버전 확인

2.3.3 연동할 폴더를 로컬 서버에 호스팅

remixd 명령어를 사용해 로컬 폴더와 리믹스를 연결한다.

명령어 형식은 다음과 같다.

```
remixd -s <폴더 경로> --remix-ide https://remix.ethereum.org
```

실습 폴더를 내려받은 뒤 실습 폴더의 ch2 폴더에 있는 myLocalContracts 폴더와 리믹스를 연결하겠다. 위 remixd 명령어의 폴더 경로에는 절대 경로를 입력해야 한다(예: D:\breakingSolidity\ch2\myLocalContracts).

그림 2.32 Remixd 절대 폴더 주소

폴더 경로 란에 폴더의 절대 경로를 넣을 수도 있지만, 그림 **2.33**과 같이 해당 폴더로 경로를 이동한 뒤, -s 옵션에 현재 폴더를 나타내는 ./을 써줄 수도 있다. 명령 프롬프트에서 폴더의 경로로 이동하려면 cd <폴더 경로>를 쓰면 된다.

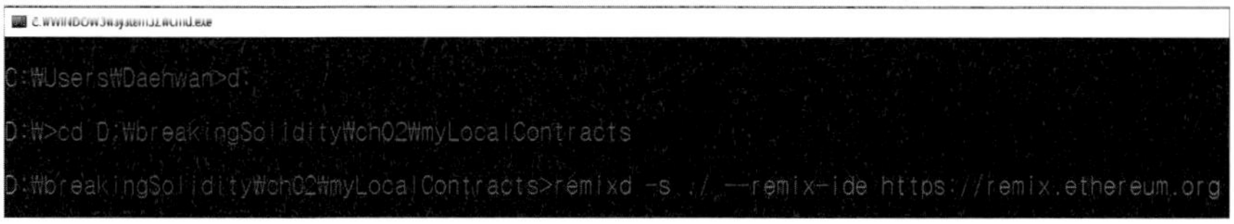

그림 2.33 Remixd 현재 폴더 주소

즉, 그림 2.33에서 보듯이 폴더 `myLocalContracts`로 진입하려고 `cd D:\breakingSolidity\ch2\`
`myLocalContracts`를 쓴 것을 알 수 있다. 그리고 나서 최종적으로 `remixd -s ./ --remix-ide https://`
`remix.ethereum.org`를 입력해 `myLocalContracts` 폴더와 리믹스를 연동할 수 있다.

그림 2.34 Remixd 폴더 호스팅

그림 2.34를 보면 현재 지정된 폴더 `myLocalContracts` 폴더가 성공적으로 로컬 서버에 호스팅됐으며 해
당 명령 프롬프트를 닫지 말아야 한다.

2.3.4 스마트 컨트랙트를 파일로 저장

리믹스로 돌아와서 **FILE EXPLORERS**의 Workspaces를 클릭하고 드롭다운 맨 아래 connect to
localhost를 선택한다.

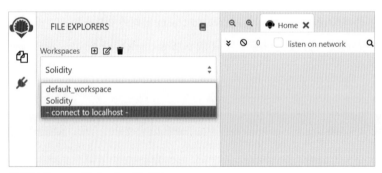

그림 2.35 connect to localhost를 선택

로컬 호스트에 연결하는 방법을 설명하는 팝업 창이 뜬다(그림 2.36).

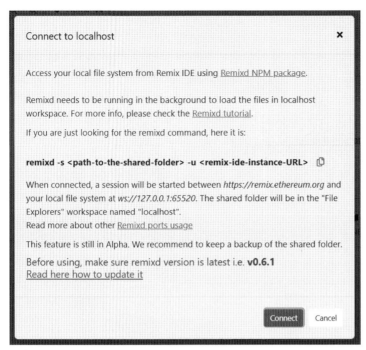

그림 2.36 Remixd 연동 여부 확인 창

이미 호스팅 중이므로 네모 박스로 표시한 Connect 버튼을 클릭한다.

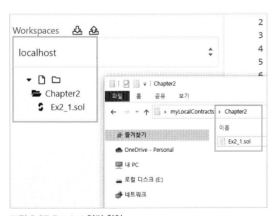

그림 2.37 Remixd 연결 확인

Remixd를 통해 로컬 폴더와 리믹스를 연결한 후 리믹스로 폴더 Chapter2와 파일 Ex2_1.sol을 생성했다. 리믹스로 생성된 폴더와 파일이 로컬 폴더 myLocalContracts에 생긴 것을 알 수 있다.

2.4 스마트 컨트랙트의 기본 구조, 자료형, 연산

이번에는 스마트 컨트랙트 작성 시 꼭 알아야 할 기본 구조를 설명하고, 솔리디티 언어의 변수와 자료형, 상수를 알아보겠다. 또한 솔리디티의 연산자에 관해서도 살펴보겠다.

2.4.1 스마트 컨트랙트의 기본 구조

예제 2.1은 스마트 컨트랙트를 작성하기 위한 기본 구조이다. 기본 구조에서는 총 4가지를 눈여겨봐야 한다.

예제 2.1 스마트 컨트랙트 기본 구조

```
// SPDX-License-Identifier: GPL-3.0
pragma solidity ^0.8.7;


contract Ex2_1 {
    //행 단위 주석
    /*
         블록 단위 주석
    */
}
```

01. SPDX-License-Identifier: GPL-3.0

SPDX 라이선스는 솔리디티 컴파일러 버전 0.6.8부터 스마트 컨트랙트 최상단에 명시해야 한다. 솔리디티 문서에 따르면, 스마트 컨트랙트 소스 코드는 공유되어 사용할수록 코드의 신뢰도가 높아진다. 그러나 무분별한 코드의 사용은 저작권에 문제가 될 수 있다. 이러한 문제를 해소하기 위해 0.6.8 버전 이후의 솔리디티 컴파일러는 라이선스 최상단에 넣는 것을 권장한다. 0.6.8 버전 이후 라이선스를 붙이지 않으면 컴파일은 되지만, 경고 메시지가 뜨는 것을 알 수 있다.

그러나 솔리디티 컴파일러는 라이선스를 명시하라고 권장할 뿐, 명시된 라이선스의 진위는 판단하지 않는다. SPDX의 여러 종류의 라이선스는 https://spdx.org/licenses/에서 확인할 수 있다. 대표적으로 저작권 없이 사용하는 코드에는 GPL-3.0이 붙는다. 라이선스 표시를 원하지 않는다면 //SPDX-License-Identifier: UNLICENSED라고 명시할 수 있다.

02. pragma solidity ^0.8.7;

`pragma solidity`는 현재 작성된 스마트 컨트랙트의 솔리디티 컴파일러 버전을 나타낸다. 미리 정의한 컴파일러 버전이 아닌 다른 버전의 컴파일러를 사용하면 에러가 발생하고 컴파일이 되지 않는다. 즉, 예제 2.1의 `pragma` solidity ^0.8.7;은 0.87 버전의 솔리디티 컴파일러를 사용해야 한다. 아울러, `pragma solidity >=0.7.0 < 0.9.0;`은 한 개 이상의 컴파일러 버전을 사용할 수 있다. 즉, 0.7 버전 이상 0.9 버전 미만의 컴파일러 버전을 사용할 수 있다.

한 가지 더 주목할 점으로, `pragma solidity ^0.8.7`의 끝부분에는 세미콜론(;)이 붙어 있다. 솔리디티의 문장마다 세미콜론을 붙여 코드의 끝을 표시해야 한다. 예외적으로 중괄호와 주석에는 세미콜론을 붙이지 않는다.

03. contract

contract는 스마트 컨트랙트 작성 시작을 알리는 키워드다. 키워드 contract 바로 옆에 스마트 컨트랙트의 이름을 명시할 수 있다. 예제 2.1의 `contract Ex2_1 {...}`는 Ex2_1이라는 이름을 가진 스마트 컨트랙트를 나타낸다.

04. 주석

주석은 코드의 부연 설명을 나타내며 협업할 때 유용하게 활용된다. 코드에 주석을 남기면 다른 사람이 그 코드를 이해하는 속도가 빨라진다. 주석은 `//행 단위 주석`과 `/* 블록 단위 주석 */`이 있다. 이 두 개의 주석은 기능은 같으나, 많은 양의 주석을 작성한다면 `/* 블록 단위 주석 */`이 유용하다.

2.4.2 변수와 자료형

변수는 하나의 특정한 값을 가지는 것이 아니라 변하는 값을 가질 수 있다. 그림 2.38을 보면 변수를 쉽게 이해할 수 있다. 빈 상자가 하나 있고, 그 상자에 감자, 고구마, 사과, 또는 다양한 물품을 담을 수 있다. 이를 확장하면 상자를 변수라고 생각할 수 있고, 감자, 고구마, 사과는 변할 수 있는 다양한 값으로 볼 수 있다. 이와 같이 변수에는 여러 값을 저장할 수 있다.

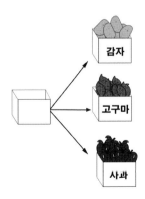

그림 2.38 변수는 다양한 값을 수용할 수 있음

다른 프로그래밍 언어와 같이 솔리디티에 변수를 선언하려면 자료형을 필히 명시해야 한다. 자료형은 변수에 들어갈 값의 종류를 말한다. 그림 2.38에서는 빈 상자를 변수와 동일시했다. 그러나 그림 2.38과 같이 변수인 빈 상자 하나만 덩그러니 있다면 솔리디티는 어떤 종류의 값을 넣을 것인지 물을 것이다. 따라서 변수와 자료형을 같이 정의해야 한다.

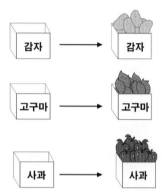

그림 2.39 변수와 자료형은 늘 함께 사용해 자료형에 맞는 값을 변수에 넣어야 함

그림 2.39의 각 빈 상자는 감자, 고구마, 사과와 같이 각 상자에 무엇이 들어가야 하는지를 정확히 명시하고 있다. 예를 들어 감자가 적힌 상자에는 감자만 들어갈 수 있다. 즉, 빈 상자는 변수를 나타내며 빈 상자에 적힌 '감자'라는 글자는 자료형을 나타낸다. 결론적으로 변수와 자료형은 항상 같이 붙어 다니며, 변수에는 지정된 자료형에 해당하는 값을 저장할 수 있다.

변수 정의 방법

다음 그림은 변수를 정의하는 방법을 나타낸다. 변수를 처음 정의할 때 자료형을 변수에 명시해야 하며 변수명은 자유롭게 정할 수 있다. 그림에서는 변수명을 a로 했다. 자료형과 변수명을 정하고 나면, 변수에 명시한 자료형에 맞는 값을 변수에 넣어준다.

그림 2.40 변수 정의 방법

그림에서는 uint8 자료형을 예로 들었는데, 곧 배우겠지만 uint8은 0~255의 정수이므로 변수 a에는 0~255까지만 받을 수 있다. 변수 a의 범위가 아닌 숫자, 즉 −1 또는 256 같은 값을 넣을 경우 오류가 발생한다.

변수명을 정할 때는 최대한 간결하게 짓기를 권장한다. 변수명은 주로 소문자로 시작하며 상수명은 모든 글자를 대문자로 해서 짓는다. 한 가지 주의할 점은 숫자와 특수기호로 시작하는 이름을 지을 수 없다는 사실이다. 예를 들어 1day라는 변수명은 사용할 수 없다.

값 타입과 참조 타입

솔리디티의 자료형은 크게 값 타입(Value type)과 참조 타입(Reference type)으로 나눌 수 있다. 값 타입은 값이 할당되거나 함수 인자로 활용되면 해당 값 자체가 복사되는 반면, 참조 타입은 현재 해당하는 값의 주소만 복사된다. 참조형 타입의 두드러지는 특징은 데이터를 어디에 저장할지 명시해야 한다는 점이다. 이 부분은 뒤에서 함수와 함께 알아볼 예정이며, 기본적으로 참조형 타입은 배열, 매핑, 구조체로 구성된다. 여기서는 우선 값 타입에 집중해서 설명하겠다.

불리언(Boolean) 타입: bool

불리언은 참과 거짓으로 이루어진 자료형이다. 솔리디티에서 불리언은 bool로 표기한다. 참은 true, 거짓은 false로 표현한다. 불리언은 특정한 조건에 발생하는 행동을 통제할 때 주로 쓰이며 4장에서 조건문과 같이 알아본다.

간단하게 예를 들어 토큰 구매 조건의 나이가 20세 이상이라고 가정해 보자. 구매를 희망하는 유저가 25세라면 불리언 자료형 true를 반환하고 토큰을 구매하는 단계로 넘어 갈 수 있을 것이다. 반면, 구매를 원하는 유저의 나이가 19세라면 false가 반환되어 토큰을 구매할 수 없을 것이다. 이와 같이 불리언 자료형을 사용하면 특정 조건에 따른 행동을 통제하기가 수월하다.

불리언은 주로 비교 연산자 및 논리 연산자와 함께 사용된다. 표 2.2와 표 2.3은 비교 연산자와 논리 연산자를 나타낸다. 표 2.3의 논리 연산자가 잘 이해가 가지 않을 수도 있다. 논리 연산자에 대해서는 이 장의 뒤에서 자세히 설명하겠다.

표 2.2 비교 연산자

번호	연산자	이름	예시
1	>	큼	9 > 2 (9는 2보다 크므로 참이다.)
2	<	작음	9 < 2 (9는 2보다 작지 않으므로 거짓이다.)
3	>=	크거나 같음	2 >= 3 (2는 3보다 크거나 같지 않으므로 거짓이다.)
4	<=	작거나 같음	2 <= 3 (2는 3보다 작거나 같으므로 참이다.)
5	==	같음	2 == 1 (2는 1과 같지 않으므로 거짓이다.)
6	!=	같지 않음	2 != 1 (2는 1과 같지 않으므로 참이다.)

표 2.3 논리 연산자

표 2.3 논리 연산자

번호	연산자	이름	예시
1	&&	AND	true && false (참과 거짓이므로 거짓이다.)
2	||	OR	true || false (참 또는 거짓이므로 참이다.)
3	!	NOT	!true (참의 반대는 거짓이다.)

정수(Integer) 타입: int와 uint

기존 프로그래밍 언어와 다르게 솔리디티는 소수점이 있는 숫자를 표현하는 float와 double을 지원하지 않는다. 정수형의 목적은 가격, 몸무게, 토큰의 아이디와 같이 숫자로 된 정보를 표현하기 위함이다. 솔리디티의 정수형 타입은 int와 uint이다. 표 2.4와 표 2.5는 int와 uint의 범위를 나타낸다.

표 2.4 정수 타입 int 범위

번호	타입	범위
1	int8	-128 ~ 127 (= -2^7 ~ 2^7-1)
2	int16	-32,768 ~ 32,767 (= -2^{15} ~ $2^{15}-1$)
3	int32	-2,147,483,648 ~ 2,147,483,647 (= -2^{31} ~ $2^{31}-1$)
4	int64	-9,223,372,036,854,775,808 ~ 9,223,372,036,854,775,807 (= -2^{63} ~ $2^{63}-1$)
5	int128	-2^{127} ~ $2^{127}-1$
6	int256	-2^{255} ~ $2^{255}-1$

표 2.5 정수 타입 uint 범위

번호	타입	범위
1	uint8	0 ~ 255 (= 0 ~ 2^8-1)
2	uint16	0 ~ 65,535 (= 0 ~ $2^{16}-1$)
3	uint32	0 ~ 4,294,967,295 (= 0 ~ $2^{32}-1$)
4	uint64	0 ~ 18,446,744,073,709,551,615 (= 0 ~ $2^{64}-1$)
5	uint128	0 ~ $2^{128}-1$
6	uint256	0 ~ $2^{256}-1$

위 두 표를 보면 알 수 있듯이 정수형 타입 int와 uint의 두드러지는 차이점은 음수의 포함 여부다. 예를 들어 int8과 uint8은 0을 포함한 총 256(=2^8)가지 수로 구성되어 있으나, 시작하는 범위가 다름을 알 수

있다. int8의 범위는 -128~127이며, uint8은 0~255다. 정수형 타입은 주로 산술 연산자 및 비교 연산자와 함께 사용된다.

바이트 타입: bytes

바이트 타입은 크게 고정 크기 바이트 배열과 동적 크기 바이트 배열로 나눌 수 있다. 두 바이트 타입의 두드러지는 차이점은 고정 크기 바이트 배열은 값 타입이며, 사용할 바이트를 미리 지정한다는 점이다. 반면, 동적 크기 바이트 배열은 참조 타입이며 사용할 바이트 값을 지정하지 않아도 된다.

값 타입과 참조형 타입의 바이트에 대해서는 함수를 배울 때 그 차이점을 명확히 알아보겠다. 고정 크기 바이트 배열은 bytes1~bytes32이며, byte는 bytes1과 같이 나타낸다. 예를 들어 bytes1의 의미는 '1바이트만 사용하겠다'이다. 이 경우, 1바이트 초과 시 오류가 발생한다. 이와 반대로 동적 크기 바이트 배열은 bytes라고 명시하며, 최대 바이트 크기인 32바이트까지 자유롭게 저장할 수 있다. 정리하면, 얼마만큼의 바이트 크기를 사용하는지 알고 있다면 고정 크기 바이트 배열을 활용하는 것이 좋다. 그 반대의 경우에는 동적 크기 바이트 배열을 명시한다.

문자열 타입: string

문자열 타입은 앞서 살펴본 바이트처럼 값 타입이 아닌 배열 타입이다. 동적 크기 바이트 배열처럼 문자열은 동적 크기 UTF-8(Unicode Transformation Format-8)로 인코딩된 배열이다. 또한, UTF-8의 크기가 동적 크기 바이트 배열의 최대 크기인 bytes32보다 크다.

주소 타입: address

다른 프로그래밍 언어와 다르게 솔리디티는 주소형 타입이 존재한다. 주소형 타입은 계정의 주소를 나타낸다. 주소형 타입의 크기는 20바이트로 지정되어 있다. 즉, 고정 크기 바이트 배열이며 bytes20으로 나타낼 수 있다. 계정의 주소는 유저의 고유 아이디 또는 배포된 스마트 컨트랙트의 아이디로 볼 수 있다. 이 주소를 통해서 암호화폐를 주고받을 수 있다. 주소형 타입은 책의 후반부 이더 송수신 내용을 다룰 때 함께 다루겠다. 여기서는 주소형 타입이 존재한다는 것만 인지하면 된다.

2.4.3 연산지

연산은 수와 식을 이용해 그 규칙에 따라 특정한 값을 산출하는 것이다. 연산하려면 그림 2.41과 같이 연산자와 피연산자가 필요하다. 연산자는 계산에 필요한 수식 기호이며 피연산자는 연산 대상이다. 그림 2.41에서 2와 3은 피연산자이며, +와 =는 연산자다. 2+3의 결괏값은 5다.

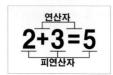

그림 2.41 연산자와 피연산자

대입 연산자

다음 표에 대입 연산자를 설명했다. 사용법은 예제를 통해 자세히 알아보겠다.

표 2.6 대입 연산자

종류	연산자	이름	예시
대입	=	대입	A = 5 (A에 5를 대입한다.)

> 참고
>
> 예제를 본격적으로 시작하기 앞서, 원활하게 모든 연산자를 배우려면 함수를 활용해야 한다. 함수는 이 책의 중반부에 다룰 예정이며, 현재는 연산자가 어떻게 사용되는지에 초점을 두고 설명한다.

다음은 대입 연산자의 예제다.

예제 2.2 대입 연산자

```solidity
// SPDX-License-Identifier: GPL-3.0
pragma solidity >=0.7.0 < 0.9.0;

contract Ex2_2 {
    string a = "Hello";

    function assignment() public returns(string memory) {

        a = "Hello Solidity";
        return(a);

    }
}
```

예제 2.2의 변수 a는 문자열 값을 갖는 자료형 string이며, 초깃값은 "Hello"다. 예제에서 assignment()라는 함수를 정의했는데, 함수를 정의하는 방법은 3장에서 배울 것이므로 이번 장에서는 대입 연산자에 초점을 두길 바란다. assignment()에서 보듯이 변수 a는 대입 연산자를 통해 "Hello Solidity"를 입력받았다. 즉 a 변수는 초깃값 "Hello" 대신에 "Hello Solidity"를 갖게 됐다.

예제 2.2는 pragma solidity >=0.7.0 < 0.9.0;라고 명시되어 있으므로 솔리디티 버전은 0.7.0에서 0.9.0 미만까지 적용할 수 있다. 현재 최신 컴파일러 버전은 0.8.14이므로 최신 버전으로 컴파일한 후 배포하겠다.

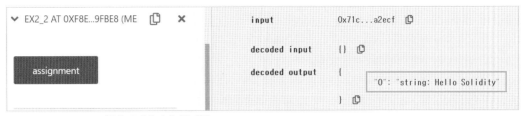

그림 2.42 assignment 버튼을 클릭해 결괏값을 확인

예제 2.1과 다르게 스마트 컨트랙트에 그림 2.42처럼 assignment 버튼이 생겼으며 이것은 예제 2.2의 assignment() 함수를 나타낸다. 버튼을 클릭하면 오른쪽의 decoded output 란에 반환값이 나온다.

예제 2.3은 각 변수에 대입 연사자를 통해 변수의 초깃값을 입력하지 않았을 때 각 변수의 기본값을 확인해 보겠다.

예제 2.3 자료형에 따른 각 변수의 기본값

```
// SPDX-License-Identifier: GPL-3.0
pragma solidity >=0.7.0 < 0.9.0;

contract Ex2_3 {
    int a;
    uint b;
    bool c;
    bytes d;
    string e;
    address f;
    function assignment() public view returns(int, uint, bool, bytes memory, string memory,
address) {
        return(a, b, c, d, e, f);
    }
}
```

예제 2.3을 배포한 후 assignment 버튼을 클릭하면 그림 2.43과 같이 기본값이 입력된다. 결론적으로 변수를 명시할 때 초깃값을 따로 넣어주지 않아도 기본값이 자동으로 입력된다.

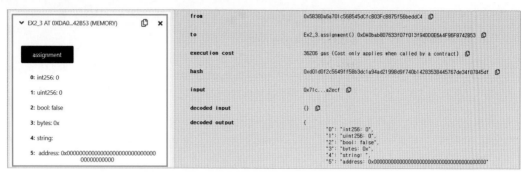

from   0x5B38Da6a701c568545dCfcB03FcB875f56beddC4

to   Ex2_3.assignment() 0xDA0bab807633f07f013f94DD0E6A4F96F8742B53

execution cost   36206 gas (Cost only applies when called by a contract)

hash   0xd01d0f2c5649ff58b3dc1a94ad21998d9f740b1428358445767de34f87845df

input   0x71c...a2ecf

decoded input   {}

decoded output   {
                              "0": "int256: 0",
                              "1": "uint256: 0",
                              "2": "bool: false",
                              "3": "bytes: 0x",
                              "4": "string: ",
                              "5": "address: 0x0000000000000000000000000000000000000000"
                          }

그림 2.43 assignment 버튼을 클릭해 변수의 기본값을 확인

또한, 사이드 패널의 **assignment** 버튼 바로 밑에 각 변수의 기본값이 보인다. 이는 함수의 **view**라는 키워드 때문으로, 3장에서 살펴보겠다.

산술 연산자

솔리디티의 산술 연산자를 다음 표에 나타냈다.

표 2.7 산술 연산자

종류	연산자	이름	예시
산술	+	덧셈	A + B (A와 변수 B를 더한다.)
	−	뺄셈	A − B (A와 변수 B를 뺀다.)
	*	곱셈	A * B (A와 변수 B를 곱한다.)
	/	나눗셈	A / B (A와 변수 B를 나눈다.)
	%	나머지	A % B (A와 변수 B를 나눈 나머지 값을 구한다.)
	**	제곱	A ** B (A의 B승 값을 구한다.)

예제를 통해 산술 연산자를 알아보자.

예제 2.4 산술 연산자

```
// SPDX-License-Identifier: GPL-3.0
pragma solidity >=0.7.0 < 0.9.0;

contract Ex2_4 {

    uint a = 5+2;
    uint b = 5-2;
    uint c = 5*2;
```

```
    uint d = 5/5;
    uint e = 5%2;
    uint f = 5**2;

    function arithmetic() public view returns(uint, uint, uint, uint, uint, uint) {
        return(a, b, c, d, e, f);
    }
}
```

예제 2.4는 모든 변수에 산술 연산자가 적용돼 있으며 쉽게 결괏값을 예측할 수 있다. 굵게 표시한 uint d = 5/5에 주목하자. 변수 d는 다른 변수와 다르게 숫자 2를 더하거나 뺀 것이 아니라 숫자 5로 나눴다.

그런데 5가 아니라 2로 나눴다면, 즉 uint d = 5/2라고 했다면 오류가 발생할 것이다. 앞에서 언급했듯이 솔리디티는 소수점을 지원하지 않는다. 5/2는 2.5를 나타내며, 정수형인 uint에 맞지 않는 값인 2.5를 넣으려고 하면 에러가 발생한다.

그림 2.44 arithmetic 버튼을 클릭해 결괏값을 확인

예제 2.4를 배포한 후 arithmetic() 함수를 실행하면 그림 2.44와 같은 결과가 나온다.

복합 할당 연산자

복합 할당 연산자는 대입과 산술 연산자가 합쳐진 형태이다. 복합 할당 연산자는 다음 표와 같다.

표 2.8 복합 할당 연산자

종류	연산자	이름	예시
	+=	더하기 힐딩	A += 5 (A = A + 5와 같다.)
	-=	빼기 할당	A -= 5 (A = A - 5와 같다.)
복합 할당	*=	곱하기 할당	A *= 5 (A = A * 5와 같다.)
	/=	나누기 할당	A /= 5 (A = A / 5와 같다.)
	%=	나머지 할당	A %= 5 (A = A % 5와 같다.)

다음은 복합 할당 연산자의 예제다.

예제 2.5 복합 할당 연산자

```solidity
// SPDX-License-Identifier: GPL-3.0
pragma solidity >=0.7.0 < 0.9.0;

contract Ex2_5 {
    uint a = 5;
    uint b = 5;
    uint c = 5;
    uint d = 5;
    uint e = 5;

    function compoundAssignment() public returns(uint, uint, uint, uint, uint) {

        a += 2; // a = a + 2
        b -= 2; // b = b - 2
        c *= 2; // c = c * 2
        d /= 2; // d = d / 2
        e %= 2; // e = e % 2
        return(a, b, c, d, e);

    }
}
```

예제 2.5는 5개의 변수 a, b, c, d, e가 있으며 초깃값이 5다. 모든 변수의 자료형은 uint 형이므로 음수를 대입할 수 없으며 자료형은 uint256을 나타낸다. compoundAssignment()는 더하기, 빼기, 곱하기, 나누기, 나머지 연산해 값을 각 변수에게 할당하고 있는 것을 알 수 있다. 한 가지 유의할 점은 솔리디티는 소수점을 지원하지 않으므로 e /= 2의 값이 2.5가 아닌 2가 나왔다는 점이다.

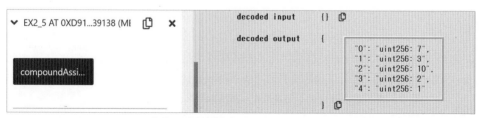

그림 2.45 compoundAssignment 버튼을 클릭해 결괏값 확인

예제 2.5를 배포하고 compoundAssignment 버튼을 클릭하면 그림 2.45와 같은 결과가 나온다.

증감 연산자

증감 연산자는 변숫값을 1만큼 증가 또는 감소시키며, 변수의 앞뒤에 적용할 수 있다. 변수 앞에 증감 연산자가 있는 경우를 전위라고 하며, 뒤에 있는 경우는 후위라 부른다. 증감 연산자의 전위 또는 후위에 따라 결괏값이 달라진다.

표 2.9 증감 연산자

종류	연산자	이름	예시
증감	++	전위 증가	++a (a에 1을 먼저 더한다.)
		후위 증가	a++ (a에 1을 나중에 더한다.)
	--	전위 감소	--a (a에서 1을 먼저 뺀다.)
		후위 감소	a-- (a에서 1을 나중에 뺀다.)

예제를 통해 증감 연산자를 자세히 알아보겠다.

전위 증가와 후위 증가

먼저 전위 증가와 후위 증가 예제를 살펴보자.

예제 2.6 전위 증가와 후위 증가

```solidity
// SPDX-License-Identifier: GPL-3.0
pragma solidity >=0.7.0 < 0.9.0;

contract Ex2_6 {

    uint a = 5;

    function justA() public view returns(uint){
        return a;
    }

    function prePlus() public returns(uint){
        return ++a; // a = a+1
    }
```

```
    function postPlus() public returns(uint){
        return a++;// a = a+1
    }
}
```

예제 2.6의 변수 a는 초깃값으로 5를 갖고 있으며, 3개의 함수 justA(), prePlus(), postPlus()가 있다. justA()는 변수 a가 갖고 있는 최신 값을 반환한다. prePlus()의 경우 return ++a이므로 변수 a를 전위 증가한다. 이와 반대로 postPlus()의 return a++는 후위 증가다.

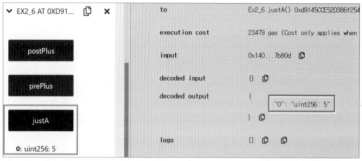

그림 2.46 a의 현재 값 확인

예제 2.6을 배포하면 그림 2.46에 justA, prePlus, postPlus 버튼이 보인다. 네모 박스로 표시한 justA 버튼을 클릭하면 변수 a의 값이 5인 것을 알 수 있다.

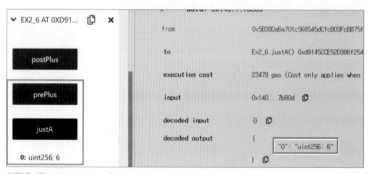

그림 2.47 전위 증가한 값 확인

그림 2.47의 리믹스 왼쪽 네모 박스로 표시한 prePlus 버튼을 클릭하면 변수 a가 전위 증가해 오른쪽 네모 박스에 표시된 a의 값 6이 반환된 것을 알 수 있다. 변수 a의 최신 값을 반환하는 justA 버튼을 다시 클릭하면 똑같은 결괏값 6이 나오는 것을 알 수 있다.

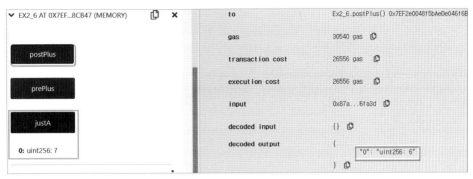

그림 2.48 후위 증가한 값 확인

그림 2.48에 있는 **postPlus** 버튼을 클릭하면 return a++이 실행되어 변수 a가 후위 증가된다. 후위 증가된 결괏값으로는 그림 2.48의 오른쪽 네모 박스로 표시한 6이 반환된다. 이 결과를 보면 prePlus() 함수 이후로 변수 a가 변화가 없는 것처럼 보인다.

그러나 변수 a의 최신 값을 반환하는 **justA**를 클릭하면 그림 2.48의 왼쪽 네모 박스로 표시한 7이 나온다. 즉, a의 변수는 후위 증가를 통해 기존의 a 값 6이 먼저 반환되고 나서 1이 증가해 7이 된 것을 알 수 있다.

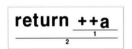

그림 2.49 prePlus 함수의 전위 증가 순서

다시 정리하면, 그림 2.49는 prePlus() 함수의 전위 증가 부분을 나타낸다. 그림 2.49의 return ++a 중 ++a가 먼저 연산되어 변수 a의 값 5가 6으로 증가한다. 그러고 나서 값 6이 return에 의해 반환된다.

그림 2.50 postPlus 함수의 후위 증가 순서

반면, 그림 2.50은 postPlus() 함수의 후위 증가를 나타낸다. postPlus() 함수를 실행했을 때 증가되지 않은 값 6을 반환한 것을 앞에서 확인했다. return a++에서 return a가 먼저 실행됐기 때문이다. 변수 a의 값이 증가되지 않고 return에 의해서 증가되지 않은 값 6이 그림 2.48과 같이 반환됐다. 그러고 나서 a++가 되어 6에서 7로 증가했다. justA() 함수를 통해서 a의 값이 7인 것을 확인할 수 있었다. 결론적으로 전위 증가는 변수의 값을 먼저 증가시키지만, 후위 증가는 변수의 값을 나중에 증가시킨다.

전위 감소와 후위 감소

다음은 전위 감소와 후위 감소의 예제 코드다.

```
// SPDX-License-Identifier: GPL-3.0
pragma solidity >=0.7.0 < 0.9.0;

contract Ex2_7{

    uint a = 5;

    function justA() public view returns(uint){
        return a;
    }

    function preMinus() public returns(uint){
        return --a; // a = a-1
    }

    function postMinus() public returns(uint){
        return a--; // a = a-1
    }
}
```

예제 2.7은 초깃값 5를 갖는 변수 a가 있으며, justA(), preMinus(), postMinus() 함수가 존재한다. 예제 2.6과 같은 맥락으로 preMinus()를 실행하면 그림 2.51과 같이 변수 a의 값이 5에서 4로 감소된 후 값이 반환되는 것을 알 수 있다.

반면, postMinus() 함수 값이 4에서 3으로 감소되기 전 4를 반환하고 나서 감소하게 되므로 그림 2.52와 같이 postMinus() 함수가 4를 반환하는 것을 알 수 있다. 그러고 나서 justA() 함수를 실행하면 그림 2.52의 왼쪽 네모 박스로 표시한 감소된 결괏값 3이 나오는 것을 알 수 있다.

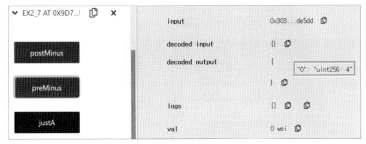

그림 2.51 전위 감소한 값 확인

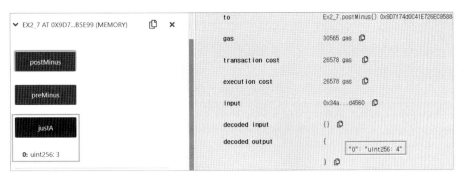

그림 2.52 후위 감소한 값 확인

비교 연산자

비교 연산자는 불리언 자료형인 true 또는 false로 결괏값을 반환한다. 비교 연산자를 표 2.10에 정리했다.

표 2.10 비교 연산자

종류	연산자	이름	예시
비교	>	큼	A > B (A가 B보다 크면 true를, 작으면 false를 반환한다.)
	<	작음	A < B (A가 B보다 작으면 true를, 크면 false를 반환한다.)
	>=	크거나 같음	A >= B (A가 B보다 크거나 같으면 true를, 아니면 false를 반환한다.)
	<=	작거나 같음	A <= B (A가 B보다 작거나 같으면 true를, 아니면 false를 반환한다.)
	==	같음	A == B (A와 B가 같으면 true를, 아니면 false를 반환하다.)
	!=	다름	A != B (A와 B가 다르면 true를, 아니면 false를 반환하다.)

예제를 통해 비교 연산자를 자세히 알아보자.

```
// SPDX-License-Identifier: GPL-3.0
pragma solidity >=0.7.0 < 0.9.0;


contract Ex2_8 {

    bool a = 3>4;
    bool b = 3<4;
    bool c = 5>=2;
    bool d = 5<=5;
    bool e = 3==2;
    bool f = 3!=2;

    function comparison() public view returns (bool, bool, bool, bool, bool, bool) {
        return(a, b, c, d, e, f);
    }
}
```

예제 2.8의 각 변수는 비교 연산의 결과를 담는다. 비교 연산의 결괏값과 해설은 표 2.11에 자세히 나와 있다. 예제 2.8을 배포한 후 함수 comparison()을 실행하면 그림 2.53과 같이 불리언 결괏값이 나온다.

표 2.11 예제 2.8 해설

예제 코드	해설
bool a = 3>4;	3은 4보다 크지 않으므로 false를 반환한다.
bool b = 3<4;	3은 4보다 작으므로 true를 반환한다.
bool c = 5>=2;	5는 2보다 크거나 같으므로 true를 반환한다.
bool d = 5<=5;	5는 5보다 작거나 같으므로 true를 반환한다.
bool e = 3==2;	3은 2와 같지 않으므로 false를 반환한다.
bool f = 3!=2;	3은 2와 같지 않으므로 true를 반환한다.

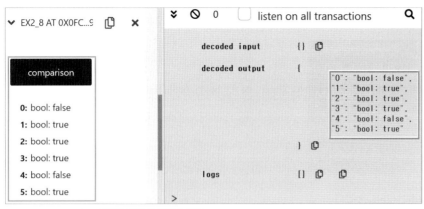

그림 2.53 comparison 버튼을 클릭해 결괏값 확인

논리 연산자

논리 연산자는 AND, OR, NOT 등의 논리 연산을 수행하며, 비교 연산자와 마찬가지로 불리언 자료형 true 또는 false를 반환한다.

다음 표에 논리 연산자를 정리했다.

표 2.12 논리 연산자

종류	연산자	이름	예시
	&&	AND	A && B (A와 B가 모두 참일 경우에만 true를 반환한다.)
논리	||	OR	A || B (A와 B가 모두 거짓일 경우에만 false를 반환한다.)
	!	NOT	!A (A가 참이라면 false, A가 거짓이라면 true를 반환한다.)

예제를 통해 논리 연산자를 알아보자.

예제 2.9 비교 연산자

```
// SPDX-License-Identifier: GPL-3.0
pragma solidity >=0.7.0 < 0.9.0;

contract Ex2_9 {

    bool a = true && true;
    bool b = true && false;
    bool c = false && false;
    bool d = true || true;
```

```
    bool e = true || false;
    bool f = false || false;
    bool g = !false;

    function logical() public view returns (bool, bool, bool, bool, bool, bool, bool) {
        return(a, b, c, d, e, f, g);
    }

}
```

예제의 논리 연산 결과는 다음과 같다.

- bool a = true && true;

  true와 true는 모두 참이므로 true를 반환한다.

- bool b = true && false;

  true와 false는 모두 참이 아니므로 false를 반환한다.

- bool c = false && false;

  false와 false는 모두 참이 아니므로 false를 반환한다.

- bool d = true || true;

  true또는 true는 모두 거짓이 아니므로 true를 반환한다.

- bool e = true || false;

  true또는 false는 모두 거짓이 아니므로 true를 반환하다.

- bool f = false || false;

  false또는 false는 모두 거짓이므로 false를 반환한다.

- bool g = !false;

  false의 반대는 true이므로 true를 반환한다.

예제 2.9를 배포하고 나서 logical() 함수를 실행하면 그림 2.54와 같은 결괏값이 나온다.

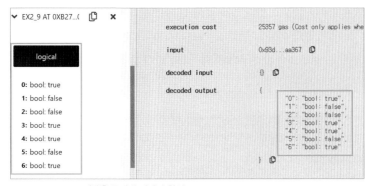

그림 2.54 logical 버튼을 클릭해 결괏값 확인

시프트 연산자

시프트 연산자는 비트(bit)를 좌우로 옮길 수 있는 연산자다. 표 2.13과 예제 2.10을 통해서 시프트 연산자를 자세하게 알아보자. 예제를 보기에 앞서, 진수의 개념과 2진수와 16진수의 변환법을 잘 모른다면 부록 B를 참고하기 바란다.

표 2.13 시프트 연산자

종류	연산자	이름	예시
시프트	<<	좌로 이동	A<<n (숫자 n만큼 왼쪽으로 A의 비트를 옮긴다.)
	>>	우로 이동	A>>n (숫자 n만큼 오른쪽으로 A의 비트를 옮긴다.)

예제 2.10 시프트 연산자

```solidity
// SPDX-License-Identifier: GPL-3.0
pragma solidity >=0.7.0 < 0.9.0;

contract Ex2_10 {

    bytes1 a = 0x10;

    function left() public view returns (bytes1) {
        return a<<1;
    }

    function right() public view returns (bytes1) {
        return a>>1;
    }

}
```

예제 2.10의 변수 a는 bytes1이라는 자료형을 갖고 있다. bytes1은 1바이트를 나타낸다. 1바이트는 8비트를 나타내며 2진수가 8개 있는 것이다. 해당 예제의 변수 a는 0x10이라는 초깃값을 가진다. 0x10의 0x는 16진수임을 나타내는 구분자이며, 0x10의 10은 16진수 10이다. 이와 같이 솔리디티에 바이트의 값을 넣으려면 16진수 형태의 값을 넣어줘야 한다.

```
bytes1 a = 0x10
         = 1x16¹+0x16⁰
         = 16+0
         = 16₍₁₀₎
         = 2|16
            2|8···0
            2|4···0
            2|2···0
             1···0
         = 0001 0000₍₂₎
```

그림 2.55 변수 a를 2진수로 변환하는 과정

더 나아가서 1바이트 변수를 갖는 a는 0x10이므로 16진수 1과 0, 총 2개의 16진수를 가지며 16진수 한 개당 4비트다. 다시 말하면, 변수 a는 1바이트인 8비트만 저장 가능하며 변수 a의 값은 2개의 16진수 8비트가 저장되어 있다. 그림 2.55를 통해 두 개의 16진수 0x10이 8개의 2진수로 변환되는 것을 알 수 있다.

예제 2.10에는 left()와 right() 함수가 있다. left()는 return a<<1;이므로 a의 모든 비트를 한 칸 왼쪽으로 이동시키며, right() 함수는 return a>>1;로 인해 a의 모든 비트를 오른쪽으로 한 칸 이동시킨다. a의 16진수가 2진수로 변경된 0001 0000상태에서 비트를 이동한다.

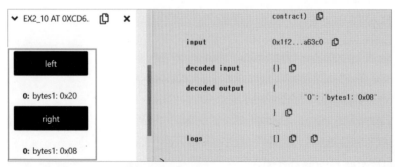

그림 2.56 left와 right 버튼을 클릭해 결괏값을 확인

예제 2.10을 배포한 후 left()와 right() 함수를 실행하면 그림 2.56과 같은 값이 나오는 것을 알 수 있다. 그림 2.57과 그림 2.58을 참고하면 left()와 right() 함수를 이해하기가 더 쉽다.

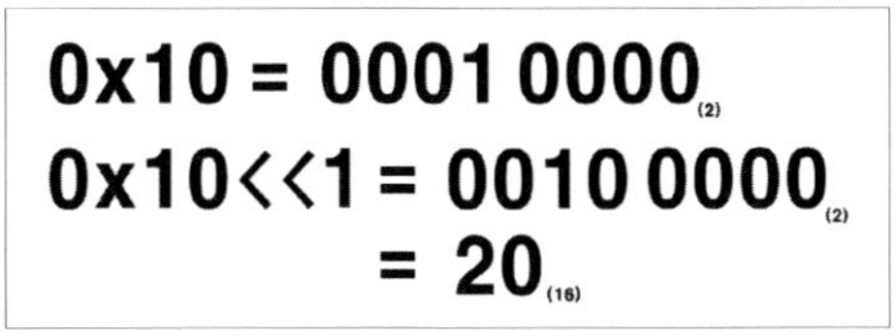

$$0x10 = 0001\ 0000_{(2)}$$
$$0x10 << 1 = 0010\ 0000_{(2)}$$
$$= 20_{(16)}$$

그림 2.57 left() 함수의 왼쪽으로 이동하는 시프트 연산 과정

$$0x10 = 0001\ 0000_{(2)}$$
$$0x10 >> 1 = 0000\ 1000_{(2)}$$
$$= 08_{(16)}$$

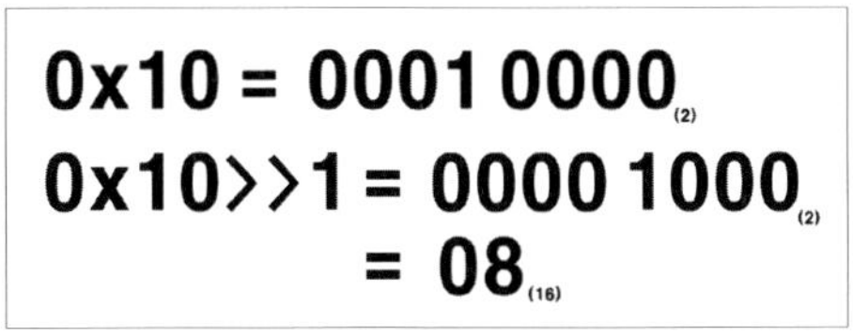

그림 2.58 right() 함수의 오른쪽으로 이동하는 시프트 연산 과정

비트 연산자

비트 연산자는 비트 단위로 연산할 때 사용되는 연산자이다.

표 2.14는 비트 연산자를 나타낸다.

표 2.14 비트 연산자

종류	연산자	이름	예시
비트	&	AND	A & B (A와 B의 비트가 1이면 1을 반환한다.)
	¦	OR	A ¦ B (A와 B의 비트가 0이면 0을 반환한다.)
	^	XOR (Exclusive OR)	A ^ B (A와 B의 비트가 0과 1이라면 1을 반환한다.)
	~	NOT	~A (A의 비트 0을 1로, 1을 0으로 변환한다.)

예제를 통해 비트 연산자를 살펴보자.

예제 2.11 비트 연산자

```
// SPDX-License-Identifier: GPL-3.0
pragma solidity >=0.7.0 < 0.9.0;
```

```
contract Ex2_11 {
    bytes1 a = 0x01;
    bytes1 b = 0x03;

    function bitwise() public view returns (bytes1, bytes1, bytes1, bytes1) {
        return (a & b, a | b, a ^ b, ~a);
    }
}
```

예제 2.11에서 변수 a와 b의 자료형은 bytes1이다. 변수 a와 b는 16진수 값 0x01과 0x03을 갖고 있으며, 이를 2진수로 나타내면 0000 0001과 0000 0011이다. 예제 2.11을 배포한 후 bitwise() 함수를 실행하면 그림 2.59처럼 결과가 나온다.

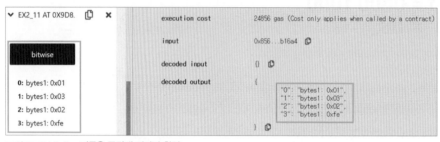

그림 2.59 bitwise 버튼을 클릭해 결괏값 확인

$$
\begin{array}{rl}
\& & 0x01 = 0000\ 0001_{(2)} \\
& 0x03 = 0000\ 0011_{(2)} \\
\hline
& 0x01 = 0000\ 0001_{(2)}
\end{array}
$$

그림 2.60 a & b의 비트 연산 과정

그림 2.60은 예제 2.11의 a & b의 연산 과정을 나타낸다. 변수 a와 b는 2진수로 0000 0001과 0000 0011이다. 비트 연산자 &는 두 변수 비트의 같은 자리끼리 비교해서 숫자가 둘 다 1이면 1을 반환하고 나머지의 경우는 0을 반환한다. 그림 2.60을 보면 알 수 있듯이 두 변수는 일의 자리에서만 1을 동시에 갖고 있으므로 a & b의 결괏값에서 일의 자리만 1이다.

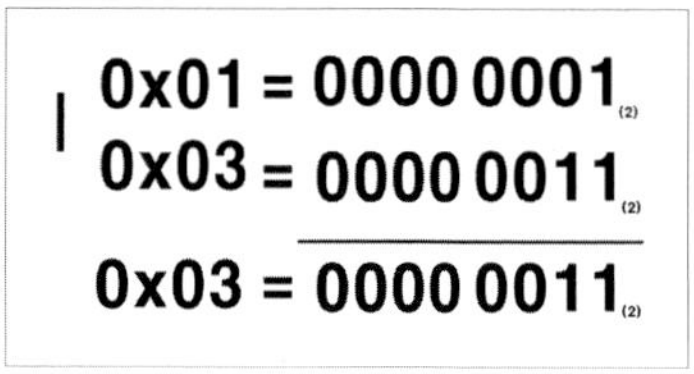

그림 2.61 a | b의 비트 연산 과정

그림 2.61은 예제 2.11의 a¦b의 연산 과정이며, 비트 연산자의 OR은 a와 b의 비트의 같은 자리끼리 비교해서 숫자가 둘 중 하나가 1이면 1을 반환한다. 그 외의 경우는 0을 반환한다. 그림 2.61을 보면 변수 a와 b의 일의 자리와 십의 자리를 제외하고는 0으로 동일하므로 a¦b의 결괏값은 일의 자리와 십의 자리만 1이 되어 0000 0011인 것을 알 수 있다.

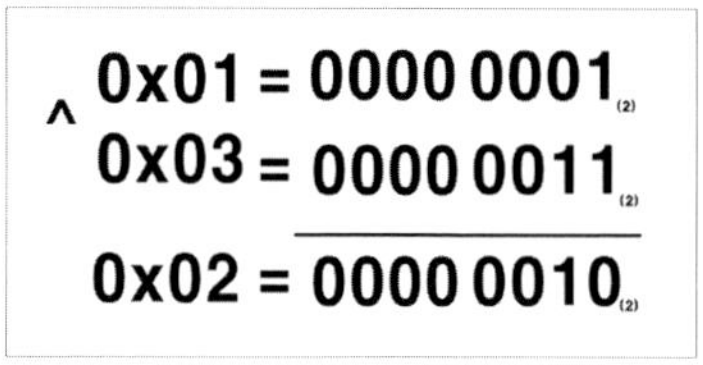

그림 2.62 a ^ b의 비트 연산 과정

그림 2.62는 비트 연산자 XOR의 연산 과정을 나타낸다. XOR은 같은 자리의 비트가 다를 때 1을 반환하며 나머지 경우에는 0을 반환한다. 그림 2.62는 예제 2.11의 a ^ b를 보여주며 십의 자리 비트가 서로 다르기 때문에 a ^ b의 결괏값은 0000 0010이 된다.

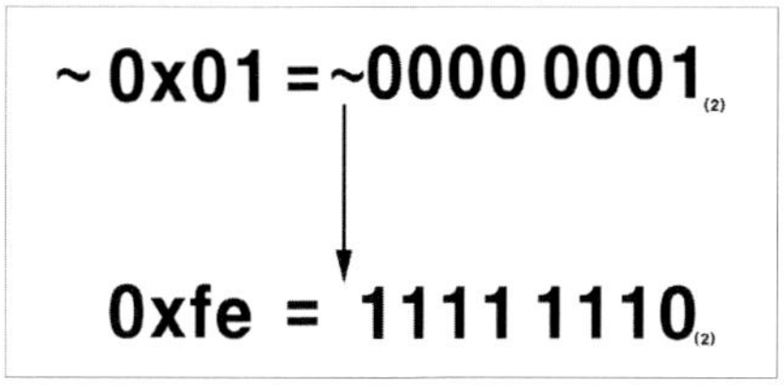

그림 2.63 예제 2.11 ~a의 비트 연산 과정

비트 연산자의 NOT은 0을 1로 바꾸고, 1을 0으로 바꾼다. 예제 2.11의 변수 a를 bitwise() 함수를 실행해 ~a로 반환했다. 그림 2.63과 같이 a의 값이 0000 0001에서 1111 1110으로 바뀌었다.

연산자 우선순위

앞서 대표적인 연산자를 알아봤는데, 각 연산자는 표 2.15처럼 연산 우선순위에 따라 연산된다. 다음 표에는 추가로 괄호 연산자가 있는데, 괄호 연산자는 예제를 통해 충분히 이해할 수 있을 것이다.

표 2.15 연산자 우선 순위

우선 순위	연산자 이름	연산자
1	후위 증가 연산자	++
	후위 감소 연산자	--
	괄호 연산자	( )
2	전위 증가 연산자	++
	전위 감소 연산자	--
	논리 연산자 NOT	!
	비트 연산자 NOT	~
3	산술 연산자 제곱	**
4	산술 연산자 곱셈	*
	산술 연산자 나눗셈	/
	산술 연산자 나머지	%
5	산술 연산자 덧셈	+
	산술 연산자 뺄셈	-
6	시프트 연산자 좌로 이동	<<
	시프트 연산자 우로 이동	>>
7	비트 연산자 AND	&
8	비트 연산자 XOR	^
9	비트 연산자 OR	¦
10	비교 연산자 큼	>
	비교 연산자 작음	<
	비교 연산자 크거나 같음	>=
	비교 연산자 작거나 같음	<=
11	비교 연산자 같음	==
	비교 연산자 다름	!=
12	논리 연산자 AND	¦¦

우선 순위	연산자 이름	연산자
13	논리 연산자 OR	||
14	대입 연산자 대입	=
	대입 연산자 더하기 할당	+=
	대입 연산자 빼기 할당	-=
	대입 연산자 곱하기 할당	*=
	대입 연산자 나누기 할당	/=
	대입 연산자 나머지 할당	%=

예제 2.12 우선 순위

```
// SPDX-License-Identifier: GPL-3.0
pragma solidity >=0.7.0 < 0.9.0;


contract Ex2_12 {
    uint a = 2 + 3 * 2;
    uint b = (2 + 3) * 2;
    bool c = !true == false;

    function results() public view returns(uint, uint, bool) {
        return (a, b, c);
    }
}
```

예제 2.12를 보면 3개의 변수 a, b, c가 있다. 변수 a의 2 + 3 * 2;에서 산술 연산자 곱셈은 우선순위가 4인 반면 산술 연산자 덧셈의 우선순위는 5이므로 3 * 2가 먼저 계산된다. 변수 a의 결괏값은 8이다. 이와 다르게 변수 b의 (2 + 3) * 2;에서는 괄호 연산자로 인해 (2 + 3)이 먼저 연산된다. 괄호 연산자의 우선순위가 1이므로 (2 + 3)이 먼저 연산되며 결과는 10이다. 변수 c의 !true == false;는 논리 연산자 NOT이 비교 연산자인 같음보다 우선순위가 더 높기 때문에 false == false;의 형태로 변환된 후 비교 연산자가 연산된다. false == false;는 같으므로 true를 반환한다. 그림 2.64는 모든 변수의 결괏값을 보여준다.

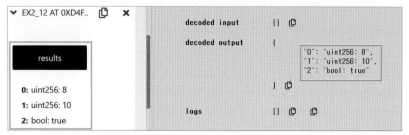

그림 2.64 results 버튼을 클릭해 결괏값 확인

2.4.4 상수

상수는 변수처럼 자료형과 상수명을 자유롭게 지정할 수 있다. 상수와 변수의 큰 차이점은 상수는 명시된 이후 저장한 값을 바꿀 수 없다는 점이다. 그림 2.65를 보면 상수를 쉽게 이해할 수 있다. 그림 2.65는 이미 감자라고 명시되어 있는 박스 안에 초기에 감자를 넣고 밀봉한 상태다. 밀봉되었기 때문에 나중에 감자를 더 추가할 수가 없다. 이와 같이 초기에 저장된 상수의 값은 변경할 수 없으며 변경을 시도하면 오류가 발생한다.

그림 2.65 이미 정의한 상수에는 새로운 값을 넣지 못한다.

그림 2.66은 상수를 정의하는 방법을 나타낸다. 상수는 변수와 정의하는 방법이 비슷하며 상수 키워드 constant 자료형과 상수 이름 사이에 명시해야 한다.

그림 2.66 상수 정의 방법

```solidity
// SPDX-License-Identifier: GPL-3.0
pragma solidity >=0.7.0 < 0.9.0;
contract Ex2_13 {
    uint constant a = 13;
    string constant b = "Hi";

    function plusA() public pure returns(uint) {
        return a+10;
    }

    /*
    function changeB() public {
        b="Hello"; //에러 발생
    }
    */
}
```

예제 2.13을 보면 상수 a와 b가 정의되어 있으며 초깃값은 13과 "Hi"이다. 예제 2.13을 실행하면 그림 2.67과 같이 plusA() 함수가 23을 반환한다. 이와 같이 상수는 피연산자로 계산에 사용할 수 있다. 그러나 changeB() 함수를 둘러싸고 있는 /* */ 주석 부분을 없애고 컴파일하면 그림 2.68과 같이 b="Hello" 부분에서 오류가 발생한다. changeB() 함수가 새로운 값을 받을 수 없는 상수 b에 새로운 값 Hello를 대입하고 있기 때문이다.

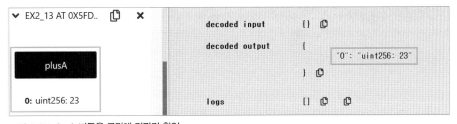

그림 2.67 plusA 버튼을 클릭해 결괏값 확인

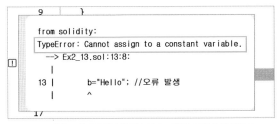

그림 2.68 상수 b에 새로운 값을 넣으려고 하면 오류가 발생한다.

2.5 개념 체크

01. 변수는 선언한 후 값을 변경할 수 (있다/없다).

02. !height라는 변수명은 사용할 수 (있다/없다).

03. 솔리디티는 소수점을 지원(한다/하지 않는다).

04. true와 false를 갖는 자료형은 (int/bool)이다.

05. −1을 포함하는 자료형은 (int/uint)이다.

06. 자료형 uint는 (uint8/uint256)을 나타낸다.

07. 자료형 address는 (bytes32/bytes20)이다.

08. 자료형 bytes1의 값은 (16진수/2진수) 형태로 입력해야 한다.

09. 자료형 byte는 (bytes1/bytes32)를 나타낸다.

10. false || true는 (true/false)를 반환한다.

11. true && false는 (true/false)를 반환한다.

12. !true == true는 (true/false)를 반환한다.

13. 증감 연산자는 피연산자의 값을 (2/1)만큼 증가시키거나 감소시킨다.

14. 괄호 연산자의 우선순위는 (3/1)이다.

15. (변수/상수)는 선언 후 값을 변경할 수 없다.

16. 상수의 키워드는 (constant/const)이다.

17. (30_age/age_30)은 상수명으로 사용할 수 있다.

[정답]

1. 있다	2. 없다	3. 하지 않는다	4. bool	5. int
6. uint256	7. bytes20	8. 16진수	9. bytes1	10. true
11. false	12. false	13. 1	14. 1	15. 상수
16. constant	17. age_30			

2.6 연습 문제

01. 변수 a, b, c의 결괏값을 알아맞혀 보세요. (다음 장에서 배울 함수로 결괏값을 구할 수 있습니다.)

```
// SPDX-License-Identifier: GPL-3.0
pragma solidity ^0.8.7;

contract quiz1 {

    uint public a = 4*2+1;
    int public b = 2-1+3-5*2;
    uint public c = 3*(3+3)/3;

}
```

02. 변수 a, b, c의 결괏값을 알아맞혀 보세요. (다음 장에서 배울 함수로 결괏값을 구할 수 있습니다.)

```
// SPDX-License-Identifier: GPL-3.0
pragma solidity >=0.7.0 < 0.9.0;

contract quiz2 {

    bool public a = true||true||false;
    bool public b = true&&true&&false;
    bool public c = true||true&&false;

}
```

[정답]

1. a: 9, b: -6, c: 6

2. a: true, b: false, c: true

03

가시성 지정자와
함수

함수를 아직 배우지 않았지만 어쩔 수 없이 2장에서 함수를 정의
해 예제의 결괏값을 얻었다. 그만큼 함수의 역할이 스마트 컨트랙
트에 많은 부분을 차지한다. 이번 장에서는 가시성 지정자(visibility
specifier)와 함수의 개념과 정의 방법을 자세히 알아보겠다.

이 장에서 배우는 내용:

- 가시성 지정자
- 함수의 개념과 정의 방법
- 함수의 모디파이어
- 함수의 참조 타입
- 함수와 변수
- 함수와 가시성 지정자

3.1 가시성 지정자

가시성 지정자는 자바(Java)와 C# 언어 등에서 쓰는 접근 제한자와 같은 개념이다. '가시성'은 눈에 띄는 정도를 뜻한다. 따라서 가시성 지정자를 적용한 대상은 공개 범위가 제한될 수 있다. 가시성 지정자가 적용되는 대상은 대표적으로 변수와 함수다. 변수와 함수를 정의할 때 가시성 지정자는 항상 필수로 함께 명시해야 한다. 다시 말하면, 어떠한 주체가 특정 변수나 함수에 접근하려고 할 때 변수나 함수에 지정된 가시성 지정자에 따라 접근 여부가 판가름 난다.

가시성 지정자에는 public, external, private, internal이 있다. 가시성 지정자를 자세히 알아보기 전에 그림 3.1의 예시를 통해 4개의 가시성 지정자를 가볍게 알아보겠다.

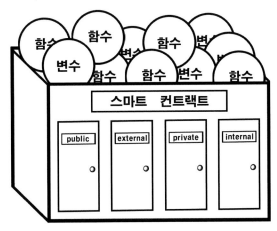

그림 3.1 4개의 가시성 지정자

그림 3.1과 같이 스마트 컨트랙트라는 집이 있다고 가정하자. 이 집에는 변수와 함수가 가득 들어 있다. 변수와 함수가 있는 곳으로 들어가려면 집에 존재하는 4개의 문 중 하나를 선택하면 된다. 각 문에는 가시성 지정자 public, external, private, internal이 적혀 있으며 문에 적힌 가시성 지정자의 특성에 따라서 집에 있는 변수와 함수에 접근할 수 있다. 접근하는 주체에는 외부인인 손님과 내부인인 집주인, 이렇게 두 명의 주체가 있다고 가정하겠다. 두 그룹이 변수와 함수에 접근하는 방식은 두 경우로 나눌 수 있다. 첫 번째는 손님이 집 외부에서 문을 열어 접근하는 경우이며, 두 번째는 집 주인이 집 내부에서 문을 닫고 접근하는 경우다.

먼저 public 문은 누구에게나 쉽게 열리고 닫힌다. 다시 말하면 외부인인 손님 또는 내부인인 집주인이 쉽게 문을 통해 함수나 변수에 쉽게 접근할 수 있다. 두 번째 문 external은 오직 외부에서만 문을 열 수 있으므로 오직 손님만 변수나 함수에 접근할 수 있다. 다시 말해, 스마트 컨트랙트 집 내부에 있는 집

주인은 external 문을 통해 변수나 함수를 사용할 수 없다. 반면에 세 번째 문 private은 오직 집주인만 문을 통해서 변수나 함수에 접근할 수 있다. 마지막 문 internal은 집 내부에서 집주인이 문을 닫아 변수나 함수에 접근할 수 있고, 손님 중 집 주인과 혈연 관계가 있는 친족만 internal 문을 열고 접근이 가능하다.

그림 3.1을 통해 대략 가시성 지정자를 알아봤는데, 좀 더 자세히 탐구해 보자. 그림 3.1에서 보듯이 지정자마다 접근 가능한 주체가 다르다. 즉, 지정자에 따라 함수나 변수의 공개 범위가 달라진다. 접근하는 방식은 손님이 외부에서 문을 여는 경우와 집 주인이 내부에서 문을 닫는 경우로 나뉜다. 다시 말하면 가시성 지정자가 적용된 변수나 함수를 외부 또는 내부에서 접근할 수 있다.

외부 접근은 스마트 컨트랙트와 스마트 컨트랙트 사이에서 함수와 변수에 접근하는 경우 또는 유저가 함수와 변수에 접근하는 경우를 말한다. 쉽게 예를 들면, 5를 반환하는 outPut5 함수가 있다고 하자. 어느 한 유저가 outPut5를 실행해 5를 반환했다고 했을 때 그 유저는 outPut5 함수를 외부에서 접근한 것이다.

반면, 내부 접근은 외부 접근과 다르게 동일 스마트 컨트랙트에서 일어난다. 즉, 스마트 컨트랙트 A에 outputNumber와 output5 함수가 있다고 가정해 보자. output5 함수는 5를 반환하고, outputNumber 함수는 output5 함수를 실행해 5를 반환한다. 즉, outputNumber는 output5를 내부에서 접근해 5를 반환하는 것이다.

- **public**

  public은 아무런 제약 없이 모두에게 공개되므로 어디서든 접근이 가능하다. 즉, 함수에 public을 지정하면 그 함수가 정의된 스마트 컨트랙트의 외부와 내부에서 모두 접근이 가능하다. 가시성 지정자 public을 변수에 지정하면 getter 함수가 자동으로 생성된다. getter 함수는 public이 적용된 변수의 최신 값을 반환한다.

- **external**

  external은 오직 스마트 컨트랙트의 외부에서만 접근이 가능하다. 다시 말해, external로 명시한 함수는 스마트 컨트랙트 외부에서만 그 함수를 실행할 수 있다. 예외적으로 external을 명시한 함수를 스마트 컨트랙트 내부에서 접근하려면 this 키워드를 사용해 부를 수 있다. 이 부분은 예제를 통해 자세히 알아보겠다. 추가로 external은 변수에는 적용이 불가능하다.

- **private**

  private은 external과 반대로 오직 private이 명시된 변수나 함수를 갖고 있는 스마트 컨트랙트 내부에서만 접근이 가능하다. 즉, 스마트 컨트랙트 외부에서 private가 적용된 함수는 보이지 않으므로 외부에서 접근하여 함수를 실행할 수 없다. 결론적으로 private기 적용된 함수는 스마트 컨트랙트 내부에서만 실행이 가능하다.

- internal

internal은 private의 확장 버전이라고 생각할 수 있다. 기존 private은 스마트 컨트랙트 내부에서만 접근이 가능했지만, internal은 스마트 컨트랙트의 내부와 외부 접근이 가능하다. 주의할 점은 외부 접근은 상속받은 자식 스마트 컨트랙트만 가능하다. 이러한 internal의 속성은 6장에서 상속을 배우고 나서 상속과 함께 살펴보겠다.

표 3.1 가시성 지정자 접근 범위

	외부	내부
public	O	O
external	O	△ (this 키워드 사용 시 내부 접근 가능)
private	X	O
internal	△ (상속받은 스마트 컨트랙트 외부 접근 가능)	O

결론적으로 표 3.1과 같이 가시성 지정자의 접근 범위를 간단하게 정리할 수 있다.

그림 3.2 가시성 지정자 정의 방법

그림 3.2는 변수에 가시성 지정자를 명시하는 방법을 보여준다. 가시성 지정자는 자료형 바로 뒤에 위치하며 변수의 목적에 따라 각 가시성 지정자를 명시하면 된다. 현재 그림 3.2의 변수 a에는 public이 명시되었으므로 변수 a는 외부 및 내부 접근이 가능하다.

예제 3.1을 통해 가시성 지정자를 명시하는 방법을 알아보자. 4개의 가시성 지정자가 존재하지만 가시성 지정자를 선언하는 방법은 같으므로 가시성 지정자 public만 변수에 적용하겠다.

예제 3.1 가시성 지정자 public

```
// SPDX-License-Identifier: GPL-3.0
pragma solidity >=0.7.0 <0.9.0;

contract Ex3_1 {
    uint a = 5;
    uint public b = 5;
```

```
    uint public constant c = 5;


}
```

예제 3.1에는 3개의 변수 a, b, c가 존재한다. 변수 a는 가시성 지정자가 명시되어 있지 않으며, 이전 장에서 여러 번 봐서 익숙할 것이다. 사실 가시성 지정자를 따로 명시하지 않아도 기본값인 internal이 가시성 지정자로 정의된다. 즉, 변수 a는 가시성 지정자를 따로 명시하지 않았으므로 internal로 정의된 상태다. 나머지 b와 c의 가시성 지정자는 public이어서 아무 제한 없이 외부와 내부에서 접근할 수 있다. 더 나아가, 예제 3.1의 c와 같이 상수에도 가시성 지정자를 따로 명시해 줄 수 있다.

예제 3.1을 컴파일한 후 배포하면 그림 3.3과 같이 나온다.

그림 3.3 public 적용 후 확인한 변수

그림 3.3에서 볼 수 있듯이 변수 a의 가시성 지정자 internal은 외부 접근이 불가능하므로 변수 a의 버튼이 나오지 않았다. 반면, 변수 b와 상수 c의 가시성 지정자인 public은 외부 접근이 가능하므로 변수 b와 상수 c의 버튼이 나왔다. 버튼이 나온 이유는 getter 함수가 생성됐기 때문이다.

앞서 언급했듯이 public을 변수에 정의하면 그 변수의 값을 반환하는 getter 함수가 자동으로 생성된다. 그림 3.3과 같이 b와 c 버튼을 누르면 각각 값 5가 나오는 것을 볼 수 있다. public 이외의 나머지 가시성 지정자는 3.2절에서 함수를 배우고 나서 자세히 알아보겠다.

3.2 함수의 개념과 정의 방법

이번에는 함수의 개념과 함수를 정의하는 방법을 자세히 알아보겠다. 앞에서 4개의 가시성 지정자를 살펴봤는데, public만 예제를 통해 실습했다. 이번에는 함수를 완전히 습득한 후 가시성 지정자와 함수 예제를 통해 자세히 다뤄 보겠다.

3.2.1 함수의 개념

함수는 특별한 작업을 수행하도록 만들어진 코드의 집합체라고 생각할 수 있다. 그림 3.4를 통해 쉽게 함수를 이해할 수 있다.

그림 3.4 함수의 구조

그림 3.4는 간단한 함수의 구조를 보여준다. 그림 3.4의 함수에 입력값 5를 넣으면 함수의 로직에 따라 입력값 5에 2를 더한 값 7을 출력값으로 반환한다. 여기서 주목해야 할 점은 그림 3.4의 함수의 핵심 로직은 '입력값+2'이며, 이 핵심 로직이 함수가 어떻게 작동하는지를 결정한다는 것이다.

예를 들어 그림 3.4에서처럼 입력값 5를 넣는다고 해도 함수의 로직이 '입력값+10'이라면 출력값으로 15가 반환될 것이다. 결론적으로 함수의 로직을 어떻게 정의하는지에 따라 다양한 함수를 만들어 활용할 수 있다. 더 나아가, 함수를 사용함으로써 유지보수, 재활용, 가독성에서 이점을 얻을 수 있다.

3.2.2 함수 정의

함수는 function이라는 키워드를 통해 선언을 시작한다. 기본적으로 키워드 `function`을 선언한 후 함수명과 가시성 지정자를 차례대로 명시한다. 그리고 중괄호를 열어서 함수가 호출될 때 실행되는 함수 로직을 작성한다.

간단한 함수

다음과 같이 함수를 간단하게 정의할 수 있다.

```
function myFun() public {
           함수명      가시성 지정자
    //함수 로직
}
```

그림 3.5 함수 정의 방법

그림 3.5에서 보듯이 함수명은 myFun이다. 함수의 가시성 지정자가 public이므로 myFun 함수는 외부와 내부에서 접근이 가능하다. 다음 예제는 기본적인 함수 정의 예제이며 myFun 함수가 있다.

예제 3.2 기본 함수 정의

```solidity
// SPDX-License-Identifier: GPL-3.0
pragma solidity >=0.7.0 <0.9.0;


contract Ex3_2 {

    uint public a = 3;
    function myFun() public {
        a = 5;
    }

}
```

예제 3.2에서는 myFun()이라는 함수를 만들었으며, 이 함수는 public 가시성 지정자를 갖고 있다. 예제 3.2 코드를 컴파일한 후 배포하면 public 가시성 지정자로 인해 변수 a와 함수 myFun을 나타내는 버튼이 나온다. a 버튼을 처음에 누르면 변수 a의 값은 3이 나온다. myFun 버튼을 누르고 나서 a 버튼을 누르면 a의 값이 5가 나오는 것을 확인할 수 있다(그림 3.6). 함수 myFun의 핵심 로직은 a=5;이므로 기존 변수 a 값 3에서 5로 변경된 것이다.

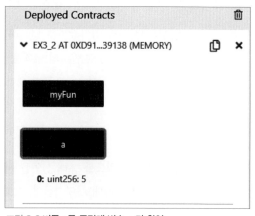

그림 3.6 버튼 a를 클릭해 변수 a 값 확인

더 나아가, 현재 그림 3.5의 함수는 입력값인 매개변수를 받지 않고 출력값인 반환값을 내보내지 않는 기본 함수다. 함수에 매개변수와 반환값을 적용하면 매개변수만 있는 함수, 반환값만 있는 함수, 매개변수와 반환값 둘 다 있는 함수를 만들 수 있다. 결론적으로 함수를 만들 수 있는 경우는 그림 3.5, 그림 3.7, 그림 3.12, 그림 3.18의 총 4가지 경우다.

매개변수를 받는 함수

함수에 매개변수를 받으려면 함수 이름 옆에 소괄호를 열어서 받고자 하는 매개변수의 자료형과 매개변수 이름을 써주면 된다. 그림 3.7에서 myFun(uint a) 함수가 호출될 때 uint 자료형의 매개변수를 받아서 실행하겠다는 뜻이다. 예를 들어 myFun 함수에 3을 넣어 호출한다면 함수 내에서 매개변수 a는 3의 값을 갖는다.

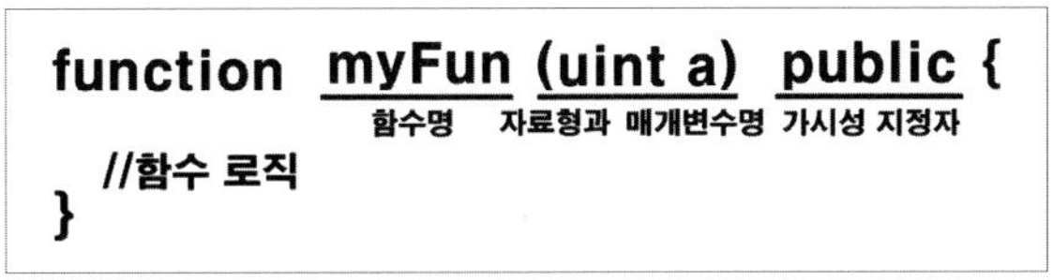

```
function  myFun (uint a)  public {
          함수명    자료형과 매개변수명  가시성 지정자
    //함수 로직
}
```

그림 3.7 매개변수가 있는 함수 정의 방법

다음 예제에는 값이 3인 변수 a가 있고, 매개변수를 받는 myFun 함수가 있다.

예제 3.3 매개변수를 가진 함수

```
// SPDX-License-Identifier: GPL-3.0
pragma solidity >=0.7.0 <0.9.0;

contract Ex3_3 {

    uint public a = 3;
    function myFun(uint b) public {
        a = b;
    }

}
```

예제 3.3의 myFun(uint b)는 myFun 함수가 호출될 때 uint 자료형의 매개변수를 받아야 호출이 가능하다. 함수가 호출될 때 함수 안에서 실행되는 로직은 a = b다. 즉, 매개변수 b를 통해 받은 입력값이 a 변수에 대입된다 예제 3.3을 배포하고 나면 그림 3.8과 같이 보일 것이다.

그림 3.8 버튼 a를 클릭하여 변수 a 값 확인

먼저 그림 3.8과 같이 a 버튼을 클릭하면 a의 값 3이 나오는 것을 알 수 있다. 그림 3.8에서 주목할 점은 **myFun** 버튼 옆에 입력창이 생기고 **uint256 b**라는 문구가 생겼다는 것이다. **uint256 b**라는 문구가 생긴 이유는 **myFun** 함수의 매개변수 자료형이 **uint**이며 매개변수명을 b로 정의했기 때문이다.

그림 3.9 매개변수 입력 및 함수 실행 후 버튼 a를 클릭하여 변수 a 값 확인

그림 3.9와 같이 **myFun** 함수에 매개변수 10을 넣고 실행한다. 그러고 나서 a 버튼을 클릭하면 변수 a의 값이 10으로 바뀐 것을 알 수 있다. 즉, **myFun** 함수의 로직은 a = b이므로 매개변수 b가 a에 대입된다. 다시 말하자면 매개변수로 10을 받았기 때문에 매개변수 b는 10을 갖고, 그 값을 a에 대입한 것이다.

더 나아가서 예제 3.4와 같이 여러 개의 매개변수를 받을 수 있다.

예제 3.4 두 개 이상의 매개변수를 가진 함수

```
// SPDX-License-Identifier: GPL-3.0
pragma solidity >=0.7.0 <0.9.0;
```

```
contract Ex3_4 {

    uint public a = 3;
    function myFun(uint b, uint c, uint d) public {
        a = b;
        a = c;
        a = d;
    }

}
```

예제 3.4에서 볼 수 있듯이 myFun(uint b, uint c, uint d) 함수는 3개의 uint 타입의 매개변수를 받는 것을 알 수 있다. 입력받은 매개변수는 차례대로 변수 a에 대입된다. 최종적으로 a = d와 같이 매개변수 d가 a에 대입되므로 변수 a의 값은 매개변수 d의 값이 된다.

그림 3.10 버튼 a를 클릭해 변수 a 값 확인

예제 3.4를 컴파일한 후 Deploy 버튼을 클릭해 배포하면 그림 3.10과 같은 화면을 볼 수 있다. 먼저 a 버튼을 클릭해 변수 a의 값 3을 확인한다. 또한, myFun 버튼 바로 옆에 입력창 uint256 b, uint256 c, uint256 d가 있는 것을 볼 수 있다. 입력창이 생성된 이유는 myFun(uint b, uint c, uint d)와 같이 함수 myFun이 매개변수 b, c, d를 받기 때문이다. 네모 박스로 표시한 화살표 머리를 클릭하면 그림 3.11과 같이 각 매개변수를 입력할 수 있게 입력창이 나타난다.

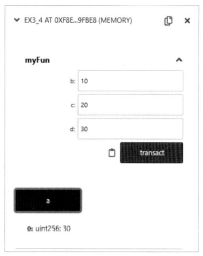

그림 3.11 transact 버튼 클릭하고 나서 버튼 a를 클릭하여 변수 a 값 확인

그림 3.11과 같이 각 매개변수에 값을 입력하고 트랜잭션을 나타내는 transact 버튼을 클릭해 myFun 함수를 실행한다. 함수 실행 후 a 버튼을 클릭하면 변수 a의 값은 30이 나올 것을 예상할 수 있다. 함수 내부를 보면 맨 마지막 a = d와 같이 매개변수 d가 변수 a에 대입되므로 변수 a의 값이 30이 된 것을 알 수 있다.

값을 반환하는 함수

다음 함수는 returns라는 키워드를 통해 함수 실행 시 특정한 값을 반환한다. returns(uint)이므로 반환값은 uint 자료형을 가진 값만 가능하다. 함수의 내부를 보면 함수의 마지막 부분에 return a가 있다. 이는 uint 자료형을 가진 변수 a가 출력될 것을 나타낸다.

그림 3.12 반환값이 있는 함수 정의 방법

예제 3.5를 통해 반환값이 있는 함수를 명시하는 방법을 알아보자.

예제 3.5 반환값을 가진 함수

```
// SPDX-License-Identifier: GPL-3.0
pragma solidity >=0.7.0 <0.9.0;

contract Ex3_5 {

    uint public a = 3;
    function myFun() public returns(uint) {
        a = 100;
        return a;
    }

}
```

예제 3.5에서 주목할 부분은 returns(uint), a=100, return a다. 즉, myFun 함수는 uint 자료형을 반환한다. myFun 함수의 로직 a=100을 보면 초깃값 3을 갖고 있던 변수 a에 100이 대입되는 것을 확인할 수 있다. 결론적으로 return a를 통해 변수 a는 100이 반환될 것이다.

그림 3.13 버튼 a를 클릭하여 변수 a 값 확인

예제 3.5를 컴파일한 후 Deploy 버튼을 클릭해 배포하면 그림 3.13과 같이 나온다. 그림 3.13의 a 버튼을 클릭해 변수 a의 초깃값 3을 확인하다. 그러고 나서 myFun 버튼을 클릭해 myFun 함수를 실행한다. myFun 함수가 실행되면 변수 a에 100이 대입될 것을 예상할 수 있다.

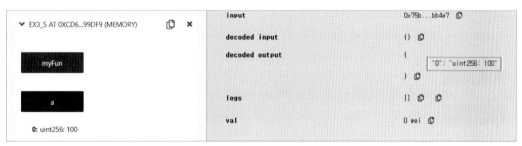

그림 3.14 함수 실행 후 버튼 a를 클릭하여 변수 a 값 확인

myFun 함수가 실행되면 그림 3.14에 네모 박스로 표시한 반환값 100이 출력되는 것을 알 수 있다. 여기서 주목할 부분은 예제 3.5의 함수 myFun의 returns(uint)이다. 즉, 함수 myFun은 uint 타입의 반환값만 반환할 수 있으므로 uint 타입의 100을 갖고 있는 변수 a가 반환됐다.

추가로 myFun 함수 실행 후 a 버튼을 누르면 변수 a의 값이 100으로 변하는 것을 알 수 있다. 함수 myFun 내부에 a=100을 확인할 수 있으며 변수 a에 100이 대입된 것을 알 수 있다.

다음 예제를 통해 반환값이 두 개 이상인 함수를 정의하는 방법을 알아보자.

```
// SPDX-License-Identifier: GPL-3.0
pragma solidity >=0.7.0 <0.9.0;

contract Ex3_6 {

    uint public a = 3;
    uint public b = 5;
    function myFun() public returns(uint, uint) {
        a = 100;
        b = 0;
        return (a, b);
    }

}
```

예제 3.6은 예제 3.5와 매우 비슷하며 단지 returns(uint, uint)를 선언해 두 개의 값을 반환하고 있다. 함수의 로직을 보면 return (a, b)를 통해 변수 a와 b를 출력하며, 두 변수 모두 uint 자료형을 갖고 있다. 그림 3.15에서 보듯이 myFun 함수 로직에 따라 100과 0이 반환될 것을 예상할 수 있다.

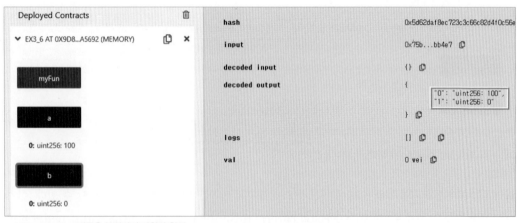

그림 3.15 myFun 버튼을 클릭하여 반환값 확인

예제 3.7을 통해 함수의 반환값에 이름을 명시해 출력하는 방법을 알아보겠다.

```
// SPDX-License-Identifier: GPL-3.0
pragma solidity >=0.7.0 <0.9.0;

contract Ex3_7 {

    function myFun() public pure returns(uint age, uint weight) {
        age = 31;
        weight = 60;
    }
}
```

예제 3.7의 로직을 보면 변수 age와 weight에 31과 60을 대입한다. 그러나 기존 예제와 다른 점이 있는데, uint public age와 같이 변수 age와 weight를 따로 선언하지 않고 31과 60을 대입한다는 점이다.

일반적인 상황이라면 오류가 발생했겠지만, 오류는 발생하지 않았다. 그 이유는 myFun 함수의 반환값을 명시하는 부분에서 returns(uint age, uint weight)를 통해 반환값의 자료형을 명시하면서 반환될 변수를 선언했기 때문이다. 즉, myFun 함수 내부에서 변수 age와 weight가 선언돼 사용할 수 있다. 변수 age와 weight에 31과 60을 대입할 수 있는 것이다. 추가로, myFun 함수는 키워드 pure를 갖고 있다. 이에 대해서는 뒤에서 살펴보겠다.

더 나아가, 일반적으로 함수를 반환할 때는 함수의 로직 맨 마지막에 return(age, weight)와 같이 명시해야 변수 age와 weight를 반환할 수 있는데, 여기서는 returns(uint age, uint weight)에 반환될 변수를 이미 명시했으므로 따로 선언해줄 필요가 없다. 그러나 return(age, weight)라고 명시해도 무방하다. 이와 같이 반환값에 변수명을 명시하면 함수에 어떤 값을 반환하는지 쉽게 알 수 있다.

그림 3.16 myFun 버튼을 클릭한 후 반환값 확인

해당 예제를 배포한 후 실행하면 그림 3.16과 같이 age 31과 weight 60이 출력된다. 이처럼 반환된 값의 이름이 나오므로 반환값을 여러 개 출력할 때 유용하다.

예제 3.8을 통해 함수의 반환값을 활용하는 방법을 알아보자.

예제 3.8 함수의 반환값을 변수에 대입

```solidity
// SPDX-License-Identifier: GPL-3.0
pragma solidity >=0.7.0 <0.9.0;

contract Ex3_8 {

    uint public a = 3;
    uint public b = myFun();
    function myFun() public returns(uint) {
        a = 100;
        return a;
    }

}
```

예제 3.8은 예제 3.5와 같은 예제 코드다. 먼저 myFun 함수는 a를 반환하며 a는 100을 갖고 있다. uint public b = myFun()을 보면 b 변수와 myFun 함수의 반환값을 대입받고 있다. 즉, b 변수는 100을 대입받을 것이다.

그림 3.17 함수의 반환값을 받은 변수 b

해당 예제를 배포하고 나서 그림 3.17과 같이 b 버튼을 클릭하면 함수 myFun으로부터 대입받은 100이 나온다.

매개변수와 반환값이 있는 함수

```
function  myFun (uint a)  public returns (uint) {
          함수명    자료형과 매개변수명  가시성 지정자      반환값 자료형
    //함수 로직

    return b
        uint 자료형을 가진 변수 b
}
```

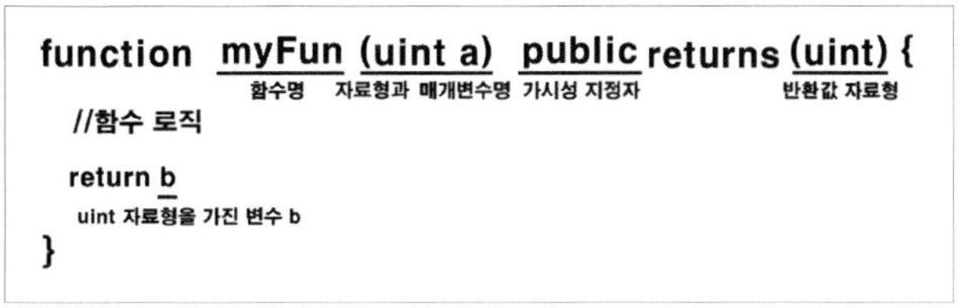

그림 3.18 매개변수와 반환값이 있는 함수 정의 방법

그림 3.18은 매개변수를 입력받고 특정한 값을 반환하는 함수의 정의 방법이다.

예제 3.9를 통해 매개변수와 반환값이 있는 함수를 선언하는 방법을 알아보자.

예제 3.9 매개변수와 반환값이 있는 함수

```
// SPDX-License-Identifier: GPL-3.0
pragma solidity >=0.7.0 <0.9.0;

contract Ex3_9 {

    uint public a = 3;
    function myFun(uint b) public returns(uint) {
        a = b;
        return a;
    }
}
```

예제 3.9에서 myFun(uint b)이므로 uint 자료형 매개변수를 받는다. myFun 함수의 내부를 보면 a = b이므로 입력받은 매개 변수 b는 변수 a에 대입된다. 그리고 나서 return a를 통해 a 값을 반환한다. returns(uint)라고 명시함에 따라 반환되는 a의 값은 uint 자료형을 갖게 된다.

그림 3.19 버튼 a를 클릭하여 변수 a 값 확인

해당 예제 코드를 배포하면 그림 3.19가 나오며 변수 a의 값이 3인 것을 알 수 있다. myFun 버튼의 매개변수 입력창을 보면 uint256 b인 것을 확인할 수 있다. 즉, myFun 함수의 매개변수에는 uint 타입의 값을 입력해야 한다.

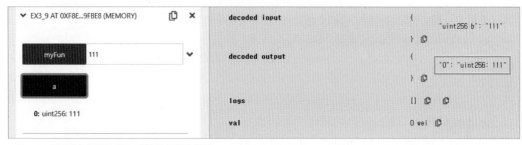

그림 3.20 매개변수 입력과 함수 실행 후 반환값 확인

그림 3.20과 같이 함수 myFun에 111을 입력하고 나서 함수를 실행하면 오른쪽 네모 박스로 표시된 정수형 111이 출력된다. 그리고 나서 a 버튼을 클릭하면 변수 a의 값이 3에서 111로 변경된 것을 알 수 있다.

3.3 기본 모디파이어

모디파이어(Modifier)는 특정한 기능을 미리 정의해 여러 함수에 적용할 수 있다. 일반적으로 모디파이어를 통해 함수의 로직에 제약을 준다. 예를 들어 스마트 컨트랙트를 배포한 사람만 특정 함수를 실행시키도록 할 수 있다.

여기서는 솔리디티에서 기본으로 제공하는 모디파이어만 알아보고, 8장에서 모디파이어를 직접 만들어 보면서 자세히 알아보겠다.

솔리디티에서 제공하는 모디파이어에는 pure, view, payable이 있다. 이번 절에서는 pure와 view에 초점을 두어 설명하고, payable은 9장에서 이더를 송금하고 수신하는 방법을 다룰 때 같이 알아보겠다.

3.3.1 pure와 view의 비교

pure와 view의 큰 차이점은 함수 외부에서 정의된 변수를 함수 내부로 읽어 들일 수 있는지의 여부다.

* **pure**

   pure 모디파이어를 함수에 적용하면 함수 밖에 선언된 변수를 pure가 적용된 함수 내부로 갖고 올 수 없다. 다시 말하면, pure가 적용된 함수는 오직 순수하게 함수 내부에서 정의된 변수 또는 매개변수만 함수 내부에 선언할 수 있다.

* **view**

   view 모디파이어는 pure보다 조금 더 느슨하다. view가 적용된 함수는 함수 외부에 정의된 변수를 읽을 수 있다. 그러나 읽어 들인 변수의 값을 함수 내부에서 바꿀 수는 없다. 예를 들어 함수 외부에서 정의된 변수 a가 있을 때 view가 적용된 함수 내부에서 a의 값을 변경한다면 오류가 발생할 것이다.

3.3.2 함수에 모디파이어를 적용하는 방법

```
function myFun() public pure {
          함수명    가시성 지정자  모디파이어
   //함수 로직
}
```

그림 3.21 모디파이어 함수 적용 방법

그림 3.21은 함수에 모디파이어를 적용하는 방법을 나타낸다. 모디파이어는 가시성 지정자 옆에 명시하면 된다. pure가 있는 함수, view가 있는 함수, 모디파이어가 없는 함수의 총 3가지 경우로 나누어, 예제 코드를 통해 알아보겠다.

함수에 pure를 적용

예제 3.10을 통해 모디파이어 pure를 함수에 적용하는 방법과 pure의 올바른 사용법을 알아보자.

```solidity
// SPDX-License-Identifier: GPL-3.0
pragma solidity >=0.7.0 <0.9.0;

contract Ex3_10 {

    function myFun(uint a) public pure returns(uint) {
        return a;
    }
}
```

예제 3.10에서 보듯이, myFun 함수는 정수형 매개변수를 받고 바로 반환한다. 다시 말해, 함수 밖의 변수를 사용하지 않고 함수 자체 내에서 매개변수를 받아 반환한다. myFun 함수 외부에 있는 변수를 myFun 함수의 로직에 선언하지 않았으므로 pure를 적용해야 한다.

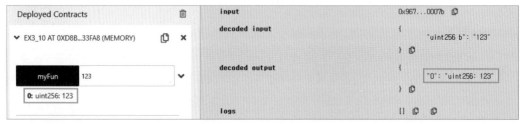

그림 3.22 함수 실행 후 myFun 버튼 밑에 있는 반환값 확인

예제 3.10을 배포하고 나서 그림 3.22와 같이 123을 매개변수로 입력한다. 그러고 나서 myFun 함수를 실행하면 결괏값이 123이 나온다. myFun 함수는 매개변수를 입력받아 바로 반환하기 때문이다.

한 가지 더 주목할 점은 myFun 함수는 외부에 존재하는 변수를 사용하지 않았으므로 모디파이어 pure가 적용됐다는 것이다. 더 나아가서 리믹스에서 pure 또는 view가 붙어있는 함수를 실행하면 함수의 반환값이 함수 버튼 밑에 나온다.

예제 3.11은 모디파이어 pure가 잘못 적용될 경우를 설명한다.

```solidity
// SPDX-License-Identifier: GPL-3.0
pragma solidity >=0.7.0 <0.9.0;

contract Ex3_11 {
```

```
    uint public a = 3;
    function myFun() public pure returns(uint) {
        a = 4;
        return a;
    }
}
```

예제 3.11은 함수에 pure 모디파이어가 잘못 적용됐다. pure를 적용하려면 함수 외부에 있는 변수를 함수 로직에 선언하지 말아야 한다. 그러나 예제 코드에서는 함수 myFun 밖에 있는 변수 a를 myFun 함수 로직에 명시했으므로 그림 3.23과 같이 오류가 발생한다.

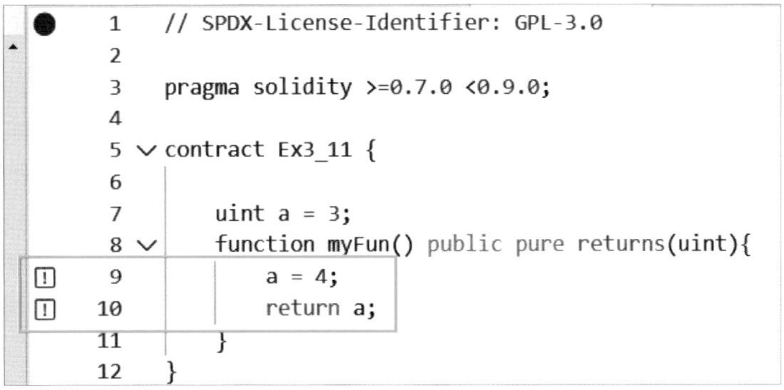

그림 3.23 pure가 적용된 함수에서 외부 변수 사용 시 오류 발생

그림 3.23에서처럼 pure가 적용된 myFun 함수 내부의 a=4와 return a에서 오류가 나는 것을 확인할 수 있다.

함수에 view를 적용

다음 예제는 모디파이어 view를 선언하는 방법과 view의 올바른 사용법을 나타낸다.

예제 3.12 view가 적용된 함수

```
// SPDX-License-Identifier: GPL-3.0
pragma solidity >=0.7.0 <0.9.0;

contract Ex3_12 {
    uint public a = 4;
    function myFun() public view returns(uint) {
        uint b = a + 5;
```

```
        return b;
    }
}
```

예제 3.12는 view가 적용된 함수의 예제를 보여준다. 함수 myFun에는 view가 적용됐으므로 함수 외부에 정의된 변수 a를 myFun 함수 로직에 명시할 수 있다. 여기서 주목할 점은 uint b = a + 5를 통해 함수 외부에 정의된 변수 a의 값을 직접 변경하지 않고, 간접적으로 변수 a와 5를 더한 값을 변수 b에 대입한 후 출력한다는 점이다. 만약 변수 a를 함수 내부에서 직접 변경했다면 오류가 발생했을 것이다.

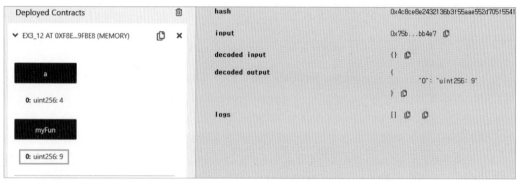

그림 3.24 myFun 버튼을 클릭해 출력값 확인

예제 코드를 컴파일한 후 배포하면 그림 3.24와 같이 나온다. myFun 함수를 실행하면 4를 가진 a 변수와 5가 더해져서 9가 b 변수에 들어간다. 그리고 나서 b 변수가 출력되어 네모 박스로 표시된 반환값 9가 나온다.

예제 3.13 view가 잘못 적용된 함수

```
// SPDX-License-Identifier: GPL-3.0
pragma solidity >=0.7.0 <0.9.0;

contract Ex3_13 {

    uint public a = 3;
    function myFun() public view returns(uint) {
        a = 4;
        return a;
    }
}
```

예제 3.13의 myFun 함수 내부의 a=4 부분이 view 모디파이어에 적합하지 않은 것을 알 수 있다. view 가 적용된 myFun 함수 외부에 있는 변수를 이 함수 로직에 선언할 수는 있지만, 해당 변수의 값을 직접 변경할 수는 없다. 그러나 myFun 함수의 외부에 있는 a 변수를 myFun 함수 내부에서 a=4를 통해 변경하고 있으므로 오류가 발생할 것이다.

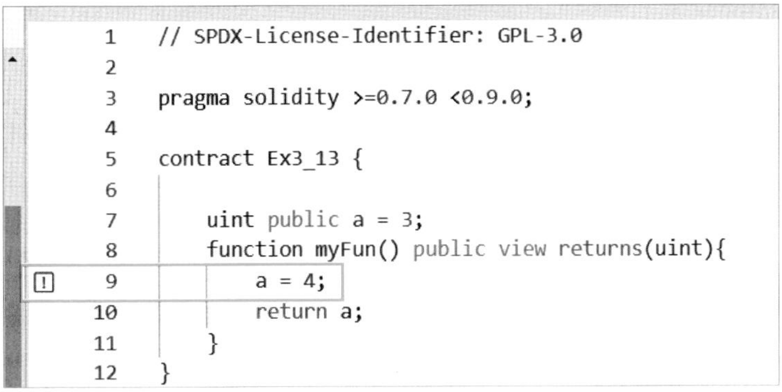

```
1    // SPDX-License-Identifier: GPL-3.0
2
3    pragma solidity >=0.7.0 <0.9.0;
4
5    contract Ex3_13 {
6
7        uint public a = 3;
8        function myFun() public view returns(uint){
9            a = 4;
10           return a;
11       }
12   }
```

그림 3.25 view가 적용된 함수에서 외부 변수의 값을 변경하면 오류 발생

앞서 설명한 것처럼 예제 3.13을 컴파일하면 그림 3.25와 같이 오류가 발생하는 것을 알 수 있다. 즉, myFun 함수 외부에 존재하는 a 변수는 view 모디파이어가 적용된 함수 내부에서 변경이 불가능하다.

모디파이어가 없는 함수

다음 예제의 myFun 함수에는 pure와 view를 쓸 수 없다. myFun 함수 외부에 정의된 a 변수가 myFun 함수 내부에서 값이 4로 변경되므로 pure와 view 모디파이어를 적용할 수 없는 것이다.

예제 3.14 pure와 view를 적용할 수 없는 함수

```
// SPDX-License-Identifier: GPL-3.0
pragma solidity >=0.7.0 <0.9.0;

contract Ex3_14 {

    uint public a = 3;
    function myFun() public returns(uint) {
        a = 4;
        return a;
    }
}
```

코드를 배포한 후 **myFun** 버튼을 클릭하면 그림 3.26과 같은 화면이 나온다. 현재 **myFun** 함수는 **pure**나 **view**가 적용되지 않았으므로 **myFun** 버튼 밑에 반환값이 나오지 않는다. **myFun** 함수의 출력값은 오른쪽의 네모 박스로 표시한 곳에서 확인할 수 있다.

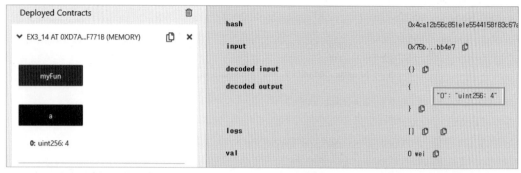

그림 3.26 버튼 myFun을 클릭하여 출력값 확인

3.4 함수와 참조 타입

2.3.1절에서 값 타입과 참조 타입을 알아봤다. 참조 타입이 함수의 매개변수, 반환값 또는 함수 내부의 변수로 정의될 때 저장 공간을 명시해야 한다. 참조 타입은 배열, 매핑, 구조체로 구성되며, 이전 장에서는 배열 형태로 구성된 **bytes**와 **string** 자료형을 알아봤다. 이번에는 참조형 **bytes**와 **string**을 통해 참조 타입을 함수에 어떤 식으로 정의하는지 알아보겠다.

먼저 참조형 타입을 함수에 적용하기에 앞서 솔리디티의 저장 영역을 알아보는 것이 함수에 참조 값을 어떻게 사용하는지 이해하는 데 도움이 될 것이다. 솔리디티는 스토리지(**Storage**), 메모리(**Memory**), 콜데이터(**Calldata**), 스택(**Stack**)이라는 4개의 영역이 있다.

- **스토리지**

  스토리지는 다른 저장 영역과 다르게 영속적으로 읽고 쓰기가 가능한 저장공간이다. 스토리지는 키(Key)와 값(Value) 쌍으로 이루어진 매핑 구조를 갖고 있다. 매핑의 각 키와 값의 공간은 32바이트의 크기를 가지고 있다. 스토리지에는 함수 외부에 정의된 변수, 함수와 같은 스마트 컨트랙트의 주요 정보가 영속적으로 저장된다. 데이터를 영속적으로 저장하므로 다른 저장공간을 사용하는 것보다 가스 비용이 비싸다

- **메모리**

메모리는 스토리지와 다르게 휘발적으로 읽고 쓰기가 가능한 저장공간이다. 다시 말하면 스토리지처럼 영속적으로 데이터가 저장되는 것이 아니라 데이터를 단기적으로만 저장한다. 메모리에는 함수나 앞으로 배울 반복문과 같이 무언가 실행될 때 데이터가 잠시 저장된다.

함수의 경우 함수가 실행될 때 함수의 매개변수, 반환값, 함수 내부의 변수와 같은 데이터가 메모리에 저장된다. 함수 실행이 끝나면 메모리에 저장된 데이터는 지워진다. 즉, 함수가 실행될 때마다 메모리는 깨끗한 상태에서 데이터를 저장한 후 함수 실행이 끝나면 데이터가 지워진다. 예를 들어 매개변수를 받는 함수가 실행될 때 매개변수를 메모리에 저장해 사용한다. 그러고 나서 함수 실행이 끝나면 입력받은 매개변수는 메모리에서 지워진다.

- **콜데이터**

콜데이터는 메모리와 비슷하게 휘발성이 있다. 그러나 메모리와 달리 데이터 저장이 불가능하다. 콜데이터는 트랜잭션 또는 call 함수의 매개변수가 유지되는 읽기 전용 공간이다. 주로 가시성 지정자 external이 적용된 함수의 매개변수에 콜데이터 공간을 사용한다.

- **스택**

스택은 이더리움 가상 머신에서 휘발성을 가진 데이터를 유지 관리하는 공간이다. 스택의 크기는 최대 1024Mb다.

다음 예제는 함수 내부에 참조 타입이 선언됐을 때 어떤 식으로 메모리를 선언하는지 나타낸다.

예제 3.15 함수 참조 타입 사용 시 매개변수, 반환값, 변수 메모리 지정

```solidity
// SPDX-License-Identifier: GPL-3.0
pragma solidity >=0.7.0 <0.9.0;

contract Ex3_15 {

    function myFun(string memory str)
        public
        pure
        returns(
            uint,
            string memory,
            bytes memory
        )
    {
        uint num = 99;
```

```
        bytes memory byt = hex"01";
        return (
            num,
            str,
            byt
        );
    }
}
```

예제 3.15는 참조 타입을 함수의 매개변수, 반환값, 내부 변수에 메모리를 선언하는 방법을 나타낸다. 앞서 설명했듯이 함수가 실행될 때 함수의 매개변수, 반환값, 내부 변수가 단기적으로 메모리에 저장된다. 예제 3.15에서 주목할 점은 값 타입인 uint와 참조 타입인 bytes와 string이 함수 내에서 memory 키워드를 명시했는지 여부다.

기존에 uint를 매개변수로 받을 때는 myFun(uint _num)과 같은 형태로 매개변수를 받았다. 자료형 uint는 값 타입에 속하므로 함수를 실행할 때 매개변수의 저장공간을 지정해주지 않았다. 즉, 예제 3.15의 반환값 returns(uint, string memory, bytes memory)와 함수의 내부 변수 uint num = 99; 에서 볼 수 있듯이 키워드 memory를 uint에 따로 명시해주지 않은 것을 알 수 있다.

반면에 배열 형태를 갖고 있는 bytes와 string은 참조 타입에 속하므로 예제의 매개변수 function myFun(string memory str), 반환값 returns(uint, string memory, bytes memory), 내부 변수 bytes memory byt = hex"01"에서 bytes와 string 부분에 memory를 따로 명시했다. 즉, 참조 타입에는 배열, 매핑, 구조체가 있으며, 이 자료형을 함수에 선언하려면 저장공간을 나타내는 memory를 따로 지정해야 한다.

또한, 고정 크기를 가진 배열 형태의 바이트에 값을 대입할 때 bytes1 = 0x11처럼 0x를 붙여서 16진수 값을 넣었다. 그러나 동적 크기를 가진 배열인 바이트는 값을 대입할 때 0x를 붙이면 오류가 발생할 것이다.

동적 크기를 가진 배열 타입의 바이트에서는 16진수 리터럴을 표현하는 키워드 hex를 붙여서 bytes memory byt = hex"01"처럼 명시해야 한다. 더 나아가서 고정 크기 배열에 키워드 hex를 지정해 값을 대입할 수 있으므로 bytes1 = 0x11는 bytes1 = hex"11";과 같다.

그림 3.27 함수 실행 후 결괏값 확인

예제 코드를 배포한 후 실행하면 그림 3.27과 같은 값 타입 uint와 참조 타입 string과 bytes가 결괏값으로 나오는 것을 알 수 있다.

다음 예제는 calldata를 언제 선언하는지 나타낸다.

예제 3.16 external 함수 참조 타입 사용 시 매개변수 calldata 지정

```
// SPDX-License-Identifier: GPL-3.0
pragma solidity >=0.7.0 <0.9.0;

contract Ex3_16 {

    function myFun(string calldata str) external pure returns(string memory) {
        return str;
    }
}
```

예제 3.16에서는 external 함수에 참조 타입의 매개변수를 입력할 때 calldata를 지정해야 한다. 앞서 설명했듯이 주로 가시성 지정자 external이 적용된 함수의 매개변수는 콜데이터 공간을 사용하므로 myFun(string calldata str)와 같이 참조 타입 매개변수에 키워드 calldata를 명시해야 한다. 이전 예제와 마찬가지로 uint나 boolean 같은 값 타입 매개변수는 키워드 calldata를 따로 명시하지 않아도 된다. 그림 3.28은 예제 myFun 함수의 실행 결과 화면이다.

그림 3.28 함수 실행 후 결괏값 확인

3.5 함수와 변수

이번에는 함수와 변수의 관계를 자세히 알아보겠다. 앞에서 살펴봤듯이 변수가 함수 외부에 저장되는 경우 영속적이며, 함수가 실행될 때 함수 내부에 정의된 변수가 저장되는 경우 단기적이다. 변수가 저장되는 지속성에 따라 **상태 변수**(state variable)와 **지역 변수**(local variable)로 나뉘며, 블록체인 정보를 나타내는 **전역 변수**(global variable)도 존재한다. 이 세 가지 변수의 개념을 알아보고 상태 변수와 지역 변수가 함수에서 어떻게 사용되는지 예제를 통해 알아보자.

- **상태 변수**

  상태 변수는 함수 외부에 선언되는 변수를 나타낸다. 앞에서 봤듯이 함수 외부에 변수가 선언되는 경우 스토리지에 저장된다. 변수가 스토리지에 저장된다는 것은 영속적인 속성을 갖는다는 뜻이다. 영속적인 속성을 가졌기에 상태 변수는 함수 내부나 어디서든 사용 가능하다. 당연히 상태 변수에 적용된 가시성 지정자에 따라 변수의 접근 범위는 달라진다.

- **지역 변수**

  지역 변수는 메모리에 저장되는 변수다. 앞서 언급했듯이 데이터가 메모리에 저장되는 경우는 함수나 반복문이 실행될 때 그 내부에 있는 변수의 값들이 저장된다. 메모리에 데이터가 저장된다는 것은 매우 단기적이다. 함수를 예로 들자면 함수 실행 시 함수의 매개변수, 반환값, 내부에 정의된 변수가 메모리에 저장되고 나서 함수 실행이 끝나면 메모리에 저장된 데이터는 사라진다. 이처럼 매우 단기적이기에 함수 밖에서 지역 변수를 사용할 수 없다.

- **전역 변수**

  전역 변수는 전역 이름 공간(global namespace)에 존재하며 블록체인의 정보를 나타낸다. 블록체인 정보란 블록의 현재 번호, 블록의 시간과 같은 정보다. 전역 변수 표는 부록 C를 참고하기 바란다.

예제 3.17을 통해 상태 변수와 지역 변수의 차이점을 알아보자.

예제 3.17 상태 변수와 지역 변수

```
// SPDX-License-Identifier: GPL-3.0
pragma solidity >=0.7.0 <0.9.0;


contract Ex3_17 {

    uint public a = 3;
```

```
    function myFun1() external view returns(uint, uint) {
        uint b = 4;
        return (a, b);
    }


    /*
    function myFun2() external pure returns(uint) {
        return b;
    }
    */
}
```

예제 3.17은 상태 변수와 지역 변수의 확연한 차이점을 보여준다. 상태 변수는 함수 외부에 정의된 변수 a이며 지역 변수는 myFun1 함수 내부에 정의된 b 변수이다. 주석 처리가 된 myFun2를 보면 myFun1에 정의된 b 변수를 반환하고 있다. 즉, myFun2는 myFun1의 지역 변수에 접근해 반환한다. 그러나 지역변수 b는 myFun1 내에서만 유효하므로 myFun2의 주석을 해제하고 나서 컴파일한다면 오류가 발생할 것이다.

참고로 myFun1 함수 내부에 b 변수와 같이 지역 변수를 정의할 때는 가시성 지정자를 명시할 필요가 없다.

그림 3.29 myFun1 버튼을 클릭하여 결괏값 확인

예제 3.17을 배포하고 나서 각 함수를 실행하면 그림 3.29와 같은 결괏값을 볼 수 있다.

```
DeclarationError: Undeclared identifier.
--> Ex3_17.sol:15:16:
   |
15 |   return b;
   |          ^
```

그림 3.30 myFun1에 정의된 로컬 변수 b를 myFun2 함수에서 사용 시 오류 발생

반면, 예제 3.17의 **myFun2** 함수의 주석 처리 부분 /*...*/을 제거하고 컴파일하면 그림 3.30과 같이 오류가 발생한다. **myFun1**에 정의된 지역 변수는 **myFun1** 함수가 실행될 때만 메모리에 저장되므로 **myFun2**에 로컬 변수 b를 사용할 수 없다. 즉, 지역 변수가 정의된 함수 밖에서 사용할 수 없다.

3.6 함수와 가시성 지정자

앞에서 함수의 기능적인 모든 부분을 알아봤으며, 추가로 한 가지 더 참고할 점이 있다. 사실 솔리디티 문서에서 권장하는 함수의 스타일이 있다. 그러나 강제 사항은 아니므로 권장하는 스타일을 따로 지키지 않아도 오류가 발생하지는 않는다.

편의상 예제를 한눈에 볼 수 있게 하려고 모든 예제에서는 함수 스타일을 지키지 않았다. 솔리디티에서 제공하는 함수 스타일은 부록 **D**를 참고하기 바란다.

3.1절 가시성 지정자에서 언급했듯이 함수를 완전히 숙지한 후 가시성 지정자를 변수와 함수에 적용한 예제를 통해 4개의 가시성 지정자를 자세히 알아보겠다.

다음 예제를 통해 4개의 가시성 지정자를 비교해서 알아보겠다.

예제 3.18 4개의 가시성 지정자

```solidity
// SPDX-License-Identifier: GPL-3.0
pragma solidity >=0.7.0 <0.9.0;


contract Ex3_18 {

    uint public pub = 1;
```

```solidity
    uint private pri = 2;
    uint internal inter = 3;
    //uint external ext = 4;

    function funPub() public view returns(uint,uint,uint) {
        return (pub,pri,inter);
    }

    function funPriv() private view returns(uint,uint,uint) {
        return (pub,pri,inter);
    }

    function funInter() internal view returns(uint,uint,uint) {
        return (pub,pri,inter);
    }

    function funExt() external view returns(uint,uint,uint) {
        return (pub,pri,inter);
    }

}
```

예제 3.18은 4개의 가시성 지정자를 변수와 함수에 적용한 예제다. 예제 3.18을 통해 가시성 지정자에 따라 접근 범위가 달라지는 것을 알 수 있다. 먼저 4개의 가시성 지정자 중 **external**은 변수에 적용할 수 없다. 예제 3.18의 //uint external ext = 4를 주석 처리하여 제거하면 오류가 발생한다. 예제 코드를 컴파일한 후 배포하면 그림 3.31과 같은 화면이 나온다.

그림 3.31 가시성 지정자에 따른 접근 범위

그림 3.31에서는 가시성 지정자에 따라 예제 코드에 정의한 변수와 함수의 버튼이 보이거나 보이지 않는다. 함수의 버튼이 보이는 것은 외부에서 접근이 가능함을 나타내며, 보이지 않는 것은 외부에서 접근이 불가능하다는 뜻이다.

현재 보이는 버튼은 funExt, funPub, pub이다. 먼저 pub과 funPub 버튼은 public이 적용된 pub 변수와 funPub을 함수를 나타낸다. 가시성 지정자 public은 외부와 내부에서 제약 없이 접근할 수 있으므로 pub과 funPub 버튼이 보인다. public이 변수에 적용된 경우 최신 값을 반환하는 **getter** 함수가 자동으로 생성된다. 그림 3.31에서 볼 수 있듯이 가시성 지정자 public이 적용된 pub 변수에 **getter** 함수가 생겨서 pub 버튼이 나왔다.

funExt 함수에는 external이 적용됐다. 가시성 지정자 external은 외부에서만 접근이 가능하며 내부에서는 접근이 불가능하다. 외부에서 접근이 가능하므로 funExt 버튼이 나왔다.

그 외에 private과 internal이 적용된 변수(pri, inter)와 함수(funPriv, funInter)는 내부에서만 접근할 수 있고 외부에서는 접근할 수 없다.

그림 3.32 모든 버튼을 클릭하여 출력값 확인

그림 3.32는 외부 접근이 가능한 버튼을 클릭하면 나오는 결괏값 화면이다. 먼저 pub 버튼은 getter 함수를 통해 pub 변수의 값 1이 잘 나온 것을 확인할 수 있다. funExt와 funPub 함수는 가시성 지정자 public이 적용된 pub 변수, private이 적용된 pri 변수, internal이 적용된 inter 변수의 값이 잘 반환됐다.

한 가지 주목할 점은 private이 적용된 funPriv 함수와 internal이 적용된 funInter 함수는 외부 접근이 불가능하다는 점이다. 즉, 내부 접근만 가능해서 그림 3.32에서처럼 funPriv와 funInter 함수의 버튼이 나오지 않는다.

그러나 private이 적용된 pri 변수와 internal이 적용된 inter 변수는 funExt와 funPub 함수에서 반환된 것을 알 수 있다. pri와 internal의 가시성 지정자로 인해 내부 접근만 가능했지만 외부 접근이 가능한 funExt와 funPub 함수를 통해 pri와 internal의 값을 외부로 반환할 수 있게 됐다.

3.1절에서 언급했듯이 내부 접근만 가능한 pri와 internal의 차이점은 앞으로 배울 상속의 개념에 따라 달라진다. 6장에서 상속을 배우고 나서 private과 internal이 어떻게 차이가 있는지 알아보겠다.

예제 3.19를 통해 external 함수가 내부적 접근이 불가능한 점을 알아보자.

예제 3.19 내부 접근이 불가능한 external 함수

```solidity
// SPDX-License-Identifier: GPL-3.0
pragma solidity >=0.7.0 <0.9.0;


contract Ex3_19 {

    function funExt() external pure returns(uint) {
        return 2;
    }

    function funPri() private pure returns(uint) {
        return 3;
    }



    /*
    function outPutExt() public pure returns(uint) {
        return funExt();
    }
```

```
    */

    function outPutPri() public pure returns(uint) {
        return funPri();
    }

}
```

예제 3.19를 통해 external이 지정된 funExt 함수가 내부 접근이 불가능한 것을 살펴볼 것이다. 예제 코드에는 총 4개의 함수가 정의돼 있다. 외부 접근만 가능한 가시성 지정자 external이 적용된 funExt 와 내부 접근만 가능한 가시성 지정자 private이 적용된 funPri 함수가 있다.

나머지 2개의 outPutExt와 outPutPri 함수는 funExt와 funPri 함수를 내부적으로 호출한다. outPutPri의 가시성 지정자가 public이므로 funPri 함수를 호출해 값을 외부로 출력한다.

그러나 주석 처리된 outPutExt의 주석을 해제하면 오류가 발생할 것이다. 그 이유는 funExt의 가시성 지정자는 외부 접근만 가능한 external이기 때문이다. 즉, outPutExt 함수는 funExt 함수를 내부적으로 접근해 호출한다.

그림 3.33 모든 버튼을 클릭하여 출력값 확인

예제 3.19를 배포한 후 funExt 함수를 실행하면 그림 3.33과 같이 2가 나오는 것을 알 수 있다. 그리고 나서 outPutPri 함수를 실행하면 3이 나온다.

outPutPri 함수를 자세히 보면 private이 적용된 funPri 함수를 호출해 3을 반환한다. 비록 funPri 는 private이리서 외부 접근은 불가능하지만, 외부 집근이 가능한 outPutPri 함수를 통해 funPri

함수를 호출해 funPri의 값 3을 반환한다. 즉 outPutPri 함수를 통해 funPri 함수를 내부 접근한 것이다.

```
DeclarationError: Undeclared identifier.
"funExt" is not (or not yet) visible at
this point.
--> Ex3_19.sol:18:16:
  |
18 | return funExt();
  | ^^^^^^
```

그림 3.34 external 함수를 내부적으로 접근할 경우 오류 발생

outPutExt() 함수의 주석 처리를 제거하고 컴파일하면 그림 3.34와 같이 오류가 발생하는 것을 볼 수 있다. 주석 처리가 된 outPutExt() 함수는 external이 지정된 funExt를 내부적으로 접근해 호출한다. 그러나 가시성 지정자 external은 내부 접근이 불가능하다.

다음 예제는 external이 적용된 함수를 내부적으로 호출하는 방법을 알아보겠다.

예제 3.20 this를 통해 내부 접근이 가능한 external 함수

```solidity
// SPDX-License-Identifier: GPL-3.0
pragma solidity >=0.7.0 <0.9.0;


contract Ex3_20 {

    function funExt() external pure returns(uint) {
        return 2;
    }

    function outPutExt() public view returns(uint) {
        return this.funExt();
    }

}
```

예제 3.19에서 external 함수는 내부적으로 접근이 불가능한 것을 알아봤다. 그러나 예제 3.20처럼 this라는 키워드를 활용하면 스마트 컨트랙트 내에서 external 함수에 접근할 수 있다. 키워드 this는 현재 배포된 스마트 컨트랙트를 가리키며 this.funExt()는 배포된 스마트 컨트랙트의 함수 funExt를 외부에서 호출한다.

예제 3.19를 배포한 후 outPutExt 함수를 실행하면 그림 3.35와 같이 결괏값 2가 나온다.

그림 3.35 outPutExt 버튼을 클릭해 결괏값 확인

3.7 개념 체크

01. 가시성 지정자는 총 (3개/4개)로 구성되어 있다.

02. view는 가시성 지정자에 포함(된다/되지 않는다).

03. external은 내부 접근이 (가능하다/불가능하다).

04. internal은 외부 접근이 (가능하다/불가능하다).

05. private은 내부 접근이 (가능하다/불가능하다).

06. public은 외부와 내부 접근이 (가능하다/불가능하다).

07. external은 변수에 적용이 (가능하다/불가능하다).

08. 함수를 선언하는 키워드는 function(이다/아니다).

09. 함수의 모디파이어는 pure, view, payable(이다/아니다).

10. pure가 적용된 함수는 함수 외부인 스토리지 공간에 저장된 변수에 접근할 수 (있다/없다).

11. view가 적용된 함수는 함수 외부인 스토리지 공간에 저장된 변수에 접근할 수 (있다/없다).

12. 솔리디티는 4개의 저장공간을 갖고 (있다/있지 않다).

13. 스토리지 공간에 저장된 변수는 단기적(이다/아니다).

14. 메모리 공간에 저장된 변수는 단기적(이다/아니다).

15. 함수의 매개변수는 (스택/메모리)에 저장된다.

16. 지역 변수는 그 지역 변수가 정의된 함수 밖에서 사용이 (가능하다/불가능하다).

17. 참조 타입 변수를 함수의 매개변수에 사용 시 memory 키워드가 필요(하다/하지 않다).

18. 참조 타입 변수를 external 함수의 매개변수에 사용 시 calldata 키워드가 필요(하다/하지 않다).

19. private이 명시된 변수는 public으로 명시된 함수를 통해 외부로 출력할 수 (있다/없다).

20. internal이 명시된 변수는 public으로 명시된 함수를 통해 외부로 출력할 수 (있다/없다).

[정답]

1. 4개	2. 되지 않는다	3. 불가능하다	4. 불가능하다	5. 가능하다
6. 가능하다	7. 불가능하다	8. 이다	9. 이다	10. 없다
11. 있다	12. 있다	13. 아니다	14. 이다	15. 메모리
16. 불가능하다	17. 하다	18. 하다	19. 있다	20. 있다

3.8 연습 문제

01. 조건에 맞는 함수를 만들어 보세요

- 함수의 이름은 returnValue5입니다.

- 함수의 가시성 지정자는 public입니다.

- 5를 반환합니다.

```
// SPDX-License-Identifier: GPL-3.0
pragma solidity >=0.7.0 <0.9.0;

contract quiz1 {
```

```
    /*
        해당 조건에 부합하는 함수를 작성하세요
    */

}
```

02. 조건에 맞는 함수를 만들어 보세요

- 함수의 이름은 getString입니다.

- 함수의 가시성 지정자는 public입니다.

- 함수의 매개변수는 string 자료형입니다.

- 함수는 string을 반환합니다.

- 함수는 매개변수로 받은 값을 즉시 출력합니다.

```
// SPDX-License-Identifier: GPL-3.0
pragma solidity >=0.7.0 <0.9.0;

contract quiz2 {

    /*
        해당 조건에 부합하는 함수를 작성하세요
    */

}
```

03. 조건에 맞는 함수를 만들어 보세요

- 함수의 이름은 doubledNum입니다.

- 함수의 가시성 지정자는 public입니다.

- 함수는 uint를 반환합니다.

- 변수 num에 대해 함수 내부에서 num 값의 2배를 대입합니다. (num = num * 2)

- 2배가 된 num을 반환합니다.

```
// SPDX-License-Identifier: GPL-3.0
pragma solidity >=0.7.0 <0.9.0;

contract quiz3 {

    uint public num = 10;

    /*
        해당 조건에 부합하는 함수를 작성하세요
    */

}
```

04. 조건에 맞는 함수를 만들어 보세요

- 함수의 이름은 returnTwoValues입니다.

- 함수의 가시성 지정자는 public입니다.

- 함수의 매개변수와 반환값은 string과 uint입니다.

- 함수는 Hello Solidity와 5를 출력합니다.

```
// SPDX-License-Identifier: GPL-3.0
pragma solidity >=0.7.0 <0.9.0;

contract quiz4 {

    /*
        해당 조건에 부합하는 함수를 작성하세요
    */

}
```

[정답]

1.

```solidity
// SPDX-License-Identifier: GPL-3.0
pragma solidity >=0.7.0 <0.9.0;

contract quiz1 {

    function returnValue5() public pure returns(uint) {
        return 5;
    }

}
```

2.

```solidity
// SPDX-License-Identifier: GPL-3.0
pragma solidity >=0.7.0 <0.9.0;

contract quiz2 {

    function getString(string memory str) public pure returns(string memory){
        return str;
    }

}
```

3.

```solidity
// SPDX-License-Identifier: GPL-3.0
pragma solidity >=0.7.0 <0.9.0;

contract quiz3 {

    uint public num = 10;
```

```solidity
    function doubledNum() public returns(uint){
        num = num * 2;
        return num;
    }

}
```

4.

```solidity
// SPDX-License-Identifier: GPL-3.0
pragma solidity >=0.7.0 <0.9.0;

contract quiz4 {

    function retunTwoValues() public pure returns(string memory, uint){
        return("Hello Solidity", 5);
    }

}
```

04

조건문과 반복문

조건문과 반복문은 대부분 프로그래밍 언어에서 자주 활용되는 구문이므로 중요하다. 솔리디티의 조건문과 반복문의 가장 큰 특징은 함수 내부에서만 작동한다는 것이다. 이번 장에서는 조건문과 반복문을 중점적으로 알아보겠다. 더 나아가서 반복문과 조건문의 조합, 중첩 반복문, 반복문의 키워드 continue와 break에 대해 알아보겠다.

이 장에서 배우는 내용:

- 조건에 따라 코드를 실행하는 법
- 반복문으로 명령을 반복해서 실행하는 법
- 반복문의 실행을 제어하는 방법

4.1 조건문

조건문을 이용하면 말 그대로 특정한 조건을 부여할 수 있다. 조건이 참일 경우와 거짓일 경우에 따라 특정한 코드를 실행한다. 이처럼 조건문은 불리언 자료형을 통해서 조건이 참인지 거짓인지를 구분한다.

현실 상황에도 조건문을 연관해 생각할 수 있다. 놀이 공원에 있는 놀이 기구의 탑승자 키 제한을 생각해 보자.

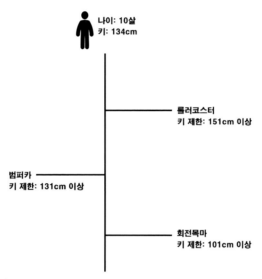

그림 4.1 놀이 기구를 탈 수 있는 키

그림 4.1에는 키 134cm의 아이와 3개의 놀이 기구가 있으며, 각 놀이 기구는 탑승자의 키를 제한한다. 아이는 순서대로 롤러코스터부터 회전목마까지 타러 갔다. 그러나 키가 151cm 이상이 아니므로 롤러코스터는 탈 수 없었으며 범퍼카와 회전목마만 탈 수 있었다. 현실에서 놀이 기구마다 키를 제한하는 것을 프로그래밍 언어의 조건문으로 나타낼 수 있다.

아이가 순서대로 각 놀이 기구를 타러 가면, 각 기구의 키 제한에 따라 기구의 탑승여부가 정해진다. 이와 같이 함수에 정의된 각 조건문을 차례로 실행해 조건이 참인지 거짓인지를 판단한다. 조건이 참이면 조건문 내부에 정의된 특정 코드가 실행되지만, 조건이 거짓이면 특정 코드는 실행되지 않는다.

4.1.1 조건문의 구조

조건문은 3가지 키워드 if, else, else if를 통해 정의할 수 있다. 참고로 조건문은 함수 내부에서만 사용 가능하며 그림 4.2, 그림 4.3, 그림 4.4와 같이 3가지 방식으로 정의할 수 있다.

```
if (특정 조건) {
//코드
}
```

그림 4.2 if만 사용하는 경우

각 그림에서 볼 수 있듯이 모든 조건문에는 if가 포함된다. 즉, 조건문을 시작하려면 항상 if를 맨 앞에 명시해야 한다. if 키워드와 중괄호 사이의 조건은 그 결괏값이 참인지 거짓인지 구분할 수 있어야 한다.

```
if (특정 조건) {
//코드
} else {
//코드
}
```

그림 4.3 키워드 if와 else if를 사용하는 경우

그림 4.3에서는 if와 else가 함께 사용됐다. else는 if 조건문의 반대라고 쉽게 생각할 수 있다. 즉 if 조건이 거짓이면 else의 특정 코드가 실행된다. 예를 들어 if 조건이 키 '153cm 이상'이라면 else 조건은 if의 반대인 '키 153cm 미만'이 된다. 이와 같이 else는 if의 반대 경우이므로 따로 조건을 명시하지 않는다.

```
if (특정 조건) {
//코드
} else if (특정 조건) {
//코드
} else {
//코드
}
```

그림 4.4 키워드 if, else if, else를 사용하는 경우

그림 4.3에서는 if와 else를 통해서 if의 조건이 참일 경우 if의 특정 코드가 실행되며 그 반대의 경우 if 조건이 거짓이면 else의 특정 코드가 실행된다. 즉 그림 4.3의 결과는 두 가지 경우의 수인 if의 특정 코드가 실행되거나 else의 특정 코드가 실행되는 것이다. 그러나 그림 4.3과 같이 두 가지의 경우의 수만으로는 한계가 있을 수 있다.

그림 4.4는 else if를 사용함으로써 그림 4.3의 제한을 해소한다. else if에서는 if와 같이 특정 조건을 붙일 수 있으며 숫자 제한 없이 여러 개를 명시할 수 있다. 예를 들어 if의 조건문이 키 153cm 이상이면 else는 자동으로 153cm 미만이 될 것이다. 그러나 else if의 조건을 추가하여 키 130cm 이

상부터 152cm 이하라는 조건이 생성되면 else는 130cm 미만이 될 것이다. 결론적으로 키가 153cm 이상이면 if의 특정 코드가 실행되며, 키 130cm이상 152cm이하라면 else if의 특정 코드가 실행되고, 키가 130cm 미만이라면 else의 특정 코드가 실행된다.

예제를 통해서 조건문을 자세히 알아보자.

4.1.2 if 문의 예

다음 예제에는 정수형 매개변수를 받는 fun1 함수가 있다.

```
// SPDX-License-Identifier: GPL-3.0
pragma solidity >=0.7.0 <0.9.0;


contract Ex4_1 {


    function fun1(uint a) public pure returns(uint) {
        if(a>=10){
            a = 9;
        }
        return a;
    }


}
```

예제 4.1의 if 조건문은 매개변수 a가 10 이상일 경우 a에 9를 대입한다. 결론적으로 매개변수 a가 10 이상이라면 fun1 함수는 9를 반환한다. 반대의 경우에는 입력받은 그대로 매개변수 a를 반환한다.

그림 4.5 매개변수를 10 이상으로 입력한 후 버튼 fun1을 클릭해서 결괏값 확인

그림 4.6 매개변수를 10 미만으로 입력한 후 버튼 fun1을 클릭해서 결괏값 확인

그림 4.5와 그림 4.6은 조건문 if의 조건(a>=10)에 따라 결괏값이 달라지는 것을 보여준다. 그림 4.5에서 매개변수 11은 10 이상이므로, 9가 반환되는 것을 알 수 있다. 반면에 그림 4.6의 매개변수 2는 10 미만이므로, 9가 반환되지 않고 입력받은 매개변수 그대로 2가 출력됐다.

4.1.3 if와 else를 사용하는 조건문의 예

다음 예제에는 else를 추가했다.

예제 4.2 if와 else를 사용하는 조건문

```solidity
// SPDX-License-Identifier: GPL-3.0
pragma solidity >=0.7.0 <0.9.0;

contract Ex4_2 {

    function fun1(uint a) public pure returns(uint) {
        if(a>=10){
            a = 9;
        }else{
            a = 10;
        }
        return a;
    }

}
```

이제 매개변수 a가 10 미만이면 else 내부로 들어가서 a에 10이 대입된다.

그림 4.7 매개변수를 10 이상으로 입력한 후 버튼 fun1을 클릭해서 결괏값 확인

그림 4.8 매개변수를 10 미만으로 입력한 후 버튼 fun1을 클릭해서 결괏값 확인

그림 4.7의 매개변수 10은 예제 4.2의 조건인 매개변수가 10 이상일 때이므로 9가 반환된다. 반면에 그림 4.8의 매개변수 1은 10 이상이 아니므로 else 내부의 특정 코드인 a = 10이 실행되어 10이 반환된다.

4.1.4 if, else if, else를 사용하는 조건문의 예

다음 예제에는 else if를 통해 한 가지 조건을 덧붙였다.

예제 4.3 if, else, else if를 사용하는 조건문

```solidity
pragma solidity >=0.7.0 <0.9.0;

contract Ex4_3 {

    function fun1(uint a) public pure returns(uint) {
        if(a>=10){
            a = 9;
        }else if(a >= 5 && a <= 7){
            a = 7;
```

```
        }else{
            a = 10;
        }
        return a;
    }


}
```

예제 4.3의 else if(a >= 5 && a <= 7)은 AND 연산자 &&를 통해 매개변수 a가 5 이상일 때와 7 이하일 때가 모두 동시에 참일 경우를 나타낸다. 즉, 매개변수 a가 5 이상부터 7 이하라는 조건을 나타낸다. 조건문 else if에 부합한다면 매개변수 a에는 7이 대입된다.

여기서 주목할 것은 else의 특정 코드인 a=10이 실행될 때다. 조건문 if와 else if의 조건이 거짓일 때 else의 특정 코드가 실행된다. 예를 들어 a 매개변수가 8일 경우 if와 else if의 조건문은 거짓인 것을 알 수 있다. 즉, 그림 4.11에서 볼 수 있듯이 매개변수가 8일 경우 else의 특정 코드인 a = 10이 실행되며 결괏값이 10이 되는 것을 확인할 수 있다. 그림 4.9는 입력받은 a 매개변수 10 이상이므로 결괏값으로 9가 출력됐다. 그림 4.10은 매개변수 a가 6이므로 else if 조건문에 부합해서 7이 반환됐다.

그림 4.9 매개변수를 10 이상으로 입력한 후 버튼 fun1을 클릭해서 결괏값 확인

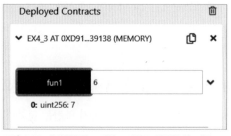

그림 4.10 매개변수를 5 이상 7 이하로 입력한 후 버튼 fun1을 클릭해서 결괏값 확인

그림 4.11 if와 else if 조건문에 부합하지 않는 매개변수를 입력한 후 버튼 fun1을 클릭해서 결괏값 확인

4.1.5 조건문 구조에 따른 차이

다음 예제의 fun1과 fun2는 세 가지 조건(a>=1, a>=2, a>=3)을 검사한다는 점에서 비슷해 보인다. 그러나 두 함수를 들여다보면, 정의된 조건문의 개수가 다르다. fun1은 1개의 조건문에 3개의 조건을 정의했다. 반면에 fun2는 3개의 조건문에 각 조건을 분산시켜 명시했다.

예제 4.4 같은 조건을 가진 1개의 조건문과 3개의 조건문

```solidity
// SPDX-License-Identifier: GPL-3.0
pragma solidity >=0.7.0 <0.9.0;


contract Ex4_4 {

    function fun1(uint a) public pure returns(uint) {
        if(a>=1){
            a = 1;
        }else if(a>=2){
            a = 2;
        }else if(a>=3){
            a = 3;
        }else{
            a = 4;
        }
        return a;
    }

    function fun2(uint a) public pure returns(uint) {
        if(a>=1){
            a = 1;
        }
        if(a>=2){
            a = 2;
        }
        if(a>=3){
            a = 3;
        }else{
            a = 4;
        }
```

```
        return a;
    }


}
```

자세히 말하자면, fun1 함수는 한 개의 조건문 안에 else if와 else를 사용해 여러 조건을 붙였으나, fun2 함수는 조건문 if를 3번 정의했다. 예제 4.12를 실행하면 조건이 동일하더라도 두 함수의 조건문의 구조가 달라서 결괏값이 달라진다.

그림 4.12 매개변수를 입력한 후 버튼 fun1과 fun2를 클릭하여 결괏값 확인

그림 4.12에서 볼 수 있듯이 fun1과 fun2 함수는 같은 조건문에 매개변수 4를 입력받았으나, 서로 다른 결괏값 1과 4를 출력한다. fun1 함수에 매개변수 a가 4로 대입되면 가장 첫 번째 조건인 if(a>=1)에 부합하므로 특정 코드인 a = 1이 실행된다. 그리고 나서 첫 번째 조건문이 끝나고 return a가 실행되므로 1이 반환된다. 여기서 주목해야 할 점은 나머지 조건인 else if(a>=2)와 else if(a>=3)도 매개변수 a가 4일 경우이다. 그러나 먼저 정의된 조건 if(a>=1)에 대해 참이므로 else if를 보지 않고 조건문이 완전히 끝났다.

fun2는 fun1과 같은 조건이 정의되어 있지만, 조건문이 3개로 나뉘어 있다. 매개변수 4를 fun2 함수에 넣으면 모든 조건문인 if(a>=1), if(a>=2), if(a>=3)에서 순서대로 실행된다. 먼저 4를 입력받은 매개변수 a는 if(a>=1)에 대해 참이므로 a = 1이 실행된다. 매개변수 a는 1이 되었으므로 두 번째 조건문인 if(a>=2)에 해당되지 않는다. 두 번째 조건문은 해당되지 않아 세 번째 조건문인 if(a>=3)로 이동한다. 세 번째 조건문도 부합하지 않으나 세 번째 조건문에는 else가 있으므로 else의 코드인 a = 4가 실행된다. 최종적으로 a는 4가 되어 fun2 함수의 return a를 통해 a의 값 4가 반환된다.

4.2 반복문

반복문은 특정한 명령을 정해진 횟수만큼 반복하여 수행한다. 반복문은 조건문과 같이 다른 프로그래밍 언어에서 널리 사용되며 함수 내부에서만 실행된다.

예제 4.5 반복문의 필요성

```solidity
// SPDX-License-Identifier: GPL-3.0
pragma solidity >=0.7.0 <0.9.0;

contract Ex4_5 {

    function fun1() public pure returns(uint) {
        uint a = 0;
        a += 1;
        a += 2;
        a += 3;
        a += 4;
        a += 5;
        a += 6;
        a += 7;
        a += 8;
        a += 9;
        a += 10;
        return a;
    }

}
```

예제 4.5는 반복문의 필요성을 보여준다. fun1 함수는 1부터 10까지 하나씩 더하는 함수다. 만약 1부터 10000까지 더해야 한다면 예제 4.5와 같이 숫자를 하나씩 더하는 코드를 일일이 입력하기는 힘들 것이다. 그렇게 할 수 있다 하더라도 코드의 양이 늘어나 능률이 떨어질 것이다. 이러한 문제를 해결하려면 반복문을 사용해야 한다.

4.2.1 3가지 반복문 구조

반복문은 크게 3가지 for, while, do-while 반복문으로 나뉜다. 각 반복문마다 정의하는 방법과 실행하는 순서가 다르며 모든 반복문은 함수 내부에 정의돼야 한다.

그림 4.13, 그림 4.14, 그림 4.15는 for, while, do-while 반복문의 구조를 보여준다. 각 그림에서 볼 수 있듯이 초기식, 조건식, 증감식이 나오며 각 요소는 반복문의 횟수를 결정짓는다.

- **초기식**

  초기식은 반복문의 횟수를 정하는 최초의 기준 값으로 생각할 수 있다. 가령 초기식에서 정의된 변수 a가 5가 될 때까지 반복하는 반복문이 있다고 가정하자. 반복문이 한 번 반복될 때마다 변수 a의 값은 1씩 증가한다. 초기식에서 변수 a를 0이라고 한다면 a가 5가 될 때까지, 총 5번 반복할 것이다. 반면, 변수 a가 3으로 시작한다면 5까지 2번 반복할 것이다. 결론적으로 초기식은 반복 횟수를 정하는 데 영향을 준다.

- **조건식**

  조건식은 실질적으로 반복문의 실행 횟수를 제한한다. 초기식에서 정의한 변수의 값이 조건식에 부합하여 참이 나오면 반복문을 실행시킨다. 반면에 그 변수의 값이 조건식에 부합하지 않아 거짓이 나오면 반복문 실행을 멈춘다.

  예를 들어 초기식이 uint a = 0이고 조건식이 a<2라고 가정하자. 그리고 이 반복문은 한 번 실행될 때마다 1씩 증가한다. 조건식 a<2를 바탕으로 a가 0에서 1이 될 때와 1에서 2가 될 때는 모두 참인 것을 알 수 있다. 반면, a 값이 2가 되는 순간부터 조건식 a<2를 만족하지 않는다. 결론적으로 이 반복문은 총 2회 실행된다.

- **증감식**

  증감식은 반복문이 실행될 때마다 초기식에서 정의했던 변수의 값을 증가시키거나 감소시키는 역할을 한다. 실질적으로 변수의 값을 증감시켜서 조건식의 특정 조건에 도달하게 만들어 반복문을 끝내게 만든다.

그림 4.13 반복문 for의 구조   그림 4.14 반복문 while의 구조   그림 4.15 반복문 do-while의 구조

3가지 반복문의 구조를 예제를 통해 알아보자.

4.2.2 for 문의 예

다음 코드에 for를 사용한 반복문의 예를 보였다. 반복문 for는 fun1 함수 내부에 있다. 반복문은 함수 외부에 정의가 불가능하므로 함수 내부에 명시해야 한다.

예제 4.6 3회 반복하는 반복문 for

```solidity
// SPDX-License-Identifier: GPL-3.0
pragma solidity >=0.7.0 <0.9.0;


contract Ex4_6 {

    function fun1() public pure returns(uint) {
        uint result = 0;
        for(uint a = 0; a <3; ++a){
            result = result + a;
        }
        return result;
    }
}
```

앞에서 반복문의 구조를 나타낸 그림 4.13을 참고해 예제 코드를 살펴보면 초기식, 조건식, 증감식을 쉽게 찾을 수 있을 것이다. 반복문의 초기식은 uint a = 0이며 조건식과 증감식은 a<3과 ++a인 것을 알 수 있다. 그림 4.13의 화살표 방향 순서대로 예제 4.6을 실행하면 다음 순서로 반복문이 실행될 것이다.

01. 초기식 uint a = 0이므로 변수 a는 0부터 시작한다.

02. 변수 a가 조건식 a<3을 충족하는지 판별한다. 현재 변수 a의 값은 0이며 조건식에 부합하므로 반복문이 실행된다.

03. 반복문의 로직은 result = result +a이다. 현재 변수 result와 a는 0이므로 result = 0 + 0이 되어 result의 값에는 0이 새롭게 대입된다.

04. 반복문의 로직이 끝난 후 증감식은 전위 증가 ++a이므로 변수 a에 1을 더한다. 즉 변수 a는 0에서 1이 된다.

05. 증감식이 끝난 후 변수 a가 조건식 a<3에 해당되는지 판별한다. 현재 변수 a의 값은 1이며 조건식에 부합하기 때문에 반복문이 실행된다.

06. 반복문의 로직은 result = result +a이다. 현재 변수 result는 0이며 a는 1이므로 result = 0 + 1이 되어 result의 값에는 1이 새롭게 대입된다.

07. 반복문의 로직이 끝난 후 증감식은 전위 증가 ++a이므로 변수 a에 1을 더한다. 즉 변수 a는 1에서 2가 된다.

08. 증감식이 끝난 후 변수 a가 조건식 a<3에 해당되는지 판별한다. 현재 변수 a의 값은 2이며 조건식에 부합하기 때문에 반복문이 실행된다.

09. 반복문의 로직은 result = result +a이다. 현재 변수 result는 1이며 a는 2이므로 result = 1 +2가 되어 result의 값에는 3이 새롭게 대입된다.

10. 반복문의 로직이 끝난 후 반복문의 증감식 ++a이므로 변수 a에 1을 더한다. 즉 변수 a는 2에서 3이 된다.

11. 증감식이 끝난 후 변수 a가 조건식 a<3에 해당되는지 판별한다. 현재 변수 a의 값은 3이므로 조건식 a<3에 해당하지 않는 것을 알 수 있다. 조건식에 부합하지 않으므로 반복문의 실행은 멈춘다. 결론적으로 반복문은 총 3회 실행됐으며 result의 최종값은 3이 되었다.

그림 4.16 버튼 fun1을 클릭하여 결괏값 확인

예제 4.6을 배포한 후 **fun1** 버튼을 클릭하면 그림 4.16과 같이 **result**의 결괏값 3이 나오는 것을 알 수 있다.

4.2.3 while 문의 예

다음 예제에는 3회 반복 실행하는 반복문 **while**이 정의되어 있다.

예제 4.7 3회 반복하는 반복문 while

```
// SPDX-License-Identifier: GPL-3.0
pragma solidity >=0.7.0 <0.9.0;


contract Ex4_7 {


    function fun1() public pure returns(uint) {
        uint result = 0;
```

```
    uint a = 3;
    while(a>0){
        result = result + a;
        --a;
    }
    return result;
  }
}
```

그림 4.14를 바탕으로 예제 4.7을 확인하면 초기식, 조건식, 증감식을 쉽게 파악할 수 있다. 초기식과 조건식은 uint a = 3과 a>0이며 증감식은 --a이다. 이 반복문은 다음과 같이 실행된다.

01. 초기식 uint a = 3이므로 변수 a는 3부터 시작한다.

02. 변수 a가 조건식 a>0에 해당되는지 판별한다. 현재 변수 a의 값은 3이며 조건식에 부합하기 때문에 반복문이 실행된다.

03. 반복문의 로직은 result = result +a이다. 현재 변수 result는 0이고 a는 3이므로 result = 0 +3이 되어 result의 값에 3이 새롭게 대입된다.

04. 반복문의 로직이 끝난 후 증감식은 전위 감소 --a이므로 변수 a에서 1을 뺀다. 즉 변수 a는 3에서 2가 된다.

05. 증감식이 끝난 후 변수 a가 조건식 a>0에 해당되는지 판별한다. 현재 변수 a의 값은 2이며 조건식에 부합하기 때문에 반복문이 실행된다.

06. 반복문의 로직은 result = result +a이다. 현재 변수 result는 3이고 a는 2이므로 result = 3 +2가 되어 result의 값에는 5가 새롭게 들어간다.

07. 반복문의 로직이 끝난 후 증감식은 전위 감소 --a이므로 변수 a에서 1을 뺀다. 즉 변수 a는 2에서 1이 된다.

08. 증감식이 끝난 후 변수 a가 조건식 a>0에 해당되는지 판별한다. 현재 변수 a의 값은 1이며 조건식에 부합하기 때문에 반복문이 실행된다.

09. 반복문의 로직은 result = result +a이다. 현재 변수 result는 5이며 a는 1이므로 result = 5 + 1이 되어 result의 값에는 6이 새롭게 들어간다.

10. 반복문의 로직이 끝난 후 증감식은 전위 감소 --a이므로 변수 a에서 1을 뺀다. 즉 변수 a는 1에서 0이 된다.

11. 증감식이 끝난 후 변수 a가 조건식 a>0에 해당되는지 판별한다. 현재 변수 a의 값은 0이므로 조건식 a>0에 해당하지 않는 것을 알 수 있다. 조건식에 부합하지 않으므로 반복문은 실행을 멈춘다. 결론적으로 반복문은 총 3회 실행됐으며 result의 최종값이 6이 되었다.

그림 4.17 버튼 fun1을 클릭하여 결괏값 확인

예제 4.7을 배포한 후 **fun1** 버튼을 클릭하면 그림 4.17과 같이 **result**의 결괏값 6이 나온다.

4.2.4 do-while 문의 예

다음 예제에서는 반복문 do-while을 3회 반복한다.

예제 4.8 3회 반복하는 반복문 do-while

```solidity
// SPDX-License-Identifier: GPL-3.0
pragma solidity >=0.7.0 <0.9.0;

contract Ex4_8 {

    function fun1() public pure returns(uint) {
        uint result = 0;
        uint a = 0;
        do{
            result = result + a;
            ++a;
        }while(a<3);
        return result;
    }
}
```

그림 4.15를 보면 예제 4.8의 초기식, 조건식, 증감식이 uint a = 0, ++a, a<3인 것을 알 수 있다. 반복문 do-while은 다음과 같은 흐름으로 실행된다.

01. 초기식 uint a = 0이므로 변수 a는 0부터 시작한다.

02. 반복문의 로직은 result = result +a이다. 현재 변수 result와 a는 0이므로 result = 0 +0이 되어 result 의 값에는 0이 새롭게 대입된다.

03. 반복문의 로직이 끝난 후 증감식은 전위 증가 ++a이므로 변수 a에 1을 더한다. 즉, 변수 a는 0에서 1이 된다.

04. 증감식이 끝난 후 변수 a가 조건식 a<3에 해당되는지 판별한다. 현재 변수 a의 값은 1이며 조건식에 부합하기 때문 에 반복문이 실행된다.

05. 반복문의 로직은 result = result +a이다. 현재 변수 result는 0이며 a는 1이므로 result = 0 +1이 되어 result 값에는 1이 새롭게 대입된다.

06. 반복문의 로직이 끝난 후 증감식은 전위 증가 ++a이므로 변수 a에 1을 더한다. 즉 변수 a는 1에서 2가 된다.

07. 증감식이 끝난 후 변수 a가 조건식 a<3에 해당되는지 판별한다. 현재 변수 a의 값은 2이며 조건식에 부합하기 때문 에 반복문이 실행된다.

08. 반복문의 로직은 result = result +a이다. 현재 변수 result는 1이며 a는 2이므로 result = 1 + 2가 되어 result의 값에는 3이 새롭게 대입된다.

09. 반복문의 로직이 끝난 후 증감식은 전위 증가 ++a이므로 변수 a에 1을 더한다. 즉, 변수 a는 2에서 3이 된다.

10. 증감식이 끝난 후 변수 a가 조건식 a<3에 해당되는지 판별한다. 현재 변수 a의 값은 3이므로 조건식 a<3에 해당하 지 않는 것을 알 수 있다. 조건식에 부합하지 않으므로 반복문은 실행을 멈춘다. 결론적으로 반복문은 총 3회 실행 됐으며 result의 최종값은 3이다.

그림 4.18 버튼 fun1을 클릭하여 결괏값 확인

예제 4.8을 배포한 후 fun1 버튼을 클릭하면 그림 4.18과 같이 result의 결괏값 3이 나오는 것을 알 수 있다.

do-while의 또 다른 예를 살펴보자.

```solidity
// SPDX-License-Identifier: GPL-3.0
pragma solidity >=0.7.0 <0.9.0;

contract Ex4_9 {
    function fun1() public pure returns(uint) {
        uint result = 0;
        uint a = 5;
        do{
            result = result + a;
            ++a;
        }while(a>10);
        return result;
    }
}
```

예제 4.9의 반복문 do-while의 초기식은 uint a=5이며 조건식은 a>10이다. 즉, 변수 a는 조건식에 부합하지 않는다. 그러나 do-while 반복문은 다른 반복문인 for, while과 다르게 조건식의 해당 여부를 나중에 판단하므로 조건식이 부합되지 않아도 반드시 한 번은 실행된다. 실행 순서는 다음과 같다.

01. 초기식 uint a = 5이므로 변수 a는 5부터 시작한다.

02. 반복문의 로직은 result = result +a이다. 현재 변수 result는 0이며 a는 5이므로 result = 0 +5가 되어 result의 값에는 5가 새롭게 대입된다.

03. 반복문의 로직이 끝난 후 증감식은 전위 증가 ++a이므로 변수 a에 1을 더한다. 즉 변수 a는 5에서 6이 된다.

04. 증감식이 끝난 후 변수 a가 조건식 a>10에 해당되는지 판별한다. 현재 변수 a의 값은 6이므로 조건식 a>10에 해당되지 않는 것을 알 수 있다. 즉, 변수 a는 처음부터 조건식에 부합하지 않았음에도 불구하고 do-while 반복문이 실행됐다.

그림 4.19 버튼 fun1을 클릭하여 결괏값 확인

그림 4.19와 같이 result의 값이 5가 된 것을 확인할 수 있다.

4.3 반복문 응용

앞에서 3가지 반복문 for, while, do-while을 알아봤다. 여기서는 실질적으로 많이 활용되는 반복문과 조건문의 조합을 예제를 통해 알아보겠다. 또한, 반복문 안에 또 다른 반복문을 정의하는 중첩 반복문을 만들어 보겠다. 또한 조건에 따라 반복문을 제어하는데 쓰이는 continue와 break도 알아본다.

4.3.1 반복문과 조건문의 조합

다음 예제에서는 반복문 for와 조건문 if를 동시에 사용하고 있다.

예제 4.10 반복문과 조건문의 조합

```
// SPDX-License-Identifier: GPL-3.0
pragma solidity >=0.7.0 <0.9.0;

contract Ex4_10 {
    function fun1() public pure returns(uint) {
        uint result = 0;
        for(uint a = 0; a<10; ++a){
            if(a==1){
                return result;
            }
            result = result + a;
        }
        return result;
    }
}
```

반복문의 초기식과 조건식은 uint a = 0과 a<10이다. 즉, 변수 a는 증감식 ++a에 따라 10이 될 때까지 10회 반복할 것이다. 그러나 if의 조건문에 의해서 a가 1이 될 때 result의 값을 함수 밖으로 반환하여 반복문과 함수가 끝날 것이다. 해당 반복문은 다음 순서로 작동한다.

01. 초기식 uint a = 0이므로 변수 a는 0부터 시작한다.

02. 변수 a가 조건식 a<10에 해당되는지 판별한다. 현재 변수 a의 값은 0이며 조건식에 부합하기 때문에 반복문이 실행된다.

03. 반복문의 첫 번째 로직은 조건문 if(a==1)이다. 그러나 현재 변수 a는 0이므로 조건문에 부합하지 않으므로 조건문을 지나친다.

04. 반복문의 두 번째 로직은 result = result +a이다. 현재 변수 result와 a는 0이므로 result = 0 +0이 되어 result의 값에는 0이 새롭게 대입된다.

05. 반복문의 로직이 끝난 후 증감식은 전위 증가 ++a이므로 변수 a에 1을 더한다. 즉, 변수 a는 0에서 1이 된다.

06. 증감식이 끝난 후 변수 a가 조건식 a<10에 해당되는지 판별한다. 현재 변수 a의 값은 1이며 조건식에 부합하기 때문에 반복문이 실행된다.

07. 반복문의 첫 번째 로직은 조건문 if(a==1)이며 변수 a는 1이므로 조건문에 부합한다. 해당 조건문의 로직은 return result;이므로 반복문과 fun1 함수를 끝내고 즉시 result를 반환한다. 결론적으로 반복문은 1회 실행됐으며 변수 result의 최종값으로 0이 반환됐다.

그림 4.20 버튼 fun1을 클릭하여 결괏값 확인

해당 예제 코드를 배포한 후 fun1 버튼을 클릭하면 그림 4.20과 같은 결괏값이 나오는 것을 알 수 있다.

4.3.2 중첩 반복문

반복문 안에 또 다른 반복문을 정의하는 중첩 반복문을 만들어 보겠다.

예제 4.11 중첩 반복문

```
// SPDX-License-Identifier: GPL-3.0
pragma solidity >=0.7.0 <0.9.0;
```

```
contract Ex4_11 {
    function fun1() public pure returns(uint) {
        uint result = 0;
        for(uint a = 1; a<2; ++a){
            for(uint b = 2; b<4; ++b){
                result = result +(a*b);
            }
        }
        return result;
    }
}
```

예제 4.11에는 두 개의 반복문이 중첩돼 있다. 편의상 두 반복문 중 바깥쪽에 있는 것을 '외부 반복문', 안에 있는 반복문을 '내부 반복문'이라고 부르겠다. 외부 반복문이 실행되면 내부 반복문의 반복이 끝날 때까지 기다린 후 다시 외부 반복문이 실행된다. 해당 반복문은 다음 순서로 작동한다.

01. 외부 반복문의 초기식 uint a = 1이므로 변수 a는 1부터 시작한다.

02. 변수 a가 조건식 a<2에 해당되는지 판별한다. 현재 변수 a의 값은 1이며 조건식에 부합하므로 외부 반복문이 실행된다.

03. 외부 반복문의 로직은 내부 반복문이다. 내부 반복문의 초기식이 uint b = 2이므로 변수 b는 2부터 시작한다.

04. 내부 반복문의 조건식은 b<4다. 즉, 변수 b의 값 2는 조건식에 부합하므로 내부 반복문이 실행된다.

05. 내부 반복문의 로직은 result = result +(a*b)이다. 현재 result는 0이며 외부 반복문의 a와 내부 반복문의 b는 1과 2이므로 result = 0 +(1*2)가 된다. 즉 result의 값에는 2가 새롭게 대입된다.

06. 내부 반복문의 로직이 끝난 후 증감식은 전위 증가 ++b이므로 변수 b에 1을 더한다. 즉, 변수 b는 2에서 3이 된다.

07. 증감식이 끝난 후 내부 반복문의 조건식 b<4에 해당되는지 판별한다. 변수 b의 값은 3이므로 조건식에 부합하기 때문에 내부 반복문이 실행된다.

08. 내부 반복문의 로직은 result = result +(a*b)이다. 현재 result는 2이며 외부 반복문의 a와 내부 반복문의 b는 1과 3이므로 result = 2 +(1*3)이 된다. 즉, result 값에는 5가 새롭게 대입된다.

09. 내부 반복문의 로직이 끝난 후 증감식은 전위 증가 ++b이므로 변수 b에 1을 더한다. 즉 변수 b는 3에서 4가 된다.

10. 증감식이 끝난 후 내부 반복문의 조건식 b<4에 해당되는지 판별한다. 변수 b의 값은 4이므로 조건식에 부합하지 않으므로 내부 반복문을 끝낸다.

11. 외부 반복문의 로직인 내부 반복문이 끝난 후 외부 반복문의 증감식 전위 증가 ++a를 실행한다. 변수 a에 1이 더해지므로 변수 a는 1에서 2가 된다.

12. 증감식이 끝난 후 변수 a가 조건식 a>2에 해당되는지 판별한다. 현재 변수 a의 값은 2이며 조건식에 부합하지 않는 것을 알 수 있다. 조건식에 부합하지 않으므로 반복문의 실행은 멈춘다. 결론적으로 외부 반복문은 총 1회 실행됐으며 내부 반복문은 총 2회 실행됐다. 그리고 result의 최종값은 5가 되었다.

그림 4.21 버튼 fun1을 클릭하여 결괏값 확인

해당 예제 코드를 배포한 후 **fun1** 버튼을 클릭하면 위 그림 4.21과 같은 결괏값이 나온다.

4.3.3 반복문의 continue와 break

이번에는 반복문에 존재하는 2가지 키워드인 continue와 break를 알아보겠다. 먼저 continue는 현재 실행되는 반복문을 건너뛰고 조건식에 따라 그다음 반복문을 실행한다. 반면, break는 반복문을 완전히 종료한다. 주로 특정한 조건에 부합할 때 continue와 break를 발동시킨다. 즉, 반복문에 조건문을 정의하여 continue와 break를 사용한다.

예제 4.12 반복문 키워드 continue

```
// SPDX-License-Identifier: GPL-3.0
pragma solidity >=0.7.0 <0.9.0;

contract Ex4_12 {
    function fun1() public pure returns(uint) {
        uint result = 0;
        for(uint a = 0; a<2; ++a){
            if(a==1){
                continue;
            }
```

```
            result = result + a;
        }
        return result;
    }
}
```

예제 4.12는 continue 키워드를 사용한 반복문으로, 변수 a가 1이 될 때 continue가 실행되어 해당 반복문 실행을 건너뛰고 그다음 반복문을 시도한다. 해당 반복문은 다음 순서로 작동한다.

01. 초기식이 uint a = 0이므로 변수 a는 0부터 시작한다.

02. 변수 a가 조건식 a<2에 해당되는지 판별한다. 현재 변수 a의 값은 0이며 조건식에 부합하므로 반복문이 실행된다.

03. 반복문의 첫 번째 로직은 조건문 if(a==1)이다. 그러나 현재 변수 a는 0이므로 조건문에 부합하지 않으므로 조건문을 지나친다.

04. 반복문의 두 번째 로직은 result = result +a이다. 현재 변수 result와 a는 0이므로 result = 0 +0이 되어 result의 값에는 0이 새롭게 대입된다.

05. 반복문의 로직이 끝난 후의 증감식은 전위 증가 ++a이므로 변수 a에 1을 더한다. 즉 변수 a는 0에서 1이 된다.

06. 증감식이 끝난 후 변수 a가 조건식 a<2에 해당하는지 판별한다. 현재 변수 a의 값은 1이며 조건식에 부합하므로 반복문이 실행된다.

07. 반복문의 첫 번째 로직은 조건문 if(a==1)이며 현재 변수 a는 1이므로 continue가 실행된다. continue가 실행되면 해당 반복문은 건너뛰고 증감식으로 이동한다.

08. 증감식은 전위 증가 ++a이므로 변수 a에 1을 더한다. 즉 변수 a는 1에서 2가 된다.

09. 증감식이 끝난 후 변수 a가 조건식 a<2에 해당되는지 판별한다. 현재 변수 a의 값은 2이므로 조건식 a<2에 해당하지 않는다. 조건식에 부합하지 않으므로 반복문은 실행을 멈춘다. 결론적으로 반복문은 continue로 인해 총 1회 실행됐으며 result의 최종값은 0이 됐다.

그림 4.22 버튼 fun1을 클릭하여 결괏값 확인

해당 예제 코드를 배포한 후 **fun1** 버튼을 클릭하면 위 그림 4.22와 같은 결괏값이 나온다.

```solidity
// SPDX-License-Identifier: GPL-3.0
pragma solidity >=0.7.0 <0.9.0;

contract Ex4_13 {
    function fun1() public pure returns(uint) {
        uint result = 0;
        for(uint a = 0; a<10; ++a){
          if(a==0){
              break;
          }
          result = result + a;
        }
        return result;
    }
}
```

예제 4.13은 break 키워드가 정의된 반복문이며 변수 a가 0이 될 때 **break;**가 실행되어 반복문을 종료시킨다. 해당 반복문은 다음 순서로 작동한다.

01. 초기식 uint a = 0이므로 변수 a는 0부터 시작한다.

02. 변수 a가 조건식 a<10에 해당되는지 판별한다. 현재 변수 a의 값은 0이며 조건식에 부합하기 때문에 반복문이 실행된다.

03. 반복문의 첫 번째 로직은 조건문 if(a==0)이다. 현재 변수 a는 0이므로 조건문에 부합하여 break가 실행되어 반복문을 종료시킨다. 결론적으로 result의 초깃값 그대로 0인 것을 알 수 있다.

그림 4.23 버튼 fun1을 클릭하여 결괏값 확인

해당 예제 코드를 배포한 후 fun1 버튼을 클릭하면 위 그림 4.23과 같은 결괏값이 나온다.

4.4 개념 체크

01. 조건문은 (if/for)로 시작한다.

02. 조건문의 조건을 정의할 때 조건에 대한 결괏값이 (불리언/정수)형으로 판단돼야 한다.

03. 조건문 else는 앞의 조건문이 거짓일 때 실행(된다/되지 않는다).

04. 조건문 else에 따로 조건을 정의할 수 (있다/없다).

05. 조건문 if 이후 따로 조건을 정의하려면 (else if/else)를 써야 한다.

06. 조건문 if와 else if의 조건이 같다면 (if/else if) 안에 있는 조건문 로직이 실행된다.

07. 조건문 if(true)는 조건이 항상 참이므로 어떠한 값이 와도 조건문을 실행(한다/하지 않는다).

08. 반복문에는 for, (while/within), do-while이 있다.

09. 반복문은 초기식, 조건식, 증감식에 따라 반복문 횟수가 결정(된다/되지 않는다).

10. 반복문 for는 조건식에 부합하지 않아도 한 번은 무조건 실행(된다/되지 않는다).

11. 반복문 do-while은 조건식에 부합하지 않아도 한 번은 무조건 실행(된다/되지 않는다).

12. 반복문 내부에 조건문을 정의할 수 (있다/없다).

13. 한 개 이상의 반복문을 중첩하여 쓸 수 (있다/없다).

14. 반복문의 키워드는 continue와 (break/stop)이다.

15. 반복문 키워드 continue는 현재 실행하고 있는 반복문을 종료(시킨다/시키지 않는다).

[정답]

1. if	2. 불리언	3. 된다	4. 없다	5. else if
6. if	7. 한다	8. while	9. 된다	10. 되지 않는다
11. 된다	12. 있다	13. 있다	14. break	15. 시키지 않는다

4.5 연습 문제

01. 조건에 맞는 조건문을 만들어 보세요.

- 조건문의 형태는 if...else입니다.

- 매개변수 a가 11 이상이면 true를 반환합니다.

- 매개변수 a가 11 미만이면 false를 반환합니다.

```solidity
// SPDX-License-Identifier: GPL-3.0
pragma solidity >=0.7.0 <0.9.0;

contract quiz1 {

    function fun1(uint a) public pure returns(bool) {

        /*
            해당 조건에 부합하는 조건문을 작성하세요.
        */
    }
}
```

02. 조건에 맞는 for 반복문을 만들어 보세요.

- 반복문의 초기식은 1부터 시작합니다.

- 반복문의 조건식은 11 미만일 때까지 반복합니다.

- 반복문의 증감식은 전위 증가입니다.

- 반복문은 1부터 10까지 더해 결괏값 55를 만듭니다.

```solidity
// SPDX-License-Identifier: GPL-3.0
pragma solidity >=0.7.0 <0.9.0;

contract quiz2 {

    function fun1() public pure returns(uint) {
        uint result = 0;
```

```solidity
    /*
        해당 조건에 부합하는 for 반복문을 작성하세요.
    */
    return result;
    }

}
```

03. 조건에 맞는 while 반복문을 만들어 보세요.

- 반복문의 초기식은 10부터 시작합니다.

- 반복문의 조건식은 true입니다.

- 반복문의 변수가 5가 될 때 break가 실행됩니다.

- 반복문의 로직은 반복문의 변수를 더합니다.

- 반복문의 증감식은 전위 감소입니다.

```solidity
// SPDX-License-Identifier: GPL-3.0
pragma solidity >=0.7.0 <0.9.0;

contract quiz3 {

    function fun1() public pure returns(uint) {
        uint result = 0;
        /*
            해당 조건에 부합하는 while 반복문을 작성하세요.
        */
        return result;
    }

}
```

1.

```solidity
// SPDX-License-Identifier: GPL-3.0
pragma solidity >=0.7.0 <0.9.0;

contract quiz1 {

    function fun1(uint a) public pure returns(bool) {

        if(a>10){
            return true;
        }else{
            return false;
        }
    }
}
```

2.

```solidity
// SPDX-License-Identifier: GPL-3.0
pragma solidity >=0.7.0 <0.9.0;

contract quiz2 {

    function fun1() public pure returns(uint) {
        uint result = 0;
        for(uint a = 1; a<11; ++a){
            result = result + a;
        }
        return result;
    }
}
```

3.

```solidity
// SPDX-License-Identifier: GPL-3.0
pragma solidity >=0.7.0 <0.9.0;

contract quiz3 {

    function fun1() public pure returns(uint) {
        uint result = 0;
        uint a = 10;
        while(true){
            if(a==5){
                break;
            }
            result = result + a;
            --a;

        }
        return result;
    }
}
```

05

매핑, 배열, 구조체

2장에서 자료형은 크게 두 가지로 값 타입과 참조 타입으로 나뉜다고
했다. 앞서 살펴봤듯이 값 타입에는 불리언(bool), 정수(int와 uint), 고
정 크기 바이트(bytes1~bytes32), 주소(address)가 있다.

이번 장에서는 참조 타입인 매핑(mapping), 배열(array), 구조체
(struct)에 관해 알아보겠다. 값 타입은 값 자체를 복사하고 참조 타입
은 값의 주소를 복사한다. 이 둘의 차이점을 예제를 통해 자세히 알아
보겠다.

이 장에서 배우는 내용:

- 참조 타입: 매핑, 배열, 구조체
- 참조 타입의 데이터 저장 영역

5.1 매핑

매핑은 자바스크립트의 오브젝트(object)와 같이 키와 값의 형태를 저장한다. 매핑의 저장 방식은 실생활에서 쉽게 찾아볼 수 있다. 예를 들어 은행 창고에 들어가면 그림 5.1과 같이 여러 개의 금고가 있을 것이다. 각 금고는 각기 다른 귀중품을 보관하고 있다. 특정 보관품을 찾으려면 그 보관품이 들어 있는 금고의 열쇠를 사용해야 한다.

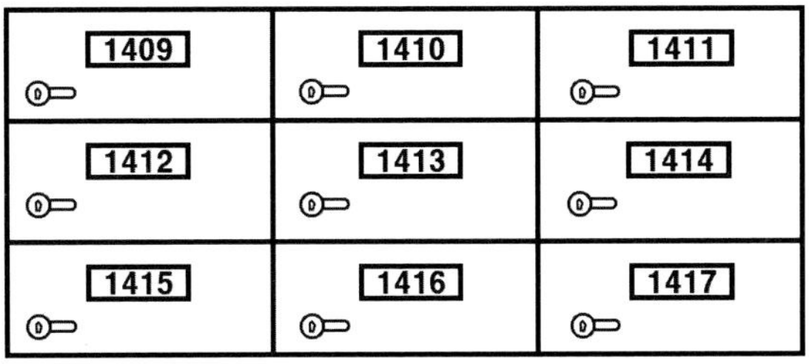

그림 5.1 매핑의 실생활 예시

다시 말하자면 1409번 금고에 보관된 물건을 찾으려면 반드시 1409번 금고의 열쇠로 열어야 한다. 다른 금고의 열쇠(예: 1410번 금고의 열쇠)로는 1409번 금고를 열 수가 없다. 이와 같이 매핑 역시 키와 대응되는 값을 저장하므로 원하는 값을 얻으려면 그 값의 올바른 키를 입력해야 한다. 대표적인 매핑의 예시는 각 유저의 토큰 잔액을 나타내는 매핑이다.

5.1.1 매핑 구문

다음 그림은 매핑을 명시하는 방법을 나타내며 매핑은 mapping 키워드로 선언한다. 앞서 언급했듯이 매핑은 키와 값의 구조를 가지고 있으므로 키와 값의 자료형을 명시해야 한다. balances는 매핑의 대표적인 예시로, 각 유저의 토큰 잔액을 나타낸다.

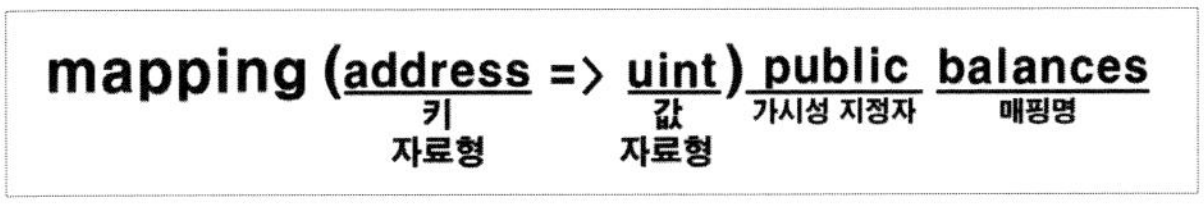

그림 5.2 매핑 정의 방법

balances 매핑의 키는 유저의 주소를 나타내는 address 자료형을 선언했고, 값은 키에 해당하는 토큰의 잔액을 나타내는 uint 자료형을 명시했다. 예를 들자면 balances 매핑에 특정 유저인 A의 주소 0x5B38Da6a701c568545dCfcB03FcB875f56beddC4를 키 값으로 하고 1000을 값으로 넣는다면, 유저 A의 주소를 balances 매핑의 키 값으로 입력했을 때 유저 A의 토큰 잔액이 1000을 나타낼 것이다.

예제를 통해 매핑에 값을 추가하고 삭제하는 방법을 알아보자.

5.1.2 매핑에 키와 값을 추가

```solidity
// SPDX-License-Identifier: GPL-3.0
pragma solidity >=0.7.0 <0.9.0;


contract Ex5_1 {

    mapping(address => uint) public balances;

    function addMapping(address _key, uint _amount) public {
        balances[_key] = _amount;
    }

    function getMapping(address _key) public view returns(uint) {
        return balances[_key];
    }
}
```

예제 5.1에는 balances 매핑과 addMapping, getMapping 함수가 있으며, 이 두 함수를 통해 balances 매핑에 데이터를 저장하고 조회하는 방법을 보여준다. 먼저 balances 매핑은 mapping(address => uint) public balances와 같이 선언됐으므로, 키의 자료형은 address이고 값의 자료형은 uint다.

첫 번째 함수 addMapping은 balances 매핑에 데이터를 저장하는 함수다. 참고로 balances 매핑의 키와 값의 자료형은 address와 uint이므로 매개변수의 자료형도 address와 uint이다. 즉, addMapping 함수는 address _key와 uint _amount를 매개변수로 받는다. 최종적으로 입력받은 두 개의 매개변수는 balances[_key] = _amount와 같이 balances 매핑의 키와 값으로 추가될 것이다.

두 번째 함수 getMapping은 balances 매핑의 값을 반환한다. balances 매핑에서 값을 출력하려면 이 매핑에 키를 넣어줘야 한다. getMapping 함수는 매개변수 _key를 입력받은 후 balances[_key]와 같이 balances 매핑에 _key를 넣어 해당 키에 대응하는 값을 출력한다.

Ex5_1을 배포하면 그림 5.3과 같은 화면을 확인할 수 있다.

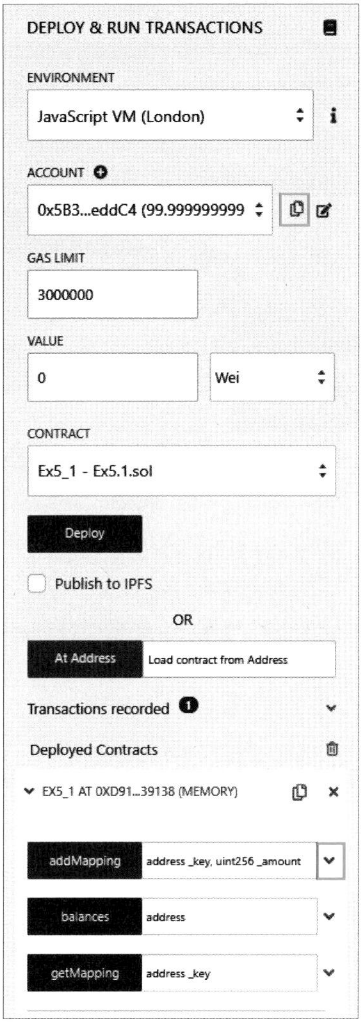

그림 5.3 ACCOUNT 주소를 복사하고 addMapping 함수의 매개변수를 입력

먼저 **ACCOUNT** 필드 오른쪽의 'Copy' 아이콘(그림 5.3 위쪽에 표시)을 클릭해 계정의 주소를 복사한다. 복사한 주소는 addMapping 함수의 매개변수 _key 값으로 쓰일 예정이다. 계정의 주소를 복사한 후 addMapping 옆의 화살표(그림 5.3 아래쪽에 박스로 표시)를 클릭해 매개변수 _key와 _amount의 입력 창을 펼친다.

앞에서 복사한 주소를 매개변수 _key에 입력하고, _amount에는 정수형 값(예: 1000)을 넣어준다. 그런 다음 transact 버튼을 클릭하면 balances 매핑에 해당 키와 값이 저장된다.

그림 5.4 addMapping 함수의 매개변수 _key와 _amount 입력 후 transact 버튼 클릭

해당 값이 잘 저장됐는지 확인해보겠다.

복사해둔 ACCOUNT 주소를 `getMapping`의 매개변수로 입력한 다음, `getMapping`을 클릭해 결괏값을
확인한다(그림 5.5).

그림 5.5 getMapping 함수의 매개변수 _key 입력 후 getMapping 버튼을 클릭하여 결괏값 확인

그림 5.5에서는 결괏값으로 1000이 나왔는데, 그 이유는 그림 5.4에서 복사한 계정의 주소, 즉 키에 대응되는 값으로 1000을 넣었기 때문이다.

결론적으로 balances 매핑은 각 주소에 따른 토큰의 잔액을 나타내므로 "해당 유저의 주소 0x5B38Da6a701c568545dCfcB03FcB875f56beddC4는 1000개의 토큰을 갖고 있다"라고 말할 수 있다.

추가로 그림 5.6에서 볼 수 있듯이 balances 함수가 자동으로 생겼다. balances 함수는 balances 매핑을 public으로 지정했으므로 저절로 getter 함수가 생긴 것이다. 즉 balances 함수와 getMapping 함수는 같으며 balances에 getMapping에 입력한 매개변수를 넣으면 getMapping과 같은 결괏값 1000을 출력하는 것을 볼 수 있다.

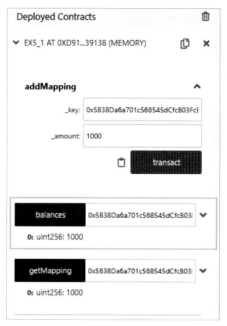

그림 5.6 balances 함수에 매개변수를 입력한 후 balances 버튼을 클릭하여 결괏값 확인

앞에서 addMapping 함수를 통하여 매핑에 키 0x5B38Da6a701c568545dCfcB03FcB875f56beddC4와 값 1000을 입력했다. 이미 저장된 키에 대응되는 값을 변경하고 싶다면 balances 매핑에 이미 저장된 키와 다른 값을 넣어주면 된다.

그림 5.7 addMapping 함수에 기존에 저장한 주소와 다른 값을 입력한 후 결괏값 확인

그림 5.7에서 보듯이 addMapping 함수에 이미 매핑에 저장된 키와 변경할 값인 500을 넣었다. addMapping 함수를 실행한 후 balances 또는 getMapping 함수를 실행하면 그림 5.7과 같이 주소 0x5B38Da6a701c568545dCfcB03FcB875f56beddC4가 1000이 아닌 500으로 변경된 것을 확인할 수 있다.

5.1.3 매핑의 키와 값을 삭제

다음 코드에는 deleteMapping1과 deleteMapping2 함수를 추가했다. 두 함수는 저장된 매핑의 값을 삭제한다.

예제 5.2 매핑의 키와 값 삭제

```solidity
// SPDX-License-Identifier: GPL-3.0
pragma solidity >=0.7.0 <0.9.0;

contract Ex5_2 {

    mapping(address => uint) public balances;

    function addMapping(address _key, uint _amount) public {
        balances[_key] = _amount;
    }
```

```
function getMapping(address _key) public view returns(uint) {
    return balances[_key];
}

function deleteMapping1(address _key) public {
    delete(balances[_key]);
}

function deleteMapping2(address _key) public {
    balances[_key] = 0;
}

}
```

먼저 일반적으로 deleteMapping1 함수와 같이 delete 키워드를 선언해 매핑의 값을 삭제한다. 한편,
deleteMapping2 함수와 같이 삭제하는 방식은 매핑의 값이 uint일 때만 가능하다. 그 이유는 예제 5.2
를 실행하면서 알아보겠다.

그림 5.8 앞선 예제의 그림 5.4와 같이 매핑에 데이터를 저장한 후 그림 5.5처럼 저장한 데이터 확인

예제 5.2를 배포하고 난 후 지난 예제의 그림 5.4와 같이 addMapping 함수를 통해 매핑에 키와 값을 저장한다. 그리고 나서 getMapping 함수 또는 balances 함수로 저장한 값을 확인한다. balances 매핑에 데이터를 저장했으므로 deleteMapping1을 통해서 저장한 데이터를 삭제하겠다.

그림 5.9 deleteMapping1 함수를 실행한 후 getMapping 함수를 통해 데이터가 삭제되었는지 확인

그림 5.8에서 매핑에 키의 값으로 저장한 주소 0x5B38Da6a701c568545dCfcB03FcB875f56beddC4를 함수 deleteMapping1의 매개변수에 입력한 후 그림 5.9의 deleteMapping1 버튼을 클릭해 그 주소에 대응되는 값, 즉 토큰의 잔액을 삭제한다.

함수 deleteMapping1이 성공적으로 실행이 완료됐다면 그림 5.9와 같이 함수 getMapping을 통해 결괏값이 0인 것을 확인할 수 있다.

그림 5.10 매핑에 저장되지 않은 주소를 키의 값으로 입력한 후 결괏값 확인

사실 매핑의 특성상 매핑에 저장되지 않은 키에 대응되는 값은 기본값으로 0이 설정된다. 그림 5.10은 키 값으로 매핑에 저장된 적이 없는 주소 0xAb8483F64d9C6d1EcF9b849Ae677dD3315835cb2를 입력 했으며 이 주소에 대응되는 매핑의 값으로 0이 나온 것을 확인할 수 있다. 이처럼 매핑의 값이 uint 자

료형일 때만 기본값이 0이 되는 것을 알 수 있다. 결론적으로 `deleteMapping1` 함수의 `delete` 키워드는 키에 대응되는 값을 기본값 0으로 변경한다.

조금 더 확장해서 생각해 보면, 삭제하고자 하는 매핑의 값을 기본값인 0으로 변경하면 된다. 다시 말하자면 `deleteMapping2` 함수의 `balances[_key]` = 0과 같이 0을 대입하면 된다. 그림 5.11과 같이 `deleteMapping2` 함수를 통하여 매핑의 데이터가 삭제된 것을 확인할 수 있다.

그림 5.11 매핑에 데이터 저장 후 deleteMapping2를 통하여 데이터 삭제

그러나 `balances[_key]` = 0으로 지우는 방식은 매핑 값의 자료형이 `uint`일 때만 가능할 것이다. 예를 들어 `mapping(address => bool) public isTrue`와 같이 매핑 값의 자료형이 `bool`이라면 정수형인 0을 넣을 수 없다. `bool`의 기본값은 `false`이므로 `isTrue[_key]=false`가 될 것이다.

5.2 배열

이번에는 참조 타입 중 하나인 배열을 중점적으로 다뤄 보겠다. 더 나아가서 일반적으로 배열과 같이 종종 사용하는 반복문과 조건문을 통해 간단한 순차 검색 알고리즘(Linear search)을 만들어 보겠다.

5.2.1 배열의 구조

배열에는 자료형이 같은 한 개 이상의 값을 순차적으로 저장한다. 배열의 구조는 그림 5.12와 같은 형태다. 그림 5.12의 배열은 6개의 정수형 값이 저장되어 있으며 0번째 자리부터 배열의 값이 추가된다. 즉, 0번째 자리에 있는 92가 제일 먼저 배열에 추가됐으며 99는 5번째 자리에 존재하므로 제일 마지막에 저장됐다. 배열에서 자리의 순서를 **인덱스(Index)**라 부르며 그림 5.12의 배열에 저장된 값 108의 인덱스는 1이다.

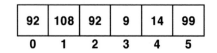

그림 5.12 배열의 구조

배열은 앞에서 배운 매핑과 비슷하면서도 다르다. 매핑은 키와 값 형태로 구성되어 하나의 매핑이 여러 개의 키와 값을 저장할 수 있다. 이와 같이 한 개의 배열도 여러 개의 값을 저장할 수 있는데, 배열의 인덱스가 매핑의 키와 비슷하다. 즉, 배열의 특정 인덱스를 이용해 이 인덱스에 저장된 값을 반환할 수 있다. 예를 들어 인덱스 3을 이용하면 그림 5.12의 배열은 9를 반환한다. 이는 매핑에 키를 넣어 해당 키에 저장된 값을 구하는 것과 비슷하다.

매핑과 배열의 차이점은 매핑은 키의 자료형을 자유롭게 지정할 수 있고 원하는 키에 특정 값을 저장했다. 그러나 배열의 인덱스는 배열의 몇 번째 값인지를 나타내므로 항상 정수형이다. 인덱스는 값을 추가할 때마다 순차적으로 증가한다.

배열은 값을 순차적으로 저장한다는 특성 덕분에 배열의 길이를 지원한다. 즉, 배열이 데이터를 수용할 수 있는 공간을 배열의 길이 또는 크기라고 부른다. 이는 마지막 인덱스에 1을 더한 값으로 생각할 수 있으며, 1을 더한 이유는 배열의 인덱스가 0부터 시작하기 때문이다. 반면 매핑은 매핑의 길이를 따로 지원하지 않는다.

그림 5.13 배열 정의 방법

그림 5.13은 배열에 정의 방법을 나타내며, 대괄호 []가 배열을 나타낸다. 예제를 통해 배열을 자세히 알아보자.

5.2.2 배열의 인덱스에 대응하는 값을 구하기

예제 5.3에는 두 개의 배열 array1과 array2가 있으며 각 배열의 정의 방법이 다르다. 이러한 차이점은 두 배열이 완전히 다른 형태의 배열임을 보여준다.

예제 5.3 배열의 길이와 인덱스에 대응하는 값 구하는 방법

```solidity
// SPDX-License-Identifier: GPL-3.0
pragma solidity >=0.7.0 <0.9.0;

contract Ex5_3 {

    uint[] public array1;
    string[5] public array2 = ["apple", "banana", "coconut"];

    function getLength1() public view returns(uint) {
        return array1.length;
    }

    function getLength2() public view returns(uint) {
        return array2.length;
    }

    function getArray1(uint _index) public view returns(uint) {
        return array1[_index];
    }

    function getArray2(uint _index) public view returns(string memory) {
        return array2[_index];
    }
}
```

먼저 array1은 uint[] public array1로 정의되어 있다. uint[]는 uint 자료형을 가진 배열을 나타내며 uint형의 값만 저장할 수 있다. 이 배열은 현재 크기가 따로 지정되지 않은 동적 크기 배열이다. 크기가 따로 지정되어 있지 않으므로 값을 입력하기 전까지는 크기가 0이다. 동적 크기 배열이므로 언제든지 배열의 길이를 자유롭게 늘리거나 줄일 수 있다. 반면, arry2는 string[5]이므로 string 자료형을 가진 값만 저장하고 배열의 길이는 5로 정해져 있다. 배열의 크기가 한 번 정해진 이상 그 크기를 늘리거나 줄일 수 없다.

두 배열의 정의 방법 중 한 가지 더 주목할 점은 초깃값의 입력 여부다. array1은 특정한 값을 초기화하지 않은 반면, array2는 ["apple", "banana", "coconut"]와 같이 값을 초기화했다. 앞서 살펴봤듯이 array1은 배열의 크기가 따로 지정되어 있지 않은 동적 크기 배열이다. 그리고 array1 배열은 초깃값도 입력되어 있지 않으므로 array1은 데이터를 수용할 공간이 없는 배열이라고 할 수 있다. 즉 array1의 크기는 0이다.

반면에 array2는 3개의 값 ["apple", "banana", "coconut"]이 초깃값으로 저장됐다. 다시 말하자면 array2는 크기가 5로 고정된 고정 크기 배열이며 3개의 값이 저장된 상태다. 그림 5.14와 같이 이 3개의 값은 인덱스 0, 1 ,2에 저장될 것이며 나머지 인덱스 3과 4는 공백으로 남겨질 것이다.

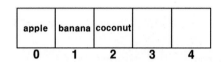

그림 5.14 array2의 배열 구조

예제 5.3의 함수 getLength1과 getLength2는 배열의 길이를 반환하는 함수다. 배열의 크기는 array1.length와 array2.length를 통해 간단히 구할 수 있다. getArray1과 getArray2 함수는 매개변수 _index를 입력받고 그 인덱스에 저장된 값을 반환한다. 배열에 인덱스를 입력해 저장된 값을 반환할 때 array1[_index], array2[_index]와 같이 명시하며 이 명시 방법은 매핑에서 키를 입력해 값을 구할 때와 같다.

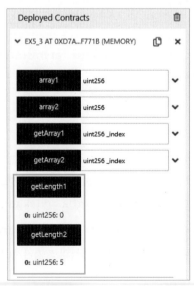

그림 5.15 getLenght1과 getLength2를 클릭하여 결괏값 확인

예제 5.3을 배포하고 나서 그림 5.15의 getLength1과 getLength2 버튼을 클릭하면 array1과 array2의 크기는 0과 5가 반환된다. 배열 array1은 동적 크기 배열이며 아직 값을 추가하지 않았으므로 크기가 0이 나온다. array2는 string[5]로 정의함으로써 크기가 5로 고정됐다.

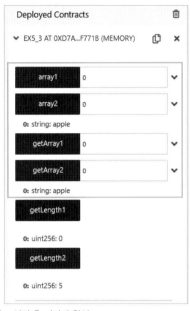

그림 5.16 getArray1과 getArray2에 인덱스 입력 후 결괏값 확인

그림 5.16과 같이 함수 getArray1과 getArray2에 매개변수로 0을 입력한다. 먼저 getArray2의 경우 배열 array2의 인덱스 0에 apple이 저장되어 있으므로 그림 5.16과 같이 apple이 반환되는 것을 확인할 수 있다. 더 나아가서 getArray2에 매개변수로 3 또는 4를 입력하면 아무런 값이 나오지 않는 것을 확인할 수 있다. 그 이유는 array2의 크기는 5이기 때문이다. 즉, array2에 5개의 공간이 존재한다고 볼 수 있으며 4번째와 5번째 공간인 인덱스 3과 4에 아무것도 저장돼 있지 않다.

반면에 getArray1에 인덱스 0을 넣고 실행을 하면 오류가 나는 것을 알 수 있다. 오류가 나는 이유는 배열 array1의 크기가 0인 것을 알 수 있듯이 array1배열에 값을 저장할 수 있는 공간 자체가 존재하지 않으므로 오류를 반환한 것이다.

이와 유사하게, array2의 크기는 5이므로 getArray2에 인덱스 값으로 5 이상을 넣으면 오류가 날 것을 예상할 수 있다. 추가로 배열 array1과 array2는 public으로 되어 있으므로 getter 함수가 자동으로 생기면서 그림 5.16처럼 함수 array1과 array2가 생긴다.

5.2.3 배열에 값을 추가하고 변경

다음 예를 통해 배열에 값을 추가하고 변경하는 방법을 알아보자.

예제 5.4 배열에 값을 추가하고 변경하는 방법

```solidity
// SPDX-License-Identifier: GPL-3.0
pragma solidity >=0.7.0 <0.9.0;

contract Ex5_4 {

    uint[] public array1 = [97,98];
    string[5] public array2 = ["apple", "banana", "Coconut"];

    function getLength1() public view returns(uint) {
        return array1.length;
    }

    function getLength2() public view returns(uint) {
        return array2.length;
    }

    function addArray1(uint _value) public {
        array1.push(_value);
    }

    /* 오류 발생
    function addArray2(string memory _value) public {
        array2.push(_value);
    }
    */
    function changeArray1(uint _index, uint _value) public {
        array1[_index] = _value;
    }

    function changeArray2(uint _index, string memory _value) public {
        array2[_index] = _value;
    }
}
```

예제 5.4의 배열 array1은 초깃값 [97,98]을 가지고 있으며 array1 배열의 크기는 2이다. addArray1 과 addArray2 함수는 push를 통해 배열에 값을 저장한다. 즉, push를 통해 배열에 새로운 값이 저장되면서 배열의 길이가 증가한다. 그러나 여기서 addArray2의 주석을 해제하고 컴파일하면 오류가 발생한다. 그 이유는 array2는 5로 크기가 고정되어 있으므로 크기가 변할 수 없기 때문이다.

예제 5.4의 changeArray1과 changeArray2는 배열의 값을 변경하는 함수이며 각 함수의 매개변수는 정수형 인덱스와 각 배열의 자료형에 따른 값을 입력받고 있다. array1[_index] = _value와 같이 배열에 값을 변경하는 방식은 매핑에 값을 변경하는 방식과 같다.

그림 5.17 getLength1 버튼을 클릭하여 결괏값 확인

예제 5.4를 배포한 후 그림 5.17의 getLength1 버튼을 클릭하면 배열 array1의 크기가 2인 것을 확인할 수 있다. 크기가 2인 이유는 array1의 초깃값 [97,98]이 대입됐기 때문이다.

그림 5.18 addArray1을 통해 array1 배열에 99를 추가한 후 배열의 크기와 추가된 값 확인

그림 5.18과 같이 **addArray1** 함수에 **99**를 넣고 실행하면 **array1**에 값이 새롭게 추가되는 것을 알 수 있다. **array1** 배열의 초깃값은 **[97,98]**이었으므로 **[97,98,99]**처럼 2번째 인덱스에 99가 추가될 것이다. 그림 5.18의 **array1** 함수에 인덱스 2를 넣고 확인하면 99가 저장된 것을 볼 수 있다. 99가 추가됐으니 **array1** 배열의 크기도 3이 된다.

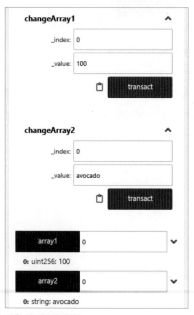

그림 5.19 changeArray1과 2를 실행하여 값을 변경한 후 확인

그림 5.19의 changeArray1과 changeArray2는 각각 두 개의 매개변수 _index와 _value를 받는다. 두 함수 모두 _index에는 정숫값(예: 0)을 대입하고, _value에는 각 배열의 자료형에 해당하는 값(예: 100과 avocado)을 입력한다. 그리고 나서 changeArray1과 changeArray2 함수를 실행하면 array1과 array2 배열의 0번째 인덱스의 값이 변경될 것이다. 그림 5.19의 array1, array2 함수에 인덱스 값 0 을 입력하고 실행하면 100과 avocado가 나오는 것을 확인할 수 있다.

5.2.4 배열의 값을 삭제

다음 코드는 배열의 값을 삭제하는 2가지 방법을 보여준다.

예제 5.5 배열의 값 삭제하는 방법

```solidity
// SPDX-License-Identifier: GPL-3.0
pragma solidity >=0.7.0 <0.9.0;

contract Ex5_5 {

    uint[] public array = [97,98,99];

    function getLength() public view returns(uint) {
        return array.length;
    }

    function popArray() public {
        array.pop();
    }

    function deleteArray(uint _index) public {
        delete array[_index];
    }

}
```

예제 5.5의 함수 popArray와 deleteArray 모두 배열의 값을 삭제하는 함수다. 먼저 popArray의 경우 배열의 내장 함수 pop을 통해 배열의 값을 삭제한다. pop을 통해 배열의 값을 삭제한다면 마지막 인덱스 가 없어지면서 배열의 크기도 줄어든다. 예를 들어 예제 5.5의 array는 [97,98,99]이다. 즉, 마지막 인덱스는 2이며 크기는 3이다. array배열에 pop을 실행하면 마지막 인덱스 2에 저장된 99가 삭제되고 크기는 2로 줄어든다. 결론적으로 array배열은 [97,98]이 될 것이다.

반면, deleteArray 함수는 키워드 delete를 통해 배열의 값을 삭제한다. 이 방식은 매핑에서 값을 삭제는 방식과 동일하다. delete 키워드를 통해 값을 삭제하면 원하는 인덱스의 값을 제거할 수 있다. 그러나 배열의 크기는 줄어들지 않는다. delete에 의해 삭제된 값은 정수형 배열일 경우 0으로 덮어씌우기 때문이다. 삭제하고자 하는 배열의 자료형이 문자열이면 공백으로 덮어씌운다. 즉, 매핑에서도 봤듯이 delete 키워드를 사용하면 배열의 자료형의 기본값으로 배열을 덮어쓴다. 그러므로 완전히 삭제됐다고 표현하기에는 무리가 있다.

그림 5.20 예제 5.5 배포 후 getLength 버튼 클릭

그림 5.20은 예제 5.5를 배포한 모습이며 getLength 버튼을 클릭해 array 배열의 크기 3을 출력한다. array 배열은 [97,98,99]가 초깃값으로 대입되어 크기가 3인 것을 알 수 있다.

그림 5.21 popArray 버튼을 클릭한 후 getLength 버튼을 클릭해 결깃값 확인

그림 5.21처럼 popArray 버튼을 클릭하고 나서 getLength 버튼을 클릭하면 array의 크기가 3에서 2로 줄어든다. popArray 함수는 array.pop()을 통해 값을 삭제했으며 array.pop()은 마지막 인덱스와 배열의 크기를 줄이는 특징을 갖고 있다. 즉, array 배열의 마지막 인덱스인 2가 삭제되어 배열의 크기가 2로 줄었다. 더 나아가서 array 함수에 2를 넣어서 실행하면 오류가 발생하는 것을 확인할 수 있다. 즉, array 배열에 인덱스 2가 존재하지 않기 때문에 오류가 발생한 것이다.

그림 5.22 deleteArray 함수 실행 후 array와 getLength 버튼을 클릭해 결괏값 확인

그림 5.22와 같이 deleteArray 함수 내부에 있는 delete array[_index]를 통해 원하는 인덱스 0에 저장된 값을 삭제했다. array 함수를 통해 인덱스 0에 저장된 값을 조회하면 값이 97에서 0으로 바뀐 것을 확인할 수 있다. 인덱스 0에 있던 기존 값이 0으로 삭제됐으므로 array 배열의 크기는 그대로 2이다.

5.2.5 순차 검색 알고리즘

여기서는 배열과 반복문, 조건문을 통해 간단한 순차 검색 알고리즘을 만들어 보겠다. 배열, 반복문과 조건문은 종종 같이 쓰이므로 이번 기회에 어떤 식으로 쓰이는지 알아보자. 순차 검색 알고리즘이란 배열의 첫 번째 인덱스부터 마지막 인덱스까지 검색하고자 하는 값을 찾는 것이다.

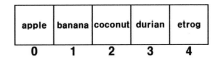

그림 5.23 순차 검색 배열 예제

쉽게 예를 들어 그림 5.23은 5개의 과일 이름을 갖고 있는 배열이다. 그림 5.23의 배열에서 인덱스 3번의 값인 durian을 찾는다고 가정하겠다. 이 단어를 찾으려면 반복문을 통해서 배열의 첫 번째 인덱스부터 순차적으로 각 인덱스에 저장된 값에 접근해야 한다. 값에 접근하고 나서 조건문으로 찾고자 하는 단어 durian과 같은지 비교하며 찾는다.

```solidity
// SPDX-License-Identifier: GPL-3.0
pragma solidity >=0.7.0 <0.9.0;


contract Ex5_6 {

    string[] public fruitArray = ["apple","banana","coconut","durian","etrog"];

    function linearSearch(string memory _word) public view returns(uint256, string memory){
        for(uint index = 0; index<fruitArray.length; ++index) {
            if(keccak256(bytes(fruitArray[index])) == keccak256(bytes(_word))){
                return (index, fruitArray[index]);
            }
        }
        return (0, "Nothing");
    }

}
```

예제 5.6은 순차 검색 알고리즘의 예제이며, fruitArray 배열과 linearSearch 함수를 사용한다. fruitArray는 그림 5.23과 같은 형태의 배열이다. linearSearch는 fruitArray에서 검색하고자 하는 매개변수 _word를 받고 있으며 반환값으로는 fruitArray 배열에서 찾은 단어의 인덱스와 단어를 반환한다. 아무것도 찾지 못하는 경우 0과 Nothing을 반환한다.

여기서 두 가지 주목할 점이 있다. 첫 번째는 반복문의 조건식에서 index<fruitArray.length와 같이 fruitArray의 길이를 통해 반복문이 끝나는 지점을 나타낸다는 점이다. fruitArray 배열의 길이는 5이므로 index가 5가 되기 전까지 반복문이 실행될 것이다. index가 0부터 시작해서 4에서 끝나므로 fruitArray 배열의 모든 값을 순차적으로 접근할 수 있다.

다음으로 주목할 부분은 조건문 if(keccak256(bytes(fruitArray[index])) == keccak256(bytes(_word)))이다. 솔리디티는 문자열과 문자열을 비교하는 기능이 없으므로 솔리디티에서 제공하는 내장 함수 keccak256를 통해 비교하고자 하는 문자열을 모두 해시(hash)로 만들어야 한다. 해시화를 거치면 해당 문자열에 관한 유일무이한 바이트 값을 얻게 된다. 즉 비교하고자 하는 문자열을 해시화한 후 두 개의 고유한 바이트 값을 비교하는 것이다. 두 바이트 값이 같다면 두 개의 문자열이 같다는 의미다.

keccak256 함수의 매개변수는 바이트이므로 bytes(fruitArray[index]), bytes(_word)와 같은 식으로 fruitArray 배열의 값과 _word의 값을 바이트화한다. 추가로 fruitArray[index]에서 볼 수 있듯이 반복문의 변수 index를 통해 배열의 값에 접근한다. 즉, 반복문의 증감식을 통해서 index의 값이 순차적으로 증가하므로 fruitArray[index]를 통해 fruitArray 배열의 값에 순차적으로 접근할 수 있다.

그림 5.24 linearSearch 함수를 실행한 후 결괏값 확인

예제 5.6을 배포한 후 linearSearch 함수에 매개변수로 찾고자 하는 단어를 자유롭게 입력한다. 여기서는 durian을 찾아보겠다. 그리고 나서 linearSearch 함수를 실행하면 그림 5.24와 같이 결괏값이 나온다. 반면에 그림 5.25처럼 fruitArray 배열에 없는 단어 mango를 입력하면 0과 Nothing이 나온다.

그림 5.25 linearSearch 함수를 실행한 후 결괏값 확인

5.3 구조체

구조체는 간단하게 사용자 정의 자료형이라 생각할 수 있다. 즉, 자신이 원하는 자료형을 만들어서 변수, 매핑, 배열 등과 같이 자료형을 명시해야 하는 곳에 적용할 수 있다. 구조체는 한 개 이상의 변수가 집단으로 구성되어 있다.

사실 실생활에서 볼 수 있는 모든 것을 구조체로 표현할 수 있으며 구조체 내부에 있는 변수는 구조체화하려는 것의 특징이라고 생각할 수 있다. 예를 들어 사람을 구조체로 표현한다면 사람의 특징인 이름, 나이, 직업을 생각할 수 있을 것이다. 구조체의 특징을 그림 5.26과 같이 구조체의 변수로 정의할 수 있다.

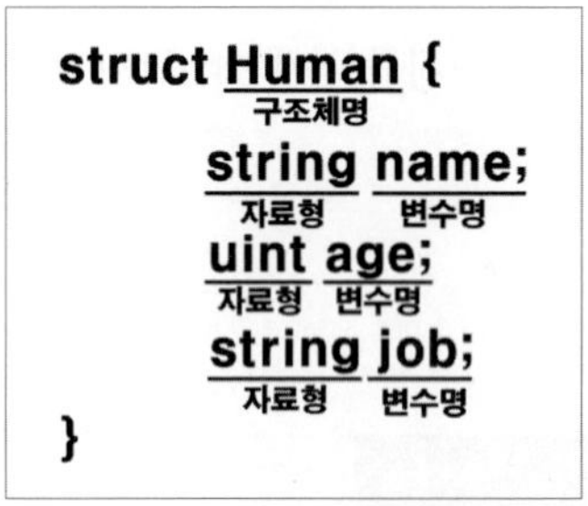

그림 5.26 구조체 정의 방법

그림 5.26에서 볼 수 있듯이 사람의 이름과 직업은 `string name`, `string job`으로 명시하는데, 사람의 이름과 직업은 문자로만 표현이 가능하므로 자료형에 `string`을 선언했다. 같은 맥락에서 사람의 나이는 정수형이므로 `uint age`인 것을 알 수 있다. 참고로 구조체에서는 `string name`과 같이 저장 공간인 `memory`를 입력할 필요가 없다.

5.3.1 구조체 정의 및 반환의 예

구조체를 정의하고 반환하는 코드의 예를 들어보겠다.

구조체 정의

다음 코드 조각에 그림 5.26과 같은 구조체 Human이 정의돼 있으며, 그 구조체를 자료형으로 명시한 변수 human1과 human2가 있다.

```
struct Human {
        string name;
        uint age;
```

```
        string job;
    }

 Human public human1 = Human("ploy", 25, "artist");
 Human public human2;
```

두 변수는 변수의 값을 초기화하는 데 있어 약간 차이가 있다. 먼저 human1 변수의 자료형은 Human이므로 변수에 값을 넣을 때는 Human("ploy", 25, "artist")와 같이 구조체 명과 구조체 내부에 정의된 변수의 순서에 맞게 입력해야 한다. 구조체 Human의 첫 번째 변수는 string name이며 human1 변수에는 문자열 자료형에 알맞은 "ploy"라는 이름이 대입됐다.

반면에 human2는 아무 값도 입력받지 못했다. 이것은 마치 uint a1 = 3과 uint a2와 같은 형태라고 볼 수 있다. a1과 a2를 반환하면 3과 0이 나온다. 즉, 변수 a2는 아무 값도 입력받지 않았기에 uint의 기본값인 0이 저장된 것이다.

이와 마찬가지로 human2도 초깃값이 없으므로 자료형 Human의 기본값이 저장될 것이다. Human의 기본값은 Human 구조체 내부에 있는 변수의 기본값을 말한다. 즉, 그림 5.27의 Human2를 보면 string name과 string job에는 공백이 저장되며 uint age는 0이 저장된다.

구조체를 반환하는 함수

다음 코드 조각의 함수 getHuman1과 getHuman2는 human1과 human2의 값을 반환한다.

```
 function getHuman1() public view returns(Human memory) {
     return human1;
 }

 function getHuman2() public view returns(Human memory) {
     return human2;
 }
```

주목할 점은 두 함수 모두 returns(Human memory)으로 명시하여 Human 자료형을 가진 반환값을 memory에 저장한다는 것이다. Human 자료형은 참조 타입이기에 함수 내부에서는 저장공간을 명시해야 한다. 즉 Human 자료형을 가진 데이터를 반환하려면 memory와 같은 저장공간을 지정해야 한다.

더 나아가서, 앞서 살펴본 매핑과 배열은 구조체와 같은 참조 타입인데, 매핑과 배열의 값을 반환할 때 따로 저장공간을 명시하지 않았다. 예를 들어 다음 코드 조각에 나타낸 getArray1 함수는 배열의 값을 반환하나 따로 저장공간을 명시하지 않은 것을 볼 수 있다. 그 이유는 array 배열이 반환하는 값이 uint 이므로 저장공간을 선언하지 않은 것이다. 반면에 앞에서 보인 getHuman1과 getHuman2 함수는 참조 타입인 Human 자체를 반환하므로 저장공간을 선언했다.

```solidity
uint[] public array1;
function getArray1(uint _index) public view returns(uint) {
    return array1[_index];
}
```

다음 initializeHuman2 함수에서는 human2에 Human 자료형 값을 대입한다.

```solidity
function initializeHuman2(string memory _name, uint _age, string memory _job) public {
    human2 = Human(_name, _age, _job);
}
```

InitializeHuman2 함수는 3개의 매개변수가 있으며 이 매개변수는 Human 자료형에 정의한 3개의 변수 name, age, job에 대입된다. 그러고 나서 human2 = Human(_name, _age, _job)와 같이 human2 에 Human 자료형 값을 입력한다. 이와 마찬가지로 human1에 이미 저장된 값을 변경하려면 human1 = Human(_name, _age, _job)과 같이 _name, _age, _job의 값을 변경하여 다시 대입하면 된다.

더 나아가서 human1의 부분적인 값 name, age, 또는 job만 변경하려면 다음 코드 조각의 changeJobHuman1 함수를 참고한다.

```solidity
function changeJobHuman1(string memory _job) public {
    human1.job = _job;
}
```

changeJobHuman1 함수는 매개변수 _job을 받는다. 그러고 나서 human1에 기존에 저장된 값 중에서 변수 job을 매개변수로 받은 _job으로 대입해 값을 변경한다. 먼저 human1에 저장된 job을 변경하려면 job에 접근해야 한다. 접근하려면 **점(.) 연산자**(Dot operator)를 이용해야 한다. 즉, human1.job과 같은 형태로 접근이 가능하며 human1.job에는 "artist"가 저장돼 있다. 접근하고 나서 human1.job = _job처럼 changeJobHuman1 함수에서 받은 매개변수를 이용해 새로운 값으로 변경한다.

다음 getNameHuman1 함수는 human1의 name을 반환한다. 함수의 내부를 보면 return human1.name 처럼 점 연산자를 적용하여 human1의 name을 접근하여 반환하고 있다. 참고로 human1의 age와 job에 접근하려면 human1.age와 human1.job으로 표현할 수 있다.

```solidity
function getNameHuman1() public view returns(string memory){
    return human1.name;
}
```

전체 코드

전체 코드는 다음과 같다.

```solidity
// SPDX-License-Identifier: GPL-3.0
pragma solidity >=0.7.0 <0.9.0;

contract Ex5_7 {

    struct Human {
        string name;
        uint age;
        string job;
    }

    Human public human1 = Human("ploy", 25, "artist");
    Human public human2;

    function getHuman1() public view returns(Human memory) {
        return human1;
    }

    function getHuman2() public view returns(Human memory) {
        return human2;
    }

    function initializeHuman2(string memory _name, uint _age, string memory _job) public {
        human2 = Human(_name, _age, _job);
    }

    function changeJobHuman1(string memory _job) public {
        human1.job = _job;
    }
```

```
    function getNameHuman1() public view returns(string memory){
        return human1.name;
    }
}
```

실행

예제 5.7을 배포한 후 상단 네모 박스에 표시된 **getHuman1**과 **getHuman2** 버튼을 클릭하면 그림 5.27
과 같은 결괏값이 나온다.

그림 5.27 배포 후 네모 박스에 있는 버튼을 클릭해 결괏값 확인

human1 변수에는 초깃값이 들어 갔으므로 그 값이 잘 나오는 것을 알 수 있으며 human2에는 아무런 값
이 입력되지 않았기에 **Human** 자료형에 선언된 변수들의 기본값이 입력된 것을 알 수 있다.

human1과 human2 변수의 가시성 지정자가 public이므로 human1과 human2 함수가 생겨서 그림 5.27의 하단 네모 박스에 있는 human1과 human2 버튼이 나온 것을 알 수 있다. human1과 human2 버튼을 클릭해 결괏값을 확인해보면 getHuman1과 getHuman2 버튼을 클릭해서 나온 값과 다른 것이 의문일 텐데, 함수 human1과 human2는 점 연산자를 적용해 return (human1.name, human1.age, human1.job)와 같이 반환값을 하나하나 출력한 것이다.

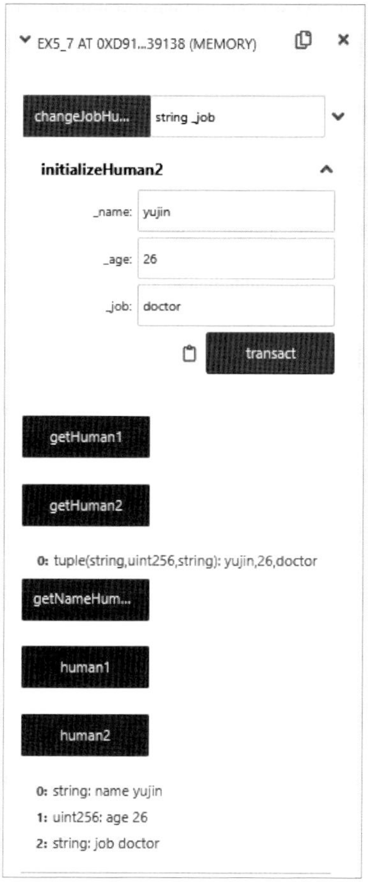

그림 5.28 initializeHuman2 실행 후 human2 버튼을 클릭해 결괏값 확인

그림 5.28과 같이 initializeHuman2 함수에 자유롭게 매개변수를 넣는다. initializeHuman2의 매개변수에 이름을 나타내는 _name에 yujin, 나이를 나타내는 _age에 26, 직업을 나타내는 _job에 doctor를 입력하겠다. 매개변수 입력 후 transact 버튼을 클릭해 initializeHuman2 함수를 실행한다. 그러고 나서 getHuman2 버튼 또는 human2 버튼을 클릭하면 그림 5.28 같이 입력한 값이 잘 들어간 것을 확인할 수 있다.

그림 5.29 함수 changeJobHuman1 실행 후 human1과 getNameHuman1을 클릭해 결괏값 확인

그림에서 위쪽 네모 박스에 있는 changeJobHuman1 함수에 human1의 job에 대해 변경할 매개변수를
자유롭게 입력한다. 여기서는 researcher을 입력한다. 그러고 나서 changeJobHuman1 버튼을 클릭해
changeJobHuman1 함수를 실행한다. 실행 완료 후 human1 또는 getHuman1 버튼을 클릭해 결괏값을
확인하면 job이 artist에서 researcher로 변경된 것을 확인할 수 있다.

하단 네모 박스의 getNameHuman1을 클릭하면 human1의 name 값이 나온다. getNameHuman1 함수는
return human1.name와 같이 점 연산자를 통해 name을 반환하고 있다.

5.3.2 구조체를 적용한 배열과 매핑의 예

앞서 살펴봤듯이 구조체를 정의하는 것은 자료형을 새롭게 만드는 것이므로, 배열과 매핑 같이 자료형이
필요한 곳에 선언할 수 있다. 이번에는 구조체 Human을 배열과 매핑에 자료형으로 적용한다.

구조체 Human은 이름을 나타내는 name 변수와 나이를 나타내는 age 변수로 구성돼 있다. 지난 예제 5.7
은 변수 human1에 Human 자료형을 가진 한 개의 값만 저장할 수 있었지만, 다음과 같이 매핑과 배열을
이용하면 Human의 값을 여러 개 저장할 수 있으므로 좀 더 실용적이라고 볼 수 있다.

```solidity
// SPDX-License-Identifier: GPL-3.0
pragma solidity >=0.7.0 <0.9.0;


contract Ex5_8 {

    struct Human {
        string name;
        uint age;
    }


    Human[] public humanArray;
    mapping(address=>Human) public humanMapping;


    function addArray(string memory _name, uint _age) public {
        humanArray.push(Human(_name, _age));
    }


    function getArrayName(uint _index) public view returns(string memory) {
        return humanArray[_index].name;
    }


    function addMapping(address _key, string memory _name, uint _age) public {
        humanMapping[_key] = Human(_name, _age);
    }


    function getMappingAge(address _key) public view returns(string memory) {
        return humanMapping[_key].age;
    }


}
```

이 예제에는 배열과 매핑의 값을 추가하는 addArrayName과 addMapping 함수가 있으며, 값을 추가하는 방법은 앞에서 살펴봤다. 여기서 주목할 점은 배열과 매핑의 자료형은 Human이므로 이 자료형을 가진 값을 입력해야 한다는 것이다.

즉, Human 자료형은 두 개의 변수 name과 age가 있으므로 addArrayName과 addMapping 함수에서 _name과 _age를 매개변수로 받는다. 그러고 나서 Human(_name, _age)와 같이 입력받은 매개변수를 Human에 대입해 Human 자료형을 가진 값을 배열과 매핑에 추가한다.

getArrayName과 getMappingAge 함수는 저장된 Human 형의 값 name과 age를 반환한다. getArrayName 함수는 _index라는 매개변수를 받아서 배열 humanArray에 인덱스를 입력해 값에 접근한다. humanArray 배열의 값은 Human 타입이므로 점 연산자를 통해 name과 age에 접근할 수 있다. 즉, getArrayName 함수에서 보듯이 return humanArray[_index].name과 같이 명시해 점 연산자로 humanArray 배열의 값의 name을 반환한다.

getMappingAge 함수는 address 타입의 매개변수를 입력받은 후 humanMapping 매핑에 입력받은 매개변수를 키값으로 입력한다. 즉, humanMapping[_key]와 같이 키값을 입력하면 Human 타입의 값을 얻을 수 있다. 그러고 나서 humanMapping[_key].age와 같이 점 연산자를 통해 Human 타입 값의 age에 접근할 수 있다.

Ex5_8을 배포하면 그림 5.30과 같이 나타난다.

그림 5.30 ACCOUNT 주소를 복사한 후 addArray와 addMapping 함수 매개변수란 펼치기

ACCOUNT 옆의 'copy' 아이콘을 클릭해 현재 주소를 복사한다(그림 5.30의 위쪽). 이 주소는 humanMapping의 키로 저장될 것이다. addArray와 addMapping의 매개변수를 편하게 입력하려면 옆의 화살표를 클릭한다(그림 5.30의 아래쪽).

그림 5.31 함수 addArray와 addMapping에 매개변수를 입력한 후 transact 버튼 클릭

그림 5.31에서 보듯이 addArray와 addMapping 함수에 _name과 _age를 매개변수로 받는다. 이 매개변수는 Human 자료형을 가진 값을 만드는 데 필요한 변수이며, 두 함수의 매개변수는 자유롭게 입력 가능하다. 그림 5.31과 같이 addArray 함수의 매개변수 _name에는 Alex, _age에는 26을 입력했다. 마찬가지로 addMapping 함수의 매개변수 _name과 _age에는 각각 Alice와 31을 입력했다. 추가로 매핑은 키를 따로 입력해줘야 하므로 그림 5.30에서 복사한 주소를 addMapping에 입력했다. 두 함수의 transact 버튼을 눌러 배열 humanArray와 매핑 humanMapping에 값을 추가한다.

그림 5.32 함수 humanArray와 humanMapping 실행 후 추가한 결괏값 확인

그림 5.32의 humanArray 함수는 매개변수로 인덱스 값을 받고 있다. addArray를 통해 배열 humanArray에 추가한 값을 확인하려면 그림 5.32와 같이 humanArray 함수에 인덱스 0을 넣고 실행한다. humanArray 함수를 실행하면 Alex와 26이 올바르게 나올 것이다. 이와 마찬가지로 매핑 humanMapping에 추가한 값을 보려면 키 값을 나타내는 humanMapping의 매개변수에 그림 5.30에서 복사한 주소를 넣는다. 그림 5.32처럼 값이 잘 나오는 것을 확인할 수 있다.

그림 5.33 네모 박스에 있는 두 개의 버튼을 클릭한 후 결괏값 확인

그림 5.33에서 볼 수 있듯이 getArrayName에 인덱스 값 0을 매개변수로 입력하고 나서 실행하면 Alex 가 나오는 것을 확인할 수 있다. 이와 같이 getMappingName에 그림 5.30에서 복사한 주소를 넣어주면 Alice가 나온다.

5.4 참조 타입의 데이터 저장 영역

앞에서 참조 타입인 매핑, 배열, 구조체를 알아봤다. 참조 타입의 큰 특징은 함수 내부에 매개변수와 같은 지역변수를 정의할 때 memory 또는 calldata라는 데이터 저장공간을 필수적으로 명시한다는 것이다. 이번 절에서는 데이터 저장공간에 따라서 참조 타입의 값 복사 방식이 어떤 식으로 달라지는지 알아보겠다.

5.4.1 값 타입과 참조 타입의 데이터 저장 방법

먼저 복습할 겸 값 타입과 참조 타입의 데이터 저장 방법을 다시 알아보겠다. 2장에서 언급했듯이 값 타입은 값이 할당되거나 함수 인자로 활용되면 값 자체가 복사되는 반면, 참조 타입은 현재 값의 주소만 복사된다.

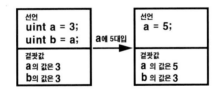

그림 5.34 값 타입 저장 방식

다시 말하자면 그림 5.34와 같이 3을 가진 a 변수를 b 변수에 대입하면 a의 값인 3이 복사되어 b에 입력된다. 즉, 그림 5.34의 결괏값과 같이 a와 b는 각자 자신만의 3을 갖고 있다. 그러므로 a 변수의 값을 5로 바꿔도 b 변수의 값은 바뀌지 않는다. 그림 5.34와 같이 a 변수는 5를 갖고 b 변수는 그대로 3을 갖는다.

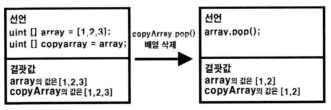

그림 5.35 참조 타입 저장 방식

이와 달리, 참조 타입은 값 자체가 아닌 솔리디티 내부적으로 저장된 값을 가리키는 주소를 복사한다. 즉, 값의 주소를 통해서 저장된 값에 접근한다. 쉽게 예를 들어 그림 5.35의 array라는 배열은 [1,2,3]을 갖고 있다. 이 배열을 copyArray라는 배열에 대입하고 있으며 결괏값 역시 array와 copyArray가 같은 값인 [1,2,3]이 나온다. 사실 참조 타입인 배열을 대입하면 array가 갖고 있는 값 [1,2,3] 자체가 저장이 되는 것이 아닌 [1,2,3]을 가리키는 주소를 대입한다. 즉 array와 copyArray는 값 [1,2,3]을 가리키는 똑같은 주소를 갖고 있으며 array 주소를 통해 값 [1,2,3]에 접근한다.

그러나 array와 copyArray가 똑같은 주소를 공유하게 되면 서로에게 영향을 주고받을 수 있다. 예를 들어 그림 5.35에서처럼 copyArray.pop()을 통해 copyArray 배열의 값을 삭제하면 array와 copyArray는 [1,2]가 될 것이다. 그 이유는 copyArray와 array가 같은 값의 주소를 공유하고 있기 때문이다. 결론적으로 array와 copyArray는 같은 값을 가리키는 주소를 공유하므로 서로에게 영향을 주고받는 것을 알 수 있다.

사실 array와 copyArray 같이 값을 가리키는 주소를 공유하는 경우에는 두 배열이 어느 저장공간에 명시됐는지에 따라 주소를 공유할 수 있으며, 값 타입처럼 [1,2,3]이라는 배열의 값 자체를 복사해서 자신만의 [1,2,3]이라는 값을 가질 수도 있다. 후자의 경우는 서로에게 영향을 주지 않는다.

표 5.1 데이터 저장공간에 따른 참조 타입의 저장 방식

관계	저장 방식	해설
memory와 memory	주소 복사	memory에 저장된 변수를 다른 memory 변수에 대입 시 값을 가리키는 주소를 공유해서 서로에게 영향을 줄 수 있다.
storage와 local storage	주소 복사	storage에 저장된 변수를 local storage 변수에 넣으면 값을 가리키는 주소를 공유해서 서로에게 영향을 줄 수 있다.
storage와 memory	값 복사	storage에 저장된 변수를 memory 변수에 넣으면 값을 복사하므로 서로에게 영향을 주지 않는다.
그 외의 storage가 포함된 관계	값 복사	앞에서 언급한 관계를 제외한 storage가 포함된 관계는 값을 복사한다. 예를 들어 storage와 storage의 경우가 있다.

표 5.1은 참조 타입의 명시된 저장 영역에 따라 값의 저장 방식이 달라지는 것을 보여준다. 먼저 두 개의 참조 타입의 저장공간이 memory와 memory, storage와 local storage라면 같은 주소를 공유한다. 반면에 두 참조 타입의 저장 공간 관계가 storage와 memory, 그리고 그 외의 storage가 포함된 관계의 경우에는 값 자체를 복사한다. 예제를 통해 자세히 알아보겠다.

5.4.2 memory에 저장된 변수를 다른 memory 변수에 대입

다음 예제에서 변수 a와 b의 자료형은 값 타입인 uint이며, b는 a의 값을 대입받는다. 한편 changeInput은 매개변수로 참조 타입인 배열을 받는다.

예제 5.9 참조 타입 memory와 memory

```solidity
// SPDX-License-Identifier: GPL-3.0
pragma solidity >=0.7.0 <0.9.0;

contract Ex5_9 {

    uint public a = 3;
    uint public b = a;

    function changeA() public returns(uint, uint) {
        a = 5;
        return(a, b);
    }

    function changeInput(uint[] memory _input) public pure returns(uint[] memory,
uint[] memory) {
        uint[] memory copyInput = _input;
        copyInput[0] = 11;
        return (_input, copyInput);
    }

}
```

a와 b 변수는 값 타입이기에 b는 a의 값인 3을 복사해서 저장할 것이라고 예상할 수 있다. 즉, a와 b는 자신만의 3을 가진다. changeA 함수는 a 변수의 값을 3에서 5로 변환한 후 a와 b를 반환한다. 이 두 개의 변수는 서로 각자의 값을 가지므로 a는 5가 되고 b는 그대로 3이 된다.

changeInput의 매개변수의 이름은 input이며 memory로 명시되어 있다. 함수 내부에는 uint[] memory copyInput = input과 같이 copyInput이라는 배열이 memory에 선언되어 있으며 매개변수 _input을 받는다. 표 5.1에서 언급했듯이 두 참조 타입이 memory에 명시될 경우 서로 값을 가리키는 주소를 공유하며 서로 영향을 주고받는다. 즉, 두 배열은 memory에 저장되어 있으므로 copyInput과 _input은 매개변수로 입력될 값의 주소를 공유한다.

그러고 나서 copyInput[0] = 11을 통해서 copyInput의 0번째 인덱스 값이 11로 변경되는 것을 알 수 있다. 즉, copyInput의 배열 값이 변경됐으니 같은 배열 값의 주소를 공유하는 매개변수 _input의 배열 값도 바뀌었을 것을 예상할 수 있다.

그림 5.36 버튼 a와 b를 클릭해 결괏값 확인

예제 5.9를 배포하고 나서 버튼 a와 b를 클릭하면 그림 5.36과 같이 3이 나온다.

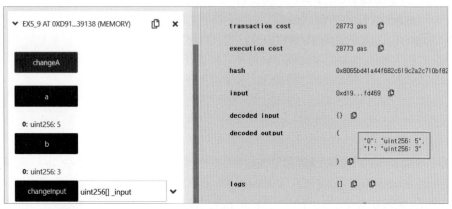

그림 5.37 changeA 버튼 클릭 후 버튼 a와 b를 클릭해 결괏값 확인

먼저 changeA 버튼을 클릭하면 changeA 함수가 실행되며 그림 5.37의 네모 박스로 표시한 결괏값을 확인할 수 있다. 이 함수는 a 변수에 5를 대입한 후 a와 b 변수의 값 5와 3을 반환한다. 추가로 버튼 a와 b를 클릭하면 a와 b 변수의 현재 값을 확인할 수 있다.

예제 5.9에서 보듯이 b 변수는 a를 대입받는다. 해당 변수의 자료형은 값 타입인 uint이므로 b 변수가 a를 입력받을 때 a 변수의 값 3 자체를 복사하는 것을 알 수 있다. 값 자체를 복사하므로 changeA 함수를 통해 a의 값을 5로 변경해도 b의 값은 3인 것을 확인할 수 있다.

그림 5.38 changeInput에 매개변수 입력 후 해당 함수를 실행해 결괏값 확인

그림 5.38과 같이 changeInput의 배열형 매개변수에 [97,98,99]를 입력한다. 예제 5.9에서 보듯이 changeInput 함수의 매개변수 저장 공간은 memory로 명시돼 있으며, 이름은 _input이다. changeInput 함수가 실행되면 uint[] memory copyInput = _input을 통해 copyInput 배열이 생성된다. 두 배열 모두 키워드 memory가 지정됐으므로 저장공간이 memory인 것을 알 수 있다.

배열 _input과 copyInput의 저장공간은 memory이므로 memory와 memory 관계라고 볼 수 있다. 표 5.1에 따르면 이 관계는 값을 가리키는 주소를 공유한다. 즉, 두 배열은 [97,98,99]의 값을 가리키는 주소를 공유한다.

changeInput 함수가 실행되면서 copyInput[0] = 11과 같이 copyInput 배열의 0번째 인덱스에 11을 입력한다. 그리고 나서 _input과 copyInput 배열을 반환한다. 그림 5.38에서 보듯이 두 배열의 값이 같다. 즉, _input 배열의 0번째 인덱스에 따로 11을 입력하지 않았는데도 copyInput 배열과 같은 결괏값이 나온 것을 일 수 있다.

결론적으로 uint[] memory copyInput = _input을 통해 _input과 copyInput 배열은 하나의 배열 주소를 공유하고 있으며 copyInput에서 배열의 값을 바꾸면 배열 _input 역시 영향을 받는다.

5.4.3 storage에 저장된 변수를 local storage 변수에 넣기

다음 예제는 storage와 local storage의 관계를 나타낸다. 표 5.1을 참고하면 storage와 local storage 관계일 때는 값의 주소를 공유한다.

```solidity
// SPDX-License-Identifier: GPL-3.0
pragma solidity >=0.7.0 <0.9.0;

contract Ex5_10 {

    uint[] public numbers = [1,2,3];

    function _push99(uint[] storage _input) internal returns(uint[] memory) {
        uint[] storage copyInput = _input;
        copyInput.push(99);
        copyInput.push(99);
        copyInput.push(99);
        return (copyInput);
    }

    function add() public returns(uint[] memory, uint[] memory) {
        return (numbers, _push99(numbers));
    }

/*

    //error 발생
    function push77(uint[] memory _input) public {
        input.push(77);
    }

    //error 발생
    function map(mapping(uint=>uint) memory _input) public {

    }
*/

}
```

이제부터 예제 코드를 하나씩 살펴볼 텐데, push77과 map 함수는 예제 5.10을 실행하고 나서 살펴보겠다.

_push99의 storage 매개변수

다음 코드 조각에서 보듯이 배열 numbers는 [1,2,3]을 갖고 있으며 스토리지에 저장된 상태다. 함수 _push99는 매개변수에 storage가 명시돼 있다. 즉, 매개변수를 storage에 저장한다는 뜻이며, 함수 내부에 있기에 **지역 스토리지**(local storage)라 부르겠다.

```
uint[] public numbers = [1,2,3];

function _push99(uint[] storage _input) internal returns(uint[] memory) {
    uint[] storage copyInput = _input;
    copyInput.push(99);
    copyInput.push(99);
    copyInput.push(99);
    return (copyInput);
}
```

_push99 함수와 같이 매개변수에 storage를 명시할 때는 가시성 지정자가 internal이나 private이어야 한다. 달리 말하면, public과 external은 불가능하다.

_push99 함수의 로직을 보면 uint[] storage copyInput = _input을 통해 copyInput에 배열 타입의 매개변수 _input을 복사한다. 그러고 나서 copyInput에 99를 3번 추가한 후 copyInput을 반환한다.

스토리지에 저장된 numbers가 _push99의 매개변수로 입력돼 최종적으로 numbers가 copyInput에 대입돼 복사된다면 storage와 local storage의 관계라 할 수 있다. 즉, numbers는 스토리지에 저장됐으며 copyInput은 함수 내부에서 stroage로 선언됐으므로 지역 스토리지다.

결론적으로 copyInput과 numbers는 배열 값 [1,2,3]의 주소를 공유하고 _push99의 로직에 의해 copyInput에 99를 3번 추가하면 copyInput과 numbers의 배열 값이 [1,2,3,99,99]가 된다.

add 함수

함수 add를 보면 배열 numbers와 _push99의 반환값, 즉 로컬 스토리지에 있는 배열 copyInput을 반환한다.

```
function add() public returns(uint[] memory, uint[] memory) {
    return (numbers, _push99(numbers));
}
```

_push99 **함수**는 numbers를 매개변수로 입력받는다. 앞서 살펴보았듯이, **storage**와 **local storage**의 관계가 성립되며 _push99 함수에 의해 copyInput에 99가 3번 추가되면 copyInput과 numbers의 배열 값은 [1,2,3,99,99]를 갖게 될 것이다. 결론적으로 add 함수는 numbers의 [1,2,3,99,99]와 _push99의 반환값 [1,2,3,99,99]를 반환할 것이다.

실행

예제 5.10을 배포하면 그림 5.39와 같이 add 버튼을 확인할 수 있다. add 버튼을 클릭하면 오른쪽 네모 박스로 표시한 것처럼 add 함수의 반환값을 확인할 수 있다. 반환값은 두 개의 같은 배열 [1,2,3,99,99,99]이다.

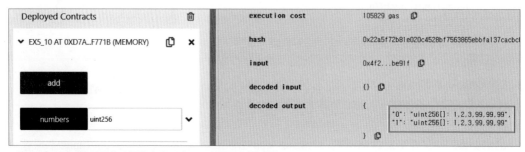

그림 5.39 add 버튼 클릭 후 오른쪽의 네모 박스로 표시한 결괏값 확인

앞서 살펴봤듯이 함수 add는 return (numbers, _push99(numbers))를 통해 numbers라는 배열과 _push99(numbers) 함수의 반환값을 출력한다. 먼저 배열 타입의 numbers 초깃값은 [1,2,3]이다. 함수 _push99(numbers)는 배열 numbers를 입력받아 변수 copyInput에 배열 numbers를 대입한다.

즉, copyInput은 로컬 스토리지이며 numbers는 스토리지이므로 **storage**와 **local storage** 관계가 성립돼 두 변수 copyInput과 numbers는 numbers의 값 [1,2,3]이 저장된 주소를 공유한다. 그리고 나서 함수 _push99는 copyInput에 99를 3번 추가하므로 copyInput의 배열 값은 [1,2,3,99,99,99]가 된다. 결론적으로 copyInput과 numbers는 같은 배열의 값을 가리키는 주소를 공유하므로 numbers의 값역시 copyInput과 같이 [1,2,3,99,99,99]가 된다.

push77과 map 함수

다음 코드 조각의 주석 처리된 push77의 주석을 해제한 후 컴파일하면 오류가 발생한다. 즉, push77의 매개변수는 memory로 명시됐으므로 컴파일하면 push 부분에서 오류가 발생한다.

```
/*
//error 발생
function push77(uint[] memory _input) public {
    input.push(77);
}

//error 발생
function map(mapping(uint=>uint) memory _input) public {
 }
*/
```

더 나아가서 map 함수는 매핑을 memory로 받고 있으며 컴파일 시 오류가 발생하는 것을 확인할 수 있다. 즉, 매핑 자체를 함수의 매개변수로 넘길 때 storage로 명시해야 한다.

정리하자면 매개변수에 stoage를 쓰는 이유는 배열의 경우 push나 pop을 통해 값을 추가 및 삭제하기 위해, 그리고 매핑의 경우 매핑 자체를 매개변수로 받기 위해서라고 생각할 수 있다.

배열 매개변수를 통하지 않고 배열에 직접 값 추가

다음은 이전의 예제 5.4의 코드 조각이다. 배열의 경우 매개변수에 storage를 쓰는 이유가 스토리지에 존재하는 배열을 매개변수로 받아서 값을 추가 또는 삭제할 수 있기 때문이라고 했었다. 다음과 같이 함수 내부에 직접적으로 배열을 명시해 값을 추가하는 것이 더 간단해 보인다.

```
contract Ex5_4 {

    uint[] public array1 = [97,98];

    function addArray1(uint _value) public {
        array1.push(_value);
    }
}
```

그러나 매개변수에 **storage**를 써서 배열의 값을 추가하면 함수의 이점인 재사용성과 유지보수의 이점을 얻을 수 있다.

매개변수를 통해 배열의 값을 받는 이유

다음은 예제 5.10의 코드를 약간 변경한 것으로, 이 예제를 통해 매개변수에 배열을 받고 나서 해당 배열의 값을 추가 또는 삭제하는 이유를 알아보겠다.

```solidity
// SPDX-License-Identifier: GPL-3.0
pragma solidity >=0.7.0 <0.9.0;

contract Ex5_11 {

    uint[] public numbers1 = [1,2,3];
    uint[] public numbers2 = [1,2,3];

    function _push99(uint[] storage _input) internal returns(uint[] memory) {
        _input.push(99);
        _input.push(99);
        _input.push(99);
        return (_input);
    }

    function add() public  {
        _push99(numbers1);
        _push99(numbers2);
    }

    function add2() public returns(uint[] memory, uint[] memory) {
        numbers1.push(99);
        numbers1.push(99);
        numbers1.push(99);

        numbers2.push(99);
        numbers2.push(99);
        numbers2.push(99);

    }
}
```

현재 두 개의 배열 numbers1과 numbers2가 있다. add2 함수의 경우는 numbers1과 numbers2에 직접 값을 추가한다. 반면, add 함수를 보면 _push99 함수를 통해 배열의 값을 추가한다. 한눈에 알 수 있듯이 add보다는 add2의 코드양이 많다. 만약 numbers1과 같은 배열이 10개라면 add2 함수의 코드양은 엄청 많아질 것이다.

만약 99가 아닌 77을 입력해야 한다고 가정해보자. add2 함수에 있는 모든 99를 77로 하나씩 변경해야 할 것이다. numbers1과 같은 배열이 10개 이상이라면 모든 99를 77로 하나씩 변경하기는 점점 힘들어질 것이다.

반면, _push99의 경우 이 함수의 내부 로직만 99에서 77로 변경해주면 되므로 유지 보수하기가 쉬워진다. 즉, 매개변수에 storage를 적용함으로써 참조 타입의 값을 좀 더 편리하게 관리할 수 있다.

5.4.4 storage에 저장된 변수를 memory 변수에 넣기

다음 예제는 storage와 memory의 관계를 보여주며 표 5.1에서 보듯이 이 관계는 값 자체를 복사한다.

예제 5.12 참조 타입 storage와 memory

```solidity
// SPDX-License-Identifier: GPL-3.0
pragma solidity >=0.7.0 <0.9.0;


contract Ex5_12 {

    uint[] public numbers = [1,2,3];

    function copy() public view returns(uint[] memory, uint[] memory) {
        uint[] memory memoryNumbers = numbers;
        memoryNumbers[0] = 11;
        return (numbers, memoryNumbers);
    }

}
```

numbers 배열과 copy 함수가 있다. 함수 외부에 numbers가 선언되었으므로 storage에 저장된 것을 알 수 있다.

copy 함수의 내부를 보면 memoryNumbers라는 변수가 있으며 이 변수의 저장 영역은 memory로 선언됐다. memoryNumbers 변수는 storage에 저장된 numbers를 대입받고 있으며 storage와 memory의 관계다. storage와 memory의 관계이므로 변수 memoryNumbers는 numbers의 값 자체를 복사할 것이다. 다시 말하자면 numbers와 memoryNumbers는 각자 독립된 값 [1,2,3]을 갖게 된다. 결론적으로 memoryNumbers[0] = 11로 이 배열의 0번째 인덱스를 11로 변경해도 numbers는 영향을 받지 않을 것이다.

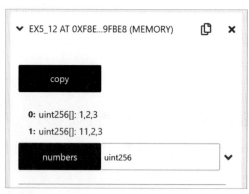

그림 5.40 copy 버튼 클릭 후 결괏값 확인

예제 5.12를 배포한 후 copy 함수를 실행하면 배열 numbers와 memoryNumbers를 반환한다. 그림 5.40과 같이 numbers의 값은 [1,2,3]이 나온 반면, memoryNumbers의 값은 [11,2,3]이 나온 것을 확인할 수 있다. 결론적으로 storage와 memory의 관계에서는 값 자체를 복사하므로 서로 영향을 주지 않는다.

5.4.5 그 외의 참조 타입 storage가 포함된 관계

앞에서 살펴본 storage와 local storage의 관계를 제외하고 storage가 포함된 관계는 값 자체를 복사한다. 이번 예제에서는 storage와 storage의 관계에서 값 자체를 복사하는지 알아본다.

예제 5.13 그 외의 참조 타입 storage가 포함된 관계

```
// SPDX-License-Identifier: GPL-3.0
pragma solidity >=0.7.0 <0.9.0;


contract Ex5_13 {

    uint[] public numbers = [1,2,3];
```

```
    uint[] public copyNumbers = numbers;

    function add() public returns(uint[] memory, uint[] memory) {
        copyNumbers.push(99);
        return (numbers, copyNumbers);
    }

}
```

예제 5.13에는 storage에 저장된 numbers라는 배열이 있으며 이 배열은 [1,2,3]의 값을 갖고 있다. numbers 배열은 storage에 저장된 copyNumbers라는 배열에 대입된다. 즉 storage와 storage의 관계이므로 numbers와 copyNumbers는 각자 독립적인 값 [1,2,3]을 갖게 되고 서로 영향을 주고받지 않을 것이다.

예제 5.13의 add 함수를 보면 copyNumbers에 값 99를 추가하고 나서 numbers와 copyNumbers를 반환한다. 함수의 반환값으로 numbers는 [1,2,3], copyNumbers는 [1,2,3,99]가 나오는 것을 예상할 수 있다.

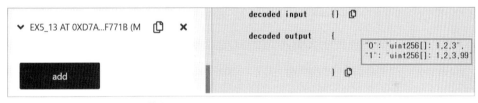

그림 5.41 add 버튼 클릭 후 결괏값 확인

예제를 배포한 후 add 버튼을 클릭하면 그림 5.41과 같이 numbers와 copyNumbers의 결괏값이 다르게 나오는 것을 확인할 수 있다. 즉, 해당 관계는 값 자체를 복사했으므로 서로 영향을 받지 않았다.

5.5 개념 체크

01. 매핑, 불리언, 배열, 구조체는 참조 타입(이다/아니다).

02. 배열은 키와 값으로 구성되어 (있다/있지 않다).

03. 배열은 push라는 내장함수를 통해 값을 (추가한다/삭제한다).

04. 배열은 pop이라는 내장함수를 통해 값을 (추가한다/삭제한다).

05. 매핑은 pop이라는 내장함수가 (있다/없다).

06. 매핑은 인덱스가 (있다/없다).

07. 배열의 값은 키워드 delete를 통해 지울 수 (있다/없다).

08. 배열의 길이는 (length/size)를 통해서 알 수 있다.

09. 매핑 값은 키워드 delete를 통해 지울 수 (있다/없다).

10. 구조체는 자신만의 자료형을 작성하는 것(이다/아니다).

11. 구조체 내부에 string 변수를 정의할 때 memory를 명시(한다/안 한다).

12. 구조체는 점 연산자를 통해 구조체 내부에 정의된 변수에 접근할 수 (있다/없다).

13. 참조 타입 storage와 memory의 관계는 (값을 가리키는 주소/값 자체)를 복사한다.

14. 매개변수에 storage를 명시하려면 해당 함수의 가시성 지정자가 (internal/public)이어야 한다.

15. 참조 타입 memory와 memory의 관계는 (값을 가리키는 주소/값 자체)를 복사한다.

[정답]

1. 아니다	2. 있지 않다	3. 추가한다	4. 삭제한다	5. 없다
6. 없다	7. 있다	8. length	9. 있다	10. 이다
11. 안 한다	12. 있다	13. 값 자체	14. internal	15. 값을 가리키는 주소

5.6 연습 문제

01. 조건에 맞는 매핑과 함수를 만들어 보세요.

- 키의 자료형은 address이며 값의 자료형은 string인 매핑을 정의하세요.

- 매핑의 이름은 name입니다.

- 해당 매핑에 키와 자료형을 추가할 수 있는 addName이라는 함수를 만들어 보세요.

- 해당 매핑의 키에 대응되는 값을 반환하는 getName이라는 함수를 만들어 보세요.

- 해당 매핑의 키에 대응되는 값을 삭제하는 deleteName이라는 함수를 만들어 보세요.

```
// SPDX-License-Identifier: GPL-3.0
pragma solidity >=0.7.0 <0.9.0;

contract quiz1 {
    /*
        해당 조건에 맞는 매핑과 함수를 만들어 보세요.
    */
}
```

02. 조건에 맞는 배열과 함수를 만들어 보세요.

- 자료형 uint를 가지는 동적 크기 배열을 만들어 보세요.

- 배열의 이름은 numbers입니다.

- 해당 배열에 값을 추가하는 addNumbers라는 함수를 만들어 보세요.

- 해당 배열의 인덱스에 따라 값을 출력하는 getNumbers 함수를 만들어 보세요.

- 해당 배열의 마지막 인덱스만 지우는 deleteNumbers 함수를 만들어 보세요.

```
// SPDX-License-Identifier: GPL-3.0
pragma solidity >=0.7.0 <0.9.0;

contract quiz2 {
    /*
        해당 조건에 맞는 배열과 함수를 만들어 보세요.
    */
}
```

03. 조건에 맞는 구조체와 함수를 만들어 보세요.

- Market이라는 구조체를 만들어 보세요.

- 해당 구조체 내부에는 문자열 변수 itemName과 정수형 변수 price가 있습니다.

- 자료형 Market을 가지는 동적 크기 배열을 만들어 보세요.

- 배열의 이름은 openMarket입니다.

- 해당 배열에 값을 추가하는 sell이라는 함수를 만들어 보세요.

- 해당 배열의 값을 검색해서 알려주는 search라는 함수를 만들어 보세요.

- 함수 search에 값이 존재하면 해당 구조체의 변수 price가 존재하지 않을 경우 0을 반환합니다.

```solidity
// SPDX-License-Identifier: GPL-3.0
pragma solidity >=0.7.0 <0.9.0;


contract quiz3 {
    /*
        해당 조건에 맞는 구조체와 함수를 만들어 보세요.
    */
}
```

[정답]

1.

```solidity
// SPDX-License-Identifier: GPL-3.0
pragma solidity >=0.7.0 <0.9.0;


contract quiz1 {

    mapping(address => string) public name;

    function addName(address _key, string memory _name) public {
        name[_key] = _name;
    }

    function getName(address _key) public view returns(string memory) {
```

```
        return name[_key];
    }

    function deleteName(address _key) public {
        delete name[_key];
    }

}
```

2.

```
// SPDX-License-Identifier: GPL-3.0
pragma solidity >=0.7.0 <0.9.0;

contract quiz2 {

    uint [] public numbers;

    function addNumbers(uint _number) public {
        numbers.push(_number);
    }

    function getNumbers(uint _index) public view returns(uint) {
        return numbers[_index];
    }

    function deleteName() public {
        numbers.pop();
    }

}
```

3.

```solidity
// SPDX-License-Identifier: GPL-3.0
pragma solidity >=0.7.0 <0.9.0;

contract quiz3 {

    struct Market {
        string itemName;
        uint price;
    }

    Market [] public openMarket;

    function sell(string memory _itemName, uint _price) public {
        openMarket.push(Market(_itemName, _price));
    }

    function search(string memory _itemName) public view returns(uint) {
        for(uint index = 0; index<openMarket.length; ++index) {
            if(keccak256(bytes(openMarket[index].itemName)) == keccak256(bytes(_
itemName))){
                return openMarket[index].price;
            }
        }
        return 0;
    }
}
```

객체 지향 프로그래밍

이번 장에서는 객체 지향 프로그래밍(Object-oriented programing)
의 개념과 추상화, 캡슐화, 상속, 다형성을 알아보겠다.

이 장에서 배우는 내용:

▪ **객체 지향 기본:** 객체 지향의 개념, 상속, 캡슐화

▪ **객체 지향 고급:** 다형성, 다중 상속, 추상화

6.1 객체 지향 기본

객체 지향을 배우기 전에 이벤트와 생성자를 먼저 알아본 다음, 기본적인 객체지향의 개념과 상속, 캡슐화를 알아보겠다. 간단히 말하면 이벤트는 특정 데이터를 블록체인에 기록하고, 생성자는 스마트 컨트랙트가 배포될 때 가장 먼저 실행하는 함수다.

6.1.1 이벤트

솔리디티의 **이벤트**(Event)는 스마트 컨트랙트 또는 유저의 특정한 상태를 출력하며 그 상태를 블록체인에 저장한다. 그림 6.1에서 볼 수 있듯이 유저 Alice와 Bob이 있고 Alice가 Bob에게 10 ether를 보냈다. 10 ether를 보내는 트랜잭션이 오류 없이 성공하면 그림 6.1과 같이 Transfer라는 이벤트가 발생한다.

Transfer 이벤트에는 from, to, amount가 있으며 from과 to는 이더를 보낸 사람과 받은 사람의 주소를 나타낸다. 이벤트의 amount는 송금된 이더를 나타낸다. 즉, Alice는 Bob에게 10 ether를 보냈으므로 from은 Alice의 주소, To는 Bob의 주소, amount는 10000000000000000000인 것을 알 수 있다. 솔리디티 내부에서는 wei로 표현하므로 amount는 10000000000000000000 wei이다. 즉 송금한 10 ether는 $10*10^{18}$ wei이다.

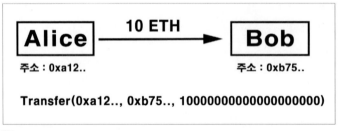

그림 6.1 이벤트 출력 과정

더 나아가서 이벤트를 활용함으로써 대표적으로 얻을 수 있는 두 가지 이점이 있다. 첫 번째는 비교적 적은 가스 비용으로 데이터를 저장할 수 있다는 점이다. 일반적으로 블록체인에 데이터를 저장하려면 a = 4와 같은 식으로 변수에 값을 대입해 영속적인 저장공간인 스토리지에 저장했다. 그러나 스토리지에 저장하는 것보다 이벤트를 통해서 a가 4라는 것을 기록하면 가스 비용을 절약할 수 있다.

여기서 한 가지 주의할 점은, 이벤트에 기록되면 값을 변경할 수 없다는 것이다. 예를 들어 스토리지에 저장된 변수 a에는 다른 값을 대입해 변경할 수 있다. 더 나아가 변수 a의 값을 반환해서 다른 값과 더하거나 뺄 수도 있다. 반면, 이벤트에 기록된 a가 4라는 정보는 수정이 불가능하며 스마트 컨트랙트 내에서 활용이 불가능하다.

두 번째는 이벤트를 통해서 블록체인이 연동된 웹페이지, 즉 프런트엔드(front-end)와 쉽게 소통할 수 있다는 점이다. 예를 들어, 이더를 송금하는 트랜잭션이 성공하면 메시지를 보여주는 프런트엔드가 있다고 가정하겠다. 그림 6.1과 같이 Alice가 Bob에게 10 ether를 성공적으로 송금하면 일반적으로 Transfer라는 이벤트가 발생하며 이 이벤트를 통해 이더의 송수신이 블록체인에 기록된다. 프런트엔드 는 이벤트 Transfer의 발생 여부를 감지해 성공이라는 메시지를 보여줄 수 있다. 즉 프런트엔드에서 특정 이벤트가 발생할 때까지 기다리다가, 이벤트가 발생하면 그에 대응하는 행동을 취한다.

더 나아가서 발생한 이벤트에 있는 정보를 쉽게 프런트엔드로 불러올 수도 있다. 예를 들어, Transfer 에는 이더 송금자, 수신자, 보낸 금액 등의 정보가 담겨 있으므로, 이 정보를 읽어와서 프런트엔드에 보여줄 수 있다. 즉, 이벤트는 블록체인에 영속적으로 저장되므로, 기존에 저장된 여러 이벤트 또는 몇몇 특정 이벤트만 검색해서 프런트엔드로 가지고 올 수 있다.

event MyEvent (uint result, string name)
매개변수명　매개변수자료형　매개변수명　매개변수자료형　매개변수명

그림 6.2 이벤트 정의 방법

이벤트는 그림 6.2와 같이 event 키워드를 써서 함수 외부에 정의한다. 일반적으로 이벤트명은 대문자 로 시작하지만, 소문자를 써도 상관은 없다. 이벤트에는 매개변수가 있으며, 자신이 블록체인에 기록하고자 하는 매개변수를 명시한다.

그림 6.2를 보면 두 개의 매개변수 result와 name이 있다. 구조체와 마찬가지로 이벤트에서 참조 타입 자료형을 쓸 때 데이터 저장 영역을 명시해줄 필요가 없다. 그림 6.2에서 보듯이 name은 참조 타입 string만 정의한다.

emit MyEvent (10, "add")

그림 6.3 이벤트 출력

그림 6.2와 같이 이벤트를 함수 외부에 선언한 후, 그림 6.3처럼 emit이라는 키워드로 MyEvent 이벤트 를 출력할 수 있다. 이벤트 출력은 함수 내부에 명시한다. 즉, 함수가 실행되면 특정 이벤트가 출력된다.

그림 6.2에서 보듯이 MyEvent의 매개변수 자료형은 uint와 string이므로 이 이벤트 출력할 때 정수형과 문자열을 입력받아야 한다. 그림 6.3에서 이벤트를 출력할 때 정수 10과 문자열 add가 입력됐다.

```
event MyEvent(uint result, string indexed name)
        매개변수명    매개변수   매개변수명    매개변수           매개변수명
                   자료형                 자료형
```

그림 6.4 indexed 키워드

그림 6.4를 보면 name에 indexed라는 키워드를 명시한 것을 볼 수 있다. 블록체인에 이미 기록된 이벤트 중에서 indexed 키워드가 적용된 매개변수의 값을 검색할 수 있다. 쉽게 예를 들어 보겠다. 두 개의 add 함수와 mul이 있으며 두 함수가 실행될 때 MyEvent가 출력된다고 가정해 보자.

다시 말하면, add 함수가 실행되면 MyEvent가 출력되며, MyEvent는 두 개의 매개변수 result와 name을 add 함수로부터 입력받아 출력한다. 즉, add 함수가 실행되면 MyEvent의 result는 add 함수의 결괏값을 받고 MyEvent의 name은 함수의 이름인 add를 입력받아 출력한다.

이와 같이 mul 함수가 실행되면 MyEvent가 출력된다. MyEvent 이벤트의 result와 name은 mul의 결괏값과 함수의 이름인 mul이 된다.

add 함수는 80번 실행되고 mul 함수는 20번 실행됐다고 다시 가정해보겠다. 즉, MyEvent는 총 100개가 출력돼 블록체인에 저장됐다. 만약 프런트엔드에서 100개의 출력된 이벤트 중 add 함수에서 출력된 80개의 이벤트를 불러와야 한다면 쉽게 불러올 수 있을 것이다. 즉, MyEvent의 name에 indexed를 적용했으므로 name에 add라고 출력된 이벤트를 갖고 올 수 있다. 결론적으로 키워드 indexed는 특정 이벤트를 검색할 수 있게 도와주는 기능이다.

예제 6.1 이벤트 정의 방법

```
// SPDX-License-Identifier: GPL-3.0
pragma solidity >=0.7.0 <0.9.0;

contract Ex6_1 {
    event MyFunction(uint result, string name);
    function add(uint _a, uint _b) public {
        uint total = _a + _b;
        emit MyFunction(total, "add");
    }
```

```
    function mul(uint _a, uint _b) public {
        uint total = _a * _b;
        emit MyFunction(total, "mul");
    }
}
```

예제 6.1에는 이벤트 MyFunction과 두 개의 함수가 있다. 먼저 MyFunction은 event 키워드로 이벤트를 선언하고 두 개의 매개변수 result와 name을 썼다. 각 매개변수의 자료형은 uint와 string이다.

add와 mul 함수는 공통으로 MyFunction 함수를 emit을 통해 출력한다. add의 경우 매개변수 _a와 _b를 받아 더한 후 MyFunction의 매개변수인 result 부분에 대입한다. 또 다른 매개변수 name에는 add 함수의 이름 add를 입력한다. 이와 마찬가지로 mul 역시 두 개의 매개변수 _a와 _b를 받아 곱한 후 MyFunction의 result에 입력하며 name에는 mul 함수의 이름 mul을 넣었다.

두 함수를 보고 두 가지 주목해야 할 점이 있다. 첫 번째는 MyFunction 매개변수의 자료형에 맞게 값을 입력해준 부분이다. 예를 들어 name은 string이므로 문자열인 각 함수의 이름 add와 mul을 입력했다. 자료형이 맞지 않으면 오류가 발생할 것이다. 두 번째는 각 함수는 외부에서 아무런 변수를 읽어오지 않았는데도 pure를 붙이지 않았다. 이는 event가 블록체인에 기록되므로 pure나 view를 적용할 수 없기 때문이다.

그림 6.5 배포 후 네모 박스 부분을 클릭해 입력란 펼치기

예제 6.1을 배포하면 그림 6.5와 같은 화면을 볼 수 있다. 각 함수에 표시된 네모 박스를 클릭해 매개변수 입력란을 펼친다.

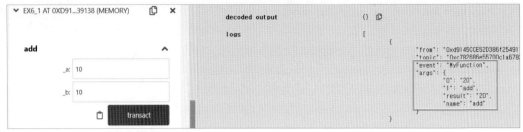

그림 6.6 add 함수 실행 후 이벤트 확인

add 함수에 자유롭게 두 개의 정수형 매개변수를 입력한 후 transact 버튼을 클릭한다. 그림 6.6에서 볼 수 있듯이 각 매개변수 _a와 _b에 10을 입력했다. add 함수의 로직상 _a와 _b가 더해지고 나서 MyFunction 이벤트가 출력된다. MyFunction 이벤트는 _a와 _b가 더해진 값과 함수의 이름 add가 출력된다. MyFunction 이벤트는 그림 6.6의 네모 박스로 표시한 부분에서 확인할 수 있으며 이 함수의 이벤트 이름 MyFunction도 출력되는 것을 확인할 수 있다.

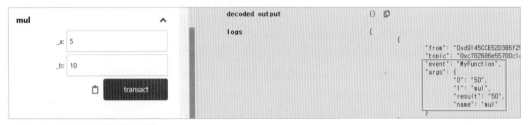

그림 6.7 mul 함수 실행 후 이벤트 확인

그림 6.7과 같이 mul 함수에 5와 10을 입력한 후 transact 버튼을 클릭한다. mul 함수가 실행되면 두 매개변수 5와 10을 곱한 값 50과 이 함수의 이름 mul이 그림 6.7과 같이 MyFunction 이벤트를 통해 출력된다.

6.1.2 생성자

생성자는 스마트 컨트랙트가 배포될 때 제일 먼저 실행되는 함수이며 모든 스마트 컨트랙트에 생성자를 필수적으로 선언하지 않아도 된다. 생성자를 선언할 때는 오로지 한 개의 생성자만 스마트 컨트랙트에 정의해야 한다. 주로 생성자는 스마트 컨트랙트 배포 시 변수에 특정한 값을 넣어줄 때 활용한다.

생성자를 정의하는 방법은 솔리디티 컴파일 버전 0.7 전후로 나뉜다.

01. 컴파일 버전 0.7 미만은 그림 6.8과 같이 생성자를 나타내는 키워드 constructor와 가시성 지정자를 명시해야한다.

02. 컴파일 버전 0.7 이상은 그림 6.9와 같이 키워드 constructor만 명시하면 된다. 즉, 생성자를 정의할 때 가시성 지정자를 명시하지 않는다.

이 책의 예제는 컴파일 버전 0.7 이상에서 실행하므로 그림 6.9와 같은 방식으로 생성자를 다루겠다.

더 나아가서 생성자와 같이 활용되는 immutable을 알아보겠다. immutable 키워드는 솔리디티 컴파일 버전 0.6.5 이상부터 변수에 적용 가능하다. immutable은 상수 키워드인 constant와 비슷한 기능을 한다. 즉, 상수와 같이 값이 한번 입력되면 변경이 불가능하다.

constant와 immutable의 큰 차이점은 초깃값의 선언 여부다. 상수의 경우 초깃값을 필수적으로 입력해야 하지만, immutable은 초깃값을 선언하지 않아도 된다. 그러므로 immutable이 적용된 변수의 생성자에서 값을 입력할 수 있다.

한 가지 주의할 점은 배열 같은 참조 타입은 immutable을 적용할 수 없으며 오직 uint와 같은 값 타입만 적용할 수 있다는 것이다. 참조 타입에 대한 immutable은 예제 6.3에서 자세히 다루겠다.

생성자 정의

다음 예제에서는 constructor 키워드를 통해 생성자를 명시했다. 이 생성자는 정수형 매개변수 _num을 입력받으며 _num은 변수 num에 대입된다. 즉, 스마트 컨트랙트를 배포하면 기존에 5를 갖고 있던 num에 생성자의 매개변수 _num이 대입된다.

```solidity
// SPDX-License-Identifier: GPL-3.0
pragma solidity >=0.7.0 <0.9.0;

contract Ex6_2 {
    uint public num = 5;
    constructor(uint _num) {
        num = _num;
    }

}
```

예제 6.2를 컴파일하고 나서 배포하려고 하면 그림 6.10과 같은 화면을 볼 수 있다. 배포(Deploy) 버튼 바로 옆에 매개변수 입력란이 있다. 이 입력란은 생성자의 매개변수 입력란이며, 예제 6.2의 생성자에 정의한 매개변수 자료형과 매개변수명이 예제 6.2의 입력란에 uint256 _num으로 나온 것을 확인할 수 있다.

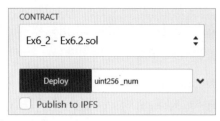

그림 6.10 컴파일 후 배포하기 전 화면

그림 6.11에서 볼 수 있듯이 생성자의 매개변수에 55를 입력해서 배포했으나, 입력란에 자유롭게 정수형 값을 넣어서 예제 6.2를 배포해도 된다. 값 입력 후 Deploy 버튼을 클릭해 예제 6.2를 배포한다. 그리고 나서 그림의 하단 네모 박스에 있는 num 버튼을 클릭해 num 함수를 실행한다.

그림 6.11 매개변수 입력 후 Deploy 버튼을 클릭하고 나서 num 함수를 실행해 결괏값 확인

num 함수를 실행하면 결괏값이 55가 나오는 것을 알 수 있다. 이는 기존 num에는 5가 초깃값으로 입력되어 정의됐지만, 예제 6.2가 배포되면서 생성자 내부에서 num 변수에 매개변수 55가 대입됐기 때문이다.

immutable

이번에는 예제를 통해 `immutable`의 적용 대상과 `constant`와 `immutable`의 차이점을 알아보자.

예제 6.3 immutable의 활용

```
// SPDX-License-Identifier: GPL-3.0
pragma solidity >=0.7.0 <0.9.0;

contract Ex6_3 {

    //uint[] public immutable arr;
    //uint public constant num1;
    uint public immutable num2;

    constructor(uint _num) {
```

```
        num2 = _num;
    }


    /*
    function change() public pure returns(uint) {
        num2 = 10;
    }
    */
}
```

먼저 배열과 같은 참조 타입에는 immutable을 적용할 수 없다. 주석 처리된 arr 변수는 배열 타입이며 immutable이 적용된 상태다. arr 변수의 주석을 해제 후 컴파일한다면 arr 부분에서 오류가 발생한다. 즉, 변수 num1과 같이 uint 자료형을 가진 값 타입 변수만 immutable을 적용할 수 있다.

다음으로 num1 변수는 constant 키워드를 선언해 상수가 됐으며 num2 변수는 immutable 키워드가 적용돼 있다. 앞서 언급했듯이 두 키워드는 변수에 값을 한 번 입력받게 한다. 즉, 변수는 값을 입력받은 순간부터 더 이상 값을 변경할 수 없다.

이 두 키워드의 차이점은 초깃값 명시 여부다. 상수를 정의할 때는 초깃값을 필수로 넣어줘야 한다. 예제 6.3의 상수 num1은 주석 처리가 돼 있으며 초깃값이 명시돼 있지 않다. 이때, num1의 주석을 지우고 컴파일해 보면 오류가 발생하는 것을 확인할 수 있다. 결론적으로 상수를 선언할 때 초깃값을 반드시 선언해야 한다.

반면에 num2는 immutable이므로 초깃값을 선언하지 않아도 되고, 예제 6.3과 같이 생성자에서 값을 입력받을 수 있다. 주석 처리된 예제 6.3의 change 함수는 immutable이 적용된 num2의 값을 변경하려고 한다. 그러나 주석 처리를 없애고 컴파일하면 오류가 나는 것을 확인할 수 있다. 결과적으로 immutable이 적용된 변수에 초깃값을 선언하지 않아도 되지만, 그 변수에 이미 값이 대입되면 변경할 수 없다.

예제 6.12를 컴파일한 후 자유롭게 매개변수를 입력하고 배포한다. 그림 6.12에서는 생성자의 매개변수에 123을 입력했다. num2 함수를 실행해 결괏값을 확인하면 123이 잘 나오는 것을 확인할 수 있다.

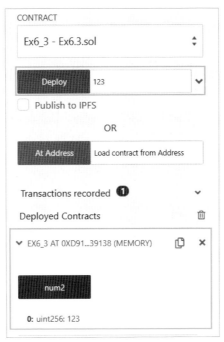

그림 6.12 배포 후 num2 버튼을 클릭해 결괏값 확인

그림 6.13과 같이 change 함수의 주석을 제거하고 나서 컴파일하면 num2 = 10 부분에서 오류가 나는 것을 확인할 수 있다. 변수 num2에는 immutable이 적용됐고 생성자에서 값이 한 번 입력됐기 때문에 더 이상 변경이 불가능하다.

	14	`function change() public pure returns(uint) {`
⚠	15	`num2 = 10;`
	16	`}`

그림 6.13 change 함수 주석 해제 후 컴파일 오류 확인

6.1.3 객체 지향

객체 지향 언어는 간단히 여러 객체(Object)가 상호작용하는 언어라고 생각할 수 있다. 객체는 현실에서 존재하는 것 또는 추상적으로 생각할 수 있는 것과 같은 독립적인 대상을 나타낸다. 더 나아가서 객체는 자신만의 고유 속성과 동작이 있으므로 다른 객체와 구분이 가능하다. 현실에 존재하는 사람을 객체로 예를 들어 보겠다. 사람의 속성은 나이와 이름이 될 수 있으며 동작은 사람의 행동인 '걷다'가 될 수 있다. 즉, 속성은 객체의 특징을 나타내며 동작은 객체의 함수를 나타낸다. 좀 더 쉽게 예를 들어 그림 6.14를 통해 객체를 자세히 알아보겠다.

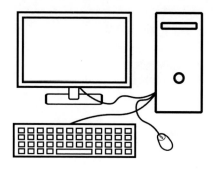

그림 6.14 컴퓨터 객체 예시

그림 6.14는 컴퓨터를 나타내며 컴퓨터는 크게 모니터, 키보드, 마우스, 본체로 이루어진 것을 볼 수 있다. 모니터, 키보드, 마우스, 본체 중 하나라도 없으면 컴퓨터를 사용하는 데 어려움을 겪을 것이다. 다시 말하자면 위 4개의 독립적인 객체가 상호작용해 컴퓨터의 기능을 구현한다. 이와 같이 솔리디티도 한 개이상의 객체가 서로 연결돼 하나의 프로그램이 될 수가 있다.

더 나아가서 본체 안에 있는 CPU(Central Processing Unit), GPU(Graphics Processing Unit)와 같은 여러 부품을 더 잘게 나눠서 객체의 단위로 볼 수 있다. 즉, 객체 지향 프로그램을 구현할 때 객체를 상황에 맞게 나누어 프로그램을 만들 수 있다. 객체 지향 언어는 인스턴스화(instantiation)와 상속을 통해 서로 다른 스마트 컨트랙트를 연결할 수 있다.

객체 지향 관점에서의 스마트 컨트랙트, 객체, 인스턴스

스마트 컨트랙트, 객체, 인스턴스(instance)를 객체 지향 언어 관점에서 알아보면서 인스턴스화가 무엇인지 살펴보겠다.

- **스마트 컨트랙트**

  객체 지향 언어 관점에서 볼 때 스마트 컨트랙트는 다른 객체 지향 언어인 자바의 클래스(class)와 동일하다고 생각할 수 있다. 스마트 컨트랙트에 만들고자 하는 객체의 변수와 함수를 정의한 후 이 스마트 컨트랙트를 자료형으로 적용해 객체를 생성한다. 즉, 스마트 컨트랙트에는 객체의 특별한 속성과 행동이 명시돼 있으므로 객체의 설계도라고 할 수 있다.

- **객체**

  객체는 앞서 언급했듯이 독립적인 대상이며 객체의 설계도인 스마트 컨트랙트에 따라 객체가 달라진다. 코드에서 객체는 스마트 컨트랙트가 자료형으로 선언된 변수이며 이 변수는 아직 값이 할당되지 않은 상태다. 즉, 그림 6.15와 같이 객체를 표현할 수 있으며, 보다시피 초깃값이 없다.

그림 6.15 객체 정의

■ **인스턴스**

인스턴스와 객체는 매우 유사하다. 객체에 인스턴스화를 통해 값이 할당되면 인스턴스라 부른다. 다시 말하자면 인스턴스화는 스마트 컨트랙트를 새롭게 배포한 것과 같으며 배포된 정보를 객체에 넣어준다. 결론적으로 객체는 초깃값 없이 변수만 선언된 상태이며, 인스턴스는 변수에 값이 할당된 상태다. 인스턴스화는 그림 6.16과 같이 하며 new 키워드와 객체의 자료형인 스마트 컨트랙트명을 명시한다.

그림 6.16 인스턴스

```solidity
// SPDX-License-Identifier: GPL-3.0
pragma solidity >=0.7.0 <0.9.0;

contract Monitor {
    string public name;
    constructor(string memory _name){
        name = _name;
    }
    function show() public pure returns(string memory){
        return "show";
    }
}

contract SystemUnit {
    string public name = "XG12";
    function turnOn() public pure returns(string memory){
        return "turnOn";
    }
}
```

```solidity
contract Computer {
    Monitor public monitor;
    SystemUnit public systemUnit;

    constructor(){
        monitor = new Monitor("DW12");
        systemUnit = new SystemUnit();
    }

    function getAllNames() public view returns(string memory,string memory) {
        return(monitor.name(), systemUnit.name());
    }

    function start( ) public view returns(string memory,string memory) {
        return(monitor.show(), systemUnit.turnOn());
    }
}
```

예제 6.4는 그림 6.14를 기반으로 만든 예제다. 그림 6.14는 4개의 객체, 키보드, 마우스, 본체, 모니터가 서로 연결된 컴퓨터를 나타낸다. 예제 6.4에서는 편의상 키보드와 마우스 객체는 생략했으며 본체와 모니터 객체를 인스턴스화하여 컴퓨터의 기능을 구현했다.

스마트 컨트랙트 = 객체의 설계도

예제에는 두 개의 스마트 컨트랙트 SystemUnit과 Monitor가 있으며, 이는 각각 본체와 모니터를 나타낸다.

```solidity
contract Monitor {
    string public name;
    constructor(string memory _name){
        name = _name;
    }
    function show() public pure returns(string memory){
        return "show";
    }
}
```

```
contract SystemUnit {
    string public name = "XG12";
    function turnOn() public pure returns(string memory){
        return "turnOn";
    }
}
```

Monitor와 SystemUnit 스마트 컨트랙트는 객체 지향 관점에서 볼 때 본체와 모니터 객체의 설계도다. 먼저 SystemUnit 스마트 컨트랙트에는 name 변수와 turnOn 함수가 있다. name에는 "XG12"가 저장되어 있으며 turnOn 함수는 문자열 turnOn을 반환한다. 스마트 컨트랙트 Monitor는 생성자를 통해서 변수 name의 값을 대입받는다. Monitor 스마트 컨트랙트의 show 함수는 문자열 show를 반환한다.

Computer는 스마트 컨트랙트 Monitor와 SystemUnit을 통해 객체 monitor와 systemUnit을 생성한다. 앞서 언급했듯이 객체는 Monitor와 SystemUnit 스마트 컨트랙트가 자료형으로 선언됐지만 값이 할당되지 않은 상태의 변수다.

```
contract Computer {
    Monitor public monitor;
    SystemUnit public systemUnit;

    …
}
```

인스턴스화

다음 코드 조각은 Computer 스마트 컨트랙트의 생성자 내부에서 일어나는 인스턴스화를 보여준다. 인스턴스화는 스마트 컨트랙트를 새롭게 배포하는 것과 같다. 인스턴스화를 하려면 키워드 new와 객체의 자료형인 스마트 컨트랙트명을 입력한다.

```
contract Computer {
    …
    constructor(){
        monitor = new Monitor("DW12");
        systemUnit = new SystemUnit();
    }
    …
}
```

앞서 언급했듯이 인스턴스화는 스마트 컨트랙트를 배포하는 것과 같으므로, 인스턴스화하려는 스마트 컨트랙트의 생성자가 매개변수가 있다면 값을 넣어줘야 한다. 예를 들어 **Monitor** 스마트 컨트랙트는 문자열 매개변수를 생성자에서 받으므로, 이 스마트 컨트랙트를 인스턴스화하려면 **new Monitor("DW12")**와 같이 문자열을 넣어줘야 한다. 그러고 나서 인스턴스화됐을 경우 객체에 값이 입력됐으므로 인스턴스라고 부른다.

더 나아가서, 일반적으로 스마트 컨트랙트가 배포되면 블록체인에 스마트 컨트랙트의 정보가 바이트화되어 주소의 형태로 저장된다. 즉 인스턴스화하는 과정은 배포해서 블록체인에 저장하는 과정과 같기에 그림 6.18과 같이 주소를 갖게 된다.

다시 정리해서 말하자면, **monitor**와 **systemUnit** 객체는 **Monitor**와 **SystemUnit** 스마트 컨트랙트의 주소를 저장한다. 그리고 스마트 컨트랙트가 같더라도 인스턴스화할 때마다 다른 주소가 생성된다.

인스턴스의 함수

Computer에 있는 두 함수 **getAllNames**와 **start**는 인스턴스 **monitor**와 **systemUnit**에 저장된 각자의 스마트 컨트랙트 **Monitor**와 **SystemUnit**의 함수에 접근한다. 점(.) 연산자를 통해 인스턴스는 스마트 컨트랙트의 함수에 접근할 수 있다.

```
contract Computer {
    ......
    function getAllNames() public view returns(string memory,string memory) {
        return(monitor.name(), systemUnit.name());
    }

    function start( ) public view returns(string memory,string memory) {
        return(monitor.show(), systemUnit.turnOn());
    }
}
```

한 가지 주의할 부분은 점 연산자로는 함수만 접근 가능하다는 점이다. 그러나 만약 함수가 **private**과 **internal**일 경우에는 접근이 불가능하다. 즉, 함수가 **public** 또는 **external**일 때만 가능하다. 예를 들어 **turnOn** 함수가 **private** 또는 **internal**이라면 **systemUnit.turnOn( )**은 오류가 발생할 것이다.

getAllNames 함수를 보면 점(.) 연산자를 통해 **monitor**와 **systemUnit** 인스턴스의 **name** 함수에 접근한다. 각 인스턴스의 **name** 함수는 **name** 변수를 반환하므로 **getAllNames** 함수는 **monitor**와 **systemUnit** 인스턴스의 **name** 변수를 출력할 것이다.

그러나 스마트 컨트랙트 Monitor와 SystemUnit에는 name 함수는 선언돼 있지 않다. name **함수**에 접근할 수 있었던 이유는 두 개의 스마트 컨트랙트 Monitor와 SystemUnit에 있는 변수 name에 public이 적용되어 getter 함수가 생성됐기 때문이다. 즉, getter 함수가 생성됐기에 name 함수를 통해 변수 name을 반환할 수 있다.

더 나아가서 Monitor 스마트 컨트랙트의 name 변수는 생성자의 매개변수로 입력받는 것을 알 수 있다. 즉, monitor = new Monitor("DW12")를 통해 DW12가 Monitor의 name 변수에 대입된 것을 알 수 있다. 반면에 SystemUnit 스마트 컨트랙트에는 name 변수의 초깃값으로 XG12가 대입됐다. 결론적으로 getAllNames 함수를 실행하면 DW12와 XG12가 반환될 것이다.

start 함수는 점(.) 연산자를 통해 monitor와 systemUnit 인스턴스에 있는 show와 turnOn 함수를 실행한다. 이 두 함수는 show와 turnOn 변수를 문자열로 반환한다.

그림 6.17 CONTRACT는 Computer 스마트 컨트랙트를 선택한 후 Deploy 버튼 클릭

현재 예제 6.4에는 3개의 스마트 컨트랙트 Monitor, SystemUnit, Computer가 정의돼 있다. 즉, 컴파일하면 3개의 스마트 컨트랙트 모두 컴파일되며 배포할 수 있다. 그러나 Computer에 두 스마트 컨트랙트가 인스턴스로 연결돼 있으므로 그림 6.17과 같이 CONTRACT란에서 Computer를 선택한 후 Deploy 버튼을 클릭한다.

그림 6.18 getAllNames와 start를 클릭해 결괏값 확인

예제 6.4를 배포하고 나서 그림 6.18의 `monitor`와 `systemUnit` 버튼을 클릭하면 인스턴스화를 통해 생성된 `Monitor`와 `SystemUnit` 스마트 컨트랙트의 주소를 확인할 수 있다. `getAllNames`와 `start` 버튼을 클릭해 결괏값이 그림 6.18과 같이 나오는 것을 알 수 있다.

6.1.4 상속

이번에는 객체 지향 언어의 특성인 상속(inheritance)에 대해 알아보겠다. 상속을 문자 그대로 이해하면 다른 사람의 재산, 권리, 의무를 이어받는 일이다. 객체 지향 언어의 상속 역시 같은 의미를 가지며, 한 스마트 컨트랙트가 자신의 변수나 함수를 다른 스마트 컨트랙트에 주는 것이다. 앞에서 언급했듯이 상속은 인스턴스화 같이 서로 다른 스마트 컨트랙트를 연결한다. 자신의 기능을 주는 스마트 컨트랙트를 '부모 스마트 컨트랙트', 받는 쪽을 '자식 스마트 컨트랙트'라 부르겠다. 그림 6.19의 UML(Unified Modeling Language) 다이어그램은 부모 스마트 컨트랙트 Student와 자식 스마트 컨트랙트 Art Student의 상속 관계를 나타낸다.

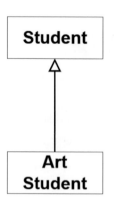

그림 6.19 상속 예시

그림에서 `Art Student`는 `Student`의 기능을 상속받는다는 표시로 화살표가 자식 스마트 컨트랙트에서 부모 스마트 컨트랙트로 향하고 있다. `Student`는 학생을 나타내는 스마트 컨트랙트이며 `Art Student`는 미술을 전공하는 학생이다. 조금 더 확장해서 생각해보면 미술을 전공하는 학생 `Art Student`는 학생 `Student`라는 대분류에 포함된다. 즉, `Student`의 기본 기능을 `Art Student`가 갖고 있다.

예를 들어, 학생이라면 자신이 소속된 학교가 있다. 즉, 부모 스마트 컨트랙트 `Student`는 학생을 나타내므로 자신이 다니는 학교를 반환하는 함수 `schoolName`이 있다고 가정하겠다. 이와 마찬가지로 `Art Student`도 학생이므로 함수 `schoolName`을 갖고 있을 것이다. 즉, 학생이라면 공통으로 함수 `schoolName`을 갖고 있는 것이다.

조금 더 확장해서 학생의 종류는 여럿이 있을 수 있다. 예를 들어 음악을 전공하는 학생 Music Student, 수학을 전공하는 학생 Math Student 역시 똑같은 함수 schoolName을 갖고 있을 것이다. 즉, 미술, 음악, 과학을 전공하는 학생들 또한 schoolName 함수를 갖고 있다.

이때 각 학생 스마트 컨트랙트에 똑같은 함수를 중복해서 정의하는 것보다 하나의 스마트 컨트랙트에 schoolName 함수를 정의해 상속받는 것이 효율적이다. 그러므로 함수 schoolName과 같은 학생의 공통적인 함수를 Student에 정의하고 나서 Art Student가 공통적인 함수를 상속받아오는 것이 더 바람직하다.

그림 6.20 상속 정의 방법

그림 6.20의 네모 박스로 표시한 키워드 is를 통해 상속관계를 정의할 수 있다. 그림 6.20의 상속관계를 해석하면, 자식 스마트 컨트랙트 ArtStudent는 부모 스마트 컨트랙트 Student를 상속받는다.

상속 정의

다음 예제는 그림 6.19와 같이 스마트 컨트랙트 Student와 ArtStudent가 상속관계를 맺고 있다.

예제 6.5 상속 정의

```
// SPDX-License-Identifier: GPL-3.0
pragma solidity >=0.7.0 <0.9.0;

contract Student {
    string public schoolName = "The University of Solidity";
}

contract ArtStudent is Student {
    function getSchoolName() public view returns(string memory){
        return schoolName;
    }
    function changeSchoolName() public {
        schoolName = "The University of Blockchain";
    }
}
```

ArtStudent가 Student를 상속받음으로써, ArtStudent는 자식 스마트 컨트랙트가 되고 Student는 부모 스마트 컨트랙트가 된다. 자식 스마트 컨트랙트는 부모로부터 상속받은 변수와 함수를 사용할 수 있다.

예제에서 ArtStudent의 getSchoolName 함수는 Student로부터 받아온 schoolName 변수를 반환하며, changeSchoolName은 schoolName의 값을 "The University of Blockchain"으로 변경한다. 더 나아가서 부모 스마트 컨트랙트의 변수 schoolName이 public으로 지정되어 자동으로 **getter** 함수가 생성된다. 즉, 자식 스마트 컨트랙트 ArtStudent는 schoolName을 반환하는 **getter** 함수를 상속받을 것이다.

ArtStudent가 Student를 상속받았으므로 그림 6.21과 같이 CONTRACT에서 ArtStudent를 선택한 후 Deploy 버튼을 클릭해 배포한다.

그림 6.21 CONTRACT에서 ArtStudent 스마트 컨트랙트를 선택한 후 Deploy 버튼 클릭

schoolName(그림 6.22의 네모 박스로 표시)은 부모 스마트 컨트랙트 Student 로부터 상속받은 함수다. 부모 스마트 컨트랙트 변수 schoolName이 public 이어서 자동으로 **getter** 함수가 생성됐다. schoolName 함수의 결괏값은 The University of Solidity다.

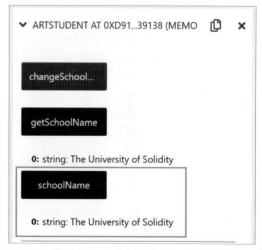

그림 6.22 배포 후 schoolName과 getSchoolName을 클릭해 결괏값 확인

getSchoolName은 자식 스마트 컨트랙트 내에서 자체적으로 만든 함수인데, 부모 스마트 컨트랙트에서 상속받은 변수인 schoolName을 반환한다. 이로써 자식 스마트 컨트랙트가 부모 스마트 컨트랙트로부터 변수와 함수를 모두 상속했음을 확인했다.

changeSchoolName 함수는 부모로부터 상속받은 schoolName 변수의 값(The University of Solidiy)을 "The University of Blockchain"으로 바꾼다. changeSchoolName 버튼을 클릭해 함수 changeSchoolName을 실행하고 나서 함수 getSchoolName과 schoolName를 실행하면 The University of Blockchain을 확인할 수 있다(그림 6.23).

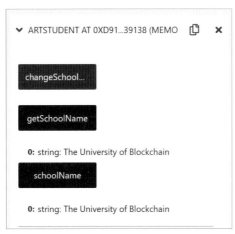

그림 6.23 changeSchoolName 실행 후 getSchoolName과 schoolName을 클릭해 결괏값 확인

생성자가 있는 부모 스마트 컨트랙트를 상속하는 세 가지 방법

이번에는 부모 스마트 컨트랙트에 생성자가 있을 때 자식 스마트 컨트랙트가 어떤 식으로 상속을 하는지 알아보자.

예제 6.6 생성자가 있는 부모 스마트 컨트랙트

```solidity
// SPDX-License-Identifier: GPL-3.0
pragma solidity >=0.7.0 <0.9.0;

contract Student {
    string public schoolName = "The University of Solidity";
    string public major;
    constructor(string memory _major) {
        major = _major;
```

```
        }
    }

contract ArtStudent is Student("Art") {
}

contract MusicStudent is Student {
    string internal degree = "Music";
    constructor() Student(degree) {
    }
}

contract MathStudent is Student {
    constructor(string memory _major) Student(_major) {
    }
}
```

예제 6.6에서 볼 수 있듯이 ArtStudent, MusicStudent, MathStudent가 Student를 상속받고 있다. 즉, 부모 스마트 컨트랙트는 Student이며, 자식 스마트 컨트랙트는 ArtStudent, MusicStudent, MathStudent이다.

여기서 한 가지 주목할 점으로, 3개의 자식 스마트 컨트랙트는 서로 다른 방식으로 부모 스마트 컨트랙트를 상속받고 있다. 이번 예제를 통해 생성자가 있는 부모 스마트 컨트랙트를 상속받는 방법을 모두 알아보겠다.

다음은 부모 스마트 컨트랙트인 Student의 코드다.

```
contract Student {
    string public schoolName = "The University of Solidity";
    string public major;
    constructor(string memory _major) {
        major = _major;
    }
}
```

Student는 두 개의 변수를 갖고 있으며 생성자도 갖고 있다. 변수 schoolName은 학교를 나타내며 major는 학생의 전공을 나타낸다. major는 생성자의 매개변수 _major를 통해서 값을 입력받는다. 즉, 자식 스마트 컨트랙트가 Student스마트 컨트랙트를 상속하려면 생성자의 매개변수 _major를 반드시 입력해야 한다.

3개의 자식 스마트 컨트랙트가 부모 스마트 컨트랙트를 상속받은 방법은 다음과 같다.

01. 자식 스마트 컨트랙트 ArtStudent가 부모 스마트 컨트랙트 Student를 어떻게 상속받는지부터 살펴보자. Student에는 생성자가 있으며, Student 스마트 컨트랙트의 생성자는 _major라는 매개변수가 있다. Student를 배포한다면 생성자의 매개변수를 입력해야 그 스마트 컨트랙트를 배포할 수 있다. 이와 같이 Student를 상속받으려면 생성자의 매개변수를 입력해야 한다. ArtStudent 생성자의 매개변수로 Art가 입력됐다.

```
contract ArtStudent is Student("Art") {
}
```

02. MusicStudent는 그와 다른 방식으로 Student를 상속받는다. ArtStudent의 경우는 상속과 동시에 매개변수를 Art라는 문자열로 한 번에 입력했다. 반면에 MusicStudent는 degree 변수를 선언해서 이 변수를 부모 스마트 컨트랙트 Student의 생성자에 입력했다.

```
contract MusicStudent is Student {
    string internal degree = "Music";
    constructor() Student(degree) {
    }
}
```

이와 같이 하려면 contract MusicStudent is Student {와 같이 상속을 명시해준다. 그러고 나서 constructor() Student(degree) {처럼 부모 스마트 컨트랙트의 생성자 값을 입력한다.

이 코드에서 주목할 점은 자식 스마트 컨트랙트인 MusicStudent는 자신의 생성자에 아무것도 하지 않아도 부모 스마트 컨트랙트의 매개변수를 넣어주려면 constructor() Student(degree) {와 같은 식으로 정의해야 한다는 것이다.

03. MathStudent는 MusicStudent와 매우 유사한 방식으로 부모 스마트 컨트랙트를 상속받고 있다.

```
contract MathStudent is Student {
    constructor(string memory _major) Student(_major) {
    }
}
```

한 가지 다른 점은, MathStudent는 자신의 생성자를 정의하고 이 생성자의 매개변수 _major를 받는다는 점이다. 그러고 나서 부모 스마트 컨트랙트 Student의 생성자 매개변수에 다시 대입한다. 다시 말하면 MathStudent를 배포할 때 입력받은 생성자의 매개변수가 부모 스마트 컨트랙트인 Student의 생성자 매개변수로 다시 대입되는 것이다. 즉, Student로부터 상속받게 될 변수 Major의 초깃값은 MathStudent의 생성자 매개변수다.

예제 6.6의 자식 스마트 컨트랙트가 부모 스마트 컨트랙트로부터 잘 상속받았는지 확인하려면 자식 스마트 컨트랙트 ArtStudent, MusicStudent, MathStudent를 그림 6.24와 같이 각각 선택한 후 Deploy 버튼을 클릭한다.

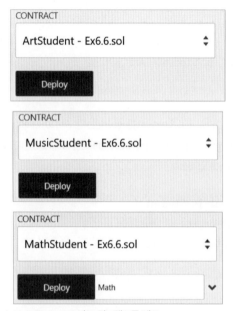

그림 6.24 ArtStudent, MusicStudent, MathStudent 스마트 컨트랙트를 배포

MathStudent는 생성자가 있으며 이 생성자에서 매개변수를 입력받고 그 매개변수를 자신의 부모 스마트 컨트랙트 생성자에 대입한다. 예를 들어 그림 6.24와 같이 MathStudent에 Math를 입력하고 배포하면 Student 생성자의 매개변수로 대입된다. 즉, Student로부터 상속받게 될 변수 Major의 초깃값은 MathStudent의 생성자 매개변수로 입력받은 Math이다.

ArtStudent 스마트 컨트랙트를 배포하면 그림 6.25와 같이 Student로부터 상속받은 SchoolName과 Major 함수를 확인할 수 있다. 두 함수를 실행하면 결괏값 The University of Solidity와 Art가 나온다. SchoolName의 경우 부모 스마트 컨트랙트인 Student의 변수 SchoolName의 초깃값이 The University of Solidity로 명시됐으므로 이런 결괏값이 나온 것이다.

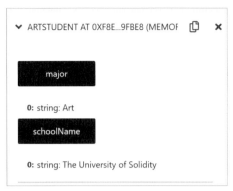

그림 6.25 ArtStudent 스마트 컨트랙트 배포 후 major와 SchoolName을 클릭해 결괏값 확인

Major 함수의 결괏값이 문자열 Art인 이유는 contract ArtStudent is Student("Art") {와 같이 상속할 때 Art를 입력했기 때문이다. 즉, 부모 스마트 컨트랙트가 상속될 때 Art라는 값은 부모 스마트 컨트랙트 변수 Major에 대입된다. 그리고 나서 ArtStudent 스마트 컨트랙트는 ArtStudent 변수와 함수를 상속받는다.

MusicStudent도 Artstudent와 같이 Student를 상속받았으므로 그림 6.26처럼 SchoolName과 major 버튼이 나왔다.

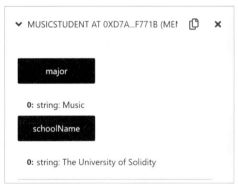

그림 6.26 MusicStudent 스마트 컨트랙트 배포 후 major와 SchoolName를 클릭해 결괏값 확인

먼저 SchoolName을 클릭하면 The University of Solidity가 나온 것을 알 수 있으며 shcoolName 변수의 값은 Student에 정의돼 있다. 반면에 major를 클릭하면 Music이 반환되는 것을 확인할 수 있다. 이 결괏값이 나오는 이유는 constructor() Student(degree) {와 같이 자신의 생성자 바로 옆에 부모 스마트 컨트랙트에 변수 degree를 매개변수로 넣어줬기 때문이다. 예제 6.6에서 볼 수 있듯이 degree의 값은 문자열 Music이다. 즉, Student 생성자의 매개변수에 문자열 Music이 대입되어

Student의 변수 Major가 문자열 Music이 된다. 결론적으로 MusicStudent는 문자열 Music을 갖고 있는 변수 Major를 Student로부터 상속받게 된다.

MathStudent는 Student를 상속받으므로 SchoolName과 Major 함수를 상속받는다. 그림 6.27의 버튼 SchoolName을 클릭하면 The University of Solidity가 나오는 것을 확인할 수 있다. 그리고 Major 버튼을 클릭하면 Math가 나온다.

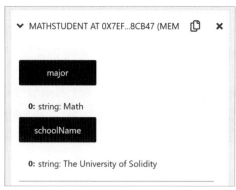

그림 6.27 MathStudent 스마트 컨트랙트 배포 후 major와 SchoolName을 클릭해 결괏값 확인

Math가 나오는 이유는 Math 스마트 컨트랙트가 배포될 때 입력받은 생성자의 매개변수가 Math이기 때문이다. 예제 코드에서 봤듯이 constructor(string memory _major) Student(_major) {와 같이 Student를 상속한다. 즉, MathStudent의 생성자 매개변수 _major를 입력받은 후 다시 Student의 매개변수로 넣어준다.

private과 internal의 접근 범위

다음 예제를 통해 가시성 지정자 internal과 private 접근 범위를 확인해보겠다.

예제 6.7 상속 private과 internal의 접근 범위

```solidity
// SPDX-License-Identifier: GPL-3.0
pragma solidity >=0.7.0 <0.9.0;

contract Student {
    string private schoolName = "The University of Solidity";
    string internal schoolNumbers = "02-1234-5678";
}
```

```
contract ArtStudent is Student {

    /*
    function getSchoolName() public view returns(string memory){
        return schoolName;
    }
    */

    function getSchoolNumbers() public view returns(string memory){
        return schoolNumbers;
    }
}
```

자식 스마트 컨트랙트 ArtStudent가 부모 스마트 컨트랙트 Student를 상속받고 있다. Student는 두 개의 변수 schoolName과 schoolNumbers가 있다. 두 변수에서 주목할 점은 schoolName은 private이 며 schoolNumbers는 internal이라는 것이다.

3장에서 살펴봤듯이, private은 private이 정의된 스마트 컨트랙트 내부에서만 접근이 가능하며 internal은 internal이 정의된 스마트 컨트랙트 내부와 internal이 정의된 스마트 컨트랙트를 상속 받은 자식 스마트 컨트랙트에 한하여 외부 접근이 가능하다고 했다. 더 나아가서 두 변수는 public이 아 니므로 자동으로 getter 함수가 생기지 않아 ArtStduent는 변수의 값을 반환하는 getter 함수를 상속받 지 못할 것이다.

예제 6.7에서 주석 처리한 함수 getSchoolName은 부모 스마트 컨트랙트로부터 상속받은 schoolName 을 반환하려고 시도하지만 반환하지 못할 것이다. schoolName 변수는 부모 스마트 컨트랙트에 서 private이므로 외부에 있는 ArtStudent 스마트 컨트랙트는 상속받지 못한다. 결론적으로 getSchoolName 함수의 주석 처리를 해제하고 컴파일하면 오류가 발생하는 것을 확인할 수 있다. 반면 에 schoolNumbers는 가시성 지정자가 internal이므로 ArtStudent는 상속받을 수 있다.

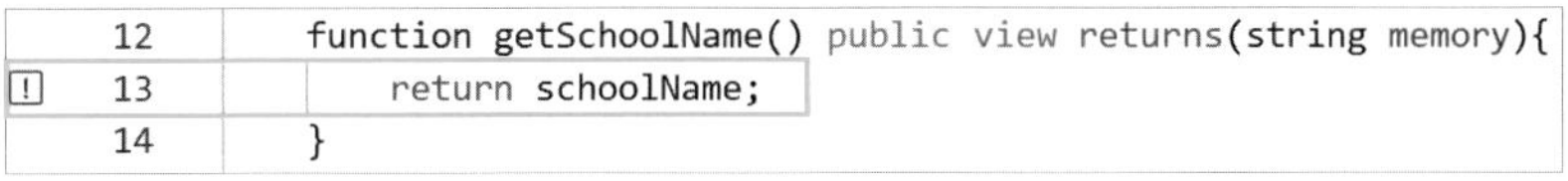

12	function getSchoolName() public view returns(string memory){
⚠ 13	return schoolName;
14	}

그림 6.28 부모 스마트 컨트랙트 private 변수 접근 시 오류 발생

예제 6.7의 getSchoolName 함수의 주석 처리를 제거한 후 컴파일하면 그림 6.28과 같이 return schoolName에서 오류가 발생하는 것을 볼 수 있다. 부모 스마트 컨트랙트에 있는 schoolName 변수는

private으로 지정됐기 때문에 자식 스마트 컨트랙트가 상속받지 못해 오류가 발생한 것이다.

ArtStudent의 getSchoolName 함수에 다시 주석 처리한 후 컴파일한다. 그러고 나서 그림 6.29와 같이 CONTRACT에서 ArtStudent를 선택하고 ArtStudent 스마트 컨트랙트를 배포한다.

그림 6.29 CONTRACT에서 ArtStudent 선택 후 Deploy 버튼을 클릭해 배포

그림 6.30과 같이 getSchoolNumbers를 클릭하면 결괏값 02-123-4567이 나오는 것을 확인할 수 있다. 즉, 이 결괏값은 Student에서 상속받은 internal 선언된 변수 schoolNumbers이다. 즉, internal로 정의할 때 자식 스마트 컨트랙트가 schoolNumbers 변수를 상속받는다.

그림 6.30 getSchoolNumbers 버튼 클릭 후 결괏값 확인

6.1.5 캡슐화

객체 지향의 특징인 캡슐화(encapsulation)는 문자 그대로 변수와 변수를 처리하는 함수의 로직을 캡슐로 감싸는 것이다. 즉, 캡슐화로 인해 제공되는 함수를 통해서만 변수를 변경하거나 값을 반환할 수 있다. 결론적으로 외부에서 변수를 직접적으로 접근하는 것이 불가능하다.

```
1    //SPDX-License-Identifier: GPL-3.0
2    pragma solidity >=0.7.0 <0.9.0;
3
4    contract Number {
5        uint public num = 4;
6    }
7
8    contract Caller {
9
10       Number internal instance = new Number();
11       function changeNumber() public {
12           instance.num = 5;
13       }
14       function getNumber() public view returns(uint) {
15           instance.num();
16       }
17   }
```

그림 6.31 캡슐화와 정보 은닉화 미적용

그림 6.31을 보면 Number 스마트 컨트랙트를 인스턴스화해 Caller에서 접근하고 있다. Number 스마트 컨트랙트의 변수 num은 가시성 지정자가 public으로 적용됐다. 즉, 스마트 컨트랙트 내부와 외부에서 모두 변수 num에 접근할 수 있다. 그러나 Caller에서 Number의 인스턴스를 통해 num에 접근하는데도 오류가 발생하는 것을 볼 수 있다. 즉 instance.num = 5 부분에서 오류가 난다.

사실 이것이 대표적인 객체 지향 언어인 자바와 솔리디티의 차이점이다. 자바의 경우 num 변수가 public으로 지정됐으므로 instance.num = 5는 오류가 발생하지 않고 num에 직접 접근해 값을 변경할 수 있다. 반면, 솔리디티에서는 num이 public임에도 불구하고 그림 6.31과 같이 오류가 발생한다. 즉 솔리디티는 자바보다 조금 더 제한적이라 할 수 있다.

자바에서는 이러한 점을 방지하려고 캡슐화와 같이 활용되는 정보 은닉화(Information Hiding)를 적용한다. 정보 은닉화는 객체의 속성, 즉 변수에 private을 지정해 외부에서 변수가 보이지 않게 하는 것이다. 다시 말하자면 외부에서 변수의 직접 접근을 막는 것이다. 예를 들어 그림 6.31이 자바라면 uint private num = 4가 되며 Number의 인스턴스에 instance.num = 5와 같은 방법으로 접근이 불가능하다.

솔리디티에서는 num과 같이 변수에 public을 붙여도 직접적으로 접근할 수 없으므로 정보 은닉화가 필요 없어 보인다. 그러나 솔리디티 특성상 public을 변수에 붙이면 public이 적용된 변수의 값을 반환하는 getter 함수가 자동으로 생성된다. 그림 6.31의 instance.num()과 같이 객체에서 바로 접근이 가능하며 누구든 변수명을 안다면 이 함수에 쉽게 접근할 수 있다. 이러한 점 때문에 정보 은닉화가 필요하다. 가령 num 변수가 중요한 정보를 담고 있다면 외부에서 쉽게 접근해 문제가 될 수 있다.

그림 6.32는 그림 6.31에 캡슐화와 정보 은닉화를 적용한 코드다. Number 스마트 컨트랙트의 num 변수는 private이 적용돼 외부에서 num 변수를 접근할 수 없다. 즉, num은 정보 은닉화가 됐다. num 변수의 값을 5로 변경하는 ChangeNum 함수와 num의 최신 값을 반환하는 getNum 함수가 생겼다. 두 함수 모두 public이며 외부에서 num 변수에 접근할 때는 두 함수를 통해 num 변수의 값을 변경 또는 반환한다. 결론적으로 두 함수를 통해서만 num에 접근하므로 캡슐화된 것이다.

```
1    //SPDX-License-Identifier: GPL-3.0
2    pragma solidity >=0.7.0 <0.9.0;
3
4    contract Number {
5        uint private num = 4;
6
7        function changeNum() public {
8            num = 5;
9        }
10       function getNum() public view returns(uint) {
11           return num;
12       }
13   }
14
15   contract Caller {
16
17       Number internal instance = new Number();
18       function changeNumber() public {
19           instance.changeNum();
20       }
21       function getNumber() public view returns(uint) {
22           return instance.getNum();
23       }
24   }
```

그림 6.32 캡슐화와 정보 은닉화 적용

Caller 스마트 컨트랙트를 보면 instance.changeNum()과 instance.getNum()을 통해 Number의 변수 num에 접근하고 있다. 더 나아가서 두 함수의 로직에 여러 가지 제한을 걸어 두면 보안성을 높일 수 있다. 예를 들어 Number 스마트 컨트랙트의 배포자 주소만 changeNum 함수를 호출할 수 있게 제한을 둘 수 있다.

그림 6.32의 코드는 다음과 같다.

예제 6.8 캡슐화와 정보 은닉화

```
//SPDX-License-Identifier: GPL-3.0
pragma solidity >=0.7.0 <0.9.0;

contract Number {
    uint private num = 4;
    function changeNum() public {
        num = 5;
```

```
    }
    function getNum() public view returns(uint) {
        return num;
    }
}

contract Caller {
    Number internal instance = new Number();
    function changeNumber() public {
        instance.changeNum();
    }
    function getNumber() public view returns(uint) {
        return instance.getNum();
    }
}
```

Caller 스마트 컨트랙트를 선택한 후 Deploy 버튼을 클릭해 배포한다(그림 6.33).

그림 6.33 CONTRACT에서 Load 스마트 컨트랙트 선택 후 Deploy 버튼을 클릭해 배포

예제 6.8의 Caller를 배포한 후 getNumber 버튼을 클릭해 getNumber 함수를 실행한다. getNumber 함수는 Number 스마트 컨트랙트에 있는 num 변수의 값을 반환한다. num 변수의 초깃값은 4이므로 그림 6.34에서 4가 나온 것을 확인할 수 있다.

그림 6.34 getNumber 클릭해 변수 num의 초깃값 확인

changeNumber 함수는 Number 스마트 컨트랙트의 변수 num에 5를 대입한다. 즉, changeNumber 버튼을 먼저 클릭해 num의 값을 5로 만든다. 그리고 나서 getNumber 버튼을 클릭하면 그림 6.35처럼 5가 반환되는 것을 알 수 있다.

그림 6.35 changeNumber 버튼 클릭 후 getNumber를 클릭해 변수 num의 값 확인

6.2 객체 지향 고급

이번에는 객체 지향 고급 기술로, 객체 지향의 특징인 다형성과 추상화를 알아보겠다. 더 나아가서 앞에서 배운 상속의 심화 단계인 다중 상속을 예제를 통해 알아본다.

6.2.1 다형성

다형성(polymorphism)은 사전에 의하면 같은 종이면서 서로 다른 형질이나 형태를 갖는 것을 나타낸다. 다형성의 의미를 객체 지향적으로 풀어보자면 같은 프로그래밍 인자가 서로 다른 자료형을 갖는 것이다. 예를 들어 그림 6.36에는 이름이 같은 두 개의 get 함수가 있고, 두 함수가 매개변수를 받으면 그 매개변수를 반환한다.

그러나 두 함수에서 주목할 점은 서로 같은 이름을 가지고 있는 함수라도 서로 다른 자료형을 입력받고 반환한다는 것이다. 첫 번째 get은 자료형 uint를 매개변수로 받고 나서 그 매개변수를 반환한다. 반면 두 번째 get은 bool을 매개변수로 받고, 받은 매개변수를 반환한다.

```
function get(uint _param) public pure returns (uint) {
    return _param;
}
function get(bool _param) public pure returns (bool) {
    return _param;
}
```

그림 6.36 오버로딩

그림 6.36과 같은 경우를 다형성에서 **오버로딩**(overloading)이라 부른다. 오버로딩 적용 시 하나의 함수가 여러 개의 매개변수를 다룰 수 있으므로 함수를 유연하게 활용할 수 있다. 즉, 그림 6.36의 get은 자료형 uint과 bool을 매개변수로 받아 반환할 수 있다. 반면에 오버로딩을 적용하지 않으면 get은 매개변수로 uint 또는 bool만 받을 것이며, 자료형에 따라 제한적으로 매개변수를 받게 된다.

다형성에는 오버로딩 이외에도 **오버라이딩**(overriding)이 존재한다. 오버라이딩은 자식 스마트 컨트랙트가 부모 스마트 컨트랙트로부터 상속받은 함수를 자신의 상황에 맞게 변경하는 것이다. 기본적으로 오버라이딩 시에는 키워드 virtual과 override가 필요하다.

부모 스마트 컨트랙트의 함수에 virtual을 적용하고 자식 스마트 컨트랙트의 함수에는 override를 명시한다. 즉, 부모 스마트 컨트랙트의 함수에 키워드 virtual을 적용하면 자식 스마트 컨트랙트에서 그 함수에 키워드 override를 적용해 오버라이딩할 수 있다. 결론적으로 virtual이 명시되지 않은 부모 스마트 컨트랙트의 함수는 오버라이딩할 수 없다.

```
contract Student {
    function major() public pure virtual returns (string memory) {
        return "Math" ;
        }
    }
contract ArtStudent is Student{
    function major() public pure override returns (string memory) {
        return "Art" ;
        }
    }
```

그림 6.37 오버라이딩

예를 들어 그림 6.37에서 볼 수 있듯이 자식 스마트 컨트랙트 ArtStudent는 부모 스마트 컨트랙트 Student를 상속받는다. ArtStudent는 Student로부터 함수 major를 상속받았다. 상속받은 major는 그림 6.37과 같이 Student의 major 함수에 virtual이 명시되었으므로 ArtStudent가 major 함수에 키워드 override를 선언해 오버라이딩했다. 본래 Student로부터 상속받은 함수 major는 music을 반환해야 하지만, Art를 반환하도록 변경했다.

```
contract Student {
    function major() public pure returns (string memory) {
        return "Math" ;
        }
    }
contract ArtStudent is Student{
    function major() public pure returns (string memory) {
        return "Art" ;
        }
    }
```

그림 6.38 솔리디티 컴파일 버전 0.6 미만 버전에서 오버라이딩 시 virtual과 override 명시 안함

더 나아가서 오버라이딩 키워드 virtual과 override는 솔리디티 컴파일러 0.6 버전 이후부터 도입됐다. 그림 6.38과 같이 버전 0.6 이전에는 오버라이딩 시 virtual과 override를 명시하지 않았다.

오버로딩

다음 예제의 Calculator 스마트 컨트랙트에서 mul은 오버로딩됐다. 첫 번째 mul은 2개의 매개변수를 받고 두 번째 mul은 3개의 매개변수를 받는다. 각 mul 함수는 입력받은 매개변수를 곱한 후 반환한다. 즉, mul 함수에 오버로딩이 돼 함수의 다형성을 나타내고 있다.

예제 6.9 오버로딩

```
//SPDX-License-Identifier: GPL-3.0
pragma solidity >=0.7.0 <0.9.0;

contract Calculator {

    function mul(uint _num1, uint _num2) public pure returns(uint) {
        return _num1*_num2;
    }

    function mul(uint _num1, uint _num2, uint _num3) public pure returns(uint) {
        return _num1*_num2*_num3;
    }

}
contract Ex6_9 {

    Calculator internal calculator = new Calculator();
    function getNumbers() public view returns(uint,uint) {
        return (calculator.mul(4,5), calculator.mul(4,5,6));
    }
}
```

스마트 컨트랙트 EX6_9에서 Calculator를 인스턴스화하고 나서 getNumber 함수에서 calculator 인스턴스를 통해 오버로딩된 mul에 접근하고 있다. return (calculator.mul(4,5), calculator.mul(4,5,6));과 같이 mul은 오버로딩되었기 때문에 매개변수 2개와 3개를 수용할 수 있다.

그림 6.39 CONTRACT에서 Ex6_9 스마트 컨트랙트 선택 후 Deploy 버튼을 클릭해 배포

스마트 컨트랙트 **Ex6_9**가 인스턴스 **calculator**를 통해 스마트 컨트랙트 **Calculator**의 오버로딩 함수 **mul**에 접근하므로 **Ex6_9**를 배포한다.

그림 6.40 getNumbers 버튼을 클릭해 결괏값 확인

getNumbers 함수 로직은 `return (calculator.mul(4,5), calculator.mul(4,5,6));`이며 오버로딩된 **mul** 함수를 호출한다. **getNumbers** 함수는 매개변수 2개와 3개를 수용할 수 있게 오버로딩됐다. 그림 6.40과 같이 **getNumbers** 버튼을 클릭해 결괏값을 확인한다.

오버라이딩

다음 예제는 그림 6.37에서 설명했듯이 ArtStudent 스마트 컨트랙트가 Student 스마트 컨트랙트를 상속받아 함수 **major**를 오버라이딩한다. 오버라이딩하려면 부모 스마트 컨트랙트의 오버라이딩하고자 하는 함수에 **virtual**을 명시해준다. 그리고 나서 자식 스마트 컨트랙트에 **override**를 명시한 후 함수의 로직을 변경한다. 즉 ArtStudent가 상속받은 **major** 함수는 본래 **Math**를 반환해야 하지만, **Art**를 반환하도록 오버라이딩됐다.

예제 6.10 오버라이딩

```
// SPDX-License-Identifier: GPL-3.0
pragma solidity >=0.7.0 <0.9.0;
contract Student {
```

```
    function major() public pure virtual returns(string memory) {
        return "Math";
    }

}

contract ArtStudent is Student {

    function major() public pure override returns(string memory) {
        return "Art";
    }

}
```

한 가지 주의할 점으로, 오버라이딩 키워드 virtual과 override는 솔리디티 컴파일러 버전 0.6 버전 이후 소개됐으므로, 버전 0.6 이상부터는 오버라이딩하려면 virtual과 override를 반드시 선언해야 한다. 반면에 버전 0.6 미만에서 오버라이딩하려면 키워드 virtual과 override 없이 오버라이딩해야 한다.

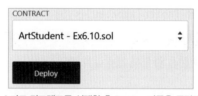

그림 6.41 CONTRACT에서 ArtStudent 스마트 컨트랙트를 선택한 후 Deploy 버튼을 클릭해 배포

ArtStudent 스마트 컨트랙트가 Student 스마트 컨트랙트를 상속받아 major 함수를 오버라이딩하고 있으므로 CONTRACT에서 ArtStudent를 선택한 후 배포한다.

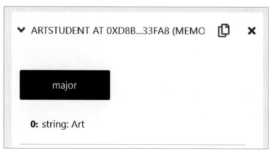

그림 6.42 getMoney 버튼 클릭 후 결괏값 확인

그림 6.42와 같이 major 버튼을 클릭하면 Art가 나온다. major 함수는 본래 Math를 반환했지만, ArtStudent 스마트 컨트랙트에서 오버라이딩돼서 Art를 반환한 것이다.

상속받은 함수의 로직을 갖고 오는 super

다음 예제에서는 ArtStudent 스마트 컨트랙트가 Student 스마트 컨트랙트를 상속받아 showCourses 함수를 오버라이딩하고 있다. Student 스마트 컨트랙트는 배열형을 가진 courses 변수와 배열을 반환하는 showCourses 함수가 있다. 먼저 courses는 학생이 수강한 과목을 나타낸다.

예제 6.11 상속받은 함수의 로직을 갖고 오는 super

```solidity
// SPDX-License-Identifier: GPL-3.0
pragma solidity >=0.7.0 <0.9.0;

contract Student {

    string[] internal courses;

    function showCourses() public virtual returns(string[] memory) {
        delete courses;
        courses.push("English");
        courses.push("Music");
        return courses;
    }
}

contract ArtStudent is Student {

    function showCourses() public override returns(string[] memory) {
        super.showCourses();
        courses.push("Art");
        return courses;
    }
}
```

showCourses의 로직 중 첫 번째 코드인 delete courses는 배열을 배울 때 보지 못한 코드일 텐데, 배열을 다시 한번 복습하고 다른 예제와 같이 배우면 좀 더 실용적일 것 같아 이번 예제에 추가했다.

앞에서 배열을 삭제할 때는 delete courses[0]과 같은 식으로 인덱스 0에 저장된 값만 삭제했다. 즉, 인덱스 0에 저장된 값의 자료형에 따라 초기화했다. 예를 들어, 타입이 uint라면 값이 0으로 바뀌며 courses 배열의 길이는 그대로 유지됐다. 이와 다르게 showCourses의 로직 중 첫 번째 코드 delete courses는 coursese 배열의 모든 것을 삭제하며 배열의 길이 역시 0이 된다. 즉, 초기화된다고 생각하면 된다.

showCourses 함수에서 delete courses의 역할은 courses 배열을 완전히 초기화해 주는 것이다. showCourses를 실행할 때마다 배열을 초기화하지 않으면 English와 Music은 courses에 누적될 것이므로 delete courses가 필요하다. 결론적으로 showCourses 함수는 English와 Music이 들어 있는 배열 courses를 반환한다.

더 나아가서 showCourses 함수에는 virtual 키워드가 명시됐으므로 자식 스마트 컨트랙트에서 오버라이딩이 가능하다. 즉, 자식 스마트 컨트랙트에서 override 키워드를 적용해 showCourses 함수를 오버라이딩해 변경할 수 있다.

스마트 컨트랙트 ArtStudent는 Student를 상속받아 showCourses를 오버라이딩한다. 여기서 주목할 점은 showCourses 함수의 로직 중 super.showCourses()이다. 오버라이딩 시 키워드 super를 적용하면 본래 함수의 모든 로직을 갖고 올 수 있다. 즉, Student의 showCourses 함수의 로직을 ArtStudent의 함수 showCourses에 추가하는 것이다. 그리고 나서 Art라는 과목을 courses 배열에 추가해 반환한다. 즉, English, Music, Art가 들어 있는 배열이 반환될 것이다.

```solidity
contract ArtStudent is Student {

    function showCourses() public override returns(string[] memory) {
        super.showCourses();
        courses.push("Art");
        return courses;
    }
}
```

다음 코드를 참고하면 키워드 super를 조금 더 직관적으로 이해할 수 있을 것이다. 예제 6.11은 super를 적용하지 않고 ArtStudent의 함수 showCourses에 Student의 함수 showCourses의 로직을 일일이 입력했다. 그리고 나서 배열 courses에 Art를 추가한 후 그 배열을 반환한다. 사실상 앞의 코드와 결괏값에 차이가 없다.

```
contract ArtStudent is Student {

    function showCourses() public override returns(string[] memory) {
        delete courses;
        courses.push("English");
        courses.push("Music");
        courses.push("Art");
        return courses;
    }
}
```

두 예제의 유일한 차이점은 super의 적용 여부다. 본래 함수의 로직을 손수 추가해도 되지만, 갖고 오려는 본래 함수의 로직이 매우 길다면 일일이 들고 오기 어려울 것이다. 그렇기 때문에 간단하게 super를 명시하는 것이 좋다.

그림 6.43과 같이 ArtStudent를 선택하고 나서 Deploy 버튼을 통해 ArtStudent 스마트 컨트랙트를 배포한다.

그림 6.43 CONTRACT에서 Son 스마트 컨트랙트 선택 후 Deploy 버튼을 클릭해 배포

ArtStudent를 배포하면 그림 6.44와 같은 화면이 나온다. showCourses 버튼을 클릭해 showCourses 함수를 실행한다.

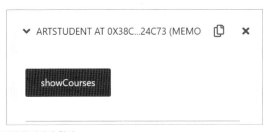

그림 6.44 showCourses 버튼 클릭해 결괏값 확인

showCourses 함수가 실행되면 오른쪽 터미널에 그림 6.45와 같은 결괏값이 나타난다.

```
decoded output          {
                            "0": "string[]: English,Music,Art"
                        }  ⎙
```

그림 6.45 showCourse 함수의 결괏값

그림 6.45와 같이 결괏값으로 English, Music, Art가 담긴 배열이 나온다. 앞서 언급했듯이 ArtStudent는 Student의 함수 showCourses를 오버라이딩했으며 오버라이딩하는 과정에서 키워드 super를 써서 본래 함수의 로직을 갖고 왔다. 본래 함수의 로직은 English와 Music을 courses 배열에 추가한다. 그리고 나서 ArtStudent의 showCourses 함수에서 Art를 따로 courses 배열에 입력했으므로 그림 6.45와 같이 결괏값이 나온 것이다.

스마트 컨트랙트의 다형성

예제 6.12는 오버라이딩을 통해 스마트 컨트랙트의 다형성을 보여준다. 자식 스마트 컨트랙트인 Tiger와 Turtle은 부모 스마트 컨트랙트 Animal을 상속받는다. Tiger와 Turtle은 Animal로부터 상속받은 함수 getName을 오버라이딩하고 있다. Tiger의 getName은 문자열 Tiger를 반환하며, Turtle의 getName은 문자열 Turtle을 반환한다.

예제 6.12 스마트 컨트랙트의 다형성

```solidity
//SPDX-License-Identifier: GPL-3.0
pragma solidity >=0.7.0 <0.9.0;

contract Animal {
    function getName() public pure virtual returns(string memory) {
        return "Animal";
    }
}
contract Tiger is Animal {
    function getName() public pure override returns(string memory) {
        return "Tiger";
    }
}

contract Turtle is Animal {
    function getName() public pure override returns(string memory) {
```

```
            return "Turtle";
        }
    }

    contract AnimalSet {
        Animal public tiger = new Tiger();
        Animal public turtle = new Turtle();

        function getAllNames() public view returns(string memory, string memory) {
            return (tiger.getName(), turtle.getName()) ;
        }
        function whatIsTheName(Animal _animal) public pure returns(string memory) {
            return (_animal.getName()) ;
        }
    }
```

AnimalSet 스마트 컨트랙트에서 Tiger와 Turtle 스마트 컨트랙트가 인스턴스화된 것을 볼 수 있다. 한 가지 주목할 점은 인스턴스 tiger와 turtle의 자료형은 Animal이라는 점이다. 즉, 객체의 자료형과 인스턴스화하고자 하는 스마트 컨트랙트가 동일하다. 다시 말해, tiger와 turtle의 자료형은 Tiger와 Turtle이어야 한다.

```
    …
    contract AnimalSet {
        Animal public tiger = new Tiger();
        Animal public turtle = new Turtle();

        …
    }
```

그러나 두 스마트 컨트랙트 모두 Animal을 상속받았으므로 Animal 자료형을 가질 수 있다. 즉, 인스턴스의 자료형은 동일하나 서로 다른 스마트 컨트랙트가 인스턴스화된 것이다. 이러한 특징에서 스마트 컨트랙트의 다형성을 확인할 수 있다.

getAllNames 함수는 Animal 자료형을 가진 인스턴스 tiger와 turtle의 getName 함수를 실행해 값을 반환한다. 스마트 컨트랙트 Animal에 함수 getName이 있으므로 Animal 자료형을 가진 인스턴스 tiger와 turtle은 getName 함수를 호출할 수 있다. 그러나 두 인스턴스에 대한 getName 함수의 결괏값은 문자열 Tiger와 문자열 Turtle로 다른 것을 예상할 수 있다.

```
…
function getAllNames() public view returns(string memory, string memory) {
    return (tiger.getName(), turtle.getName()) ;
}
…
```

즉, Tiger와 Turtle 스마트 컨트랙트는 Animal을 상속받아 getName 함수를 자신만의 특정한 값을 반환하도록 오버라이딩했으므로 같은 함수 getName이 호출돼도 결괏값이 다르다. 결론적으로 스마트 컨트랙트의 다형성은 두 개의 다른 스마트 컨트랙트가 하나의 자료형으로 묶이지만, 다른 결괏값을 반환하는 것이라 할 수 있다.

whatIsTheName 함수는 Animal 자료형의 매개변수를 받고 있으며 이 매개변수는 getName 함수를 호출한다. whatIsTheName 함수의 매개변수로 인스턴스 tiger와 turtle을 대입해 getName 함수를 실행할 수 있다. 즉, 두 개의 다른 인스턴스가 하나의 자료형으로 묶이므로 whatIsTheName 함수의 유연성이 증가한다.

```
…
function whatIsTheName(Animal _animal) public pure returns(string memory) {
    return (_animal.getName()) ;
}
…
```

만약 인스턴스 tiger의 자료형이 Tiger이며 turtle의 자료형이 Turtle이라면 그러한 스마트 컨트랙트의 다형성 이점을 얻을 수 없을 것이다. 즉, 다음 코드와 같이 오버로딩을 통해 서로 다른 매개변수를 받는 함수를 적용해야 할 것이다.

```
…
function whatIsTheName(Tiger _tiger) public pure returns(string memory) {
    return (_tiger.getName()) ;
}
function whatIsTheName(Turtle _turtle) public pure returns(string memory) {
    return (_turtle.getName()) ;
}
…
```

그림 6.46 CONTRACT에서 AnimalSet 스마트 컨트랙트 선택 후 Deploy 버튼을 클릭해 배포

AnimalSet 스마트 컨트랙트가 인스턴스 tiger와 turtle이 있으므로 그림 6.46과 같이 AnimalSet 선택 후 Deploy 버튼을 클릭한다.

그림 6.47 버튼 tiger, turtle, getAllnames를 클릭해 결괏값 확인

예제를 배포한 후 버튼 tiger와 turtle을 클릭하면 결괏값으로 주소가 나온다. 두 주소는 스마트 컨트랙트 Tiger와 Turtle의 인스턴화를 통해 생성됐다. getAllnams를 클릭하면 결괏값 Tiger와 Turtle이 나온다. 같은 자료형 Animal을 가진 인스턴스 tiger와 turtle은 함수 getName을 호출해도 결괏값이 서로 다르게 나온다.

그림 6.48 Turtle의 결괏값을 whatIsTheName 매개변수로 입력한 후 whatIsTheName 함수 실행

WhatIsTheName 함수는 Animal 자료형을 가진 매개변수를 받아 getName 함수를 호출한다. 즉, 인스턴스 tiger와 turtle의 결괏값을 매개변수로 넣어서 WhatIsTheName 함수를 실행할 수 있다. 그림 6.48은 turtle의 결괏값을 WhatIsTheName의 매개변수로 넣었으며 그 결과 Turtle이 나온 것을 알 수 있다.

6.2.2 다중 상속

객체 지향 기본 파트에서 기본적인 상속을 배웠으니, 여기서는 상속의 심화 단계인 다중 상속을 배워보겠다.

다중 상속의 개념

한 개 이상의 부모 스마트 컨트랙트를 상속할 때 다중 상속이라고 한다. 예를 들어 그림 6.49에서는 자식 스마트 컨트랙트 Alice가 두 개의 부모 스마트 컨트랙트 ArtStudent와 PartTimer를 상속받는다.

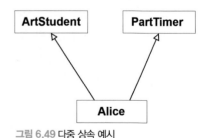

그림 6.49 다중 상속 예시

그림 6.49의 Alice는 특정 사람 Alice를 나타내며 ArtStudent와 PartTimer는 미술을 전공하는 학생과 시간제 아르바이트생을 나타낸다. 즉, Alice는 미술을 전공하는 학생임과 동시에 아르바이트생이다. 더 나아가서 기존 ArtStudent는 Student와 상속관계를 표현했지만, 이번 예제에서 이러한 상속관계 생략함으로써 예제의 복잡성을 최소화했다.

contract Alice is ArtStudent, PartTimer{
　　　　　자식　　　　부모　　　　　부모
}

그림 6.50 다중 상속 정의 방법

그림 6.50은 다중 상속을 명시하는 법을 보여준다. 기존에 배웠던 상속 방법과 차이가 없다. 단지 상속하고자 하는 부모 스마트 컨트랙트의 수가 늘었을 뿐이다.

다중 상속의 예

다음 예제는 그림 6.49를 기반으로 만든 예제이며 자식 스마트 컨트랙트 Alice는 두 개의 부모 스마트 컨트랙트 ArtStudent와 PartTimer를 상속받는다. 먼저 ArtStudent에는 두 개의 변수 schoolName과 schoolHours가 있으며 각 변수는 현재 다니고 있는 학교와 수업시간을 나타낸다.

예제 6.13 다중 상속

```solidity
//SPDX-License-Identifier: GPL-3.0
pragma solidity >=0.7.0 <0.9.0;

contract ArtStudent {
    string public schoolName = "The Solidity Univeristy";
    uint public schoolHours = 5;
}
contract PartTimer {
    string public workPlace = "A pizza shop";
    uint public workingHours = 6;
}

contract Alice is ArtStudent, PartTimer {
    uint public totalHours = schoolHours + workingHours;
}
```

PartTimer는 현재 일하는 곳과 일하는 시간을 나타내는 변수 workPlace와 workingHourse를 갖고 있다. 두 부모 스마트 컨트랙트의 모든 변수는 public이므로 자동으로 getter 함수가 만들어진다. 예제 6.13에서 볼 수 있듯이 contract Alice is ArtStudent, PartTimer를 통해 자식 스마트 컨트랙트인 Alice는 부모 스마트 컨트랙트 ArtStudent와 PartTimer를 상속받는다.

Alice에는 totalHours라는 변수가 있으며, 이 변수는 ArtStudent로부터 상속받은 schoolHours와 PartTimer로부터 상속받은 workingHours를 더한 값이다. 즉, totalHours는 수업시간과 일한 시간을 합친 것이다.

그림 6.51 CONTRACT에서 Alice 스마트 컨트랙트 선택 후 Deploy 버튼을 클릭해 배포

예제 6.13의 Alice가 ArtStudent와 PartTimer를 상속받으므로 그림 6.51과 같이 CONTRACT에서 Alice를 선택한 후 Deploy 버튼을 클릭해 배포한다.

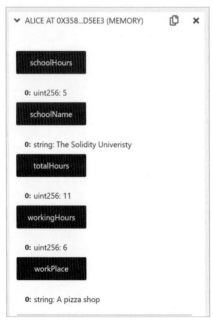

그림 6.52 모든 버튼을 클릭해 결괏값 확인

스마트 컨트랙트 Alice를 배포하면 그림 6.52와 같은 화면을 볼 수 있다. 그림 6.52의 schoolHours과 schoolName은 ArtStudent로부터 상속받은 함수이며 workingHours와 workplace는 PartTimer로부터 상속받은 함수다. 그림 6.52의 totalHours는 Alice 스마트 컨트랙트에 정의됐으며 schoolHours와 workingHours를 더한 값이다. 모든 함수는 변수였으나, public을 통해 getter 함수가 생성됐다.

결론적으로 그림 6.52와 같이 버튼 schoolHours, schoolName, workingHours, workPlace를 클릭하면 ArtStudent와 PartTimer에 정의된 값이 그대로 잘 나오는 것을 알 수 있다. 즉, Alice는 문제없이 상속을 잘 받은 것이다. 그리고 나서 workingHours 버튼을 클릭하면 올바른 값 11이 나온다.

상속 시 중복 변수와 함수 오류

상속을 할 때 이미 상속받은 변수 또는 함수와 같은 이름을 자식 스마트 컨트랙트에 정의할 경우 다음 예제와 같이 오류가 발생한다. 즉, 상속은 부모 스마트 컨트랙트의 변수와 함수가 private이 아니라면 자식 스마트 컨트랙트로 그 변수와 함수에 상속받아서 정의되므로 같은 이름의 변수나 함수를 정의하지 말아야 한다.

예제 6.14 상속 시 중복 변수와 함수 오류

```solidity
//SPDX-License-Identifier: GPL-3.0
pragma solidity >=0.7.0 <0.9.0;

contract ArtStudent {
    uint public Times = 7;
    function time() public pure returns(uint) {
        return 3;
    }
}
contract PartTimer {
    function time() public pure returns(uint) {
        return 13;
    }
}
contract Alice is ArtStudent, PartTimer {
    uint public Times = 2;
}
```

Alice는 ArtStudent와 PartTimer를 상속받는다. 즉, ArtStudent와 PartTimer의 변수와 함수를 Alice의 스마트 컨트랙트로 갖고 오는 것이다. 그렇다면 Alice는 다음과 같은 모습일 것이다.

```
contract Alice {
    uint public Times = 7;
    function time() public pure returns(uint) {
        return 3;
    }
    function time() public pure returns(uint) {
        return 13;
    }
    uint public Times = 2;
}
```

여기서는 Times가 두 번 명시된 것을 알 수 있다. 먼저 첫 번째 uint public Times = 7; 은 ArtStudent로부터 온 것이며 uint public Times = 2;는 Alice에서 정의한 것이다. 즉, 두 개의 같은 이름의 변수 Times가 있으므로 오류가 발생할 것이다.

아울러 두 개의 함수 time이 선언돼 있다. 3을 반환하는 time은 ArtStudent로부터 온 것이며 13을 출력하는 time은 PartTimer에서 상속받은 함수다. 즉, ArtStudent와 PartTimer는 서로 아무런 관계를 맺고 있지 않다. 그러나 Alice가 두 스마트 컨트랙트의 모든 변수와 함수를 상속받아 Alice 내부에서 같은 함수 time을 두 번 명시한 것이므로 오류가 발생한다.

함수가 중복될 경우 오버라이딩 해서 해결할 수 있으며, 다음 예제에서 어떤 식으로 오버라이딩을 하는지 알아보겠다.

최종적으로 예제 6.14를 컴파일하면 그림 6.53과 같이 오류가 발생한다.

```
1    //SPDX-License-Identifier: GPL-3.0
2    pragma solidity >=0.7.0 <0.9.0;
3
4    contract ArtStudent {
5        uint public Times = 7;
6        function time() public pure returns(uint) {
7            return 3;
8        }
9    }
10   contract PartTimer {
11       function time() public pure returns(uint) {
12           return 3;
13       }
14   }
15
16   contract Alice is ArtStudent, PartTimer {
17       uint public Times = 2;
18   }
```

그림 6.53 예제 6.14의 컴파일 시 오류

상속 순서

다음 예제에서는 Alice가 ArtStudent와 PartTimer를 상속받는다. 부모 스마트 컨트랙트 ArtStudent 와 PartTimer는 같은 구조를 갖고 있으며, 생성자를 통해 각 스마트 컨트랙트의 변수 schoolHours와 workingHours의 값을 받고 있다. 두 스마트 컨트랙트 모두 같은 이름을 가진 함수 time이 있다. 각 스마트 컨트랙의 함수 time에는 virtual이 적용돼 자식 스마트 컨트랙트에서 오버라이딩이 가능하고 각 스마트 컨트랙트의 변수 schoolHours와 workingHours를 출력한다.

예제 6.15 상속의 순서

```solidity
//SPDX-License-Identifier: GPL-3.0
pragma solidity >=0.7.0 <0.9.0;

contract ArtStudent {
    uint private schoolHours;
    constructor(uint _schoolHours){
        schoolHours = _schoolHours;
    }
    function time() public virtual returns(uint) {
        return schoolHours;
    }
}
contract PartTimer {
    uint private workingHours;
    constructor(uint _workingHours){
        workingHours = _workingHours;
    }
    function time() public virtual returns(uint) {
        return workingHours;
    }
}

contract Alice is ArtStudent(5), PartTimer(6) {
    function time() public override(ArtStudent, PartTimer) returns(uint) {
        return super.time();
    }
}
```

contract Alice is ArtStudent(5), PartTimer(6)을 통해 Alice는 두 개의 스마트 컨트랙트를 상속받는다. 여기서 주목할 점은 두 부모 스마트 컨트랙트를 상속받으려면 생성자의 매개변수를 넣어줘야 한다는 점이다. 즉 ArtStudent의 생성자에 5를 넣으면 shcoolHours는 5가 되며 6을 PartTimer의 생성자 매개변수로 입력하면 workingHours는 6을 대입받는다.

예제 6.14에서 봤듯이 두 부모의 스마트 컨트랙트에 공교롭게 같은 이름을 가진 함수가 존재하면 자식 스마트 컨트랙트는 같은 함수를 두 번 명시하는 것과 같이 된다. 그러므로 두 함수 모두 오버라이딩해서 함수를 중복해서 명시하는 오류를 피할 수 있다. 그러나 상속의 순서에 따라 오버라이딩한 함수의 결괏값이 달라질 수 있다.

예제 6.15에서는 time을 오버라이딩하고 있으며, 두 부모 스마트 컨트랙트로부터 받은 것이므로 override(ArtStudent, PartTimer)와 같이 두 부모 스마트 컨트랙트의 이름을 선언해야 한다. 그러고 나서 time 함수의 로직을 보면 return super.time()인 것을 알 수 있다. 즉, ArtStudent의 함수 time이라면 5를 반환할 것이고, PartTimer의 함수 time이라면 6을 반환할 것이다.

```
…
contract Alice is ArtStudent(5), PartTimer(6) {
    function time() public override(ArtStudent, PartTimer) returns(uint) {
        return super.time();
    }
}
```

결론적으로 time 함수를 실행하면 6이 반환된다. 그 이유는 상속의 순서에 있다. 즉, 자식 스마트 컨트랙트 Alice는 contract Alice is ArtStudent(5), PartTimer(6)을 통해 상속을 받았는데 Artstudent가 먼저 명시되고 나서 PartTimer가 선언됐다. 즉, Artstudent의 함수 time을 먼저 오버라이딩하고 나서 PartTimer의 함수 time을 오버라이딩한 것이며, return super.time()은 가장 나중에 오버라이딩된 부모 스마트 컨트랙트 함수의 로직을 갖고 온 것이다.

만약 contract Alice is PartTimer(6), ArtStudent(5)였다면 Artstudent의 time의 반환값인 5가 반환될 것이다. 즉, 맨 오른쪽에 명시된 스마트 컨트랙트가 가장 나중에 상속받은 스마트 컨트랙트가 된다.

그림 6.54 CONTRACT에서 Alice 스마트 컨트랙트 선택 후 Deploy 버튼을 클릭해 배포

스마트 컨트랙트 Alice가 ArtStudent와 PartTimer를 상속받았으므로 CONTRACT에서 Alice를 선택한다. 그리고 나서 Deploy 버튼을 클릭해 Alice 스마트 컨트랙트를 배포한다.

그림 6.55 time 버튼을 클릭해 결괏값 확인

버튼 time을 클릭하면 그림 6.55와 같이 6이 나오는 것을 확인할 수 있다. 즉, Alice는 ArtStudent보다 PartTimer를 나중에 상속받았으므로 return super.time();은 PartTimer의 time 함수의 로직인 것을 알 수 있다.

6.2.3 추상화

이번에는 객체 지향의 특징인 추상화(abstraction)에 대해 알아보겠다. 추상화는 만들고자 하는 여러 개의 스마트 컨트랙트의 공통 함수를 묶어 명시하는 행위다. 앞서 언급했듯이 스마트 컨트랙트는 객체의 설계도다. 이와 비슷하게 추상화는 개발하고자 하는 스마트 컨트랙트의 기본 설계도라고 생각할 수 있다. 다시 말하자면 스마트 컨트랙트의 기본 설계도에는 만들고자 하는 스마트 컨트랙트의 공통 함수가 정의돼 있다.

솔리디티에서 추상화를 표현하는 방법은 2가지가 있으며, **추상(Abstract) 스마트 컨트랙트** 또는 **인터페이스(Interface)**를 정의하는 것이다.

추상 스마트 컨트랙트

쉽게 예를 들어, 그림 6.56의 System은 추상 스마트 컨트랙트를 나타낸다. 즉, System은 Computer와 SmartPhone의 공통 함수가 명시된 설계도다.

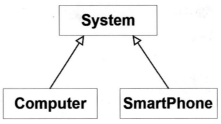

그림 6.56 추상화 스마트 컨트랙트와 자식 스마트 컨트랙트의 관계

그림 6.56에는 컴퓨터와 스마트폰을 나타내는 Computer와 SmartPhone 스마트 컨트랙트가 있으며 모두 System 스마트 컨트랙트를 상속받고 있다. 즉, System에 정의된 함수와 같은 프로그래밍적 요소가 Computer와 SmartPhone에 상속되었다.

그러나 System은 추상 스마트 컨트랙트이므로 일반 스마트 컨트랙트와 한 가지 다른 구조를 갖고 있다. 그림 6.57의 System의 구조를 보면 가장 눈에 띄는 것은 abstract라는 키워드이다. 이 키워드는 추상 스마트 컨트랙트를 작성할 때 필수적으로 명시해야 한다.

```solidity
abstract contract System {
  uint public version;
  function versionCehck() public virtual;
}
contract Computer is System {
  function versionCehck() public override {
      version = 3;
  }
}
```

그림 6.57 솔리디티 컴파일러 0.6 버전 이상 추상 스마트 컨트랙트 작성 시

두 번째로 눈에 띄는 것은 완전하게 구현되지 않은 함수 function versionCheck() public virtual 이다. 완전히 구현되지 않은 versionCheck 함수가 추상 스마트 컨트랙트와 일반 스마트 컨트랙트의 큰 차이점이다. 앞서 언급했듯이 추상 스마트 컨트랙트는 일반 스마트 컨트랙트의 기본 설계도다. 즉, 일반 스마트 컨트랙트 Computer 또는 SmartPhone이 추상 스마트 컨트랙트 System을 상속받으면 미완성된 versionCheck 함수를 완전하게 구현해야 한다.

다시 말하자면, 추상 스마트 컨트랙트인 Sytstem의 완전하게 구현되지 않은 함수에 virtual을 명시해 자식 스마트 컨트랙트인 Computer가 versionCheck 함수를 오버라이딩해 완전하게 구현해야 한다. 그림 6.57에서 확인할 수 있듯이 Computer에서 versionCheck 함수가 오버라이딩돼 완전하게 구현됐다.

추상 스마트 컨트랙트의 완전히 구현되지 않은 함수를 명시하는 특성이 자식 스마트 컨트랙트의 설계도가 되는 것이다. 자식 스마트 컨트랙트 Computer와 SmartPhone에 자신의 운영체제 버전을 확인하는 기능이 필요하다고 가정하겠다. 그림 6.57의 System은 미완성된 함수 versionCheck를 명시했으며 이 함수는 자신의 운영체제 버전을 확인한다. 이는 Computer와 SmartPhone에 필요한 필수 기능이므로 System을 상속받을 수 있을 것이다. 다시 바꿔 말하자면 추상 스마트 컨트랙트 System은 Computer와 SmartPhone에 공통되고 필요한 기능을 작성하는 설계도라고 생각할 수 있다.

추상 스마트 컨트랙트를 작성할 때 한 가지 주의할 점은 키워드 abstract는 솔리디티 컴파일러 버전 0.6부터 적용이 가능하다는 점이다. 즉, 버전 0.6 미만에서는 키워드 abstract 없이 그림 6.58과 같이 추상 스마트 컨트랙트를 작성한다.

```
contract System {
  uint public version;
  function versionCehck() public;
}

contract Computer is System {
  function versionCehck() public {
      version = 3;
  }
}
```

그림 6.58 솔리디티 컴파일러 0.6 버전 미만 추상 스마트 컨트랙트 작성 시

그림 6.58에 오버라이딩 키워드 virtual과 override도 없는 것을 알 수 있다. virtual과 override는 솔리디티 컴파일 버전 0.6부터 소개되었으므로 버전 0.6 미만에서 이 키워드 명시가 불가능하다. 즉, 그림 6.58과 같이 virtual과 override없이 오버라이딩한다.

인터페이스

인터페이스는 추상 스마트 컨트랙트의 완전히 구현되지 않은 함수를 명시하는 점이 비슷하다. 그러나 인터페이스는 추상 스마트 컨트랙트와 다르게 많은 제한사항을 갖고 있다. 인터페이스의 제한사항은 다음과 같다.

01. 인터페이스는 인터페이스끼리 상속할 수 없으며 스마트 컨트랙트와 상속해야 한다.

02. 인터페이스는 완전히 구현된 함수를 정의할 수 없으며 완전히 구현되지 않은 함수를 명시해야 한다. 함수의 가시성 지정자는 external이어야 한다.

03. 인터페이스는 생성자를 정의할 수 없다.

04. 인터페이스는 상태 변수를 정의할 수 없다.

05. 인터페이스는 모디파이어를 정의할 수 없다.

이러한 제한사항은 인터페이스를 추상 스마트 컨트랙트보다 더 추상적으로 만들며 ABI(Application Binary Interface)와 인터페이스 간에 아무런 정보의 손실없이 변환이 가능하게 만든다. ABI는 간단하게 스마트 컨트랙트의 정보라고 생각할 수 있다. 예를 들어 스마트 컨트랙트에 정의된 변수의 이름, 가시성 지정자, 자료형이 스마트 컨트랙트의 정보에 해당한다.

ABI가 필요한 이유를 예로 들어보겠다. 스마트 컨트랙트 A가 스마트 컨트랙트 B의 함수 getName을 호출한다고 가정해보자. 실질적으로 A가 B의 함수 getName을 호출하려면 B의 정보가 필요하다. 이러한 정보가 ABI이며 B의 ABI를 통해 B의 getName을 호출한다. 예제를 통해 ABI가 어떤 구조를 갖고 있는지 알아보고, 9장에서는 ABI를 통해 특정 스마트 컨트랙트의 함수를 호출해보겠다. 현재는 인터페이스와 ABI는 변환이 가능하다는 점을 인지하면 된다.

```
interface System {
  function versionCehck() external returns(uint);
}
contract Computer is System {
  function versionCehck() public override returns(uint) {
        return 3;
    }
}
```

그림 6.59 솔리디티 컴파일러 0.6 버전 이상 인터페이스 작성 시

그림 6.59는 그림 6.57의 추상 스마트 컨트랙트를 인터페이스 형식으로 변환해 작성했다. 인터페이스를 정의할 때 그림 6.59의 System 인터페이스처럼 키워드 interface를 가장 먼저 선언해야 한다. 인터페이스는 완전히 구현되지 않은 함수만 정의가 가능하며 함수의 가시성 지정자 external로 명시해야 한다. 즉, System의 미완성된 함수 versionCheck에 external을 선언한 것을 확인할 수 있다.

그림 6.59의 스마트 컨트랙트는 System을 상속받아 versionCheck를 구현하는 것을 볼 수 있다. versionCheck 함수에서 주목할 점은 가시성 지정자가 external이 아닌 public이며 override 키워드를 선언했다는 점이다. 일반적으로 public은 external의 기능도 포함하므로 상속받은 함수의 가시성 지정자가 external이라면 public으로 변경이 가능하다. 상속받은 함수에 override를 쓴 이유는 인터페이스에 함수를 정의할 때 자동으로 virtual이 선언됐기 때문이다. 추가로 virtual과 override는 솔리디티 컴파일러 버전 0.6 이후부터 도입되었으므로 인터페이스를 버전 0.6 미만에서 정의한다면 함수에 override 키워드를 명시하지 않는다.

더 나아가서 그림 6.57의 추상 스마트 컨트랙트와 인터페이스의 로직이 다른 것을 알 수 있다. 추상 스마트 컨트랙트의 경우는 version이라는 변수를 선언했지만, 인터페이스에서는 선언하지 않았다. 그 이유는 앞서 살펴봤듯이 인터페이스의 제한사항 중 하나는 상태 변수를 선언할 수 없는 것이기 때문이다.

추상 스마트 컨트랙트 예제

추상 스마트 컨트랙트를 어떤 식으로 활용하는지를 예제에서 확인해 보자. 다음 코드에는 추상 스마트 컨트랙트 System이 있으며, System을 상속받는 자식 스마트 컨트랙트 Computer와 SmartPhone이 있다.

예제 6.16 추상 스마트 컨트랙트 활용

```solidity
// SPDX-License-Identifier: GPL-3.0
pragma solidity >=0.7.0 <0.9.0;


abstract contract System {
    uint internal version;
    bool internal errorPass;
    function versionCheck() internal virtual;
    function errorCheck() internal virtual;
    function boot() public returns(uint, bool) {
        versionCheck();
        errorCheck();
        return (version, errorPass);
    }
}
contract Computer is System {
    function versionCheck() internal override {
        version = 3;
    }
    function errorCheck() internal override {
        errorPass = true;
    }
}
contract SmartPhone is System {
    function versionCheck() internal override {
        version = 25;
    }
```

```
    function errorCheck() internal override {
        errorPass = false;
    }
}
```

먼저 추상 스마트 컨트랙트 System의 코드를 보자.

```
abstract contract System {
    uint internal version;
    bool internal errorPass;
    function versionCheck() internal virtual;
    function errorCheck() internal virtual;
    function boot() public returns(uint, bool) {
        versionCheck();
        errorCheck();
        return (version, errorPass);
    }
}
```

abstract 키워드를 명시해 추상 스마트 컨트랙트의 시작을 나타낸다. System에는 두 개의 구현되지 않은 함수 versionCheck와 errorCheck가 있다. 이 함수들은 System 스마트 컨트랙트를 상속받는 자식 스마트 컨트랙트에서 완성될 함수다. 변수 version과 errorPass는 자식 스마트 컨트랙트에서 versionCheck와 errorCheck 함수를 구현할 때 자식 스마트 컨트랙트에 따라 특정한 값을 넣어 줄 예정이다.

System에는 boot라는 함수가 있으며, 이 함수는 컴퓨터와 스마트폰이 켜질 때 장비의 버전과 오류 여부를 확인한다. 컴퓨터와 스마트폰은 자식 스마트 컨트랙트인 Computer와 SmartPhone으로 대변된다. 즉, 두 스마트 컨트랙트는 boot라는 함수를 상속받아 실행이 가능하다.

System의 boot 함수는 완전히 구현됐으며, 함수 내부에는 미구현된 함수 versionCheck와 errorCheck를 실행한다. 그리고 나서 변수 version과 errorPass를 반환한다. 즉, 자식 스마트 컨트랙트인 Computer와 SmartPhone은 boot 함수를 상속받으며, 이 함수가 실행될 때 자식 스마트 컨트랙트에서 구현된 versionCheck와 errorCheck가 실행된다. 두 함수가 실행되면 자식 스마트 컨트랙트에서 특정한 값을 version과 errorPass 변수에 넣어준 후 이 두 변수를 반환한다.

다음으로, 자식 스마트 컨트랙트 Computer는 System을 상속받고 함수 versionCehck와 errorCheck 를 오버라이딩해 완전히 구현하고 있다. 두 함수 내부에서는 System으로부터 상속받은 변수 version과 erroPass에 Computer만의 특정한 값 3과 true를 대입하고 있다.

```
contract Computer is System {
    function versionCheck () internal override {
        version = 3;
    }
    function errorCheck () internal override {
        errorPass = true;
    }
}
```

더 나아가서 Computer 스마트 컨트랙트를 배포하면 System으로 상속받은 boot 함수를 실행할 수 있다. boot 함수를 실행하면 Computer에 구현된 함수 versionCehck와 errorCheck가 실행되어 변수 version과 erroPass에 값 3과 true가 대입된다. 그리고 나서 version과 erroPass를 반환하므로 3과 true가 반환될 것을 예상할 수 있다.

마지막으로, 자식 스마트 컨트랙트 SmartPhone이 추상 스마트 컨트랙트 System을 상속받는다. 추상 스마트 컨트랙트를 상속받으므로 완전히 구현되지 않은 함수 versionCehck와 errorCheck를 구현한다.

```
contract SmartPhone is System {
    function versionCheck () internal override {
        version = 25;
    }
    function errorCheck () internal override {
        errorPass = false;
    }
}
```

versionCehck는 version에 25를 대입하고, errorCehck는 errorPass에 true를 입력한다. 즉, SmartPhone 스마트 컨트랙트를 배포해 상속받은 boot 함수를 실행하면 25와 true가 반환될 것을 예상할 수 있다.

결론적으로 Computer와 SmartPhone의 boot 함수는 서로 다른 값을 반환한다. 즉, 추상 스마트 컨트랙트 System은 미구현된 함수 versionCehck와 errorCheck의 설계도를 Computer와 SmartPhone에 제공함으로써 각 Computer와 SmartPhone의 상황에 맞게 versionCehck과 errorCheck 함수를 구현하도록 의도했다.

추상 스마트 컨트랙트 System을 상속받은 Computer 스마트 컨트랙트를 선택한 후 Deploy 버튼을 클릭해 Computer 스마트 컨트랙트를 배포한다.

그림 6.60 CONTRACT에서 Computer 스마트 컨트랙트 선택 후 Deploy 버튼을 클릭해 배포

Computer 스마트 컨트랙트를 배포하면 그림 6.61과 같이 boot 함수만 보인다. 나머지 함수는 internal로 명시했기 때문에 외부에서 접근이 불가능하다. boot 버튼을 클릭해 boot 함수를 실행하면 결괏값 3과 true가 나온다.

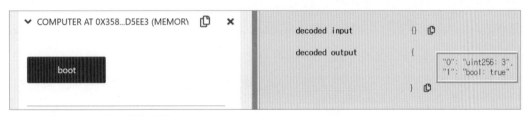

그림 6.61 버튼 boot를 클릭해 결괏값 확인

SmartPhone 스마트 컨트랙트를 선택한 후 SmartPhone 스마트 컨트랙트를 배포한다(그림 6.62).

그림 6.62 CONTRACT에서 SmartPhone 스마트 컨트랙트 선택 후 Deploy 버튼을 클릭해 배포

SmartPhone의 boot 함수를 실행하면 그림 6.63과 같이 25와 true가 반환된다. 즉, SmartPhone과 Computer가 상속받은 System은 같을지라도 결괏값이 다르게 나온다.

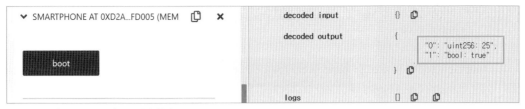

decoded input   {}

decoded output   {
                              "0": "uint256: 25",
                              "1": "bool: true"
                            }

logs   []

그림 6.63 버튼 boot를 클릭해 결괏값 확인

인터페이스 예제

다음 예제에서는 예제 6.16의 추상 스마트 컨트랙트 예제를 인터페이스의 형태로 변경했다. 추상 스마트 컨트랙트에서 인터페이스로 변경할 때 어떤 점이 달라졌는지 생각하는 것이 좋다.

예제 6.17 인터페이스 활용

```solidity
// SPDX-License-Identifier: GPL-3.0
pragma solidity >=0.7.0 <0.9.0;


interface System {
    function versionCheck() external returns(uint);
    function errorCheck() external returns(bool);
    function boot() external returns(uint, bool);
}
contract Computer is System {
    function versionCheck() public pure override returns(uint) {
        return 3;
    }
    function errorCheck() public pure override returns(bool) {
        return true;
    }
    function boot () public pure override returns(uint, bool) {
        return (versionCheck(),errorCheck());
    }
}
contract SmartPhone is System {
    function versionCheck() public pure override returns(uint) {
        return 25;
    }
```

```
    function errorCheck() public pure override returns(bool) {
        return true;
    }
    function boot () public pure override returns(uint, bool) {
        return (versionCheck(),errorCheck());
    }
}
```

먼저 예제 6.17을 보면 System 인터페이스와 이 인터페이스를 상속받는 자식 스마트 컨트랙트 Computer와 SmartPhone이 있다.

다음 코드는 System 인터페이스를 보여주며 키워드 interface로 시작한다. System인터페이스에는 3개의 함수 versionCheck, errorCheck, boot가 있으며 가시성 지정자는 모두 external로 선언됐다. external로 선언한 이유는 앞서 살펴본 인터페이스의 규칙 중 하나이기 때문이다.

```
interface System {
    function versionCheck() external returns(uint);
    function errorCheck() external returns(bool);
    function boot() external returns(uint, bool);
}
```

예제 6.16의 추상 스마트 컨트랙트 System과 두 가지 다른 점이 있다. 첫 번째는 추상 스마트 컨트랙트에서 version과 errorPass 변수를 선언했으며 각 자식 스마트 컨트랙트에서 version과 errorPass 변수에 특정한 값을 대입했다는 점이다. 반면에 인터페이스는 변수 선언이 불가능해 변수를 선언하지 않았다.

더 나아가서 인터페이스는 추상 스마트 컨트랙트처럼 변수를 선언할 수 없기 때문에 자식 스마트 컨트랙트에서 version과 errorPass 변수를 상속받아 특정한 값을 넣어줄 수가 없다. 그렇기 때문에 값을 대입하기보다는 반환하도록 함수에 명시했다. 두 번째는 예제 6.16의 추상 스마트 컨트랙트에서는 일반 함수 boot를 정의했으나 인터페이스에서는 일반 함수 정의가 불가능해서 boot 함수를 미완성된 함수로 정의했다는 점이다.

Computer 스마트 컨트랙트가 인터페이스 System을 상속받는다. 완전히 구현되지 않은 함수 versionCheck와 errorCheck는 3과 true를 반환하도록 오버라이딩을 통해 구현됐다. 이와 마찬가지로 System으로부터 상속받은 함수 boot는 vershionCheck와 errorCheck를 실행해 3과 true를 한 번에 반환한다.

```
contract Computer is System {
    function versionCheck() public pure override returns(uint) {
        return 3;
    }
    function errorCheck() public pure override returns(bool) {
        return true;
    }
    function boot () public pure override returns(uint, bool) {
        return (versionCheck(),errorCheck());
    }
}
```

SmartPhone도 Computer와 같이 인터페이스 System을 상속받고 있으며 versionCheck, errorCheck, boot 함수를 오버라이딩을 통해 완전히 구현한다. versionCheck와 errorCheck 함수는 SmartPhone 스마트 컨트랙트에 맞게 오버라이딩이 가능하므로 Computer 스마트 컨트랙트와 다르게 구현할 수 있다. 예를 들어 Computer의 versionCheck 함수는 3을 반환하나, SmartPhone 스마트 컨트랙트의 함수는 25를 반환한다.

```
contract SmartPhone is System {
    function versionCheck() public pure override returns(uint) {
        return 25;
    }
    function errorCheck() public pure override returns(bool) {
        return true;
    }
    function boot () public pure override returns(uint, bool) {
        return (versionCheck(),errorCheck());
    }
}
```

인터페이스를 상속한 Computer 스마트 컨트랙트를 선택한 후 Deploy 버튼을 눌러 Computer 스마트 컨트랙트를 배포한다(그림 6.64).

그림 6.64 CONTRACT에서 Computer 스마트 컨트랙트 선택 후 Deploy 버튼을 클릭해 배포

Computer는 3개의 미완성된 함수 versionCheck, errorCheck, boot를 인터페이스로부터 상속받았다. 모든 함수를 완전히 구현한 후 함수를 실행하면 그림 6.65와 같은 화면을 확인할 수 있다.

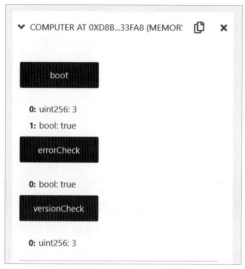

그림 6.65 각 버튼을 클릭해 결괏값 확인

그림 6.66과 같이 SmartPhone을 선택한 후 Deploy 버튼을 클릭해 SmartPhone 스마트 컨트랙트를 배포한다.

그림 6.66 CONTRACT에서 SmartPhone 스마트 컨트랙트 선택 후 Deploy 버튼을 클릭해 배포

SmartPhone을 배포하면 그림 6.67과 같은 화면이 나온다. 3개의 함수는 System 인터페이스에서 상속받은 함수를 SmartPhone에서 오버라이딩한 것이다. boot, errorCheck, versionCheck 함수를 실행하면 그림 6.67과 같은 결괏값이 나온다.

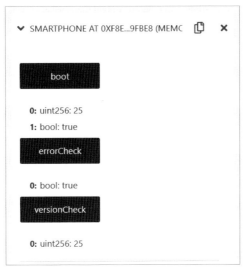

그림 6.67 각 버튼을 클릭해 결괏값 확인

인터페이스를 활용해 배포된 스마트 컨트랙트와 상호작용

솔리디티에서 일반적으로 인터페이스는 이번 예제와 같이 활용되니 집중해서 보는 것이 좋다. 앞서 언급했듯이 **ABI**는 스마트 컨트랙트의 정보이며 **ABI**와 배포된 스마트 컨트랙트의 주소를 통해 배포된 스마트 컨트랙트와 상호작용이 가능하다. 더 나아가서 인터페이스는 ABI와 아무런 정보 손실없이 변환이 가능하다. 즉, 이번 예제에서는 Computer 스마트 컨트랙트를 사전에 배포하고 Computer가 상속한 인터페이스 System과 Computer의 배포된 주소를 통해 Computer의 함수를 호출하겠다.

예제 6.18 인터페이스를 활용해 배포된 스마트 컨트랙트와 상호작용

```solidity
// SPDX-License-Identifier: GPL-3.0
pragma solidity >=0.7.0 <0.9.0;

interface System {
    function versionCheck() external returns(uint);
    function errorCheck() external returns(bool);
    function boot() external returns(uint, bool);
}
contract Computer is System {
    function versionCheck() public pure override returns(uint) {
        return 3;
    }
```

```solidity
    function errorCheck() public pure override returns(bool) {
        return true;
    }
    function boot () public pure override returns(uint, bool) {
        return (versionCheck(),errorCheck());
    }
}
contract Load {
    function versionCheck(address _addr) public returns(uint) {
        return System(_addr).versionCheck();
    }
    function errorCheck(address _addr) public returns(bool) {
        return System(_addr).errorCheck();
    }
    function boot (address _addr) public returns(uint, bool) {
        return System(_addr).boot();
    }
}
```

다음은 예제 6.17과 같은 예제이며 Computer 스마트 컨트랙트를 미리 배포한 후 Computer 주소와 인터페이스 System을 통해 다른 스마트 컨트랙트에서 Computer의 함수를 호출하려고 한다.

```solidity
// SPDX-License-Identifier: GPL-3.0
pragma solidity >=0.7.0 <0.9.0;

interface System {
    function versionCheck() external returns(uint);
    function errorCheck() external returns(bool);
    function boot() external returns(uint, bool);
}
contract Computer is System {
    function versionCheck() public pure override returns(uint) {
        return 3;
    }
    function errorCheck() public pure override returns(bool) {
        return true;
    }
```

```
    function boot () public pure override returns(uint, bool) {
        return (versionCheck(),errorCheck());
    }
}
```

다음 코드에서는 Computer 스마트 컨트랙트의 인터페이스 System과 Computer 스마트 컨트랙트의 주
소를 활용해 Computer의 모든 함수를 부르고 있다. 이미 배포된 Computer를 부르려면 System(_addr)
과 같은 식으로 Computer의 주소를 인터페이스 System으로 감싸주고 난 뒤 인터페이스에 정의된 함수
를 호출한다.

```
contract Load {
    function versionCheck(address _addr) public returns(uint) {
        return System(_addr).versionCheck();
    }
    function errorCheck(address _addr) public returns(bool) {
        return System(_addr).errorCheck();
    }
    function boot (address _addr) public returns(uint, bool) {
        return System(_addr).boot();
    }
}
```

그림 6.68 컴파일 후 CONTRACT에서 Computer
스마트 컨트랙트 선택 후 ABI 클릭

예제 6.18을 배포하기 전에 ABI가 어떤 식으로 생겼는지
알아보겠다. 그림 6.68과 같이 예제 6.18을 컴파일하고
나서 CONTRACT에서 Computer 스마트 컨트랙트를 선
택한다.

그러고 나서 **ABI** 버튼(그림 6.68 아래쪽에 박스로 표시)을 클릭해 Computer ABI를 복사한 후 메모장과 같은 곳에 붙여 넣는다.

```
[
    {
        "inputs": [],
        "name": "boot",
        "outputs": [
            {
                "internalType": "uint256",
                "name": "",
                "type": "uint256"
            },
            {
                "internalType": "bool",
                "name": "",
                "type": "bool"
            }
        ],
```

그림 6.69 Computer의 ABI

그림 6.69는 Computer 스마트 컨트랙트 ABI의 일부분이며 이 **ABI**는 Computer의 정보다. 즉 Computer 스마트 컨트랙트에는 3개의 함수가 정의돼 있었다. 그중 하나는 함수 boot다. 그림 6.69의 name 부분을 보면 boot라고 명시돼 있는 것을 확인할 수 있으며, Computer의 boot 함수를 가리킨다.

함수 boot는 매개변수가 없으므로 그림 6.69의 inputs 부분은 비어 있다. 이와 마찬가지로 boot 함수는 uint와 bool을 반환하며 그림 6.69의 outputs 부분에 두 자료형이 명시돼 있다. 이와 같이 **ABI**는 함수를 완전하지 않은 상태로 명시한다는 점에서 인터페이스와 유사하다.

그림 6.70 CONTRACT에서 Computer 스마트 컨트랙트 선택 후 Deploy 버튼을 클릭해 배포

예제 6.18을 실행하려면 Computer 주소가 필요하므로 **CONTRACT**에서 computer를 선택한 후 배포한다.

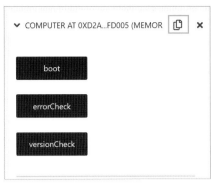

그림 6.71 네모 박스로 표시한 부분을 클릭해 배포된 Computer 주소 복사

그림 6.71의 빨간색 네모 박스로 표시한 부분을 클릭해 배포된 스마트 컨트랙트 Computer의 주소를 복사한다. Computer주소와 인터페이스 System을 통해 외부에서 Computer스마트 컨트랙트와 상호작용을 할 것이다.

그림 6.72 CONTRACT에서 Load 스마트 컨트랙트 선택 후 Deploy 버튼을 클릭해 배포

그림 6.72에서 볼 수 있듯이 CONTRACT에 Load를 선택한 후 배포한다. Load 스마트 컨트랙트에서 Computer의 ABI와 주소를 이용해 Computer 함수를 호출하겠다.

그림 6.73 각 함수 매개변수에 그림 6.71에서 복사한 Computer 주소를 붙여 넣고 실행해 결과 확인

그림 6.73과 같이 각 함수 매개변수에 그림 6.71에서 복사한 Computer 주소를 붙여 넣는다. Computer 주소가 인터페이스에 연결돼 Computer 함수를 사용할 수 있게 된다. boot 함수를 실행하면 그림 6.73과 같은 결괏값을 볼 수 있다.

6.3 개념 체크

01. 이벤트는 스마트 컨트랙트를 배포하면 제일 먼저 실행되는 함수(이다/가 아니다).

02. 생성자는 스마트 컨트랙트를 배포하면 제일 먼저 실행되는 함수(이다/가 아니다).

03. 이벤트를 정의할 때 string에 memory를 (붙여야 한다/붙이지 않는다).

04. 이벤트는 변수를 저장할 때보다 비교적 적은 가스 비용으로 데이터를 저장할 수 (있다/없다).

05. 이벤트를 정의할 때 키워드 (event/events)를 사용한다.

06. 이벤트를 출력할 때 키워드 (emits/emit)을 사용한다.

07. 생성자를 정의할 때 생성자 명을 (정의한다/정의하지 않는다).

08. 생성자의 키워드는 constructor(이다/가 아니다).

09. 솔리디티는 객체 지향 언어(이다/가 아니다).

10. 객체 지향 언어의 대표적인 특징 중 하나는 (상속/생성자)이다.

11. 인스턴스화할 때 키워드 (create/new)가 필요하다.

12. 상속 시 변수가 internal로 명시됐다면 자식 스마트 컨트랙트가 상속받을 수 (있다/없다).

13. 추상 스마트 컨트랙트와 인터페이스는 (스마트 컨트랙트의 설계도/객체의 설계도)이다.

14. 인터페이스와 ABI는 아무런 정보 손실 없이 변환이 (가능하다/불가능하다).

15. 캡슐화와 정보 은닉화를 통해 프로그램의 (보안성/유연성)을 높일 수 있다.

[정답]

1. 가 아니다	2. 이다	3. 붙이지 않는다	4. 있다	5. event
6. emit	7. 정의하지 않는다	8. 이다	9. 이다	10. 상속
11. new	12. 있다	13. 스마트 컨트랙트의 설계도		14. 가능하다
15. 보안성				

6.4 연습 문제

01. 조건에 맞는 스마트 컨트랙트를 만들어 보세요.

- 이벤트명은 Info이며 매개변수로 uint를 받는 이벤트를 정의하세요.

- 자료형 uint와 가시성 지정자 public을 갖는 변수 num을 정의하세요.

- 변수 num에 값을 대입하는 생성자를 만드세요.

- 변수 num을 변경하는 함수 changeNum을 만드세요.

- 함수 changeNum이 실행될 때 변경된 num의 값을 Info 이벤트를 통해 출력하세요.

```solidity
// SPDX-License-Identifier: GPL-3.0
pragma solidity >=0.7.0 <0.9.0;

contract quiz1 {
    /*
        해당 조건에 맞는 스마트 컨트랙트를 만들어 보세요.
    */
}
```

02. 조건에 맞는 스마트 컨트랙트를 만들어 보세요.

- 스마트 컨트랙트 Math를 인스턴스화해보세요.

- Math의 add를 이용해 quiz2의 함수 addNumbers를 정의하세요.

```solidity
// SPDX-License-Identifier: GPL-3.0
pragma solidity >=0.7.0 <0.9.0;

contract Math {
    function add(uint _num1, uint _num2) public pure returns(uint) {
        return _num1 + _num2;
    }
}
contract quiz2 {
    /*
        해당 조건에 맞는 스마트 컨트랙트를 만들어 보세요.
    */
}
```

03. 조건에 맞는 스마트 컨트랙트를 만들어 보세요.

- quiz3 스마트 컨트랙트는 Student 스마트 컨트랙트를 상속받습니다.

- Student 스마트 컨트랙트의 university 함수를 오버라이딩해 The University of Blockchain을 반환하세요.

```solidity
// SPDX-License-Identifier: GPL-3.0
pragma solidity >=0.7.0 <0.9.0;

contract Student {
    function university() public pure virtual returns(string memory) {
        return "The University of Solidity";
    }
}

contract quiz3 {
    /*
        해당 조건에 맞는 스마트 컨트랙트를 만들어 보세요.
    */
}
```

04. 조건에 맞는 스마트 컨트랙트를 만들어 보세요.

- Math 인터페이스를 상속받아 quiz4 스마트 컨트랙트를 완성하세요.

```solidity
// SPDX-License-Identifier: GPL-3.0
pragma solidity >=0.7.0 <0.9.0;

interface Math {
    function add(uint _num1, uint _num2) external pure returns(uint);
    function mul(uint _num1, uint _num2) external pure returns(uint);
}
contract quiz4 {
    /*
        해당 조건에 맞는 스마트 컨트랙트를 만들어 보세요.
    */
}
```

1.

```
// SPDX-License-Identifier: GPL-3.0
pragma solidity >=0.7.0 <0.9.0;

contract quiz1 {

    event Info(uint num);
    uint public num;

    constructor(uint _num) {
        num = _num;
    }

    function changeNum(uint _num) public {
        num = _num;
        emit Info(_num);
    }
}
```

2.

```
// SPDX-License-Identifier: GPL-3.0
pragma solidity >=0.7.0 <0.9.0;

contract Math {

    function add(uint _num1, uint _num2) public pure returns(uint) {
        return _num1 + _num2;
    }

}
contract quiz2 {

    Math internal instance = new Math();
    function addNumbers(uint _num1, uint _num2) public view returns(uint) {
```

```
        return instance.add(_num1,_num2);
    }
}
```

3.

```
// SPDX-License-Identifier: GPL-3.0
pragma solidity >=0.7.0 <0.9.0;

contract Student {
    function university() public pure virtual returns(string memory) {
        return "The University of Solidity";
    }
}
contract quiz3 is Student {

    function university() public pure override returns(string memory) {
        return "The university of Blockchain";
    }

}
```

4.

```
// SPDX-License-Identifier: GPL-3.0
pragma solidity >=0.7.0 <0.9.0;

interface Math {

    function add(uint _num1, uint _num2) external pure returns(uint);
    function mul(uint _num1, uint _num2) external pure returns(uint);

}
contract quiz4 is Math {

    function add(uint _num1, uint _num2) public pure override returns(uint) {
        return _num1 + _num2;
```

```
    }
    function mul(uint _num1, uint _num2) public pure override returns(uint) {
        return _num1 * _num2;
    }
}
```

07

오류 및 예외 처리

이번 장에서는 솔리디티의 오류 처리(Error handling)와 예외 처리 (Exception handling)에 대해 알아보겠다. 먼저 오류를 처리하는 할 수 있는 방법은 assert, revert, require가 있으며, 예외는 try/catch 구문으로 처리할 수 있다. 각 키워드마다 특징이 다르므로 이번 장에서 자세히 익혀 두는 것이 좋다. 오류 처리 assert, revert, require를 먼저 살펴보고 예외 처리 try/catch를 알아보겠다.

이 장에서 배우는 내용:

- 오류 처리: assert/revert/require
- 예외 처리: try/catch

7.1 assert/revert/require

assert/revert/require의 세부적인 특징을 알아보기 전에 먼저 오류 처리 키워드 assert/revert/require의 공통점을 알아보자. 이들의 공통점은 오류를 발생시켜 트랜잭션을 실패로 만든다는 것이다. 그렇다면 트랜잭션을 언제 그리고 왜 실패로 만드는지 궁금할 것이다. 그림 7.1은 실무적인 예제인 NFT(Non-Fungible Token)를 발행하는 흐름이다. NFT는 대체 불가능한 토큰을 말한다. 즉, 각 토큰은 유일무이하다.

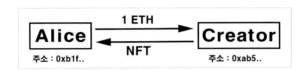

그림 7.1 NFT 발행 흐름

그림 7.1에서 볼 수 있듯이 Alice가 Creator 스마트 컨트랙트에 1 ether를 보내면 Creator 스마트 컨트랙트는 NFT를 발행해 Alice에게 준다. 즉, 한 개의 NFT를 발행하려면 1 ether라는 정해진 비용이 필요하다. 여기서 1 ether라는 비용은 자유롭게 설정할 수 있으니 크게 의의를 두지 않아도 된다.

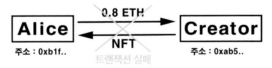

그림 7.2 0.8 이더 송금 시 트랜잭션 실패

만약 그림 7.2와 같이 정해진 비용 1 ether가 아닌 0.8 ether를 보내면 Creator 스마트 컨트랙트는 오류를 발생시켜 트랜잭션을 실패로 만들어야 할 것이다. 0.8 ether는 1 ether보다 작기 때문이다. 이와 반대로 1 ether보다 큰 1.1 ether를 보낸다고 해도 1 ether가 아니므로 오류를 발생시켜 트랜잭션을 일어나지 않게 해야 한다. 즉 트랜잭션이 일어나지 않으므로 Creator 스마트 컨트랙트는 0.8 ether를 받지 않고 NFT를 Alice에게 발행하지 않을 것이다.

정리하자면 그림 7.2와 같이 특정한 조건에 부합하지 않아 트랜잭션을 실패로 만들어야 할 때는 오류를 발생시켜야 한다. 앞서 언급했듯이 assert/revert/require를 통해 오류를 발생시킬 수 있으며, 결론적으로 그림 7.2와 같은 경우 assert/revert/require를 통해 오류를 발생시켜 외부의 접근을 제한할 수 있다. 반대로 말하면 그림 7.2의 Creator 스마트 컨트랙트는 1 ether만 받도록 외부 제한을 걸어 두었으므로 Creator 스마트 컨트랙트의 안전성을 높일 수 있다.

본격적으로 assert/revert/require의 세부 사항을 알아보겠다.

- **assert**

  assert는 내부적으로 문제가 있을 때 오류를 발생시키도록 설계됐다. 즉 내부적으로 문제가 발생하면 assert에 의해 오류가 생성돼서 트랜잭션이 실패한다. 대표적인 내부적 오류는 0으로 나누어질 때와 배열에 존재하지 않는 인덱스에 접근할 때 발생한다. 예를 들어 2/0과 같이 0으로 2를 나눌 수 없으므로 오류가 발생한다. 이때 오류는 assert에 의해 발생한다.

  또한, 배열의 길이가 5인 arr 배열이 있다고 가정해보자. arr 배열의 인덱스는 0부터 시작하므로 마지막 인덱스는 4가 될 것이다. 이때 arr 배열에 존재하지 않는 인덱스인 7을 arr[7]과 같이 접근한다면 당연히 오류가 발생할 것이다. 이 오류 역시 assert를 통해 발생한다.

  더 나아가서 assert는 내부적으로 문제가 있을 때 오류를 발생시키게 설계됐지만, 그림 7.3과 같이 코드를 통해 발생시킬 수 있다. assert의 매개변수는 불리언이며 매개변수로 false가 들어가면 오류가 출력된다.

  한 가지 더 숙지해야 할 점은 assert는 솔리디티 컴파일 버전 0.8 버전 전후로 내부적으로 변화가 생겼다. 0.8 버전 이전은 invalid opcode를 사용해 오류를 발생시켰지만, 0.8 버전부터는 revert opcode를 이용해 오류를 발생시킨다. 이러한 opcode의 변화는 가스 비용의 소모 정도를 결정짓는다. 이 부분은 예제 7.1을 통해 알아보겠다.

그림 7.3 assert 정의 방법

- **revert**

  revert는 오류를 발생시키지만 assert와 다르게 오류가 나는 이유를 메시지로 출력할 수 있다. 즉, 오류와 오류 메시지가 같이 발생하므로 오류가 나는 이유를 쉽게 파악할 수 있다. 그림 7.4와 같이 revert의 매개변수 문자열은 오류 메시지를 나타낸다.

  revert의 경우는 revert 입력 자체로 오류가 발생하므로 if 조건문과 같이 사용하는 것을 권장한다. if 조건문에 특정한 조건을 정의한 후 이 조건이 true가 되면 revert로 오류를 발생시키는 것이다. 즉 if의 조건은 오류가 언제 발생하는지를 나타낸다.

  revert로 오류가 발생하면 모든 가스 비용을 소비하지 않고 가스비를 환불받는다. 이에 대해서는 예제 7.2에서 자세히 알아보겠다.

그림 7.4 revert 정의 방법

▪ **require**

require는 쉽게 if의 조건문과 revert가 하나로 합쳐진 것이라고 생각할 수 있다. 즉, if의 조건문과 같이 특정한 조건을 정의할 수 있으며 revert와 같이 오류 메시지를 입력할 수 있다. 다시 말하자면 require에 정의된 조건에 부합하지 않으면 오류를 발생시키면서 require에 정의된 오류 메시지도 함께 출력해준다. 더 나아가서 require 역시 오류가 발생하면 revert와 같이 모든 가스비용을 소비하지 않고 가스비를 환불받는다.

그림 7.5와 같이 require를 정의할 수 있는데, 첫 번째 매개변수는 오류의 발생 여부를 나타내는 조건이다. 조건이 참인지 거짓인지를 판단해야 하므로 require의 매개변수는 불리언 자료형을 갖고 있다. 두 번째 매개변수는 문자열인 오류 메시지를 나타낸다.

한 가지 기억할 점은 require는 조건이 false가 나와야 오류가 발생한다는 점이다. 즉 조건이 true가 나오면 오류를 발생시키지 않는다. 반면에 if 조건문과 revert가 같이 활용된 경우 if 조건문에 revert를 정의한다. 즉 if 조건문에 정의된 조건이 true가 되어야 revert가 실행된다. 정리해서 말하자면 require는 false가 나와야 오류가 발생하지만, if 조건문과 revert는 조건이 true가 돼야 오류가 발생한다.

그림 7.5 require 정의 방법

assert, revert, require를 다음 표에 정리했다.

표 7.1 assert/revert/require

오류 처리 함수	해설	예시
assert()	bool 자료형의 매개변수를 받으며 false일 시 오류가 발생한다. 불변성 또는 내부적 코드 결함을 확인할 때 사용한다. 솔리디티 컴파일러 0.8 이전 버전에서는 invalid opcode를 사용해 오류 발생과 가스비를 환불하지 않고 모두 소비한다. 0.8 버전부터는 assert는 revert를 이용해 오류 발생 및 가스를 환불한다.	assert(userBalance <= totalSupply)

revert()	revert는 오류를 발생시킴과 동시에 발생한 오류의 설명을 덧붙여 오류 메시지로 출력할 수 있다. revert의 매개변수에 오류 메시지를 입력할 수 있다.
	revert 자체로는 언제 오류가 발생하는지 조건을 붙일 수 없으므로 if 조건문과 함께 사용된다.
	revert에서 오류 발생 시 가스비를 환불받는다.
		if(num <= 10) {
		revert("num must be more than 10")
		}

오류 처리 함수	해설	예시
require()	require는 조건문 if와 revert의 조합이다. require의 첫 번째 매개변수는 오류가 언제 발생하는지 조건을 부여하며 두 번째 매개변수에는 오류 메시지를 설정할 수 있다. require는 오류 발생 시 가스비를 환불받는다.	require(num>10,"num must be more than 10")

예제를 통해 assert, revert, require의 세부적인 사항을 자세히 알아보자.

7.1.1 컴파일러 버전에 따른 assert 가스비 비교

앞서 언급했듯이 assert는 솔리디티 컴파일러 버전 0.8부터 invalid opcode 대신에 revert opcode를 사용해 오류를 발생시킨다. 즉 invalid opcode에서 revert opcode로 변경됨으로써 모든 가스 비용을 소비하지 않고 가스비를 환불받게 되었다. 예제를 통해 가스비가 0.8 버전 전후로 어떻게 변하는지 확인해 보겠다.

```
예제 7.1 솔리디티 컴파일러 버전 0.8 전후 assert 가스비 비교
// SPDX-License-Identifier: GPL-3.0
pragma solidity >=0.7.0 <0.9.0;

contract Ex7_1 {

    function runAssert(bool _bool) public pure returns(bool) {
        assert(_bool);
        return _bool;
    }

    function divisionByZero(uint _num1, uint _num2) public pure returns(uint) {
        return _num1/_num2;
    }
}
```

예제 7.1에는 두 개의 간단한 함수 runAssert와 divisionByZero가 있다. 먼저 runAssert는 불리언 타입인 매개변수 _bool을 받으며 이 매개변수에 따라 assert에서 오류가 발생할 것이다. 즉, 매개변수 _bool이 false면 assert에서 오류가 발생한다. 반면에 true라면 오류가 발생하지 않으며 return _bool이므로 입력한 매개변수 값 true가 출력될 것이다.

divisionByZero 함수는 두 개의 uint형 매개변수를 받으며 return _num1/_num2를 통해 나눠진 값이 반환된다. 앞서 언급했듯이 assert는 내부적인 오류를 발생시키도록 설계됐다. _num1이 9이고 _num2가 0이라면 9/0이 되어 assert에서 오류를 발생시킬 것이다. divisionByZero 함수 역시 assert에서 발생한 것이라면 솔리디티 컴파일러 버전 0.8 전에는 invalid opcode를 사용할 것이며 버전 0.8부터는 revert opcode가 이용된다.

그림 7.6 솔리디티 컴파일러 버전 0.7.6 선택 후 예제 7.1 컴파일

솔리디티 컴파일러 버전 0.8 전후로 assert는 변화가 있으므로 그림 7.6과 같이 버전 0.8 이전 버전인 0.7.6을 선택한 후 예제 7.1을 컴파일한다.

그림 7.7 예제 7.1을 Deploy 버튼을 클릭해 배포

예제 7.1을 0.7.6으로 컴파일했다면 그림 7.7의 Deploy 버튼을 클릭해 배포한다.

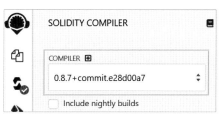

그림 7.8 솔리디티 컴파일러 버전 0.8.7 선택 후 예제 7.1 컴파일

그림 7.7과 같이 0.7.6으로 컴파일된 예제 7.1을 배포한 후 다시 솔리디티 컴파일러로 돌아온다. 그러고 나서 버전 0.8 이상인 0.8.7을 선택한 후 컴파일한다.

그림 7.9 예제 7.1을 Deploy 버튼을 클릭해 배포

예제 7.1을 0.8.7로 컴파일한 후 **Deploy** 버튼을 클릭해 배포한다.

그림 7.10 함수 runAssert에 false 입력 후 실행

그림 7.10과 같이 두 개의 스마트 컨트랙트가 배포된 것을 확인할 수 있다. 그림 7.10의 첫 번째 배포된 스마트 컨트랙트는 0.7.6 버전으로 컴파일된 스마트 컨트랙트다. 두 번째 스마트 컨트랙트는 0.8.7로 컴파일됐다.

먼저 0.7.6 버전으로 컴파일된 예제 7.1의 **runAssert** 함수에 **false**를 입력한 후 실행하면 그림 7.11과 같은 화면을 확인할 수 있다. 참고로 **assert**에 **false**가 들어가야 오류가 발생한다. 이와 같이 0.8.6으로 컴파일된 예제 7.1의 **runAssert**에 **false**를 넣고 실행한다. **runAssert** 함수를 실행하면 그림 7.12 와 같은 결과 화면을 볼 수 있다.

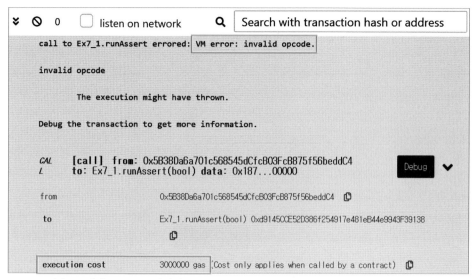

그림 7.11 버전 0.7.6에서 assert 오류 발생 시

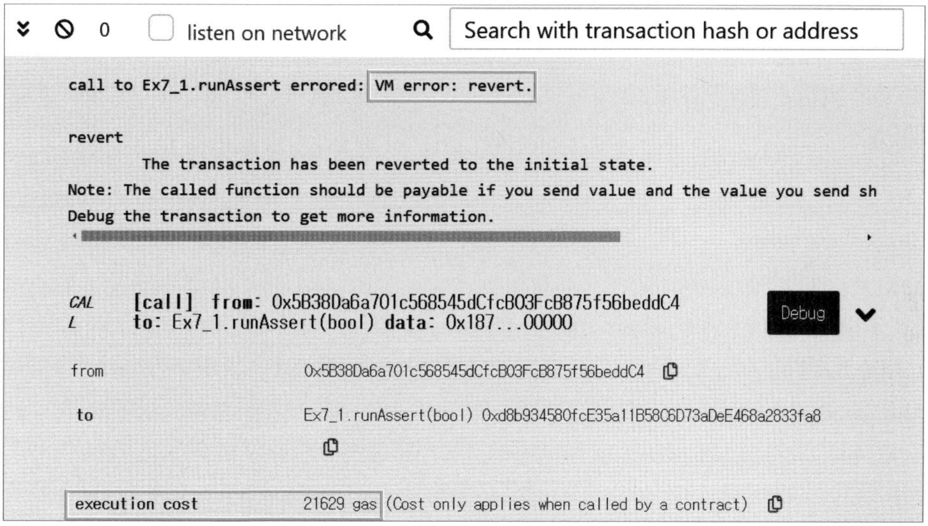

그림 7.12 버전 0.8.7에서 assert 오류 발생 시

그림 7.11과 그림 7.12는 솔리디티 컴파일러 0.8 버전 전후의 assert 오류가 발생했을 때의 화면이다. 그림 7.11과 그림 7.12에서 볼 수 있듯이 가장 눈에 띄게 달라진 점은 버전 0.8 이전의 assert 오류는 `invalid opcode`를 사용하는 반면, 버전 0.8 이후의 assert 오류는 revert를 활용한다는 점이다.

이러한 결과로 인해 가스 비용이 달라진다. 그림 7.11의 경우는 소비된 가스 비용이 **3000000**인 반면에 그림 7.12의 소모된 가스 비용은 **21629**이다. 즉, 트랜잭션 시 예상 가스 비용을 지불하나 오류로 인해 소모되지 않은 가스비를 환불받는 것이다.

더 나아가서 솔리디티 내부적인 오류를 발생시킬 때 assert를 통해 오류를 발생시킨다고 앞서 언급했다. 내부 오류의 대표적인 예인 0으로 값을 나눌 때에 대해 예제 7.1의 함수 divisionByZero를 통해 실습해보겠다.

그림 7.13 버전 0.7.6으로 컴파일된 예제 7.1의 divisionByZero에 매개변수 입력 후 실행

그림 7.13의 함수 divisionByZero는 버전 0.7.6으로 컴파일된 예제의 함수다. 0으로 나누려면 num2에 0을 입력해야 하며 num1은 자유롭게 숫자를 입력해도 된다. 이 예제에서는 num1에 10을 넣었다.

그림 7.14 0으로 값을 나눌 때 assert 오류 발생

그림 7.14에서 볼 수 있듯이 divisionByZero 함수를 실행하면 0.8 버전 이전의 assert 오류가 발생한 다. invalid opcode가 나왔으며 소비된 가스는 3000000이므로 assert 오류가 발생한 것을 알 수 있다.

7.1.2 revert와 require 정의 방법

다음 예제에는 두 개의 함수 runRevert와 runRequire가 있다. 두 함수 모두 매개변수 _num이 3 미만일 때 오류가 발생하며 단지 revert와 require를 통해 오류를 발생시킨다는 점이 다를 뿐이다. 먼저 runRevert 함수는 revert를 통해 오류를 발생시킨다. revert의 특징상 오류 메시지를 출력할 수 있다. runRevert 함수의 오류 메시지는 Revert error: should input more than 3이다.

예제 7.2 revert와 require 정의 방법

```
// SPDX-License-Identifier: GPL-3.0
pragma solidity >=0.7.0 <0.9.0;

contract Ex7_2 {
    function runRevert(uint _num) public pure returns(uint) {
        if(_num<=3){
            revert("Revert error: should input more than 3");
        }
        return _num;
    }
    function runRequire(uint _num) public pure returns(uint) {
        require(_num>3, "Require error: should input more than 3");
        return _num;
    }
}
```

더 나아가서 revert만 명시할 경우 오류가 바로 발생하므로 주로 조건문 if와 같이 명시한다. 조건문을 통해 언제 오류를 발생하는지 조절할 수 있다. runRevert 함수에서는 매개변수가 3 미만일 때 revert 오류가 발생하는 것을 알 수 있다.

runRequire 함수는 조건문 if와 revert가 하나로 합쳐졌다고 볼 수 있다. 즉, require에 오류 발생 조건과 오류 메시지를 매개변수로 넣는다. require는 오류 발생 조건이 false이면 오류를 발생시킨다. 즉, runRequire 함수의 조건은 _num>3이므로 매개변수 _num이 3 미만일 때 오류를 발생시킨다.

한 가지 주목할 점은 두 함수 모두 3 미만일 때 오류를 발생시킨다는 점이다. 그러나 runRevert 함수의 if 조건문은 _num<=3인 반면, 함수 runRequire의 조건은 _num>3이다. if 조건문의 경우 true가 나와야 revert 오류가 발생하지만, require의 조건은 false가 나와야 오류를 발생시키므로 실질적으로 3 미만일 때 오류를 발생하더라도 서로 조건이 약간 다른 것을 알 수 있다.

예제 7.2를 컴파일한 후 그림 7.15의 Deploy 버튼을 클릭해 예제 7.2를 배포한다.

그림 7.15 컴파일 후 Deploy 버튼을 클릭해 예제 7.2 배포

앞서 봤듯이 runRequire, runRevert 함수는 매개 변수 3 미만일 때 오류를 발생시킨다. 3 미만의 숫자를 자유롭게 입력한 후 두 함수를 실행해 오류를 확인한다. 예제 7.2에서는 그림 7.16과 같이 두 함수에 3을 입력해 오류를 발생시키겠다.

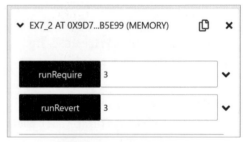

그림 7.16 두 함수에 매개변수 입력 후 실행

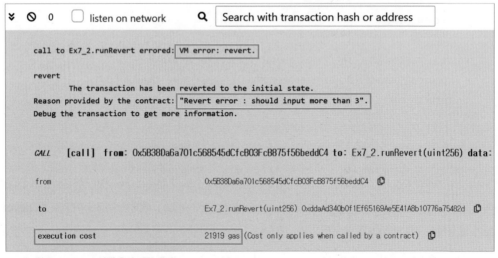

그림 7.17 함수 runRevert 실행 후의 결과 화면

그림 7.17은 runRevert 함수의 결과 화면이다. 3 미만의 매개변수를 받았으므로 오류가 발생한 것을 알 수 있다. 상단 네모 박스에 revert라고 써 있는 것을 확인할 수 있으며 오류 메시지로 Revert error : should input more than 3이 나왔다. 발생한 오류는 invalid opcode가 아니고 revert이므로 가스 비용이 환불돼서 비교적 낮은 가스 비용 21919가 소모됐다.

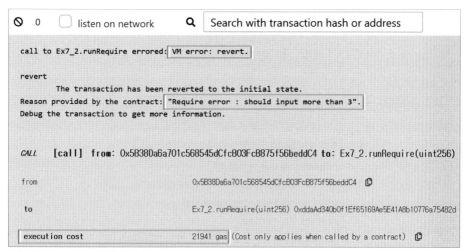

그림 7.18 함수 runRequire 실행 후의 결과 화면

그림 7.18은 runRequire에 3을 매개변수로 넣었을 때 오류가 발생한 결과 화면이다. 상단 네모 박스를 보면 require 역시 revert를 통해 오류를 발생시키는 것을 알 수 있으며 가스 비용 역시 환불받아 낮은 가스 비용인 21941이 소모된 것을 알 수 있다. 오류 메시지 Require error : should input more than 3 또한 잘 출력됐다.

7.2 try/catch

이번 절에서는 예외 처리 try/catch에 대해 알아보겠다. 앞에서 배웠던 assert, revert, require는 특정 조건에 맞지 않으면 오류를 발생시켜 트랜잭션에 실패하고 즉시 끝냈다. 그러나 try/catch 문을 선언하면 오류가 발생해도 트랜잭션이 실패하지 않는다. 즉, 오류가 발생하면 catch 블록에서 특정한 조치를 취할 수 있다. 특정한 조치는 자유롭게 명시할 수 있어서 오류에 유연하게 대처할 수 있다.

7.2.1 try/catch 구문

try/catch 구문을 살펴보기 전에 몇 가지 특징을 숙지하고 넘어가자. 예외 처리 try/catch의 특징은 다음과 같다.

01. 함수 내에서 try/catch 문을 정의해야 한다.

02. try/catch를 적용할 수 있는 경우는 함수를 외부에서 호출할 때와 인스턴스화할 때다.

03. try/catch문 안에서 오류가 발생했을 때 트랜잭션 실패가 난다. 즉, try/catch 문이 작동하지 않는다.

try/catch를 정의하는 방법은 다음과 같다.

```
try this.output5() returns(uint value) {
        외부에서 호출한 함수              해당 함수의 결괏값은 value에 저장
        return (value, true);
} catch Error(string memory reason) {
    emit ErrorReason(reason);
    return (0, false);
} catch Panic(string memory errorCode) {
    emit ErrorReason2(errorCode);
    return (0, false);
} catch (bytes memory lowLevelData) {
    emit ErrorReason3(lowLevelData);
    return (0, false);
}
```

그림 7.19 try/catch 문 정의 방법

그림에서 볼 수 있듯이 try/catch 문은 크게 try와 catch로 나눌 수 있다. try는 try/catch 문을 적용할 수 있는 대상, 즉 외부 스마트 컨트랙트에 존재하는 함수와 외부 스마트 컨트랙트의 인스턴스화를 명시해 실행한다. 반면에 try 블록에서 실행된 대상, 즉 외부의 함수나 인스턴스화에 오류가 발생한다면 catch는 발생한 오류를 잡아서 조치를 취해 트랜잭션 실패를 막는다.

그림 7.19의 try/catch 문은 크게 try, catch Error, catch Panic, catch로 4개의 블록으로 나뉘어 있다.

▪ **try**

그림 7.19의 try는 this.ouput5()라는 함수를 호출한다. output5 함수가 try/catch 문과 같은 스마트 컨트랙트에 명시되고 있다고 가정해보겠다. 예를 들어 스마트 컨트랙트 A에 함수 output5와 try/catch 문이 선언돼 있다. 이때

함수 output5와 try/catch는 같은 스마트 컨트랙트에 정의되어 있으므로 try 문에 output5를 호출하면 내부에서 호출하는 셈이 된다.

그러나 앞서 언급했듯이 try/catch 문을 적용할 수 있는 대상은 외부 스마트 컨트랙트에 존재하는 함수와 외부 스마트 컨트랙트의 인스턴스화다. 결론적으로 try 문의 입장에서는 output5를 호출하면 내부적으로 이 함수를 호출하는 것이기에 try/catch 문을 적용할 수 없을 것이다.

그러나 키워드 this를 이용해 A 스마트 컨트랙트의 함수 output5에 외부에서 접근할 수 있다. 그림 7.19에서 볼 수 있듯이 try this.output5이다. 자세한 내용은 예제 7.3에서 알아보겠다.

▪ catch Error

앞에서 언급했듯이 try에 명시된 함수나 인스턴스화가 실행될 때 오류가 발생할 경우 catch는 발생한 오류를 잡아서 조치를 취해 트랜잭션의 실패를 막는다. catch Error는 revert와 require에서 발생한 오류를 처리한다.

더 나아가서 catch Error의 매개변수는 string이며 revert와 require에서 오류가 발생해 catch Error가 실행되면 revert와 require에서 발생한 오류 메시지를 catch Error의 매개변수로 입력받는다. 즉, 입력받은 오류 메시지를 catch Error 블록에서 활용할 수 있다.

▪ catch Panic

catch Panic은 assert에서 발생한 오류를 처리한다. assert는 내부적으로 문제가 있을 때 오류를 발생시키는데, catch Panic은 내부적인 오류를 잡아서 조치를 취한다. 더 나아가서 assert는 Panic이라는 오류의 타입을 발생시키는데, 이 Panic은 표 7.2와 같이 10개의 내부적인 오류로 구성돼 있다. 각 오류마다 오류 코드가 있으며 이 오류 코드는 catch Panic의 매개변수로 입력받는다. 예제 7.3을 통해 자세히 알아보겠다.

▪ catch

catch는 솔리디티 내부적으로 정의되지 않은 오류와 오류 메시지를 디코딩(Decoding)하는 중에 오류가 발생하면 catch에서 오류를 처리한다. 쉽게 말하자면 앞서 명시된 catch Error와 catch Panic에서 잡지 못한 오류를 처리한다.

다음 표는 솔리디티 최신 문서에서 제공하는 10가지 Panic 에러 코드를 나타낸다.

표 7.2 솔리디티 문서에서 제공하는 Panic 에러 코드

번호	오류 코드	해설
1	0x00	패닉이 삽입된 일반 컴파일러를 사용할 때
2	0x01	assert(false)와 같이 assert에 false를 입력할 때
3	0x11	unchecked 블록 밖에서 오버플로(overflow) 또는 언더플로(underflow)와 같은 수학적 오류 발생 시
4	0x12	5/0 또는 23%0과 같이 0으로 나누기 또는 나머지 연산할 때
5	0x21	이넘(Enum)의 범위를 초과하는 수를 이넘 타입으로 변환할 때
6	0x22	잘못 암호화된 storage byte array에 접근할 때
7	0x31	빈 배열에 pop() 함수를 사용할 때
8	0x32	범위에 벗어난 인덱스 또는 음수인 인덱스를 통해 array, bytesN 또는 array slice에 접근할 때 (i.e. x[i] where i >= x.length or i < 0).
9	0x41	과도하게 큰 메모리를 할당하거나 너무 큰 배열을 생성한 경우
10	0x51	초기화하지 않은 internal 함수 타입의 변수를 호출할 때

assert는 Panic 오류 타입을 생성한다. 즉, Panic은 솔리디티 내부적인 오류 코드를 나타낸다. 예를 들어 표 7.2의 4번 에러 코드 0x12는 숫자를 0으로 나눴을 때를 나타내며 7번의 0x31 에러 코드는 빈 배열에 값을 제거하는 키워드 pop을 사용했을 때를 나타낸다.

Panic은 솔리디티 컴파일러 버전 0.8.0에서 최초로 소개됐다. 그러나 실질적으로 버전 0.8.1부터 try/catch 문에 적용됐으므로 catch Panic을 적용하려면 버전 0.8.1 이상부터 가능하다. try/catch는 솔리디티 0.6.0 버전부터 소개됐으므로 표 7.2와 같이 catch Panic 없이 버전 0.6.0부터 0.8.0까지 사용해야 한다.

```
try this.output5() returns(uint value) {
    외부에서 호출한 함수          해당 함수의 결괏값은 value에 저장
    return (value, true);
} catch Error(string memory reason) {
    emit ErrorReason(reason);
    return (0, false);

} catch (bytes memory lowLevelData) {
    emit ErrorReason2(lowLevelData);
    return (0, false);
}
```

그림 7.20 0.8.0 이하 버전은 catch Panic 없이 명시

7.2.2 try/catch 정의 방법

다음 예제는 try/catch를 정의하는 방법을 보여주며 3개의 이벤트와 2개의 함수가 있다. 각 이벤트와 함수를 둘러보며 최종적으로 이벤트와 함수가 try/catch에서 어떻게 활용되는지 알아보겠다.

예제 7.3 try/catch 정의 방법

```solidity
// SPDX-License-Identifier: GPL-3.0
pragma solidity >=0.7.0 <0.9.0;

contract Ex7_3 {

    event ErrorReason1(string reason);
    event ErrorReason2(uint errorCode);
    event ErrorReason3(bytes lowLevelData);

function output5(uint _num) public pure returns(uint) {
        if(_num>=6) {
            revert("_num should be 5");
        }
        if(_num<=4){
            assert(false);
        }
        return 5;
    }
    function output5WithTryCatch(uint _num) public returns(uint256, bool) {
        try this.output5(_num) returns (uint value) {
            return(value, true);
        } catch Error(string memory reason) {
            emit ErrorReason1(reason);
            return(0, false);
        } catch Panic(uint errorCode) {
            emit ErrorReason2(errorCode);
            return(0, false);
        } catch (bytes memory lowLevelData) {
            emit ErrorReason3(lowLevelData);
            return(0, false);
        }
    }
}
```

3개의 이벤트

예제 7.3에는 다음 3개의 이벤트가 있다. 이 이벤트는 try/catch 문의 catch에서 오류를 조치할 때 출력된다.

```
event ErrorReason1(string reason);
event ErrorReason2(uint errorCode);
event ErrorReason3(bytes lowLevelData);
```

예제에서 catch는 3개이며 각 catch는 오류 발생 시 서로 다른 매개변수를 받으므로 각 catch에 대응하는 3개의 이벤트를 선언했다. 즉, 각 이벤트의 매개변수는 각 catch의 매개변수와 같은 것을 알 수 있다. 이 3개의 이벤트는 try/catch를 다룰 때 다시 살펴보겠다.

output5 함수

output5 함수는 try/catch에 적용되며, uint 자료형을 가진 매개변수 _num을 받는다. 매개변수 _num을 받고 나서 6 이상이면 revert가 오류를 발생시킨다. 반면에 _num이 4 이하라면 assert가 오류를 발생시킨다. _num이 6 이상과 4 이하가 아닐 시 5가 반환된다. 즉 _num이 5일 때 5를 반환한다.

```
function output5(uint _num) public pure returns(uint) {
        if(_num>=6) {
            revert("_num should be 5");
        }
        if(_num<=4){
            assert(false);
        }
        return 5;
}
```

try/catch에 output5 함수를 적용한 후 실행한다고 가정해보자. output5 함수에 6을 매개변수로 넣으면 revert가 오류를 생성할 것이다. 그러나 try/catch가 적용됐으므로 트랜잭션은 실패가 나지 않고 catch Error에서 revert가 발생한 오류를 처리할 것이다. 앞서 살펴봤듯이 catch Error는 revert와 require에서 발생한 오류를 관리한다.

이와 반대로 output5 함수에 매개변수 2를 넣는다면 assert가 오류를 발생시킬 것이다. 그러나 assert에서 발생한 오류는 catch Panic에서 처리하므로 트랜잭션은 실패하지 않을 것이다. 또한 assert가 오류를 발생시킬 때는 Panic 타입의 오류를 발생시킨다. 표 7.2에서 봤듯이 Panic 타입의 오류는 총 10개다. 표 7.2를 참고하면 예제 7.3의 assert 오류는 assert(false)와 같이 assert에 false를 입력해 발생한 오류이므로 0x01 에러 코드가 발생할 것을 예상할 수 있다.

output5WithTryCatch 함수

output5WithTryCatch 함수에 try/catch가 들어 있다. 먼저 try/catch는 함수 없이 홀로 스마트 컨트랙트에 정의될 수 없으므로 함수 output5WithTryCatch 내부에 try/catch를 명시했다. try/catch의 try에는 바로 앞에서 본 함수 output5가 선언돼 있다. 따라서 output5에서 오류가 발생하면 catch에서 오류를 처리해 트랜잭션 실패는 일어나지 않을 것이다.

```
function output5WithTryCatch(uint _num) public returns(uint256, bool) {
    try this.output5(_num) returns (uint value) {
        return(value, true);
    } catch Error(string memory reason) {
        emit ErrorReason1(reason);
        return(0, false);
    } catch Panic(uint errorCode) {
        emit ErrorReason2(errorCode);
        return(0, false);
    } catch (bytes memory lowLevelData) {
        emit ErrorReason3(lowLevelData);
        return(0, false);
    }
}
```

한 가지 주목해야 할 점이 있는데, 앞서 봤듯이 try에 적용할 수 있는 경우는 외부 스마트 컨트랙트의 함수를 호출할 때와 외부 스마트 컨트랙트를 인스턴스화할 때다. 그러나 output5 함수는 try/catch와 같은 스마트 컨트랙트에 있으므로 output5 함수를 try에서 호출한다면 내부에서 output5를 호출하게 된다. 즉, try에 output5 함수를 적용할 수 없다.

그러나 try this.output5와 같이 키워드 this를 통해 output5 함수에 접근하면 외부에서 접근하는 것이므로 try에서도 충분히 output5를 명시할 수 있다. 즉, 키워드 this를 이용해 함수 output5를 외부에서 접근하는 것이다.

함수 output5는 매개변수 _num을 받아야 하므로 함수 output5WithTryCatch에서 추가로 매개변수 _num을 받아 output5에 전해준다. 한 가지 눈여겨 볼 점은 output5를 실행하면 uint 타입의 반환값을 출력한다는 것이다. output5 함수의 반환값은 try this.output5(_num) returns (uint value)의 returns (uint value)를 통해 value에 저장된다. 함수 output5의 반환값이 저장된 value는 try 블록 내에서 활용할 수 있다.

이와 같이 value는 try 블록 내에서 활용되어 최종적으로 return(value, true)를 통해 value와 true가 반환된다. true는 오류 없음을 임의로 표현한다.

반면, output5에 6 이상을 넣으면 revert를 통해 오류가 발생할 것이다. 먼저 revert에서 오류가 발생하면 catch Error에서 조치를 취할 것이다. revert와 require의 오류는 오류 메시지를 제공하므로 catch Error의 매개변수에 revert와 require에서 발생한 오류 메시지가 입력된다. 그리고 나서 emit ErrorReason1(reason);와 같이 이벤트 ErrorReason1이 그 오류 메시지를 출력하고 0과 false를 반환한다. 반환값 false는 오류 있음을 임의적으로 나타낸다.

output5에 4 이하를 입력하면 assert에서 오류를 발생시킬 것이다. assert에서 발생한 오류는 catch Panic에서 조치를 취하며 Panic 에러 코드를 매개변수로 받는다. 표 7.2에서 확인할 수 있듯이 assert에서 발생한 오류는 assert에 false를 입력해 생긴 오류이므로 오류 코드는 0x01이다. 매개변수로 입력받은 에러 코드는 emit ErrorReason2(errorCode);를 통해 이벤트로 출력되며 0과 false를 반환한다.

마지막 catch의 경우, catch Error와 catch Panic에서 처리하지 못한 오류를 처리한다. 해당 오류 발생 시 bytes형 매개변수를 받고 emit ErrorReason3(lowLevelData);를 통해 이벤트로 출력하며 0과 false를 반환한다. 이제 본격적으로 예제를 실행해 알아보겠다.

실행

예제 7.3을 컴파일한 후 Deploy 버튼을 눌러 배포한다(그림 7.21).

그림 7.21 Ex7_3를 Deploy 버튼을 클릭해 배포

output5WithTryCatch에 5를 입력한 후 결괏값을 확인한다. 이 함수는 5가 입력되면 revert와 assert에서 오류를 발생시키지 않으므로 반환값으로 5와 true가 나온다. 반환값 true는 try에서 오류가 발생하지 않음을 나타낸다(그림 7.22).

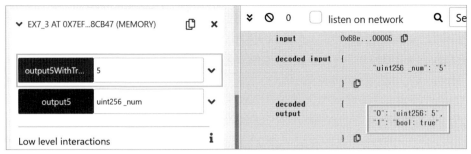

그림 7.22 output5WithTryCatch에 매개변수 5를 입력한 후 실행해 결괏값 확인

함수 output5WithTryCatch에 6 이상을 입력하면 try/catch가 적용된 output5는 revert 오류를 발생시키는데, 이 오류는 revert에서 발생돼서 catch Error가 오류를 처리한다.

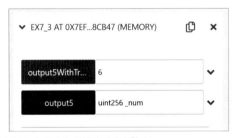

그림 7.23 output5WithTryCatch에 6 이상 값 입력 후 실행해 결괏값 확인

그림 7.24에서 볼 수 있듯이 catch Error에 명시된 이벤트 ErrorReason1이 오류 메시지 _num should be 5를 출력했고 반환값으로 0과 false가 반환됐다. 오류가 발생했지만 catch Error에서 이벤트와 반환값이 출력됐다는 것은 트랜잭션이 실패하지 않았음을 의미한다.

decoded output   {
                            "0": "uint256: 0",
                            "1": "bool: false"
                        }

logs   [
                            {
                                    "from":
                            "0x7EF2e0048f5bAeDe046f6BF797943daF4ED8CB47",
                                    "topic":
                            "0x316d4704ca18e103252abce7d81e53dfdec9859f9e0a639ccd9c
                            332effb08d6e",
                                    "event": "ErrorReason1",
                                    "args": {
                                            "0": "_num should be 5",
                                            "reason": "_num should be 5"
                                    }
                            }
                        ]

그림 7.24 함수 output5WithTryCatch에 6 이상 값 입력 후 결과 화면

output5WithTryCatch 함수에 매개변수로 4 이하를 입력하면 assert에서 오류가 발생한다. assert에서 발생한 오류는 catch Panic에서 조치를 취하며 이 오류로부터 매개변수로 오류 코드를 받는다. 즉, assert(false)로 오류가 발생했으므로 오류 코드는 0x01이 나올 것이다.

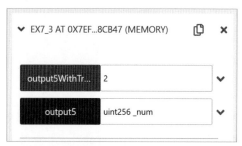

그림 7.25 output5WithTryCatch에 4 이하 값 입력 후 실행해 결괏값 확인

그림 7.26과 같이 ErrorReason2에 오류 코드가 1로 출력된다. 16진수로 1을 표현하면 0x01이므로 표 7.2에서 명시한 대로 assert(false)일 때 0x01이 오류 코드로 출력된 것을 알 수 있다. 추가로 반환값은 0과 false가 나왔고, 여기서 false는 try 블록에서 오류가 발생했음을 나타낸다.

```
decoded output          {
                            "0": "uint256: 0",
                            "1": "bool: false"
                        }

logs                    [
                            {
                                    "from":
                        "0x7EF2e0048f5bAeDe046f6BF797943daF4ED8CB47",
                                    "topic":
                        "0xf0a3d11b86dc0859fa4e51d2dea2035f3649d433b5b4ec57925b
                        58c9a5fac0c1",
                                    "event": "ErrorReason2",
                                    "args": {
                                            "0": "1",
                                            "errorCode": "1"
                                    }

                            }
```

그림 7.26 output5WithTryCatch에 4 이하 값 입력 후 결과 화면

7.2.3 인스턴스화에 try/catch 적용

다음은 try/catch 문을 인스턴스화에 적용한 예제다.

```solidity
// SPDX-License-Identifier: GPL-3.0
pragma solidity >=0.7.0 <0.9.0;


contract Adult {
    uint public age;
    constructor(uint _age) {
        require(_age>19, "Should be more than 19 years old");
        age = _age;
    }
}


contract Ex7_4 {
    event Information(string _error);
    function instantiate(uint _age) public returns(uint) {
        try new Adult(_age) returns(Adult adult) {
            emit Information("Success");
            return(adult.age());
        } catch {
            emit Information("Failed : the default age is 20");
            Adult adult = new Adult(20);
            return(adult.age());
        }
    }
}
```

이 예제에는 2개의 스마트 컨트랙트 Adult와 Ex7_4가 있다. 먼저 Adult 스마트 컨트랙트를 보면 나이를 나타내는 _age라는 생성자 매개변수가 있다. 즉 Adult를 인스턴스화할 때 매개변수를 입력해야 한다. Adult 스마트 컨트랙트의 생성자를 보면 _age가 19 미만일 때 require에서 오류를 발생시킨다.

다시 말하면 Adult를 인스턴스화할 때 생성자의 매개변수로 19 미만을 입력하면 require에서 오류가 발생해 인스턴스화가 이뤄지지 않는다. 반면, 생성자의 매개변수 _age가 19 이상이면 age=_age와 같이 변수 age에 _age 값이 들어가고 인스턴스화가 성공적으로 이뤄진다.

스마트 컨트랙트 Ex7_4의 instantiate 함수에서 try new Adult(_age) returns(Adult adult)를 통해 try/catch 문을 적용해 Adult 스마트 컨트랙트를 인스턴화하고 있다. try/catch 문을 이용하

므로 Adult의 생성자 매개변수에 19 미만의 숫자를 입력해 오류가 발생해도 트랜잭션 실패는 일어나지 않을 것이다. 아울러 try new Adult(_age) returns(Adult adult)의 returns(Adult adult)는 Adult가 인스턴스화가 잘 되면 인스턴스 adult를 try 블록에서 사용할 수 있다.

try/catch의 try에서 Adult 스마트 컨트랙트가 성공적으로 인스턴스화되면 Information이라는 이벤트가 success를 출력한다. try 블록의 return(adult.age())와 같이 인스턴스 adult를 통해서 함수 age에 접근해 인스턴스화할 때 생성자에 입력한 매개변수를 반환한다. 여기서 age 함수는 Adult에 public으로 정의돼 있으므로 자동으로 getter 함수가 생성된다.

한 가지 주목할 점은 try/catch의 catch다. 예제 7.4의 try/catch 문의 catch는 이전 예제와 다르게 간단하게 catch만 명시했다. 이와 같이 catch만 선언되면 오류의 발생지, 즉 revert, require, assert에 상관없이 모든 오류가 catch에 잡혀 처리된다.

더 나아가서 adult 인스턴스화에 실패하면 catch 블록에서 Failed : the default age is 20 메시지와 함께 Information 이벤트로 출력된다. 그리고 나서 Adult adult = new Adult(20)처럼 Adult의 생성자에 20을 기본값으로 넣어서 인스턴스화한다. 즉, Adult 생성자의 매개변수로 19 미만을 넣어서 오류가 발생해도 catch에서 Adult 스마트 컨트랙트의 생성자에 20을 입력해 오류를 처리하기 때문에 인스턴스화가 성공적으로 이루어진다. 그리고 결론적으로 return(adult.age())를 통해 catch에 기본값으로 넣어준 20을 반환할 것이다.

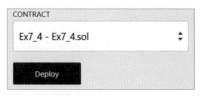

그림 7.27 CONTRACT에서 Ex7_4 선택 후 Deploy 버튼을 클릭해 배포

스마트 컨트랙트 Ex7_4에 try/catch가 있으므로 그림 7.27과 같이 CONTRACT에서 Ex7_4를 선택한 후 Deploy 버튼을 클릭해 배포한다.

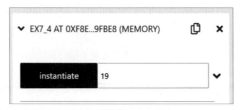

그림 7.28 함수 instantiate에 19 미만의 매개변수를 입력 후 실행해 결괏값 확인

함수 instantiate에 19 미만을 입력해야 Adult 생성자에서 오류가 발생하므로 19 미만의 숫자를 넣어 오류를 발생시킨 후 catch가 그 오류를 조치하는지 확인해보겠다. 그림 7.28처럼 19를 입력한다.

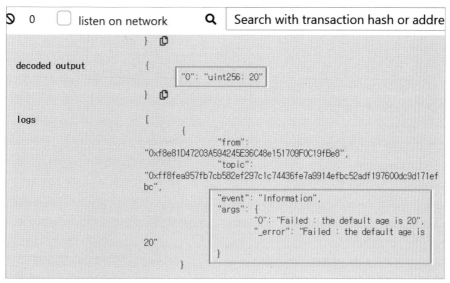

그림 7.29 매개변수 19 입력 시 결과 화면

그림 7.29는 함수 instaniate에 19를 넣어 Adult를 인스턴스화할 때 오류가 발생해 catch에 그 오류가 조치된 화면이다. catch에서 Information 이벤트를 통해 Failed : the default age is 20을 출력하고 Adult adult = new Adult(20);로 인스턴스화하고 있으며 return(adult.age());를 통해 20을 출력한다. 결론적으로 그림 7.29에 표시된 네모 박스에 20과 Information이 출력됐다.

7.2.4 외부 함수에 try/catch 적용

다음 예제는 외부 함수 호출에 try/catch 블록을 적용했다.

예제 7.5 외부 함수에 try/catch 적용

```
// SPDX-License-Identifier: GPL-3.0
pragma solidity >=0.7.0 <0.9.0;

contract Math {
    function division(uint _num1, uint _num2) public pure returns(uint) {
        return _num1/_num2;
    }
}
```

```
    }

contract Ex7_5 {
    event Information(string _error);
    Math math = new Math();
    function divisionWithTryCatch(uint _num1, uint _num2) public returns(uint) {
        try math.division(_num1, _num2) returns (uint result) {
            emit Information("Success");
            return(result);
        } catch {
            emit Information("Failure");
            return(0);
        }
    }
}
```

예제 7.5에는 2개의 스마트 컨트랙트 Math와 Ex7_5가 있다. 먼저 Math 스마트 컨트랙트에는 division 함수가 있다. 이 함수는 2개의 매개변수를 받아서 나눠 값을 반환한다.

스마트 컨트랙트 Ex7_5는 Math math = new Math()를 통해 Math 스마트 컨트랙트의 인스턴스 math 를 선언했다. 인스턴스화된 math를 통해 외부 함수 division을 호출할 때 try/catch 문을 적용해 오 류를 처리할 것이다.

divisionWithTryCatch 함수에서 볼 수 있듯이 try math.division(_num1, _num2) returns (uint result)와 같이 try/catch가 적용됐다. math.division은 두 개의 매개변수가 필요하므로 함 수 divisionWithTryCatch에서 두 개의 매개변수를 받아 math.division 함수로 전달해 준다.

더 나아가서 try math.division(_num1, _num2) returns (uint result)의 returns (uint result)는 함수 math.division이 실행되면 두 매개변수가 나눠진 값이 result에 저장된다. 즉 result는 try 블록에서 활용 가능하다.

결론적으로 math.division 함수가 오류 없이 실행되면 Information 이벤트는 Success 메시지를 출 력하고 result가 반환된다. 반면, math.division에 오류가 발생하면 catch 블록에서 오류를 처리한 다. 즉, math.division 함수에서 오류가 발생하면 이벤트 Information은 Failure를 출력하고 숫자 0을 반환한다.

그림 7.30 CONTRACT에서 Ex7_5 선택 후 Deploy 버튼을 클릭해 배포

Ex7_5 스마트 컨트랙트에 try/catch를 적용해 외부 함수 division을 호출하므로 EX7_5를 CONTRACT에서 선택한 후 Deploy 버튼을 클릭해 배포한다.

그림 7.31 Ex7_5 배포 후 네모 박스 표시를 클릭해 매개변수 입력창을 펼침

Ex7_5 스마트 컨트랙트가 배포가 잘 되면 그림 7.31과 같은 화면이 나온다. 화면에 표시된 네모 박스를 클릭해 divisionWithTryCatch 함수의 입력창을 펼친다.

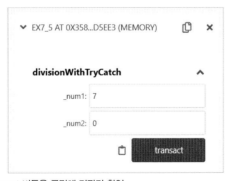

그림 7.32 매개변수를 입력한 후 transact 버튼을 클릭해 결괏값 확인

divisionWithTryCatch 함수는 math.division을 호출하며 이 함수에 오류를 발생시켜 catch에서 오류를 처리하는 것을 확인하려면 _num2에 0을 대입한다. 즉, _num2에 0을 대입하면 _num1을 0으로 나눠 오류가 발생한다.

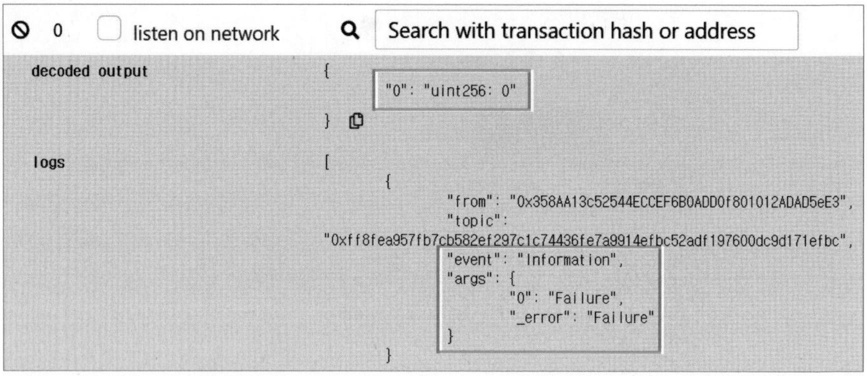

```
⊘  0    ☐ listen on network          Q   Search with transaction hash or address

decoded output              {
                                "0": "uint256: 0"
                            } ⧉

logs                        [
                                {
                                    "from": "0x358AA13c52544ECCEF6B0ADD0f801012ADAD5eE3",
                                    "topic":
                                "0xff8fea957fb7cb582ef297c1c74436fe7a9914efbc52adf197600dc9d171efbc",
                                    "event": "Information",
                                    "args": {
                                        "0": "Failure",
                                        "_error": "Failure"
                                    }
                                }
                            }
```

그림 7.33 _num2에 0 입력 시 결과 화면

_num2에 0을 넣어서 오류가 발생해 catch 블록에서 이 오류를 그림 7.33과 같이 처리한다. 먼저 0으로 나눴기 때문에 오류가 발생해 Information 이벤트가 Failure 메시지를 출력하고 반환값으로 0이 나온다.

7.2.5 try/catch 블록의 try 블록에서 오류가 발생할 경우

예제 7.6 try/catch의 try 블록에서 오류가 발생할 경우

```solidity
// SPDX-License-Identifier: GPL-3.0
pragma solidity >=0.7.0 <0.9.0;

contract Math {
    function division(uint _num1, uint _num2) public pure returns(uint)  {
        return _num1/_num2;
    }
}

contract Ex7_6 {
    event Information(string _error);
    Math math = new Math();
    function divisionWithTryCatch(uint _num1, uint _num2) public returns(uint) {
        try math.division(_num1, _num2) returns (uint result) {
            revert("Always failure");
            emit Information("Success");
            return(result);
```

```
    } catch {
        emit Information("Failure");
        return(0);
    }
  }

}
```

예제 7.6은 예제 7.5와 같은데, 단지 revert("Always failure")를 try 블록에 추가했을 뿐이다. 앞서 언급했듯이 try/catch의 특징 중 하나는 try/catch 문에서 발생한 오류는 catch 블록에서 처리할 수 없다는 것이다. 즉, 예제 7.6의 divisionWithTryCatch 함수를 실행하면 try 블록에서 revert 오류가 무조건 발생할 텐데, 이 오류는 catch 블록에서 처리하지 못한다. 바로 오류가 나서 트랜잭션이 실패하기 때문이다.

그림 7.34 CONTRACT에서 Ex7_6 선택 후 Deploy 버튼을 클릭해 배포

Ex7_6 스마트 컨트랙트의 try 블록에 revert가 있으므로 CONTRACT에서 Ex7_6를 선택한 후 Deploy 버튼을 클릭해 배포한다.

그림 7.35 Ex7_6 배포 후 네모 박스 표시를 클릭해 매개변수 입력창을 펼침

Ex7_6이 성공적으로 배포되면 그림 7.35와 같은 화면이 나올 것이다. 그림에 표시된 네모 박스를 클릭해 divisionWithTryCatch 함수의 매개변수 입력창을 펼친다.

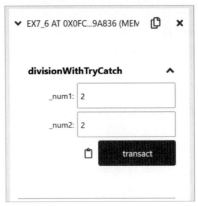

그림 7.36 매개변수 입력 후 transact 버튼을 클릭해 결괏값 확인

divisionWithTryCatch의 매개변수 _num2에 0을 제외하고 자유롭게 매개변수를 입력해 try 블록을 실행시킨다. 그림 7.36과 같이 _num1과 _num2에 2를 입력했다. try 블록이 실행되면 revert 오류가 발생해 그림 7.37과 같은 결과 화면이 나온다.

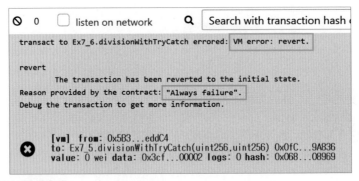

그림 7.37 try 블록에서 오류 발생 시

그림 7.37은 try 블록에 있는 revert의 오류가 발생한 결과 화면이며, 오류 메시지로 Always failure 도 같이 출력된 것을 알 수 있다. 결론적으로 try 블록에서 오류가 발생하면 catch 블록에서 이 오류를 처리할 수 없어 트랜잭션이 바로 실패한다.

7.3 개념 체크

01. assert, revert, require를 통해 오류를 발생시킬 수 (있다/없다).

02. 내부적인 문제가 발생하면 (revert/assert)는 통해 오류를 발생시킨다.

03. 0으로 5를 나눌 시 오류가 발생하는데 이 오류는 (revert/assert)를 통해 발생한다.

04. assert는 오류 메시지를 출력할 수 (있다/없다).

05. revert는 오류가 나는 조건을 매개변수로 입력받을 수 (있다/없다).

06. require는 오류가 나는 조건을 매개변수로 입력받을 수 (있다/없다).

07. require는 오류 메시지를 매개변수로 입력받을 수 (있다/없다).

08. 솔리디티 컴파일러 버전 0.8 이전 assert는 가스비를 모두 소비(한다/하지 않는다).

09. require와 revert는 가스비를 환불받아 비교적 낮은 가스를 소모(한다/하지 않는다).

10. try/catch는 외부에 있는 함수를 호출할 때와 인스턴스화할 때만 적용 가능(하다/하지 않다).

11. try/catch가 적용된 함수에서 오류가 발생하면 트랜잭션 실패가 (난다/나지 않는다).

12. catch Error는 (assert/revert) 오류를 처리한다.

13. catch Panic은 (assert/revert) 오류를 처리한다.

14. catch만 선언하면 assert, revert, require 오류 상관없이 모든 오류를 처리(한다/할 수 없다).

15. try/catch 블록에서 오류가 발생하면 catch는 오류를 처리할 수 (없다/있다).

[정답]

1. 있다	2. assert	3. assert	4. 없다	5. 없다
6. 있다	7. 있다	8. 한다	9. 한다	10. 하다
11. 나지 않는다	12. revert	13. assert	14. 한다	15. 없다

7.4 연습 문제

01. 조건에 맞는 스마트 컨트랙트를 만들어 보세요.

- 자료형 uint 매개변수 _num을 갖고 있는 함수 revertFunction을 정의하세요.

- 매개변수 _num이 6 이상일 때 revert를 통해 오류를 발생시키세요.

- 오류 메시지는 _num must not be more than 5입니다.

- 매개변수 _num이 5 이하라면 입력받은 매개변수를 출력하세요.

```
// SPDX-License-Identifier: GPL-3.0
pragma solidity >=0.7.0 <0.9.0;

contract quiz1 {
    /*
        해당 조건에 맞는 스마트 컨트랙트를 만들어 보세요.
    */
}
```

02. 조건에 맞는 스마트 컨트랙트를 만들어 보세요.

- 자료형 uint 매개변수 _num을 갖고 있는 함수를 정의하세요.

- 매개변수 _num이 6 이상일 때 require을 통해 오류를 발생시키세요.

- 오류 메시지는 _num must not be more than 5입니다.

- 매개변수 _num이 5 이하라면 입력받은 매개변수를 출력하세요.

```
// SPDX-License-Identifier: GPL-3.0
pragma solidity >=0.7.0 <0.9.0;

contract quiz2 {
    /*
        해당 조건에 맞는 스마트 컨트랙트를 만들어 보세요.
    */
}
```

03. 조건에 맞는 스마트 컨트랙트를 만들어 보세요.

- 함수 arrPop을 try/catch에 적용해보세요.

- try/catch가 적용된 함수명은 arrPopWithTryCatch이며 불리언 타입을 반환합니다.

- arrPop이 try/catch에서 오류가 없다면 true, 오류가 있다면 false를 반환합니다.

- try/catch 중 catch만 적용하세요.

```solidity
// SPDX-License-Identifier: GPL-3.0
pragma solidity >=0.7.0 <0.9.0;
contract quiz3 {
    uint[] arr;
    function arrPop() public {
        arr.pop();
    }
    /*
        해당 조건에 맞는 스마트 컨트랙트를 만들어 보세요.
    */
}
```

04. 조건에 맞는 스마트 컨트랙트를 만들어 보세요.

- 함수 output5를 try/catch에 적용해보세요.

- try/catch가 적용된 함수명은 output5WithTryCatch이며 불리언 타입을 반환합니다.

- output5가 try/catch에서 오류가 없다면 output5의 결괏값 오류가 있다면 0을 반환합니다.

- try/catch의 try 블록에 revert("Always failure")를 입력하세요.

- try/catch의 catch만 적용하세요.

```solidity
// SPDX-License-Identifier: GPL-3.0
pragma solidity >=0.7.0 <0.9.0;
contract quiz4 {
    function output5() public pure returns(uint) {
        return 5;
    }
    /*
```

해당 조건에 맞는 스마트 컨트랙트를 만들어 보세요.
```
    */
}
```

[정답]

1.

```
// SPDX-License-Identifier: GPL-3.0
pragma solidity >=0.7.0 <0.9.0;

contract quiz1 {

    function revertFunction(uint _num) public pure returns(uint) {
        if(_num>=6) {
            revert("_num must not be more than 5");
        }
        return _num;
    }
}
```

2.

```
// SPDX-License-Identifier: GPL-3.0
pragma solidity >=0.7.0 <0.9.0;

contract quiz2 {

    function requireFunction(uint _num) public pure returns(uint) {
        require(_num<=5, "_num must not be more than 5");
        return _num;
    }
}
```

3.

```solidity
// SPDX-License-Identifier: GPL-3.0
pragma solidity >=0.7.0 <0.9.0;

contract quiz3 {
    uint[] arr;
    function arrPop() public {
        arr.pop();
    }
    function arrPopWithTryCatch() public returns(bool) {
        try this.arrPop() {
            return (true);
        } catch {
            return (false);
        }
    }
}
```

4.

```solidity
// SPDX-License-Identifier: GPL-3.0
pragma solidity >=0.7.0 <0.9.0;

contract quiz4 {
    function output5() public pure returns(uint) {
        return 5;
    }
    function output5WithTryCatch() public view returns(uint) {
        try this.output5() returns (uint value) {
            revert("Always failure");
            return (value);
        } catch {
            return (0);
        }
    }
}
```

08

모디파이어/이넘/
임포트/라이브러리

이번 장에서는 모디파이어, 이넘(enum), 임포트(import), 라이브러리
(library)의 개념과 정의 방법을 알아보겠다. 스마트 컨트랙트를 작성
할 때 각 개념을 빈도 높게 활용하므로 주의 깊게 각 요소를 공부하는
것이 좋다.

이 장에서 배우는 내용:

- 모디파이어
- 이넘
- 임포트
- 라이브러리

8.1 모디파이어

다수의 함수에 특정 로직을 부여하는 모디파이어에 대해 알아보자.

8.1.1 모디파이어의 개념과 정의 방법

모디파이어는 스프링 프레임워크의 **AOP(Aspect Oriented Programming)**의 개념과 유사하다. AOP 는 관점 지향프로그래밍이라 하며 공통된 기능을 분리해 다른 로직에 적용해 재활용한다.

그림 8.1 AOP의 시각화

그림 **8.1**과 같이 입금, 출금, 송금이라는 함수가 있다. 해당 함수는 공통된 기능 보안, 로깅, 트랜잭션을 재활용하고 있다. 즉 보안, 로깅, 트랜잭션의 기능만 따로 분리해서 각 함수에 적용하고 있다. 이와 같이 모디파이어 역시 공통된 기능을 분리해 여러 함수에 적용해 재활용한다. 함수의 공동된 기능을 분리해 모디파이어에 정의하므로 모디파이어와 함수가 비슷해 보일 수 있다. 그러나 모디파이어는 함수처럼 값 을 반환할 수 없다.

모디파이어는 자신의 로직을 2가지 방식으로 함수에 부여할 수 있다. 첫 번째 방식은 함수의 로직이 실 행되기 전에 모디파이어 로직을 실행하는 것이다. 두 번째는 함수의 로직이 끝나고 나서 모디파이어의 로직을 실행하는 것이다.

일반적으로 모디파이어 로직에 require를 선언해 다수의 함수에 제약을 부여한다. 즉, 함수가 실행될 때 모디파이어의 로직에 있는 require의 조건에 맞지 않으면 require에서 오류를 발생시켜 트랜잭션 을 실패로 만든다. 즉, 함수의 실행 조건이 맞지 않는다면 모디파이어와 require의 조합에 의해 그 함수 는 실행되지 않는다.

모디파이어와 require를 같이 활용하는 이유

함수의 실행 여부를 결정짓는 것은 실질적으로 require인데 왜 모디파이어와 require를 같이 활용하는지 의문이 갈 수 있다. 그림 8.2를 보면 그 의문을 풀 수 있다.

```solidity
function getValue1(uint _num) public pure returns (uint) {
    require(_num>1, "_num must be more than 1");
    return _num
}
function getValue2(uint _num) public pure returns (uint) {
    require(_num>1, "_num must be more than 1");
    return _num * 2;
}
```

그림 8.2 require의 중복

그림 8.2에는 두 개의 함수 getValue1과 getValue2가 있다. getValue1은 매개변수 _num을 바로 출력하며 getValue2는 입력받은 매개변수 _num에 2를 곱한 후 값을 출력한다. 그러나 이 두 함수가 실행되려면 require의 제한으로 인해 매개변수 _num이 2 이상이 돼야 한다.

여기서 주목해야 할 점은 두 함수에 같은 require를 중복해서 명시했다는 점이다. require의 조건 _num>1을 _num>4로 변경해야 한다면 각 함수의 require 조건을 쉽게 변경할 수 있을 것이다.

하지만 100개의 함수에 같은 require를 중복해서 명시했다고 가정해보자. 이때 require의 조건 _num>1을 _num>4로 변경해야 한다면 100개의 함수에 대해 require를 변경해야 할 것이다. 즉, require의 조건을 100번 변경하는 것인데, 이는 쉬운 일이 아니다.

그러나 모디파이어를 활용하면 100개의 함수에 대해 일일이 변경하지 않아도 된다. 즉, 모디파이어에 100개의 중복된 로직 require를 한 번 정의한 후 100개의 함수에 그 모디파이어를 적용하면 된다. 그러고 나서 require의 조건 _num>1을 _num>4로 변경해야 한다면 모디파이어의 로직만 변경하면 된다. 즉, 모디파이어를 통해 조금 더 쉽게 유지 보수를 할 수 있다.

require를 적용해 모디파이어를 생성

그림 8.3은 그림 8.2의 require를 적용해 모디파이어를 생성한 것이다. 그림 8.3을 통해 모디파이어를 선언하는 방법을 알아보자.

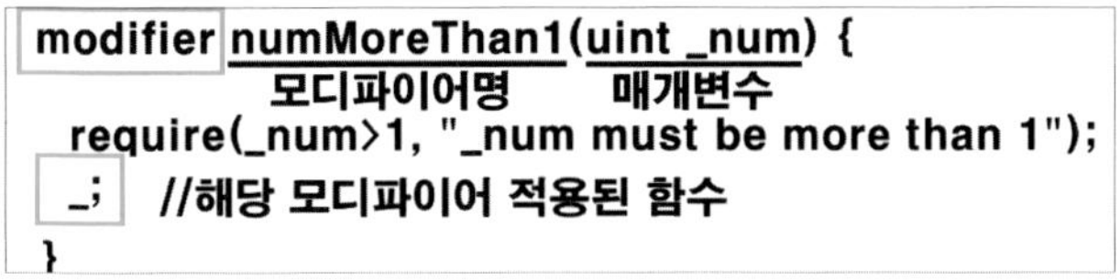

```
modifier numMoreThan1(uint _num) {
        모디파이어명      매개변수
  require(_num>1, "_num must be more than 1");
  _;   //해당 모디파이어 적용된 함수
}
```

그림 8.3 모디파이어 정의 방법

그림 8.3은 numMoreThan1이라는 모디파이어를 생성한 것이다. 모디파이어를 정의하려면 modifier라는 키워드로 시작해 모디파이어명과 매개변수를 선언해준다. 모디파이어 로직을 보면 require와 _;가 있다.

먼저 require는 그림 8.2에 명시된 require인 것을 알 수 있다. 이 require는 모디파이어 매개변수 _num이 2 이상일 때 오류가 발생하지 않는다. _;는 이 모디파이어가 적용될 함수의 로직이 시작되는 지점을 나타낸다. 즉 _;보다 require가 먼저 명시됐으므로 require가 먼저 시작되고 나서 모디파이어가 적용된 함수의 로직이 시작된다.

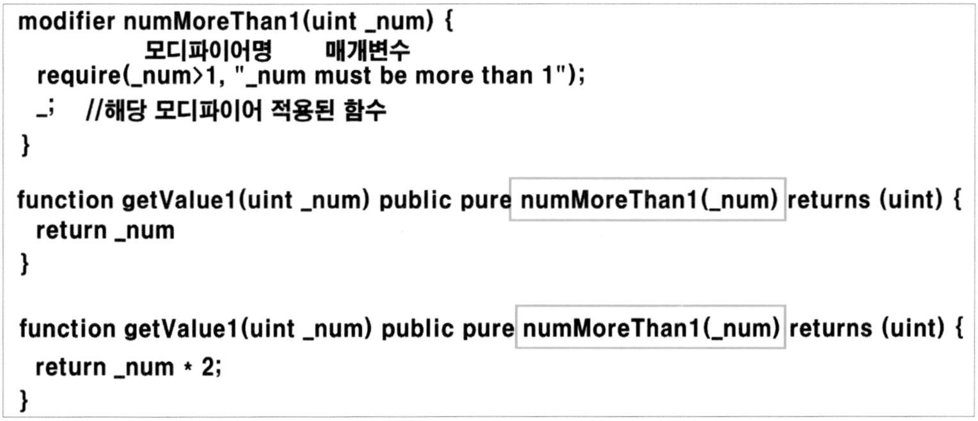

```
modifier numMoreThan1(uint _num) {
          모디파이어명      매개변수
  require(_num>1, "_num must be more than 1");
  _;    //해당 모디파이어 적용된 함수
}

function getValue1(uint _num) public pure numMoreThan1(_num) returns (uint) {
  return _num
}

function getValue1(uint _num) public pure numMoreThan1(_num) returns (uint) {
  return _num * 2;
}
```

그림 8.4 모디파이어 적용

그림 8.4는 그림 8.3에서 선언한 numMoreThan1 모디파이어를 함수 getValue1과 getValue2에 적용한 것이다. 각 함수를 보면 네모 박스로 표시한 모디파이어 numMoreThan1(_num)이 선언된 것을 볼 수 있다. 예를 들어 getValue1 함수에 매개변수 3을 넣고 실행시킨다고 가정해보자. 실행하면 입력받은 함수의 매개변수 _num은 모디파이어의 매개변수에 입력된다. 즉, getValue1 함수를 실행할 때 이 함수의 매개변수로 3을 넣었으므로 numMoreThan1(3)이 될 것이다.

모디파이어에 getValue1 함수의 매개변수를 넣어주면 모디파이어의 로직 require(_num>1,"_num must be more than1")이 실행된다. getValue1 함수의 매개변수 _num은 3이므로 require에서 오류가 나지 않는다. 그러고 나서 모디파이어이의 두 번째 로직인 _;로 넘어간다. 앞서 언급했듯이 _;는 모디파이어가 적용된 함수의 로직을 나타낸다. 즉, getValue1의 로직인 return _num이 실행된다. 함수의 매개변수 _num을 3으로 입력했으니 return 3이 되어 3이 반환된다.

그림 8.2와 그림 8.4를 비교하면 그림 8.4가 모디파이어를 적용하여 함수의 특정한 제한을 변경하는 것이 쉬운 것을 알 수 있다. 다시 말하자면 그림 8.2는 각 함수에 있는 require를 하나씩 변경해야 했지만, 그림 8.4의 경우는 numMoreThan1 모디파이어에 정의된 require만 변경하면 되므로 쉽게 유지 보수를 할 수 있다.

참고로 3장에서 솔리디티에서 기본으로 제공하는 pure와 view 모디파이어를 다뤘다. 다시 간단하게 복습하자면 함수 내부에 정의된 변수 또는 매개변수만 사용할 때 pure를 함수에 선언한다. 반면, view는 함수 외부에 정의된 상태 변수를 함수로 갖고 올 때 함수에 명시한다.

8.1.2 모디파이어 정의 예시

다음은 앞서 살펴본 그림 8.4와 같은 예제다. 예제 8.1의 함수 getValue1과 getValue2는 모디파이어 numMoreThan1이 적용돼 있다. numMoreThan1 모디파이어는 매개변수 _num을 가지고 있으며 로직은 require(_num>1, "_num must be more than 1");과 _;인 것을 알 수 있다.

예제 8.1 모디파이어 정의 방법

```
// SPDX-License-Identifier: GPL-3.0

pragma solidity >=0.7.0 <0.9.0;

contract Ex8_1 {

    modifier numMoreThan1(uint _num) {
        require(_num>1, "_num must be more than 1");
        _;
    }

    function getValue1(uint _num) public pure numMoreThan1(_num) returns(uint) {
        return _num;
    }
```

```
function getValue2(uint _num) public pure numMoreThan1(_num) returns(uint) {
    return _num*2;
}

}
```

각 함수가 실행될 때 함수의 매개변수 _num은 numMoreThan1 모디파이어의 매개변수 _num에 입력된다. numMoreThan1 모디파이어가 매개변수 _num을 입력받으면 require 구문이 실행된다. 모디파이어의 매개변수 _num이 2 이상일 때 오류가 발생하지 않는다. 그러고 나서 그다음 로직 _;이 실행된다. _;는 numMoreThan1 모디파이어가 적용된 함수의 로직을 나타낸다.

그림 8.5 컴파일 후 Deploy 버튼을 클릭해 예제 8.1 배포

그림 8.5와 같이 예제 8.1을 컴파일한 후 Deploy 버튼을 클릭해 배포한다.

그림 8.6 각 함수에 1을 입력해 결괏값 확인

예제 8.1의 배포가 성공적이면 그림 8.6과 같은 화면이 나온다. Ex8_1 스마트 컨트랙트는 2개의 함수 getValue1과 getValue2가 있으며, 모두 모디파이어가 적용돼 1 이하의 매개변수를 받으면 오류가 발생할 것이다. 모디파이어가 정상적으로 작동해 오류가 발생하는지 각 함수에 매개변수를 1을 입력하고 실행하겠다.

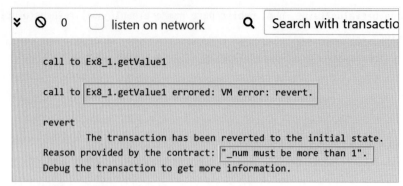

그림 8.7 getValue1에 매개변수 1 이하 입력 시 오류 발생

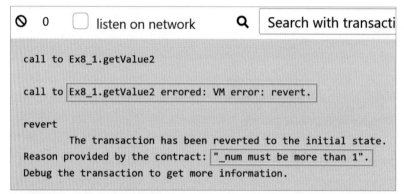

그림 8.8 getValue2에 매개변수 1 이하 입력 시 오류 발생

함수 getValue1과 getValue2에 매개변수 1을 입력하고 실행하면 그림 8.7 및 그림 8.8과 같은 오류가
발생한다. 즉, 모디파이어가 정상으로 작동하는 것을 알 수 있다. 더 나아가서 그림 8.7 및 그림 8.8과
같은 오류는 require를 통해 발생하므로 _num must be more than 1이라는 오류 메시지도 출력된다.

그림 8.9 함수에 2 이상의 값을 입력해 실행 후 결괏값 확인

그림 8.9와 같이 함수 getValue1과 getValue2에 2 이상의 매개변수인 5를 입력하면 오류 없이 각 함수가 실행된다. 함수 getValue1은 입력받은 매개변수를 바로 출력하므로 5를 반환했으며 함수 getValue2는 입력받은 매개변수에 2를 곱한 값이 반환되므로 반환값이 10이다.

8.1.3 모디파이어의 함수 실행 순서

예제 8.2를 통해 모디파이어의 _;를 탐구해보겠다. 앞서 봤듯이 _;는 함수의 로직이 실행되는 시점을 나타내며 이 시점 따라 함수의 결괏값이 달라진다. 이 예제에는 모디파이어 plusA와 plusB가 있으며 두 모디파이어의 로직은 매우 비슷하다.

예제 8.2 모디파이어의 함수 실행 순서

```
// SPDX-License-Identifier: GPL-3.0
pragma solidity >=0.7.0 <0.9.0;

contract Ex8_2 {

    uint public a;
    uint public b;

    modifier plusA() {
        a = a + 1;
        _;
    }
    modifier plusB() {
        _;
        b = b + 1;
    }
    function mulA() public plusA() {
        a = a * 2;
    }
    function mulB() public plusB() {
        b = b * 2;
    }
}
```

먼저 `plusA`는 변수 a에 1을 더한 후 `plusA`가 적용된 함수 `mulA`를 실행한다. 즉, `plusA`의 로직 `a = a + 1`이 실행되고 나서 `_;`에 의해 `mulA`의 로직 `a = a * 2`가 실행된다.

반면, `plusB`는 `_;`가 가장 먼저 명시됐으므로 이 모디파이어가 적용된 `mulB`의 `b = b * 2`가 실행된다. 그리고 나서 모디파이어 `plusB`의 로직 `b = b + 1`이 시작된다.

결론적으로 변수 a와 b의 초깃값, 함수 `mulA`와 `mulB`의 로직, 모디파이어 `plusA`와 `plusB`의 로직인 변수에 1을 더한다는 점은 같으나, 모디파이어의 함수 실행 순서가 달라 변수 a와 b는 서로 다른 값을 갖게 되며, 예제를 실행해 직접 확인해보겠다.

그림 8.10 컴파일 후 Deploy 버튼을 클릭해 예제 8.2 배포

예제 8.2를 먼저 컴파일한다. 그리고 나서 그림 8.10에 보이는 `Deploy` 버튼을 클릭해 예제를 배포한다.

그림 8.11 예제 8.2 배포 후 버튼 a와 b를 클릭해 변수 a와 b의 초깃값 확인

예제 8.2를 성공적으로 배포하면 그림 8.11과 같은 화면이 나온다. 그리고 나서 버튼 a와 b를 클릭해 변수 a와 b의 초깃값을 확인한다.

그림 8.12 버튼 mulA와 mulB 클릭 후 버튼 a와 b를 클릭해 변수 a와 b 결괏값 확인

그림 8.12와 같이 버튼 mulA와 mulB를 클릭해 함수 mulA와 mulB를 실행한다. 그러고 나서 버튼 a와 b를 클릭해 변수 a와 b가 어떻게 변했는지 확인한다. 그림 8.12에서 볼 수 있듯이 a와 b의 값은 2와 1이 된다. 즉, a와 b의 초깃값은 0으로 시작했고 함수 mulA와 mulB의 로직도 같지만, 단지 모디파이어의 함수 실행 순서가 달라서 서로 다른 결과가 나온 것이다.

자세히 보면 모디파이어 plusA가 적용된 함수 mulA가 실행되면 첫 번째 모디파이어의 로직인 a = a + 1이 실행된다. 변수 a의 초깃값은 0이므로 a = a + 1의 결괏값은 1이 된다. 그러고 나서 모디파이어의 로직인 _;이 실행되므로 함수의 로직 a = a * 2가 실행된다. 변수 a 값이 1이므로 a = a * 2의 결괏값은 2가 된다.

반면에 모디파이어 plusB가 적용된 함수 mulB가 실행되면 첫 번째 모디파이어 로직인 _;이 실행된다. _;는 mulB의 로직이므로 b = b * 2가 실행될 것이다. 변수 b의 초깃값은 0이므로 b = b * 2의 결괏값은 0이 된다. 그러고 나서 두 번째 모디파이어의 로직인 b = b + 1이 실행되므로 변수 b의 결괏값은 1이 될 것이다. 결론적으로 모디파이어의 _;는 함수의 실행 순서를 나타내며 _;의 위치에 따라 결괏값이 달라진다.

8.2 이넘

이넘은 uint8 범위를 가진 상수 집합이며, 0 ~ 255까지의 값에 자유롭게 이름을 지정할 수 있다. 값에 이름을 지정한다는 것은 0~255의 숫자에 상수명을 지정하는 것이다. 각 숫자에 상수명을 지정함으로써 각 숫자가 무엇을 나타내는지 파악할 수 있다. 즉, 스마트 컨트랙트를 분석하고 이해하는 데 도움이 된다.

이넘은 상수의 집합이므로 한 번 정해진 값은 변하지 않는다. 이런 점을 이용해 특정한 과정, 규격, 메뉴 등을 이넘으로 지정해 스마트 컨트랙트 내에서 편하게 작성할 수 있다. 예를 들어 옷 쇼핑몰과 결합된 스마트 컨트랙트를 개발한다고 가정해보자. 일반적으로 옷의 사이즈는 S, M, L, XL가 있다. 이 옷의 사이즈를 이넘을 통해 스마트 컨트랙트에 표현할 수 있다. 예를 들어 그림 8.13과 같이 이넘의 0과 1은 S와 M으로 지정하며 2와 3은 L와 XL로 명시할 수 있다.

```
enum Sizes {
        이넘명
    S,
    M,
    L,
    XL,
}
```

그림 8.13 이넘 정의 방법

그림 8.13에서 볼 수 있듯이 이넘을 정의하려면 enum이라는 키워드로 시작해 이넘의 이름을 지정한다. 그러고 나서 이넘에 표현하려는 이름을 선언해준다. 현재 그림 8.13은 사이즈를 나타내는 이넘이므로 각 사이즈 S, M, L, XL가 순서대로 정의돼 있다. 이넘의 범위는 0~255이므로 첫 번째로 선언한 것은 0이며 그다음 선언한 것은 1이다. 즉, 0은 S라는 이름을 가지며 1은 M으로 명시된다.

조금 더 확장해서 이넘과 require를 같이 활용하면 한 개 이상의 함수를 개발자가 의도한 순서에 맞게 실행되게 통제할 수 있다. 이넘과 require의 조합을 그림 8.14를 통해 알아보겠다. 그림 8.14는 음식을 주문해서 결제까지의 과정을 나타낸다. 각 과정의 단계를 이넘으로 쉽게 표현 가능하다. 예를 들어 0과 1은 주문과 포장이며 2와 3은 배달과 결제로 표시할 수 있다.

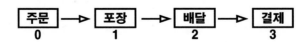

그림 8.14 음식 배달 과정

먼저 각 단계를 나타내는 이념과 함수 주문, 포장, 배달, 결제가 존재하며 이념을 저장하는 변수 status 가 있다고 가정해보겠다. 예를 들어 음식 포장이 완료됐을 때 음식점 주인은 포장 함수를 실행시킨다. 포장 함수가 실행되면 배달 기사가 와서 배달을 시작할 것이며 마찬가지로 배달 함수가 실행된다.

각 함수가 실행될 때마다 각 함수에 맞는 다양한 로직이 작동할 것이다. 그러나 이러한 로직은 생각하지 않기로 하고 이념에만 집중하겠다. 각 함수가 실행될 때마다 변수 status에 현재 과정에 대응되는 이념의 값이 저장된다. 예를 들어 포장 함수를 실행하면 변수 status에는 1이 저장된다. 이와 같이 실행된 함수의 단계를 status에 저장하면 require와 status를 통해 정해진 순서에 맞는 함수가 실행되게 통제할 수 있다.

예를 들어 배달 함수가 실행되고 나서야 결제 함수를 실행할 수 있다. 다시 말하자면 결제 함수를 실행하는 조건은 배달 함수의 작동 여부다. 즉, 배달 함수가 실행되면 status는 2가 될 것이다. 그러고 나서 결제 함수 내부의 status가 2일 때만 배달 함수가 실행된다는 조건을 가진 require를 선언하면 결제 함수의 실행을 통제할 수 있다. 이와 같이 각 함수의 status가 전 단계의 이념 값일 때 함수가 실행된다는 require를 붙이면 함수를 차례대로 실행되게 만들 수 있다.

예를 들면 손님이 음식을 주문해서 주문 함수가 실행되면 status가 0이 된 상태다. 그러나 음식점에서 실수로 포장 함수가 아닌 배달 함수를 실행시키면 트랜잭션 실패가 나서 배달 함수가 실행되지 않는다.

실패가 나는 이유는 배달 함수 내부에는 status가 1일 때, 즉 포장일 때만 배달 함수를 실행시킨다는 조건을 가진 require가 있기 때문이다. 결론적으로 이념으로 함수의 흐름을 쉽게 파악할 수 있고 require를 통해 함수의 흐름을 통제할 수 있다. 예제 8.3을 통해서 자세히 알아보겠다.

8.2.1 이념의 정의 예시

예제 8.3은 그림 8.14를 기반으로 만들어졌다. 이 예제에는 중점적으로 이념 FoodProcess와 변수 foodStatus에 저장된 이념의 값에 따라 실행되는 4개의 함수가 있다.

예제 8.3 이념 정의 방법

```solidity
// SPDX-License-Identifier: GPL-3.0
pragma solidity >=0.7.0 <0.9.0;


contract Ex8_3 {
    event Information(string info);
    enum FoodProcess {
```

```solidity
        order,
        takeAway,
        delivery,
        payment
    }
    FoodProcess public foodStatus;
    constructor(){
        foodStatus = FoodProcess.payment;
    }
    function orderFood() public {
        require(foodStatus == FoodProcess.payment, "It must be the payment status");
        foodStatus = FoodProcess.order;
        emit Information("Order success");
    }
    function takeAwayFood() public {
        require(foodStatus == FoodProcess.order, "It must be the order status");
        foodStatus = FoodProcess.takeAway;
        emit Information("takeAway success");
    }
    function deliveryFood() public {
        require(foodStatus == FoodProcess.takeAway, "It must be the takeAway status");
        foodStatus = FoodProcess.delivery;
        emit Information("delivery success");
    }
    function paymentFood() public {
        require(foodStatus == FoodProcess(2), "It must be the delivery status");
        foodStatus = FoodProcess.payment;
        emit Information("payment success");
    }
}
```

먼저 Information 이벤트를 살펴보자.

```solidity
event Information(string info);
```

이벤트 Information은 각 함수가 정상적으로 실행될 때 출력되는 이벤트다. 예를 들면 orderFood 함수가 실행되면 Order success라는 문구와 함께 이벤트가 출력된다. 여기서 이벤트는 orderFood 함수가 잘 출력됐음을 나타내는 용도다.

다음은 FoodProcess 이넘과 foodStatus 변수를 탐구해 보자.

```
enum FoodProcess {
        order,
        takeAway,
        delivery,
        payment
    }
FoodProcess public foodStatus;
```

FoodProcess라는 이넘과 FoodProcess 자료형을 가진 foodStatus가 있다. 먼저 이넘을 정의할 때 키워드 enum으로 시작해 FoodProcess라는 이넘의 이름을 정의한 것을 알 수 있다. FoodProcess 이넘에는 주문, 포장, 결제를 나타내는 order, takeAway, delivert, payment가 있으며 0, 1, 2, 3의 값에 order, takeAway, delivert, payment이름이 지정됐다.

변수 foodStatus에 이넘 FoodProcess의 값을 저장해야 하므로 foodStatus의 자료형은 FoodProcess로 선언해야 한다. foodStatus 변수의 용도는 특정 함수가 성공적으로 실행될 때 현재의 이넘 값을 저장하는 것이다. 예를 들어 takeAway 함수가 실행됐다면 foodStatus에는 takeAway를 나타내는 이넘이 저장될 것이다. 더 나아가서 takeAway 함수가 실행되기 전에 require를 통해 foodStatus에 저장된 이넘이 order인지 확인할 수 있을 것이다. 즉, foodStatus의 값이 order가 아니라면 takeAway 함수는 실행되지 않는다.

다음은 Ex8_3 스마트 컨트랙트의 생성자를 보자.

```
constructor(){
        foodStatus = FoodProcess.payment;
    }
```

생성자를 통해 foodStatus의 초깃값을 이넘의 payment로 정의한다. 참고로 이넘의 값을 갖고 올 때 FoodProcess.payment와 같이 이넘의 이름과 이넘에 선언된 멤버 이름을 불러야 한다.

다음은 예제 8.3의 핵심인 4개의 함수를 보겠다.

```
function orderFood() public {
    require(foodStatus == FoodProcess.payment, "It must be the payment status");
    foodStatus = FoodProcess.order;
    emit Information("Order success");
}
function takeAwayFood() public {
    require(foodStatus == FoodProcess.order, "It must be the order status");
    foodStatus = FoodProcess.takeAway;
    emit Information("takeAway success");
}
function deliveryFood() public {
    require(foodStatus == FoodProcess.takeAway, "It must be the takeAway status");
    foodStatus = FoodProcess.delivery;
    emit Information("delivery success");
}
function paymentFood() public {
    require(foodStatus == FoodProcess(2), "It must be the delivery status");
    foodStatus = FoodProcess.payment;
    emit Information("payment success");
}
```

주문, 포장, 배달, 결제를 나타내는 4개의 함수 orderFodd, takeAwayFood, deliveryFood, paymentFood를 보여준다. 함수 모두 같은 로직을 갖고 있으며 단지 이넘의 값만 다르다. 함수 deliveryFood로 예를 들면 deliveryFood 함수의 첫 번째 로직은 require다. 이 require는 foodStatus가 takeAway일 때 작동하도록 정의됐다. 즉, 배달을 나타내는 deliveryFood 함수가 실행되기 전에 포장을 나타내는 함수 takeAwayFood가 실행돼야 한다.

foodStatus가 takeAway여서 정상적으로 require를 지나간다면 foodStatus = FoodProcess. delivery를 통해 변수 foodStatus가 delivery 상태로 저장된다. 즉, delivery 상태가 됨으로써 함수 paymentFood를 실행할 수 있다. 그러고 나서 최종적으로 delivery success라는 문구의 이벤트가 출력된다.

추가적으로, 함수 orderFood의 require의 조건은 foodStatus == FoodProcess.payment이다. foodStatus의 상태가 payment인 이유는 음식을 주문해서 결제하는 과정 중 결제기 마지막 과정이기 때문이다. 즉, 마지막 과정인 결제가 끝나야 첫 과정인 주문을 다시 할 수 있다. 이러한 이유로 예제 8.3.3의 생성자에 foodStatus의 초깃값을 payment로 지정했다.

더 나아가서 함수 paymentFood를 보면 require 조건 부분에 FoodProcess(2)라고 정의된 것을 확인할 수 있다. 기본적으로 이넘은 uint8의 상수 세트이며 FoodProcess 이넘은 숫자 2에 payment라는 이름을 지정했으므로 FoodProcess.payment 대신 FoodProcess(2)라고 정의해도 된다. 이와 마찬가지로 FoodProcess(0)은 FoodProcess.order이다.

예제 8.3을 작성했다면 다음 그림에 나오는 순서대로 예제 8.3을 실습해보자.

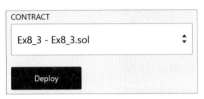

그림 8.15 예제 8.3 컴파일 후 Deploy 버튼을 클릭해 배포

예제 8.3을 컴파일하고 나서 그림 8.15의 Deploy 버튼을 클릭해 예제를 배포한다.

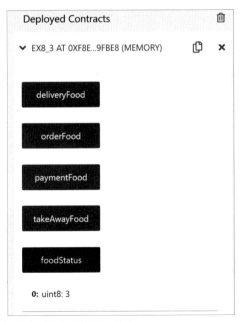

그림 8.16 버튼 foodStatus를 클릭해 변수 foodStatus의 초깃값 확인

예제 8.3을 배포하고 나서 foodStatus 버튼을 클릭해 변수 foodStatus의 초깃값을 확인하면 그림 8.16과 같이 uint8: 3이 나오는 것을 확인할 수 있다. 이넘은 uint8의 범위를 가진 상수 세트이므로 결괏값이 uint8: 3으로 나오며 FoodProcess의 3은 payment를 나타낸다.

그림 8.17 버튼 orderFood를 클릭하고 나서 변수 foodStatus의 결괏값 확인

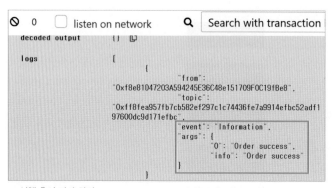

그림 8.18 함수 orderFood 실행 후의 결과 화면

변수 foodStatus의 초깃값이 3이므로 orderFood 함수를 실행할 수 있다. 그림 8.17의 orderFood 버튼을 클릭하면 그림 8.18과 같은 이벤트가 정상적으로 출력된 결과 화면이 나온다. 그리고 나서 그림 8.17의 foodStatus 버튼을 클릭하면 변수 foodStatus가 0으로 변경되는데, 이넘 FoodProcess의 0은 order를 나타낸다.

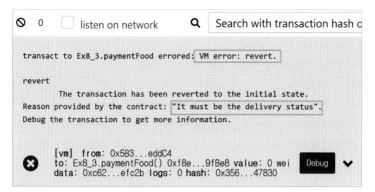

그림 8.19 실행 순서에 맞지 않는 함수 실행 시 오류 화면

그림 8.18에서 볼 수 있듯이 orderFood 함수를 통해 foodStatus가 0이 되었다. takeAway 함수가 실행돼야 할 순서지만 다른 함수를 실행하면 require로 인해 오류가 발생할 것이다. 그림 8.19는 takeAway 함수가 아닌 delivery 함수를 실행해 생긴 오류다. 네모 박스로 표시한 오류 메시지 It must be the delivery status는 delivery 함수를 실행하려면 foodStatus가 delivery가 돼야 한다고 설명하고 있다.

8.3 임포트

이번 절에서는 임포트에 대해 알아본다. 임포트는 그 사전적 의미인 '불러오다'로 이해하면 쉽다. 솔리디티에서 임포트는 외부 파일을 불러오는 것이라고 생각할 수 있다. 즉, 외부 파일에 스마트 컨트랙트, 추상 스마트 컨트랙트, 인터페이스, 라이브러리 등이 작성돼 있다면 임포트를 통해 외부 파일에 있는 요소를 쉽게 불러올 수 있다.

```
1  //SPDX-License-Identifier: GPL-3.0
2  pragma solidity >=0.7.0 <0.9.0;
3
4  contract ArtStudent {
5      string public schoolName = "The Solidity Univeristy";
6      uint public schoolHours = 5;
7  }
8
9  contract PartTimer {
10     string public workPlace = "A pizza shop";
11     uint public workingHours = 6;
12 }
13
14 contract Alice is ArtStudent, PartTimer {
15     uint public totalHours = schoolHours + workingHours;
16 }
17
18
```

그림 8.20 임포트 없이 하나의 파일에 다중 스마트 컨트랙트 작성

그림 8.20은 6장에서 본 다중 상속의 예제이며 하나의 파일에 3개의 스마트 컨트랙트가 작성돼 있다. 그림 8.20과 같이 3개의 스마트 컨트랙트를 하나의 파일에 저장하면 모든 스마트 컨트랙트를 한눈에 보기가 편하고 상속을 바로 할 수 있어서 좋다고 생각할 수도 있다.

그러나 각 스마트 컨트랙트의 길이가 길어지고 많은 수의 스마트 컨트랙트가 한 파일에 저장된다면, 코드에서 원하는 부분을 찾기 어려워질 수 있다. 그러므로 스마트 컨트랙트별로 파일을 따로 작성한 뒤 import로 불러오는 것이 좋다.

import 불러오고자 하는 파일의 경로;

그림 8.21 임포트 정의 방법

그림 8.21과 같이 import 키워드와 불러오고자 하는 파일의 경로를 입력하면 그 경로에 있는 파일을 불러올 수 있다. 예제를 통해 자세히 알아보겠다.

8.3.1 임포트 예제

그림 8.20의 스마트 컨트랙트를 다음과 같이 3개의 파일로 분산할 수 있다.

예제 8.4 현재 위치에 있는 파일 불러오기

```solidity
//SPDX-License-Identifier: GPL-3.0
pragma solidity >=0.7.0 <0.9.0;

import "./Ex8_4_1.sol";
import "./In/Ex8_4_2.sol";

contract Alice is ArtStudent, PartTimer {
    uint public totalHours = schoolHours + workingHours;
}
```

예제 8.4.1 Ex8_4_1 파일의 ArtStudent 스마트 컨트랙트

```solidity
//SPDX-License-Identifier: GPL-3.0
pragma solidity >=0.7.0 <0.9.0;

contract ArtStudent {
    string public schoolName = "The Solidity Univeristy";
    uint public schoolHours = 5;
}
```

302   솔리디티 프로그래밍 완벽 가이드

```
//SPDX-License-Identifier: GPL-3.0
pragma solidity >=0.7.0 <0.9.0;


contract PartTimer {
    string public workPlace = "A pizza shop";
    uint public workingHours = 6;
}
```

먼저 예제 8.4에서 볼 수 있듯이 import를 명시하고 불러오고자 하는 스마트 컨트랙트의 파일 경로를
상대 경로로 선언해준다. 상대 경로는 현재 예제 8.4 파일을 기준으로 다른 파일의 경로를 판단한다. 상
대 경로에는 ./와 ../를 활용하는데, ./는 기준이 되는 파일과 같은 위치이고, ../는 기준이 되는 파일의
상위를 나타낸다.

그림 8.22 파일 경로

그림 8.22를 참고해 예제 8.4의 임포트된 파일 경로 주소를 살펴보자. 예제 8.4에 Ex8_4_1과 Ex8_4_2
를 불러와서 상속하므로 예제 8.4 기준으로 각 파일의 경로를 판단하겠다. 먼저 그림 8.22에서 볼 수
있듯이 예제 8.4를 나타내는 Ex8_4.sol과 ArtStudent 스마트 컨트랙트가 정의된 Ex8_4_1.sol이
같은 위치에 있다. 같은 위치이므로 예제 8.4의 첫 번째 임포트 import "./Ex8_4_1.sol";를 통해
Ex8_4_1.sol의 ArtStudent를 예제 8.4로 가지고 오는 것을 알 수 있다.

두 번째 임포트는 import "./In/Ex8_4_2.sol";이며 Ex8_4_2.sol 파일에서 PartTimer 스마트 컨
트랙트를 예제 8.4로 가지고 온다. 그림 8.22에서 확인할 수 있듯이 예제 8.4를 나타내는 Ex8_4.sol
파일 기준으로 Ex8_4_2.sol 파일은 In 폴더에 Ex8_4_2.sol 파일이 있으므로 "./In/Ex8_4_2.sol"
과 같은 경로가 나온다. 즉, Ex8_4.sol과 폴더 In은 같은 경로이므로 ./In이 되고 In 폴더에 있는
Ex8_4_2.sol에 접근하려면 ./In/Ex8_4_2.sol이라고 쓴다.

그림 8.23 예제 8.4를 컴파일 후 CONTRACT에서 Alice 선택 후 Deploy 버튼을 클릭해 배포

예제 8.4를 컴파일하면 성공적으로 되는 것을 알 수 있다. 즉, 타 파일에 작성된 스마트 컨트랙트 ArtStudent와 PartTimer가 예제 8.4에 잘 불러왔다. 더 나아가서 예제 8.4의 스마트 컨트랙트 Alice 가 ArtStudent와 PartTimer를 오류 없이 상속받았다. 컴파일한 후 그림 8.23과 같이 CONTRACT에서 Alice를 선택한 후 Deploy 버튼을 클릭해 배포한다.

그림 8.24 예제 8.4가 성공적으로 배포된 화면

그림 8.24에서 보듯이 여러 파일을 불러온 예제 8.4가 성공적으로 배포됐다.

8.3.2 상위 폴더에 있는 파일을 임포트

예제 8.5 상위 폴더에 있는 파일 불러오기

```
//SPDX-License-Identifier: GPL-3.0
pragma solidity >=0.7.0 <0.9.0;
```

```
import "../Ex8_5_1.sol";
import "../../Ex8_5_2.sol";

contract Alice is ArtStudent, PartTimer {
    uint public totalHours = schoolHours + workingHours;
}
```

예제 8.5.1 Ex8_5_1 파일의 ArtStudent 스마트 컨트랙트

```
//SPDX-License-Identifier: GPL-3.0
pragma solidity >=0.7.0 <0.9.0;

contract ArtStudent {
    string public schoolName = "The Solidity Univeristy";
    uint public schoolHours = 5;
}
```

예제 8.5.2 Ex8_5_2 파일의 PartTimer 스마트 컨트랙트

```
//SPDX-License-Identifier: GPL-3.0
pragma solidity >=0.7.0 <0.9.0;

contract PartTimer {
    string public workPlace = "A pizza shop";
    uint public workingHours = 6;
}
```

예제 8.5는 예제 8.4와 같은 예제이며 단지 예제 8.5에 상위 폴더에 있는 파일을 불러오려고 한다. 임포트의 경로를 지정할 때는 상대 주소로 표시하며 ../를 통해 상위 폴더에 있는 파일에 접근해야 한다.

그림 8.25를 보면 가장 내부에 있는 폴더 Out1에 파일 Ex8_5.sol이 있으며 이 파일은 예제 8.5를 나타낸다. Ex8_5.sol 파일에 다른 파일을 불러오므로 Ex8_5.sol 파일을 기준으로 경로를 정하겠다. Out1 밖에 있는 파일은 Ex8_5_1.sol이며 이 파일은 Out2 폴더에 속한다. Out2 폴더 밖에는 Ex8_5_2.sol이 존재한다.

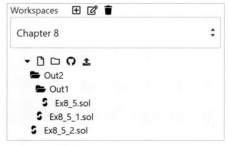

그림 8.25 파일 경로

예제 8.5의 첫 번째 임포트는 `import "../Ex8_5_1.sol"`이며 예제 8.5를 나타내는 Ex8.5.sol의 기준으로 Ex8_5_1.sol은 이 파일의 상단 폴더인 Out1에 있으므로 `../`를 입력해야 상단 폴더의 위치에 접근이 가능하다. 그리고 나서 Out1에 존재하는 Ex8_5_1.sol에 접근하므로 `import "../Ex8_5_1.sol";`와 같은 임포트의 형태가 나온다.

두 번째 임포트는 `import "../../Ex8_5_2.sol"`이며 Ex8.5.sol의 기준으로 Ex8_5_2.sol 파일은 Out1 폴더 밖의 Out2 폴더 밖에 존재한다. 즉 상단 폴더를 나타내는 `../`를 두 번 명시해 Ex8_5_2.sol 파일에 접근할 수 있다. 결론적으로 예제 8.5에서 `import "../../Ex8_5_2.sol"`을 통해 Ex8_5_2.sol을 불러올 수 있다.

그림 8.26 예제 8.5를 컴파일 후 CONTRACT에서 Alice 선택 후 Deploy 버튼을 클릭해 배포

예제 8.5를 컴파일하면 아무 오류 없이 컴파일된다. 오류가 없다는 것은 파일 Ex8_5_1.sol과 Ex8_5_2.sol이 Ex8_5.sol에 성공적으로 불려온 것이며 Alice 스마트 컨트랙트는 ArtStudent와 PartTimer를 잘 상속받은 것을 인지할 수 있다. 컴파일 완료 후 CONTRACT에서 Alice를 선택한 후 Deploy 버튼을 클릭해 Alice 스마트 컨트랙트를 배포한다.

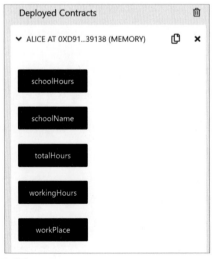

그림 8.27 예제 8.5가 성공적으로 배포된 화면

예제 8.5를 배포하면 그림 8.27과 같이 정상적으로 배포되는데, 이는 곧 파일 Ex8_5_1.sol과 Ex8_5_2.sol을 성공적으로 불러와 상속이 성공적으로 됐다는 뜻이다.

8.4 라이브러리

라이브러리는 기존에 다뤘던 스마트 컨트랙트와 유사해 보일 수 있으나, 사실 다르다. 스마트 컨트랙트의 경우 스토리지에 있는 상태 변수를 저장하거나 변경하지만, 라이브러리는 상태 변수를 변경하는 용도가 아닌 특정한 값을 입력받아 정의된 함수 로직에 따라 연산 후 값을 반환한다. 대표적인 라이브러리 활용 목적은 함수의 재사용성이다. 쉽게 설명하면 라이브러리에 다수의 스마트 컨트랙트가 필요로 하는 함수를 정의해 각 스마트 컨트랙트에 공유하는 것이다.

8.4.1 라이브러리의 특징

라이브러리의 특징은 다음과 같다.

01. **코드의 재사용과 가스 절약에 이점이 있다.**

다수의 스마트 컨트랙트에 공통으로 정의된 함수를 삭제하고 라이브러리에 그 함수를 정의한다. 그러고 나서 라이브러리를 각 스마트 컨트랙트에 적용한 후 공통으로 정의된 함수를 사용한다. 즉, 각 스마트 컨트랙트는 하나의 라이브러리를 공유해 함수를 호출한다.

결론적으로 다수의 스마트 컨트랙트가 필요로 하는 함수를 라이브러리에 정의한다. 그러고 나서 그 함수를 라이브러리를 통해 여러 스마트 컨트랙트에서 재활용한다면 각 스마트 컨트랙트는 가스를 절약할 수 있다. 그 이유는 다수의 스마트 컨트랙트에 똑같은 함수를 정의한다면 각 스마트 컨트랙트마다 중복적으로 정의해야 하지만, 라이브러리는 한 번만 정의하면 되기 때문이다.

02. **자료형에 적용 가능하다.**

라이브러리는 자료형에 적용할 수 있으므로 유연하게 사용할 수 있다. 이에 대해서는 예제 8.6을 통해 자세히 알아보겠다.

03. **상태 변수와 상속의 정의가 불가능하다.**

상태 변수 정의가 불가능하므로 라이브러리에 정의할 수 있는 함수는 pure와 view를 가진 함수다. 즉, 라이브러리가 적용된 스마트 컨트랙트는 pure와 view를 가진 라이브러리 함수를 호출한다.

04. **정의된 함수가 internal과 external일 경우 내부적으로 다르게 작동한다.**

라이브러리에 정의된 함수가 internal로 명시돼 있다면 따로 라이브러리를 배포하지 않고 라이브러리가 적용된 스마트 컨트랙트는 일반적으로 내부 함수를 호출할 때와 같이 JUMP를 사용해 라이브러리 함수를 호출할 수 있다.

반면에 라이브러리에 정의된 함수가 external로 선언돼 있다면 라이브러리를 배포하고 delegate call을 통해 라이브러리 함수를 호출한다. delegate call에 관해서는 뒤에서 알아보겠다.

05. **이더를 받을 수 없다.**

라이브러리는 이더를 받을 수 없으므로, 다음 장에서 배울 fallback과 receive 함수, 그리고 payable 키워드를 명시할 수 없다.

8.4.2 라이브러리 정의

라이브러리를 정의하는 방법은 다음과 같다.

```
library Math {
          라이브러리명
    function add(uint a, uint b) internal pure returns(uint) {
        //함수 로직
    }
}
```

그림 8.28 라이브러리 정의 방법

먼저 라이브러리를 정의하려면 **library** 키워드로 시작해 라이브러리명을 선언해야 한다. 그림 8.28의 라이브러리명은 Math이며, 이 라이브러리에는 add 함수가 선언돼 있다. 앞서 봤듯이 라이브러리는 함수 외부에 정의된 변수, 즉 상태 변수, 상속, 폴백 함수, **payable**은 사용할 수 없으며 라이브러리에 선언된 함수에는 **pure**나 **view**가 적용된다.

```
Math.add(3,4)
라이브러리   함수
```

그림 8.29 라이브러리 적용

그림 8.29에서 볼 수 있듯이 Math 라이브러리를 스마트 컨트랙트에 적용하려면 **Math.add(3.4)**와 같이 정의해야 한다. 즉, Math 라이브러리의 함수 add에 3과 4를 매개변수로 넣어 실행하겠다는 뜻이 된다.

8.4.3 라이브러리 사용

정의한 라이브러리를 스마트 컨트랙트에 적용하려면 using 구문을 사용한다.

예를 들어, 앞에서 만든 Math 라이브러리를 스마트 컨트랙트에 적용하려면 using Math for uint와 같이 써야 한다.

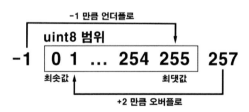

그림 8.30 자료형에 라이브러리를 적용하는 방법

엄밀히 말하자면 이 구문은 특정 스마트 컨트랙트의 자료형 uint에 라이브러리 Math를 정의하는 것이다. 즉 스마트 컨트랙트의 자료형에 라이브러리를 적용한다고 볼 수 있다.

8.4.4 실습: 오버플로를 막는 라이브러리

라이브러리가 적용된 자료형은 라이브러리에서 제공하는 함수를 쉽게 이용할 수 있다. 오버플로를 막는 라이브러리를 간단히 작성한 후 스마트 컨트랙트에 적용하는 예제를 통해 자세히 알아보겠다.

오버플로와 언더플로

예제를 본격적으로 살펴보기 전에 솔리디티 버전 0.8 미만의 특징을 알아보겠다. 버전 0.8 미만에서 솔리디티는 오버플로(overflow)와 언더플로(underflow)가 일어난다. 오버플로는 특정한 값이 최대 허용 범위를 넘어간 것이며 언더플로는 특정한 값이 최소 허용 범위를 넘어간 것이다.

그림 8.31 오버플로와 언더플로

그림 8.31은 uint8의 오버플로와 언더플로를 나타낸다. 그림 8.31에서 볼 수 있듯이 uint8의 범위는 0~255까지다. 즉 uint8이 적용된 변수는 -1 이하 또는 256 이상을 수용할 수 없으며 이 범위에 벗어난 수를 넣게 되면 컴파일러가 오류를 발생시킬 것이다.

그러나 컴파일러가 범위를 확인하지 못해 오버플로 또는 언더플로가 일어나는 경우가 있다. 이는 두 개 이상의 매개변수가 함수에서 연산될 때 반환값이 오버플로 또는 언더플로가 발생할 수 있다. 예를 들어 add라는 함수는 두 개의 매개변수를 더해서 결괏값을 반환한다고 가정해보자. 매개변수와 반환값의 자료형은 uint8이다. 매개변수에 각각 255와 2를 넣는다면 결괏값은 257이 될 것이다. 그림 8.31과 같이 uint8은 255까지 표현되므로 +2만큼 오버플로가 돼서 1을 반환하게 된다.

이러한 문제는 솔리디티 0.8 버전 미만에서 발생하며, 이 버전을 이용할시 오픈제플린(OpenZeppelin)에서 제공하는 SafeMath 라이브러리를 적용하는 것을 권장한다. SafeMath 라이브러리는 오버플로 또는 언더플로가 일어나지 않도록 막는다. 오픈제플린은 보안적으로 안정성이 높으며 표준화된 스마트 컨트랙트를 제공한다. 대표적으로 표준화된 토큰 스마트 컨트랙트 ERC-20, ERC-721, ERC-1155가 있으며, 토큰을 생성할 때 오픈제플린에서 제공하는 토큰 스마트 컨트랙트를 사용한다. 예제 8.7에서 오플제플린에서 제공하는 SafeMath 라이브러리를 이용한다.

솔리디티 버전 0.8 이상부터는 자체적으로 오버플로와 언더플로를 방지한다. 오버플로와 언더플로를 막는 기능을 의도적으로 해제하지 않는 이상, 솔리디티 버전 0.8 이상에서는 SafeMath를 적용할 필요가 없다.

오버플로 발생 확인

라이브러리 Math와 Ex8_6을 다음과 같이 정의한다.

예제 8.6 라이브러리 정의 방법

```
// SPDX-License-Identifier: GPL-3.0

pragma solidity >=0.5.0 < 0.8.0;

library Math{
    function add(uint8 a, uint8 b) internal pure returns (uint8) {
        require(a+b >= a , "Error: addition overflow");
        return a+b;
    }
}

contract Ex8_6{
    using Math for uint8;
    function overflow(uint8 _num1, uint8 _num2) public pure returns(uint8) {
        return _num1+_num2;
    }
```

```
function noOverflow1(uint8 _num1,uint8 _num2) public pure returns(uint8) {
    return Math.add(_num1 ,_num2);
}

function noOverflow2(uint8 _num1,uint8 _num2) public pure returns(uint8) {
    return _num1.add(_num2);
}
}
```

라이브러리 Math에는 pure가 적용된 함수 add가 정의돼 있다. add 함수는 uint8 자료형을 가진 매개변수 a와 b를 받으며, add 함수의 로직 require의 조건 a+b >= b는 a와 b의 합이 오버플로인지 아닌지를 확인해 a와 b의 값을 반환한다.

require의 조건 a+b >= b를 자세히 살펴보자. 예를 들어 a가 uint8의 최댓값 255이며, b가 1이라면 a와 b의 합은 256이 된다. 그러나 uint8은 255가 제일 큰 수이므로 256은 uint8에서 1 정도 오버플로가 발생해 0이 될 것이다. 즉, a+b >= b의 a+b는 0이고, a는 255가 되므로 0>=255가 돼 require에서 오류가 발생해 오버플로를 방지한다.

예제 8.6의 코드는 using Math for uint8을 통해 uint8에 Math 라이브러리가 적용돼 있으며 3개의 함수 overflow, noOverflow1, noOverflow2가 있다. 먼저 overflow는 라이브러리가 적용되지 않았으므로 오버플로가 일어난다. 반면에 noOverflow1과 noOverflow2는 라이브러리가 적용돼 오버플로를 방지할 수 있다. 두 함수의 차이점은 라이브러리 Math의 적용 방법이다.

먼저 noOverflow1의 Math.add(_num1, _num2)는 라이브러리를 직접 이용한 것이다. 반면, noOverflow2의 _num1.add(_num2)는 자료형에 적용된 라이브러리를 활용한 것이다. _num1은 uint8이며 using Math for uint8을 통해 라이브러리가 자료형 uint8에 적용됐다.

그림 8.32 솔리디티 컴파일러 버전 0.7.6 변경 후 예제 8.6 컴파일

솔리디티 버전 0.8 미만에서 오버플로와 언더플로가 일어나므로 버전 0.8 미만인 0.7.6을 선택한 후 예제 8.6을 컴파일한다.

그림 8.33 예제 8.6 컴파일 완료 후 CONTRACT에서 Ex8_6 선택 후 Deploy 버튼을 클릭해 배포

그림 8.33과 같이 예제 8.6의 컴파일이 완료된 후 **CONTRACT**에서 Ex8_6을 선택한다. 그러고 나서 `Deploy` 버튼을 클릭한다.

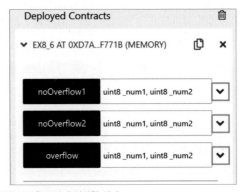

그림 8.34 배포 후 네모 박스로 표시한 부분을 클릭해 입력창 열기

예제 8.6을 배포하면 그림 8.34와 같은 화면을 확인할 수 있다. 네모 박스로 표시한 부분을 클릭해 각 함수의 매개변수 입력창을 연다.

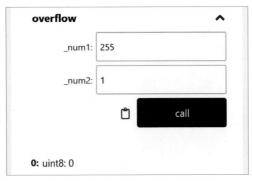

그림 8.35 overflow 함수에 매개변수 255와 1을 입력한 후 Call 버튼을 클릭해 결괏값 확인

overflow 함수는 예제 8.6에 정의된 Math 라이브러리가 적용되지 않았으므로 uint8의 범위가 넘는 값을 반환하면 오버플로가 발생할 것을 예상할 수 있다. overflow 함수의 매개변수로 255와 1을 입력하면 256이 될 것이다. 그러나 overflow 함수의 반환값은 uint8의 자료형을 갖고 있으므로 255까지 표현할 수 있다. 즉, 256은 255보다 1이 많으므로 오버플로가 일어나 0이 되는 것을 그림 8.35에서 확인할 수 있다.

그림 8.36 Math 라이브러리가 적용된 두 함수에 매개변수 255와 1을 입력한 후 call 버튼을 클릭해 실행

두 함수 noOverflow1과 noOverflow2는 Math 라이브러리가 적용됐으므로 uint8의 최댓값인 255가 넘는 값이 반환돼도 오버플로가 발생하지 않고 오류가 발생할 것을 예상할 수 있다. 각 함수의 매개변수 _num1과 _num2의 합이 255가 넘게 만드는 두 매개변수를 자유롭게 입력한 후 call 버튼을 클릭해 함수를 실행시킨다. 그림 8.36과 같이 255와 1을 입력하고 실행한다.

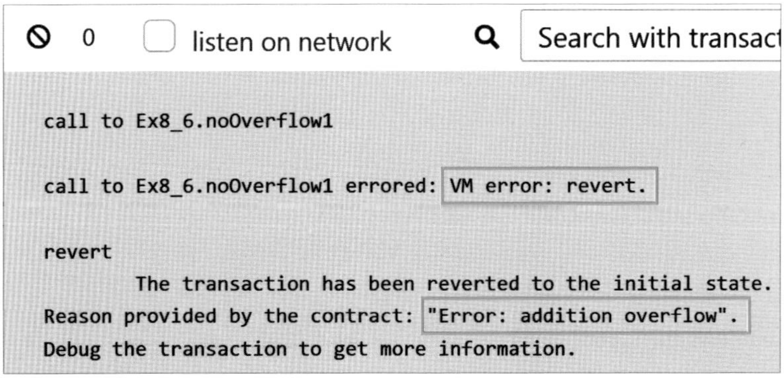

그림 8.37 함수 ovferflow1의 결과 화면

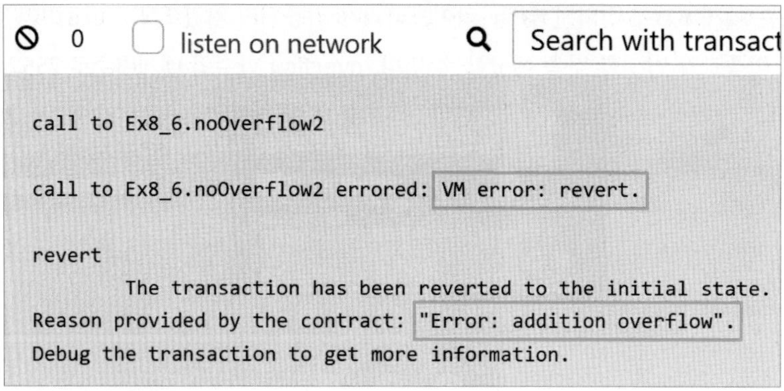

그림 8.38 함수 ovferflow2의 결과 화면

그림 8.37과 그림 8.38에서 볼 수 있듯이 함수 overflow1과 oveflow2에 매개변수 255와 1을 입력하면 오버플로 오류가 발생하는 것을 알 수 있다. 즉 오버플로 오류로 인해 트랜잭션이 실패하여 오버플로가 발생하지 않는다.

오픈제플린 SafeMath 라이브러리 적용

오픈제플린에서 제공하는 라이브러리 SafeMath를 예제 8.7에 적용했다. 예제 8.7에서 볼 수 있듯이 키 워드 import에 SafeMath의 깃허브 주소를 입력해 예제 8.7로 불러왔다. 추가적으로 import에 스마트 컨트랙트가 저장된 깃허브 주소를 입력하면 그 스마트 컨트랙트를 불러올 수 있다(SafeMath의 깃허브 주소를 얻는 과정은 다음 절에서 설명한다).

예제 8.7 오픈제플린에서 제공하는 SafeMath 라이브러리 적용

```
// SPDX-License-Identifier: GPL-3.0

pragma solidity >=0.5.0 < 0.8.0;
import "https://github.com/OpenZeppelin/openzeppelin-contracts/blob/release-v3.2.0-
solc-0.7/contracts/math/SafeMath.sol";

contract Ex8_7{
    using SafeMath for uint;
    uint constant public MAX_UINT = ~uint(0);

    function addition(uint _num) public pure returns(uint) {
        return MAX_UINT.add(_num);
    }
```

```
    function multiplication(uint _num) public pure returns(uint) {
        return MAX_UINT.mul(_num);
    }
    function division(uint _num) public pure returns(uint) {
        return MAX_UINT.div(_num);
    }
    function modulo(uint _num) public pure returns(uint) {
        return MAX_UINT.mod(_num);
    }
    function subtraction(uint _num1,uint _num2) public pure returns(uint) {
        return _num1.sub(_num2);
    }
}
```

예제 8.7은 using SafeMath for uint를 통해 자료형 uint에 SafeMath를 적용하고 있다. 상수 MAX_UINT는 ~uint(0)를 통해 uint의 최댓값을 나타낸다. 다시 말하자면 ~uint(0)의 ~는 비트 연산자이며 비트 0을 1로, 또는 1을 0으로 반전시킨다. 즉 현재 uint(0)은 uint가 가질 수 있는 비트의 수가 모두 0이며 ~를 통해 반전시키면 uint의 모든 0은 1로 변경돼 최댓값이 된다. 쉽게 생각하면 uint 범위에서 가장 낮은 숫자 0이 ~를 통해 가장 높은 숫자로 반전됐다고 생각할 수 있다.

5개 함수 모두 SafeMath 라이브러리를 이용해 값을 반환하고 있다. 참고로 SafeMath 라이브러리는 더하기 함수 add, 빼기 함수 sub, 곱하기 함수 mul, 나누기 함수 div, 나머지 함수 mod를 제공한다. 즉 예제는 SafeMath의 함수를 이용하므로 오버플로와 같은 오류를 방지할 수 있다.

예를 들어 함수 addition은 매개변수를 받아 uint의 최댓값인 MAX_UINT와 더한다. 즉 매개변수가 0이 아닌 이상 무조건 오버플로가 발생한다. 그러나 SafeMath에 의해서 오류가 발생해 트랜잭션이 실패할 것이다. 결론적으로 오버플로는 발생하지 않는다.

더 나아가서 함수 subtraction을 제외한 모든 함수에서 상수 MAX_UINT와 매개변수를 연산하고 있는 것을 알 수 있다. 한 가지 주목할 점은 상수 MAX_UINT를 함수 외부에서 읽어 왔지만, view가 아닌 pure를 썼다는 점이다. 상수를 갖고 올 때는 pure를 명시해야 한다.

SafeMath의 깃허브 주소 얻기

구글에서 'openzeppelin github'를 검색한다.

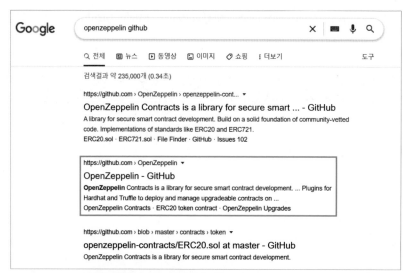

그림 8.39 openzeppelin github 검색 후 네모 박스로 표시한 링크 클릭

그러고 나서 그림의 네모 박스로 표시한 오픈제플린 깃허브 링크를 클릭한다.

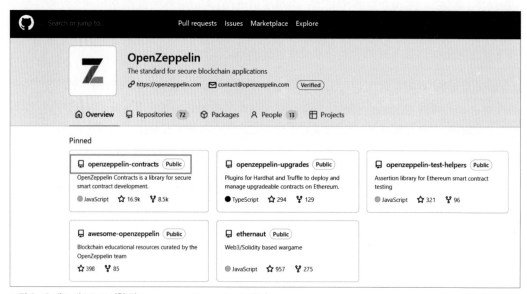

그림 8.40 네모 박스로 표시한 링크 openzeppelin-contracts 클릭

오픈제플린 깃허브에 들어가면 그림 8.40과 같은 화면을 볼 수 있다. 네모 박스로 표시한 링크 openzeppelin−contract를 클릭한다.

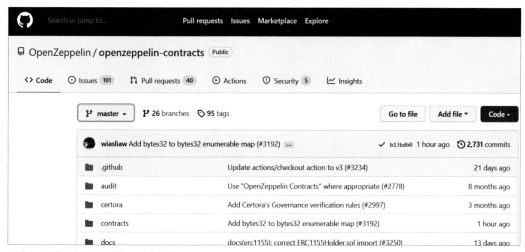

그림 8.41 네모 박스로 표시한 master 클릭

현재 오픈제플린에서 제공하는 스마트 컨트랙트의 버전은 최신 버전인 0.8 이상이다. 그러나 예제 8.7 은 오버플로와 언더플로를 보려고 솔리디티 버전 0.8 미만을 활용하고 있다. 즉 오픈제플린의 스마트 컨트랙트 버전과 예제 8.7의 버전은 서로 다르므로 0.8 미만 버전인 예제 8.7에서 0.8 이상인 버전 오픈제플린 스마트 컨트랙트를 활용할 수 없으며 컴파일 자체가 불가능할 것이다.

결론적으로 이전에 오픈제플린에서 제공한 0.8 미만 버전으로 작성된 스마트 컨트랙트를 이용해야 한다. 이전에 오픈제플린에서 제공한 스마트 컨트랙트를 이용하려면 그림 8.41과 같이 네모 박스로 표시한 master를 클릭한다.

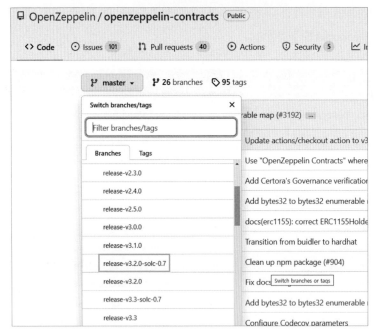

그림 8.42 네모 박스로 표시한 옵션을 선택해 솔리디티 버전 0.7로 변경

그림 8.42와 같이 master를 클릭하면 이전에 오픈제플린에서 공개한 스마트 컨트랙트를 확인할 수 있다. 네모 박스로 표시한 release-v3.2.0-solc-0.7을 클릭해 0.7 버전으로 작성된 스마트 컨트랙트를 이용한다.

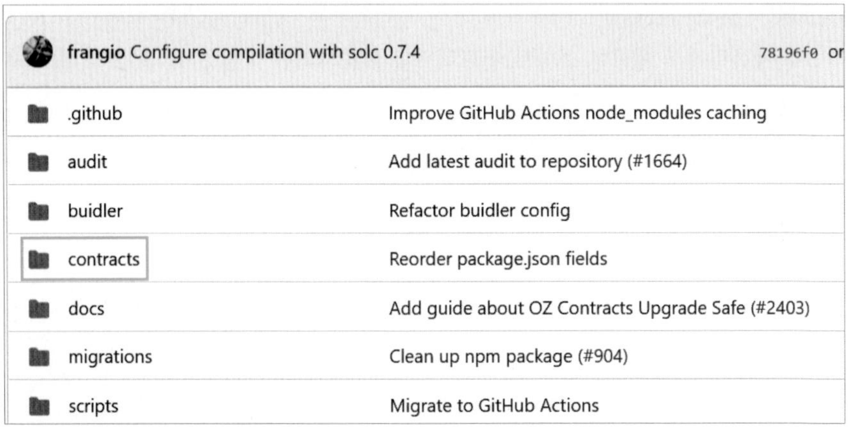

	frangio Configure compilation with solc 0.7.4	78196f0 or
📁 .github	Improve GitHub Actions node_modules caching	
📁 audit	Add latest audit to repository (#1664)	
📁 buidler	Refactor buidler config	
📁 contracts	Reorder package.json fields	
📁 docs	Add guide about OZ Contracts Upgrade Safe (#2403)	
📁 migrations	Clean up npm package (#904)	
📁 scripts	Migrate to GitHub Actions	

그림 8.43 네모 박스로 표시한 contracts 클릭

그림 8.43과 같이 네모 박스로 표시한 contracts를 클릭한다.

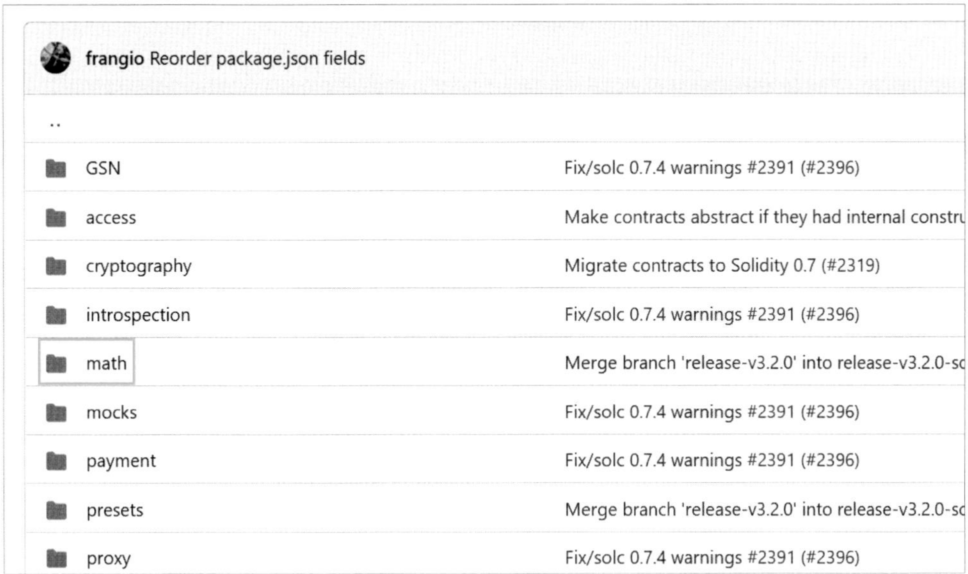

그림 8.44 네모 박스로 표시한 math 클릭

그림 8.44와 같이 네모 박스로 표시한 **math**를 클릭한다.

그림 8.45 네모 박스로 표시한 SafeMath 클릭

폴더 **math**에 들어가면 그림 8.45와 같이 **SafeMath.sol**이라는 파일이 있다. 이는 오픈제플린에서 제공하는 **SafeMath** 라이브러리다.

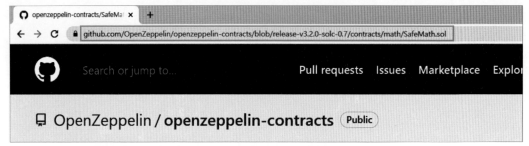

그림 8.46 네모 박스로 표시한 SafeMath 주소를 복사해 예제 8.9에 SafeMath 라이브러리 임포트

그림 8.46과 같이 오픈제플린에서 제공하는 **SafeMath**의 주소를 복사한다. 복사한 주소를 임포트를 통해서 예제 8.7로 불러올 수 있다. 즉 import "https://github.com/OpenZeppelin/openzeppelin-contracts/blob/release-v3.2.0-solc-0.7/contracts/math/SafeMath.sol";을 예제 8.7에서 확인할 수 있다.

컴파일과 배포

솔리디티 컴파일러 버전 0.8 미만에서 오버플로와 언더플로가 발생하므로 버전 0.76으로 변경한다.

그림 8.47 솔리디티 컴파일러 버전 0.7.6 변경 후 예제 8.7 컴파일

그림 8.47과 같이 컴파일러 버전을 선택하고 예제 8.7을 컴파일한다.

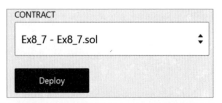

그림 8.48 예제 8.7 컴파일 완료 후 CONTRACT에서 Ex8_7 선택 후 Deploy 버튼을 클릭해 배포

솔리디티 컴파일러 버전 0.76으로 컴파일한 후 **CONTRACT**에서 **Ex8_7**을 선택한다. 그리고 나서 **Deploy** 버튼을 클릭해 배포한다.

오버플로 방지 확인

앞에서 적용한 **SafeMath**가 오버플로 발생을 잘 막아주는지 확인해보자.

그림 8.49 예제 8.7을 배포하고 나서 MAX_UINT 버튼을 클릭해 결괏값 확인

예제 8.7을 배포하면 그림 8.49와 같은 화면을 볼 수 있다. `MAX_UINT` 버튼을 클릭해 자료형 `uint`의 최 댓값을 확인한다.

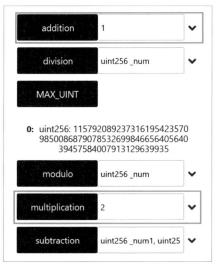

그림 8.50 함수 addition과 multiplication에 매개변수 1과 2를 입력 후 실행

예제 8.7의 각 함수는 SafeMath 라이브러리를 통해 MAX_UINT와 입력받은 매개변수를 더하기, 빼기, 곱하기, 나누기 한다. MAX_UINT는 uint의 최댓값이므로 이 수에 특정한 값을 더하거나 곱하면 오버플로가 일어나기 쉽다. 그러나 오버플로가 일어나면 SafeMath 라이브러리가 오류를 발생시켜 트랜잭션을 실패시켜서 오버플로는 발생하지 않는다. 함수 addition은 매개변수를 입력받아 MAX_UINT와 입력받은 매개변수를 더한다. 매개변수가 0이 아닌 이상 addition 함수는 무조건 오버플로가 발생할 것이다. 그림 8.50과 같이 addition 함수에 1을 입력하고 실행하면 그림 8.51과 같은 트랜잭션 실패가 발생한 결과 화면을 볼 수 있다.

함수 multiplication은 MAX_UINT와 매개변수를 곱한다. 즉 MAX_UINT는 uint의 최댓값이므로 2 이상을 곱하면 무조건 오버플로가 발생한다. 결론적으로 그림 8.50과 같이 multiplication에 2를 입력한 후 실행하면 그림 8.52와 같은 오류 화면을 볼 수 있다.

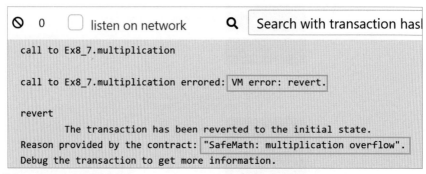

그림 8.51 함수 addition 트랜잭션 실패

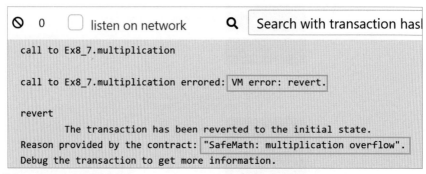

그림 8.52 함수 multiplication 트랜잭션 실패

그림 8.53 함수 division과 modulo에 매개변수 0을 입력한 후 실행해 결괏값 확인

함수 division은 MAX_UINT를 입력받은 매개변수로 나누며 함수 modulo는 MAX_UINT를 입력받은 매개변수로 나머지 연산을 한다. 앞에서 봤듯이 매개변수에 0을 넣으면 내부적인 오류이므로 assert에서 오류가 발생할 것이다. 즉 솔리디티 0.8 버전 assert 오류는 가스를 환불하지 않으므로 모든 가스를 다 소비한 후 오류가 발생할 것이다.

그러나 SafeMath를 적용하면 assert에서 발생하지 않고 require를 통해 발생하게 조건을 만들어 놓았으므로 assert에서 발생한 오류보다 적은 양의 가스를 소비할 것이다. 더 나아가서 assert와 다르게 require는 오류 메시지도 같이 출력하므로 어떤 오류가 발생했는지 알 수 있다.

함수 division과 modulo에 매개변수로 0을 입력한 후 실행하면 그림 8.54, 그림 8.55와 같은 트랜잭션 실패 화면을 확인할 수 있다.

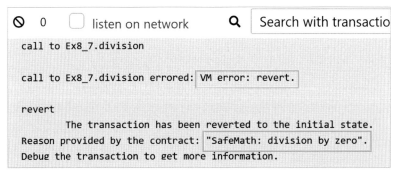

그림 8.54 함수 division 트랜잭션 실패

```
⊘  0  ☐ listen on network   🔍  Search with transact
```

```
call to Ex8_7.modulo

call to Ex8_7.modulo errored: VM error: revert.

revert
        The transaction has been reverted to the initial state.
Reason provided by the contract: "SafeMath: modulo by zero".
Debug the transaction to get more information.
```

그림 8.55 함수 modulo 트랜잭션 실패

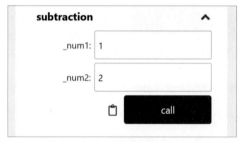

그림 8.56 함수 subtraction에 매개변수를 입력한 후 실행해 결괏값 확인

함수 subtraction은 매개변수 _num1과 _num2를 받으며 이 함수가 실행되면 _num1에서 _num2를 뺀 결괏값을 반환한다. 즉 자료형 uint는 음수를 갖지 못하므로 1 - 2는 언더플로가 발생해 uint의 최댓 값이 된다. 그러나 SafeMath 라이브러리에 의해 그림 8.57과 같이 트랜잭션이 실패해 언더플로는 발생하지 않는다.

```
⊘  0  ☐ listen on network   🔍  Search with transaction
```

```
call to Ex8_7.subtraction

call to Ex8_7.subtraction errored: VM error: revert.

revert
        The transaction has been reverted to the initial state.
Reason provided by the contract: "SafeMath: subtraction overflow".
Debug the transaction to get more information.
```

그림 8.57 함수 subtraction 트랜잭션 실패

8.5 개념 체크

01. 외부 파일에 있는 스마트 컨트랙트는 (모디파이어/임포트)를 통해 불러올 수 있다.

02. (이넘/모디파이어)는 상수의 집합이다.

03. 이넘은 (uint8/uint256)의 범위를 갖고 있다.

04. 모디파이어는 다수의 함수에 특정한 로직을 부여할 수 (있다/없다).

05. 모디파이어의 _;는 모디파이어가 적용된 (함수의 로직/함수의 반환)을 나타낸다.

06. 상대 경로의 ../는 (현재/상위) 폴더 위치를 나타낸다.

07. 라이브러리는 재사용이 (불가능/가능)하다.

08. 라이브러리는 상태 변수를 저장할 수 (없다/있다).

09. 라이브러리는 자료형에 적용할 수 (없다/있다).

10. 라이브러리를 활용함으로써 가스 소비를 절약할 수 (있다/없다).

[정답]

1. 임포트	2. 이넘	3. uint8	4. 있다	5. 함수의 로직
6. 상위	7. 가능	8. 없다	9. 있다	10. 있다

8.6 연습 문제

01. 조건에 맞는 모디파이어를 만들어 보세요.

- 함수 value의 매개변수 _num이 5 초과일 때 함수가 실행되는 모디파이어를 만들어보세요.

- 모디파이어의 이름은 numMoreThan5입니다.

- 모디파이어의 오류 메시지는 _num must be more than 5입니다.

```
// SPDX-License-Identifier: GPL-3.0
pragma solidity >=0.7.0 <0.9.0;

contract quiz1 {
    /*
```

```
        해당 조건에 맞는 모디파이어를 만들어 보세요.
    */
    function value(uint _num) public pure numMoreThan5(_num) returns(uint) {
        return _num;
    }
}
```

02. 조건에 맞는 모디파이어를 만들어 보세요.

- 2개의 함수에 공통으로 적용된 require를 제거하세요.

- 제거한 require를 바탕으로 numMoreThan9라는 이름을 가진 모디파이어를 생성하세요.

- 해당 모디파이어를 2개의 함수에 적용하세요.

```
// SPDX-License-Identifier: GPL-3.0
pragma solidity >=0.7.0 <0.9.0;
    /*
        해당 조건에 맞는 모디파이어를 만들어 보세요.
    */

contract quiz2 {
    function minus10(uint _num) public pure returns(uint) {
        require(_num>=10, "_num must be equivalent to or more than 10");
        return _num - 10;
    }
    function plus10(uint _num) public pure returns(uint) {
        require(_num>=10, "_num must be equivalent to or more than 10");
        return _num + 10;
    }
}
```

03. 조건에 맞는 이넘을 만들어 보세요.

- Switch라는 이름을 가진 이넘을 생성하세요.

- 해당 이넘의 0은 TurnOff를 나타내고 1은 TurnOn을 나타냅니다.

```
// SPDX-License-Identifier: GPL-3.0
pragma solidity >=0.7.0 <0.9.0;

contract quiz3 {
    /*
        해당 조건에 맞는 이넘을 만들어 보세요.
    */

    Switch public lightStatus = Switch.turnOn;
    function turnOnTheLight() public {
        require(lightStatus == Switch.turnOff, "The Light must be turned off");
        lightStatus = Switch.turnOn;
    }
    function turnOffTheLight() public {
        require(lightStatus == Switch.turnOn, "The Light must be turned on");
        lightStatus = Switch.turnOff;
    }
}
```

04. 조건에 맞는 라이브러리를 만들어 보세요.

- 솔리디티 버전 0.8 미만을 사용하세요.

- 라이브러리 Math를 uint 자료형에 적용하세요.

- 함수 subtraction에 Math 라이브러리를 이용해 언더플로가 발생하지 않도록 하세요.

```
// SPDX-License-Identifier: GPL-3.0
pragma solidity >=0.5.0 < 0.8.0;
    /*
        해당 조건에 맞는 라이브러리를 만들어 보세요.
    */
contract quiz4 {
    using Math for uint;

    function subtraction(uint _num1,uint _num2) public pure returns(uint) {
        return _num1.sub(_num2);
    }
}
```

1.

```solidity
// SPDX-License-Identifier: GPL-3.0

pragma solidity >=0.7.0 <0.9.0;

contract quiz1 {

    modifier numMoreThan5(uint _num) {
        require(_num>5, "_num must be more than 5");
        _;
    }
    function value(uint _num) public pure numMoreThan5(_num) returns(uint) {
        return _num;
    }
}
```

2.

```solidity
// SPDX-License-Identifier: GPL-3.0

pragma solidity >=0.7.0 <0.9.0;

contract quiz2 {
    modifier numMoreThan9(uint _num) {
        require(_num>=10, "_num must be equivalent to or more than 10");
        _;
    }
    function minus10(uint _num) public pure numMoreThan9(_num) returns(uint) {
        return _num - 10;
    }
    function plus10(uint _num) public pure numMoreThan9(_num) returns(uint) {
        return _num + 10;
    }
}
```

3.

```solidity
// SPDX-License-Identifier: GPL-3.0
pragma solidity >=0.7.0 <0.9.0;

contract quiz3 {
    enum Switch {
        turnOff,
        turnOn
    }
    Switch public lightStatus = Switch.turnOn;
    function turnOnTheLight() public {
        require(lightStatus == Switch.turnOff, "The Light must be turned off");
        lightStatus = Switch.turnOn;
    }
    function turnOffTheLight() public {
        require(lightStatus == Switch.turnOn, "The Light must be turned on");
        lightStatus = Switch.turnOff;
    }
}
```

4.

```solidity
// SPDX-License-Identifier: GPL-3.0
pragma solidity >=0.5.0 < 0.8.0;

library Math {
    function sub(uint a, uint b) internal pure returns (uint) {
        require(b <= a , "Error: subtraction underflow");
        return a-b;
    }
}
contract quiz4 {
    using Math for uint;

    function subtraction(uint _num1,uint _num2) public pure returns(uint) {
        return _num1.sub(_num2);
    }
}
```

09

이더 송수신

이번 장에서는 이더를 보내는 3가지 함수 send, transfer, call에 대해 알아보겠다. 더 나아가서 스마트 컨트랙트가 이더를 받을 수 있게 만들어주는 함수 fallback과 receive를 솔리디티 버전별로 다뤄보겠다. 함수 call은 이더를 보내는 기능 이외에도 외부 스마트 컨트랙트의 함수를 호출하는 기능이 있으므로 call을 자세히 탐구하고 call과 비슷한 함수 delegatecall에 대해서도 알아보겠다.

이 장에서 배우는 내용:

- 이더 송수신 기본 개념: address/payable/msg.sender/msg.value
- 이더를 보내는 3가지 함수: send/call/transfer
- 스마트 컨트랙트가 이더를 받을 수 있도록 하는 함수: fallback과 receive
- 함수 call과 delegatecall

9.1 이더 송수신 기본 개념: address/payable/msg.sender/msg.value

여기서는 2장에서 간단하게 살펴본 주소형 타입 `address`와 키워드 `payable`도 함께 알아본다. 더 나아가서 일반적으로 많이 사용되는 전역변수 `msg.sender`와 `msg.value`를 살펴본다. 참고로 부록 C에 모든 전역변수가 명시돼 있다. 이번 장에서는 모든 개념을 알아보고 나서 예제를 살펴본다.

9.1.1 address 자료형

블록체인 네트워크에 존재하는 각 주소는 중복되지 않으며 익명의 유저를 대변한다. 즉 웹사이트에서 사용하는 유저 아이디와 같다. 즉 유저가 웹사이트에서 회원가입을 하고 아이디를 만드는 것이 아니라, 암호화폐 지갑을 통해 유저 고유의 주소를 발급받아 블록체인과 상호작용한다.

솔리디티의 주소형 타입 `address`는 20바이트의 고정 크기이며 주소는 16진수로 표현된다. 또한, 16진수 1개당 4비트이며 8비트는 1바이트다. 따라서 주소는 총 40개의 16진수 조합이다.

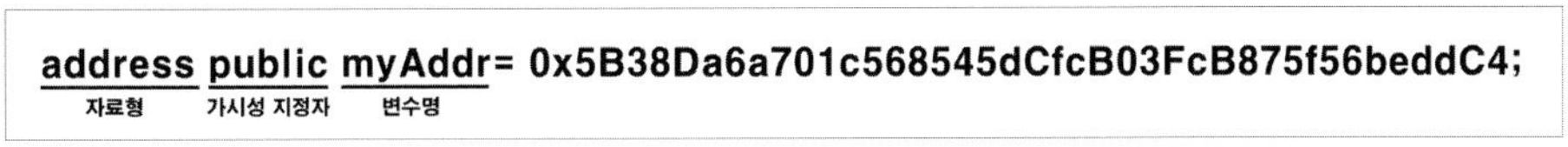

address public myAddr= 0x5B38Da6a701c568545dCfcB03FcB875f56beddC4;
자료형
가시성 지정자
변수명

그림 9.1 주소 정의 방법

그림 9.1에서 볼 수 있듯이 주소를 정의할 때 자료형은 `address`를 통해 선언하며 주소는 40개의 16진 진수로 이루어진다. 여기서 0x는 16진수를 나타낸다.

주소
사람
스마트 컨트랙트
EOA
(Externally Owned Account)
CA
(Contract Account)

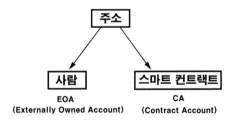

그림 9.2 EOA와 CA

그림 9.2와 같이 블록체인에서 주소를 부여받을 수 있는 대상은 사람과 스마트 컨트랙트로 나눌 수 있다. 사람의 주소는 EOA(Eternally Owned Account), 즉 외부 소유 계정이라 부르며 스마트 컨트랙트의 주소는 CA(Contract Accounts)라고 부른다. 암호화폐 지갑을 통해 개인 주소인 EOA를 발급받을 수 있으며 스마트 컨트랙트의 주소인 CA는 스마트 컨트랙트 배포 시 생성된다.

더 나아가서 EOA와 CA가 만들어지는 과정을 가볍게 살펴보자. 기본적으로 솔리디티는 keccak-256 알고리즘[1]을 통해 해시화한다. 해시화는 평문을 암호화하는 것을 말한다. 암호화폐 지갑을 통해 EOA를 발급받을 시 공개키(Public key)와 개인키(Private Key)가 생성된다. EOA는 keccak-256을 통해 해시화된 공개키의 마지막 20바이트. 반면에 컨트랙트 주소 CA는 트랜잭션을 준 사람의 주소와 논스(Nonce)를 keccak-256 알고리즘을 통해 해시화한 것이다. 논스란 블록체인의 다음 블록의 해시값을 찾으려고 임의로 대입하는 숫자다. 즉 블록체인의 다음 블록을 찾으려면 논스를 임의로 대입해 그다음 블록의 해시값을 계산한다.

표 9.1 주소의 잔액

주소의 내장 변수 및 함수	반환값 자료형	반환값
(address).balance	uint	현재 주소에서 보유한 이더 잔액을 wei 단위로 표시

주소형 타입은 내장 변수와 함수가 존재하며 주소형 타입의 변수와 함수는 부록 E에 명시돼 있다. 여기서는 활용 빈도가 높은 주소형 타입의 내장 변수와 함수만 알아보고, 표 9.1과 같이 필요할 때마다 부록 E의 내용을 가져와서 설명하겠다. 표 9.1의 (address).balance는 주소의 이더 잔액을 wei로 나타낸다. 즉 특정 주소가 1 ether를 갖고 있을 때 10^{18} wei인 1000000000000000000이 나온다.

9.1.2 payable 키워드

키워드 payable은 주소형 타입과 함수에 적용 가능하다. 이 키워드가 주소에 적용되면 이더를 받을 수 있는 주소를 나타낸다. 즉 일반적으로 payable이 적용되지 않는 주소는 이더를 받을 수 없다. 그러나 예외적으로 call 함수를 통해 payable이 적용되지 않은 주소에 이더를 보낼 수 있으며 call 함수는 뒤에서 알아본다. 그림 9.3과 같이 키워드 payable을 주소형 타입에 적용할 수 있다.

그림 9.3 payable 자료형을 address 변수에 적용하는 방법

앞서 언급했듯이 payable은 주소형 타입 외에도 함수에 적용 가능하다. 즉 payable을 모디파이어 형태로 함수에 활용할 수 있다. 함수에 payable이 적용되면 함수 호출과 동시에 이더를 전송할 수 있다.

---

[1] Keccak-256은 Keccak 알고리즘군 중 하나의 알고리즘이며 미국 NIST가 승인하여 사용 중인 해시함수 SHA-1, SHA-2에 내재하는 보안 취약점을 개선하고자 개발된 암호화 해시 알고리즘이다. (출처: 해시넷 http://wiki.hash.kr/index.php/Keccak-256)

더 나아가서 스마트 컨트랙트의 주소로 이더를 받으려면 `fallback` 또는 `receive` 함수가 필요하며 이 두 함수 역시 `payable`을 적용해야 한다. 즉, 모디파이어 `payable`은 이더를 받을 수 있게 돕는다. 함수 `fallback`과 `receive`에 관해서는 9.3절에서 자세히 알아본다.

엄밀히 말하자면 키워드 `payable`은 이더를 받는 주소 또는 이더의 수신을 돕는 모디파이어가 아니라 현재 사용하는 블록체인 네트워크의 대표 암호화폐의 수신을 돕는다. 블록체인 네트워크는 이더리움 네트워크만 있는 것이 아니라 여러 종류의 네트워크가 존재한다. 각 네트워크마다 대표 암호화폐가 다르다.

예를 들어 이더리움 네트워크의 주 암호화폐는 이더이며, 폴리곤(Polygon) 네트워크의 암호화폐는 매틱(Matic)이다. 즉 폴리곤에서 특정 주소에 `payable`을 적용했다면 그 주소는 이더가 아닌 매틱을 받을 수 있다. 결론적으로 주소에 `payable`을 적용함으로써, 그 주소는 현재 사용하는 블록체인 네트워크의 대표 암호화폐를 받을 수 있게 된다. 추가로 ERC20과 같은 일반적인 토큰은 `payable`을 붙일 필요가 없다.

더 나아가서 키워드 `payable`은 이번 장에서 배운 개념으로만 예제를 통해 완전히 학습할 수 없으므로 9.2절 및 9.3절과 연계해 알아보겠다.

9.1.3 전역 변수 msg.sender와 msg.value

3장에서 가볍게 알아본 것과 같이, 전역 변수는 블록의 현재 번호, 블록의 가스 제한량과 같은 블록체인의 전반적인 정보를 나타낸다. 솔리디티에서 제공하는 모든 전역 변수를 부록 C에 명시했으니 참고하기 바란다.

여기서는 이더를 송수신할 때 자주 활용되는 전역 변수 `msg.sender`와 `msg.value`를 알아본다.

표 9.2 전역 변수 msg.sender와 msg.value

전역 변수	자료형	반환값
msg.sender	address	현재 호출한 메시지 발신자
msg.value	uint	메시지와 함께 전송된 wei의 개수

표 9.2는 `msg.sender`와 `msg.value`의 특성을 나타내며, 부록 C에도 같은 내용이 있다. 먼저 `msg.sender`는 현재 호출한 메시지 발신자를 나타낸다. 즉 그림 9.4와 같이 현재 트랜잭션을 발생시킨 대상이라고 생각하면 된다.

그림 9.4 msg.sender 예제

그림 9.4에서 볼 수 있듯이 Alice와 스마트 컨트랙트 Bank가 있다. Alice가 Bank 스마트 컨트랙트의 withdraw 함수를 호출했다. 이때 Bank의 msg.sender는 Alice다. 즉 msg.sender는 트랜잭션을 발생시킨 대상을 나타내므로 Bank 스마트 컨트랙트에 트랜잭션을 준 Alice가 된다.

그림 9.5 상대적인 msg.sender 예제

그림 9.5는 그림 9.4에 스마트 컨트랙트 Safe를 덧붙인 것이다. 즉 Alice가 Bank의 withdraw 함수를 호출하면 Bank는 Safe의 putOut 함수를 호출한다. 여기서 주목할 점은 Safe의 msg.sender가 Bank라는 점이다. 즉 최초에 Alice가 Bank의 withdraw 함수를 호출해 결과적으로 Safe의 putOut 함수가 실행된다. 그러나 Safe 스마트 컨트랙트 입장에서는 Bank가 자신의 함수 putOut을 호출한 것이므로 Safe의 msg.sender는 Bank의 주소가 된다. 즉 Bank의 msg.sender는 Alice의 주소이며 Safe의 msg.sender는 Bank의 주소다. 결론적으로 말하면, msg.sender는 상대적이다.

전역 변수 msg.value는 메시지와 함께 전송된 wei의 개수를 나타낸다. 즉 msg.value는 함수를 호출하면서 전송된 이더를 wei 단위로 표현한 것이다. 더 나아가서 msg.value는 전송된 wei를 나타내므로 함수에 msg.value를 명시한다면 모디파이어 payable을 적용해야 한다.

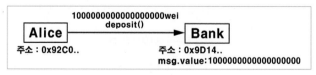

그림 9.6 msg.value 예제

그림 9.6에는 Alice와 스마트 컨트랙트 Bank가 있으며 Alice는 1000000000000000000 wei, 즉 1 ether를 Bank에게 보내면서 deposit 함수를 호출한다. deposit 함수를 호출하면서 전송된 금액은 1 ether이므로 msg.value는 wei의 단위로 1000000000000000000이다.

여기서 한 가지 유의할 점이 있다. 특정 주소로 전송된 금액 msg.value와 특정 주소의 잔액 address.balance가 서로 같다고 생각할 수 있으나 전혀 다른 개념이라는 점이다.

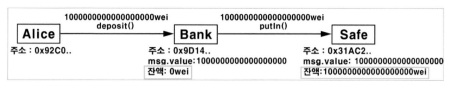

그림 9.7 msg.value와 address.balance의 차이

그림 9.7에서 보듯이 Alice는 Bank의 함수 deposit을 실행하면서 1 ether를 보낸다. deposit 함수가 호출되면 Bank는 Safe의 putIn 함수를 실행해 Alice로부터 전송받은 1 ether를 Safe에게 전달한다. 즉 Bank의 msg.value는 1000000000000000000 wei이지만, 잔액은 0 wei이다. 반면에 Safe의 msg.value와 현재 잔액은 1000000000000000000 wei이다. 결론적으로 전송된 금액을 나타내는 msg.value와 현재 잔액을 나타내는 address.balance는 서로 다르다.

address.balance와 msg.value의 정의 방법

예제 9.1은 주소형의 내장 변수 address.balanace와 전역 변수 msg.value를 함수에 명시하는 방법을 나타내고 있다. 예제 9.1에는 getBalance와 getMsgValue 함수가 있다.

예제 9.1 address.balance와 msg.value

```
// SPDX-License-Identifier: GPL-3.0
pragma solidity >=0.7.0 <0.9.0;

contract Ex9_1 {

    function getBalance(address _address) public view returns(uint) {
        return _address.balance;
    }

    function getMsgValue() public payable returns(uint) {
        return msg.value;
    }
}
```

먼저 getBalance 함수는 주소 타입의 매개변수 _address를 입력받아 _address.balance를 통해 입력받은 주소의 잔액을 반환한다. 반면에 getMsgValue 함수는 msg.value를 통해 전송된 잔액을 반환한다. 앞서 언급했듯이 msg.value가 함수의 로직에 있을 때는 payable을 붙여줘야 한다.

그림 9.8 예제 9.1을 컴파일한 후 Deploy 버튼을 클릭해 배포

예제 9.1을 컴파일하고 나서 그림 9.8의 Deploy 버튼을 클릭해 예제 9.1을 배포한다.

그림 9.9 네모 박스로 표시한 부분을 클릭해 주소 복사

함수 getBalance를 실행하려면 주소를 매개변수로 입력해야 하므로 그림 9.9와 같이 네모 박스로 표시된 곳을 클릭해 주소를 복사한다.

그림 9.10 getBalance 함수에 복사한 주소 입력 후 getBalance 함수를 실행해 결괏값 확인

그림 9.10과 같이 getBalance 함수에 복사한 주소를 입력한다. 그러고 나서 getBalance 버튼을 클릭해 getBalance 함수를 실행하면 그림 9.10과 같은 결괏값을 확인할 수 있다. 즉 복사한 주소의 잔액은 약 99.99 ether가 wei의 단위로 나온 것이다.

추가적으로 리믹스에서 제공하는 10개의 주소는 각각 100 ether씩 들어 있다. 그러나 현재 선택한 주소의 잔액은 100 ether가 나오지 않는다. 그림 9.10과 같이 약 99.99 ether로 나온 이유는 현재 선택한 주소로 예제 9.1을 배포해서 약간의 가스 비용이 소비됐기 때문이다.

그림 9.11 네모 박스로 표시한 value에 10wei를 입력

함수 getMsgValue를 실행하면서 이더를 보내려면 네모 박스로 표시한 VALUE에 전송할 금액을 자유롭게 입력한다. 그림 9.11과 같이 VALUE에 10 wei를 입력했으므로 getMsgValue 함수를 실행하면 10 wei가 보내진다.

그림 9.12 버튼 getMsgValue를 클릭해 함수 getMsgValue 실행

그림 9.12의 getMsgValue 버튼이 빨간색인데, 그 이유는 getMsgValue 함수에 payable이 적용됐기 때문이다. 먼저 그림 9.11과 같이 VALUE에 10 wei를 입력한 상태에서 그림 9.12의 getMsgValue 버튼을 클릭한다. 그러면 10 wei가 전송되면서 getMsgValue 함수가 실행된다.

그림 9.13 함수 getMsgValue의 결과 화면

getMsgValue 함수를 실행하면 그림 9.13과 같이 결괏값 10이 나오는 것을 알 수 있다. getMsgValue 함수의 로직은 return msg.value이므로 getMsgValue 함수가 실행될 때 보내진 10 wei가 그림 9.13처럼 출력된다.

전역 변수 msg.sender의 응용

예제 9.2는 msg.sender를 응용해 스마트 컨트랙트 배포자만 특정 함수를 실행할 수 있도록 만든 예제이다. 자주 적용되므로 이 예제를 통해 완벽히 이해하는 것이 좋다.

예제 9.2 msg.sender의 활용 방법

```
// SPDX-License-Identifier: GPL-3.0
pragma solidity >=0.7.0 <0.9.0;
contract Ex9_2 {

    address public owner;
    modifier onlyOwner() {
        require(owner == msg.sender, "Error: caller is not the owner");
        _;
    }
    constructor () {
        owner = msg.sender;
    }

    function getBalance(address _address) public view onlyOwner() returns(uint) {
        return _address.balance;
```

```
    }

    function getMsgValue() public payable onlyOwner() returns(uint) {
        return msg.value;
    }
}
```

예제 9.2는 예제 9.1의 두 함수 getBalance와 getMsgValue를 갖고 왔으며 msg.sender를 이용한 모디파이어 onlyOwner를 추가로 두 함수에 적용했다. 모디파이어 onlyOwner와 같은 패턴은 자주 사용되므로 이번 예제를 통해 정확히 이해하는 것이 좋다.

예제 9.2의 생성자를 보면 owner = msg.sender와 같이 변수 owner에 msg.sender를 대입한다. 앞서 보았듯이 msg.sender는 메시지를 호출한 주소를 나타낸다. 즉 생성자를 실행시킨 주소가 msg.sender이며 변수 owner에 msg.sender가 저장된다. 생성자는 스마트 컨트랙트 Ex9_2가 배포되면 실행된다. 즉 예제 9.2를 배포한 주소가 msg.sender가 돼서 변수 owner에 저장된다.

모디파이어 onlyOwner를 보면 require(owner == msg.sender, "Error: caller is not the owner") 라고 되어 있다. 즉, 변수 owner는 생성자로 인해 스마트 컨트랙트 Ex9_2의 배포자 주소이며 msg.sender는 onlyOwner 모디파이어가 적용된 함수를 실행시킨 주소다.

모디파이어 onlyOwner가 실행되는 때는 onlyOwner가 적용된 getBalance와 getMsgValue 함수가 실행될 때다. 결론적으로 getBalance와 getMsgValue 함수를 실행시키는 주소는 onlyOwner의 msg.sender가 될 것이다. 즉 owner = msg.sender에서 변수 owner는 예제 9.2를 배포한 주소이며 msg.sender는 onlyOwner를 실행시킨 주소다. 정리하면, 배포자의 주소가 onlyOwner가 적용된 getBalance와 getMsgValue 함수를 실행시켜야 트랜잭션이 실패하지 않는다.

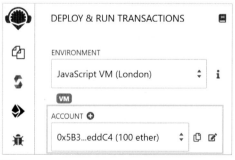

그림 9.14 네모 박스로 표시된 주소 확인

예제 9.2를 컴파일하고 나서 그림 9.14의 네모 박스로 표시된 주소가 맞는지 확인한다. 네모 박스로 표시한 주소로 예제 9.2를 배포할 것이며 예제 9.2의 생성자가 실행되면 msg.sender, 즉 이 주소가 변수 owner에 저장될 것이다. 즉 owner는 배포자의 주소를 저장하게 된다.

그림 9.14의 주소로 **Ex9_2** 스마트 컨트랙트를 배포한다.

그림 9.15 예제 9.2를 컴파일한 후 Deploy 버튼을 클릭해 배포

그림 9.16 버튼 owner를 클릭해 결괏값 확인

그림 9.16의 owner 버튼을 클릭해 변수 owner의 결괏값을 확인하면 특정 주소가 나오는 것을 알 수 있다. 그림 9.16에 네모 박스로 표시한 주소는 배포자 주소를 나타내며 그림 9.14에서 선택한 주소다. 다시 말하자면 예제 9.2에는 생성자가 있으며 생성자의 로직은 owner = msg.sender다. 즉 예제 9.2를 배포한 주소는 그림 9.14에서 선택한 주소 0x5B38Da6a701c568545dCfcB03FcB875f56beddC4이므로 예제 9.2 생성자의 msg.sender가 그 주소가 돼 owner에 저장된다.

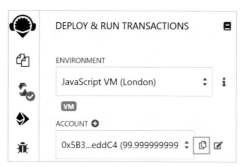

그림 9.17 네모 박스로 표시한 부분을 클릭해 주소 복사

getBalance 함수를 실행하려면 주소를 매개변수로 입력해야 하므로 그림 9.17과 같이 네모 박스로 표시한 곳을 클릭해 주소를 복사한다.

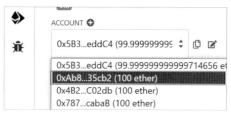

그림 9.18 네모 박스로 표시한 주소로 변경

getBalance 함수를 배포자 주소가 아닌 다른 주소로 실행해 보겠다. 그림 9.18의 네모 박스로 표시한 주소로 변경한다.

그림 9.19 함수 getBalance에 복사한 주소 입력 후 getBalance 함수를 실행해 결괏값 확인

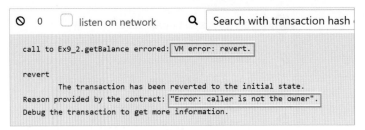

그림 9.20 배포자 주소가 아닌 다른 주소로 함수 getBalance 실행 시

그림 9.17에서 복사한 주소를 그림 9.19처럼 getBalance 함수에 입력한 후 getBalance 버튼을 클릭하면 그림 9.20과 같이 트랜잭션이 실패한다. 즉 배포자의 주소가 아닌 다른 주소로 함수를 실행했기에 모디파이어 onlyOnwer에서 오류를 발생시키는 것이다. 이와 마찬가지 배포자의 주소가 아닌 다른 주소로 함수 getMsgValue 실행 시 트랜잭션에 실패할 것이다.

9.2 이더를 보내는 3가지 함수: send/call/transfer

이번 절에서는 이더를 특정한 주소로 보내는 send, call, transfer 함수에 관해 알아볼 것이다. 참고로 스마트 컨트랙트의 주소인 CA로 보내려면 스마트 컨트랙트에 함수 fallback 또는 receive를 명시해야 한다. 이 내용은 뒤에서 배우기로 하고 여기서는 유저의 주소인 EOA에 이더를 보내는 부분에 중점을 두고 설명하겠다.

send, call, transfer는 주소 타입의 내장 함수다. 앞에서 설명했듯이 부록 E에 주소 타입의 내장 변수 및 함수가 명시돼 있다. 여기서는 활용 빈도가 높은 내장 함수와 변수만 살펴보겠다. 필요할 때마다 표 9.3과 같이 내장 변수와 함수를 부록 E에서 가져와서 살펴본다.

표 9.3 이더를 보낼 수 있는 주소 타입의 내장 함수

주소의 내장 변수 및 함수	반환값 자료형	설명
payable(address).send(uint256 amount)	bool	주어진 양만큼의 wei를 주소로 전달하며 실패 시 false를 반환한다. 성공 시 true를 반환하며 가스 2300 gwei를 제공한다. 가스는 변경할 수 없다.
(address).call(bytes memory)	(bool, bytes memory)	주어진 페이로드로 저수준의 CALL을 실행한다. bytes 형의 값과 성공 시 true, 또는 실패 시 false를 반환한다. 사용할 수 있는 모든 가스를 제공하며 이 가스는 변경할 수 없다.

주소의 내장 변수 및 함수	반환값 자료형	설명
`(payable(address).transfer(uint256 amount)`	실패 시 오류 발생	주어진 양만큼의 wei를 주소로 전달하며 실패 시 트랜잭션이 실패한다. 성공 시 가스 2300 gwei를 제공한다. 가스의 양은 변경할 수 없다.

표 9.3에는 주소 타입의 내장 함수 send, call, transfer를 정의하는 방법과 간단한 설명이 명시돼 있다. 솔리디티에서는 이 3개의 함수를 통해 이더를 특정 주소로 보낸다. 이더를 특정한 주소를 보낸다는 것은 이더리움 네트워크의 주 암호화폐를 누군가에게 전송한다는 것이다. 바꿔 말하면 이더리움 네트워크가 아닌 폴리곤 네트워크에서 주소 타입의 내장 함수 send, call, transfer 함수를 실행한다면 폴리곤 네트워크의 주 암호화폐인 매틱이 특정한 주소로 보내질 것이다.

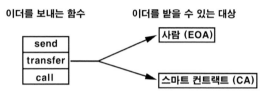

그림 9.21 이더를 받을 수 있는 대상

그림 9.14는 이더리움 네트워크에서 send, call, transfer 함수를 통해 이더를 받을 수 있는 대상을 보여준다. 키워드 payable의 적용을 떠나서 이더를 받을 수 있는 가장 기본적인 조건은 자신만의 주소를 소유하는 것이다. 다시 말해, 이더를 보내는 함수 send, call, transfer는 주소형 타입의 내장 함수이므로 주소가 없다면 이더를 받을 수 없다.

함수 send, call, transfer의 목적이 네트워크의 주 암호화폐를 보낸다는 점은 같지만, 각 함수마다 특징이 존재한다. 각 함수의 특징을 둘러보기 전에 뒤에서 배울 함수 fallback과 receive를 가볍게 알아볼 필요가 있다.

솔리디티 버전에 따라 함수 fallback 또는 receive를 통해서 스마트 컨트랙트는 이더를 받을 수 있다. 즉, 버전 0.6 미만은 무기명 fallback 함수를 통해 이더를 받고, 버전 0.6 이상은 receive를 적용해 이더를 받는다.

더 나아가서 스마트 컨트랙트가 이더를 받으면 버전에 따라 무기명 fallback 또는 receive 함수가 실행된다. 즉 스마트 컨트랙트가 이더를 받을 때 fallback 또는 receive 함수를 통해 특정한 행동을 취할 수 있다.

함수 send, call, transfer의 특징은 다음과 같다.

01. send

① 이더를 받는 특정 주소는 키워드 payable이 적용돼야 한다.

② 이더의 송금 결과를 true 또는 false로 반환한다.

send 함수는 이더가 성공적으로 특정한 주소로 보내지면 true를 반환한다. 반면에 이더 보내기에 실패할 시 false가 반환된다. 그러나 false가 반환된다는 것은 트랜잭션이 실패하지 않고 정상적으로 성공했다는 의미다. 만약 5 ether를 보내야 하는데 실수로 7 ether를 보냈다면 자신의 지갑에서 7 ether가 사라져 있을 것이며 send 함수는 false를 반환할 것이다. 이와 같이 문제가 생기는 이유는 false를 반환해도 트랜잭션은 성공했기 때문이다.

이러한 이유로 send 함수는 require와 같이 사용한다. 즉 require의 조건에 함수 send의 결괏값을 대입해 트랜잭션의 성공 여부를 결정짓는다. 예를 들어 5 ether가 아닌 7 ether를 보낸다면 false를 반환할 것이다. 결괏값 false가 반환됐으므로 require에서 트랜잭션을 실패로 만들 것이다. 즉, 7 ether는 트랜잭션 실패로 전송되지 않을 것이다. 반면에 send의 결괏값이 true라면 require에서 오류가 일어나지 않고 트랜잭션은 성공할 것이다.

③ fallback 또는 receive의 가스 소비량을 2300 gwei로 제한한다.

앞서 언급했듯이 스마트 컨트랙트가 이더를 받으려면 솔리디티 버전에 따라 fallback 또는 receive 함수를 선언해야 한다. 스마트 컨트랙트가 이더를 받게 된다면 fallback 또는 receive 함수의 로직이 실행된다. 일반적으로 블록체인에서 함수를 실행하려면 가스를 소비해야 한다. 이와 마찬가지로 fallback 또는 receive 함수가 실행되려면 가스를 소비해야 한다.

즉 send 함수를 통해 특정 스마트 컨트랙트로 이더를 보낸다면 함수 fallback 또는 receive는 최대 2300 gwei 가스를 소비해 자신의 로직을 실행시킬 수 있다. 쉽게 말하자면 send 함수가 fallback 또는 receive 함수에 가스 2300 gwei를 주는 것이다. send 함수로부터 받은 가스 2300 gwei를 통해 fallback 또는 receive 함수는 자신의 로직을 실행시킨다. fallback 또는 receive 함수의 로직이 복잡해 가스 소비가 2300 gwei를 초과한다면 send 함수의 결괏값은 false가 나올 것이다. 이 경우 결과적으로 트랜잭션은 실패한다.

가스 소비량이 제한적인 경우 fallback 또는 receive 함수의 로직으로 할 수 있는 행동이 매우 제한적이다. 예를 들어 2300 gwei로 외부 스마트 컨트랙트에 다시 이더를 보내기 힘들다. 이러한 문제를 해결하고자 call 함수가 개발됐다.

02. call

① 이더를 받는 특정 주소는 키워드 payable이 적용될 필요가 없다.

② 이더의 송금 결과를 true 또는 false로 반환한다.

call 함수는 send 함수와 같이 call 함수의 성공 여부를 true 또는 false로 반환한다. 즉 call 함수를 통해 이더가 특정한 주소로 보내진다면 true가 반환된다. 반면에 오류가 발생해 이더가 특정한 주소로 보내지지 않았다면 false가 반환된다.

send 함수와 같은 이유로 call은 require와 필수적으로 함께 명시돼야 한다. 즉 call의 결괏값이 false일 때 require를 통해 트랜잭션을 실패로 만들어야 한다.

③ 함수 fallback 또는 receive의 가스 소비량은 가변적이다.

함수 send를 통해 이더를 스마트 컨트랙트로 보내면 이 스마트 컨트랙트에 정의된 fallback 또는 receive 함수가 최대 2300 gwei를 의존해 함수의 로직을 실행한다. 그러나 2300 gwei를 통해 할 수 있는 일은 매우 제한적이므로 call 함수가 탄생했다.

call 함수는 send 함수와 다르게 가스의 제한량이 따로 없어 소비할 수 있는 모든 가스를 소비할 수 있다. 즉 가스의 소비량이 fallback 또는 receive 함수의 로직에 따라 가변적으로 변한다. 이러한 특징으로 send 함수를 쓸 때보다 fallback 또는 receive 함수의 로직으로 더 많은 것을 할 수 있다. 참고로 call은 가스의 소비량을 따로 제한할 수도 있다.

그러나 call 함수의 가스를 가변적으로 소비할 수 있다는 점은 재진입 공격(Re-entrancy attack)에 취약하다는 것이 발견됐다. 재진입 공격은 호출한 함수가 끝나기도 전에 이 함수를 여러 번 호출해 이더를 출금하는 공격이다. 쉽게 예를 들어보자면 스마트 컨트랙트 Attacker와 Bank가 있다고 가정해보자.

Bank는 각 유저가 저금한 이더를 갖고 있으며 유저는 withdraw라는 함수를 통해 이더를 출금할 수 있다. 이때 withdraw 함수는 call 함수를 통해 이더를 유저에게 보낸다. 스마트 컨트랙트 Attacker는 receive 함수를 통해 이더를 받으며 receive 함수의 로직은 다시 Bank의 withdraw 함수를 호출한다.

즉 Attacker가 Bank의 withdraw 함수를 호출하면 withdraw 함수는 call 함수를 통해 이더를 Attacker에게 보낸다. 그러면 Attacker는 receive 함수로 이더를 받을 것이며 Attacker의 receive 함수가 실행될 것이다. 함수 receive는 Bank의 withdraw 함수가 끝나기도 전에 다시 Bank의 withdraw 함수를 호출해 이더를 받는다.

결론적으로 Attacker가 withdraw 함수를 한 번 부르면 Attacker의 receive 함수에 의해 반복적으로 Bank의 withdraw 함수를 호출해 Bank의 이더를 출금할 수 있다. Receive 함수가 반복적으로 실행될 수 있는 이유는 Bank의 withdraw 함수가 call 함수를 통해 이더를 보내기 때문이다. 즉 call 함수는 가스의 소비량에 제한을 두지 않았기 때문에 반복적으로 호출이 가능한 것이다. 재진입 공격을 발견하고 나서 transfer 함수가 탄생한다.

03. transfer

① 이더를 받는 특정 주소는 키워드 payable이 적용돼야 한다.

② 이더 송금 실패 시 트랜잭션이 실패한다.

send와 call 함수와 다르게 transfer 함수는 true와 false로 결괏값을 반환하지 않는다. transfer 함수를 통해 이더를 송금할 때 실패한다면 트랜잭션도 실패한다. 즉 send와 call 같이 require를 써줄 필요가 없어 비교적 편리하게 활용할 수 있다.

③ 함수 fallback 또는 receive의 가스 소비량을 2300 gwei로 제한한다.

call 함수가 가스 소비에 따라 제한을 두지 않은 점이 재진입 공격에 취약하다는 것을 깨닫고 transfer 함수를 만들었다. transfer 함수는 fallback 또는 receive 함수의 가스 소비량을 2300 gwei로 제한한다. 즉 재진입 공격을 염두에 두고 send 함수와 같이 2300 gwei로 제한했다.

결론적으로 transfer 함수는 call 함수의 취약점과 send와 call 함수를 require와 같이 활용해야 한다는 점을 보완해 만들어진 함수라 볼 수 있다. 이러한 점 때문에 transfer 함수를 이용하는 것이 한때 권장됐다.

그러나 시간이 흘러 2019년 12월 6일 이스탄불 하드포크가 발생한다. 하드포크 이후 이더리움 명령 코드(operation code)의 가스 비용이 올랐다. 즉 트랜잭션을 주려면 하드 포크 이전보다 더 많은 가스 비용을 소비하게 된 것이다.

이러한 점은 transfer와 send 함수 사용을 더욱더 제한적으로 만들고 있다. 즉 향후 이더리움 명령 코드의 가스 비용이 더 오른다면 fallback 또는 receive 함수의 가스 소비량 2300 gwei로는 아무것도 할 수 없을 수도 있다.

결론적으로 향후 가스 비용이 상승할 것을 대비해서 2019년 12월 6일 이스탄불 하드포크 이후 call 함수의 사용이 권장되고 있다. 그러나 앞서 보았듯이 call 함수는 재진입 공격에 취약하므로 솔리디티 최신 문서에서는 Checks-Effects-Interactions 패턴을 적용하라고 권장한다. Checks-Effects-Interactions 패턴을 이용하면 call 함수가 최초로 불린 것인지 확인한다.

표 9.4 send/call/transfer 특징

함수	보내는 주소의 payable 여부	가스 소비량	실패 시
send	O	2300 gwei	false 반환으로 인해 require 필요
call	X	가변적임	false 반환으로 인해 require 필요
transfer	O	2300 gwei	트랜잭션 실패

앞에서 본 내용 send, call, transfer를 간단하게 표 9.4와 같이 정리할 수 있다. 함수 send, call, transfer의 정의 방법은 그림 9.22부터 그림 9.25까지에 설명했다.

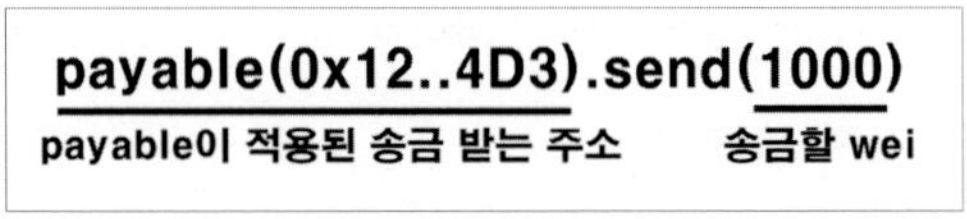

payable(0x12..4D3).send(1000)
payable이 적용된 송금 받는 주소　　　송금할 wei

그림 9.22 send 정의 방법

payable(0x12..4D3).transfer(1000)
payable이 적용된 송금 받는 주소　　　송금할 wei

그림 9.23 transfer 정의 방법

그림 9.22와 그림 9.23은 send와 transfer 함수를 명시하는 방법을 보여준다. 두 함수는 특정 주소에 정해진 이더를 wei의 단위로 보낼 수 있다. 그림 9.22와 그림 9.23에서 볼 수 있듯이 송금받는 주소는 payable 키워드가 반드시 적용돼 있어야 wei를 보낼 수 있다. send와 transfer 함수는 단위 ether를 쓰는 것이 아닌 wei를 쓰므로 1 ether를 보낸다고 가정했을 때 10^{18}인 1000000000000000000을 입력해야 한다.

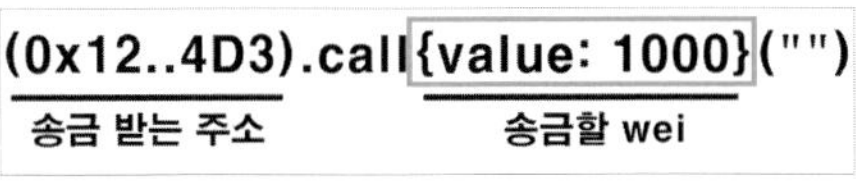

(0x12..4D3).call{value: 1000}("")

송금 받는 주소   송금할 wei

그림 9.24 솔리디티 0.7 버전 이상 call 정의 방법

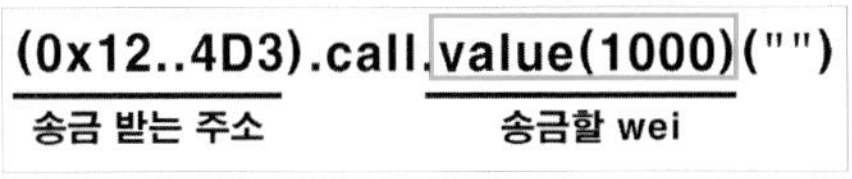

(0x12..4D3).call.value(1000)("")

송금 받는 주소   송금할 wei

그림 9.25 솔리디티 0.7 버전 미만에서 call 정의 방법

솔리디티 버전 0.7 전후로 call의 정의 방법은 변경됐으며, 달라진 점은 그림 9.24와 그림 9.25의 네모 박스 부분을 보면 쉽게 알 수 있다. 버전 0.7 이상은 그림 9.24와 같이 정의해야 하며, 버전 0.7 미만은 그림 9.25처럼 정의해야 한다. 엄밀히 말하면 솔리디티 버전 0.6.4부터는 그림 9.24와 같은 정의 방법이 권장되며, 버전 0.7 이후는 그림 9.25처럼 call을 정의하면 오류가 발생한다.

한 가지 주목할 점은 call 함수는 send와 transfer와 다르게 송금받는 주소는 payable을 따로 적용할 필요가 없다는 점이다. 또한, call 함수를 정의할 때 끝 부분이 ("")이다. call 함수를 활용해 이더를 보낼 때는 ("")와 같이 데이터를 따로 보내줄 필요가 없기 때문이다.

더 나아가서 call 함수는 단순히 이더를 보내는 기능만 하는 것이 아니라 외부 스마트 컨트랙트의 함수를 호출한다. 이 부분은 9.4절에서 자세히 알아보겠다.

send와 transfer 함수 정의 방법

예제 9.3은 send와 transfer의 정의 방법에 중점을 두었으며 추가적으로 이더의 단위 wei, gewei, ether를 명시하는 방법도 알아본다. 예제 9.3에는 4개의 함수 getBalance, etherUnits, ethDelivery1, ethDelivery2가 있다.

```solidity
// SPDX-License-Identifier: GPL-3.0
pragma solidity >=0.7.0 <0.9.0;

contract Ex9_3 {

    function getBalance(address _address) public view returns(uint) {
        return _address.balance;
    }

    function etherUnits() public pure returns(uint,uint,uint) {
        return(1 ether, 1 gwei, 1 wei);
    }

    function ethDelivery1(address payable _address) public payable {
        bool result = _address.send(10 ether);
        require(result, "Failed");
    }

    function ethDelivery2(address _address) public payable {
        payable(_address).transfer(msg.value);
    }
}
```

먼저 getBalance는 지난 예제에서 살펴봤으며 특정 주소의 잔액을 wei의 단위로 반환한다. etherUnits 함수의 로직을 보면 return(1 ether, 1 gwei, 1 wei)이라고 되어 있다. 즉 솔리디티는 이더의 단위 ether, gwei, wei를 코드로 지원하며 각 단위는 wei로 변환돼 출력된다. 즉 1 ether는 10^{18}인 1000000000000000000, 1 gwei는 10^9인 1000000000, 1 wei는 1이 출력된다.

ethDelivery1 함수는 payable이 적용된 매개변수 _address를 받아 send 함수로 10 ether를 _address로 보낸다. ethDelivery1 함수를 통해 이더를 보내므로 모디파이어 payable이 적용된 것 알 수 있다.

send 함수의 결괏값은 성공 시 true, 실패 시 false로 반환되므로 ethDelivery1 함수와 같이 따로 require를 정의해야 한다. 만약 require를 정의하지 않고 10 ether가 아닌 잘못된 금액 15 ether를 보냈다면 ethDelivery1 함수가 false를 출력해도 트랜잭션은 실패하지 않을 것이다. 즉 15 ether가 전송돼 손해를 볼 것이다. 결론적으로 send는 require와 같이 사용해야 한다.

ethDelivery2 함수는 transfer 함수를 통해 이더를 보낸다. transfer 함수는 이더 전송에 실패하면 오류가 발생해 트랜잭션이 실패한다. 즉 transfer은 require를 따로 명시할 필요가 없다.

ethDelivery2 함수의 로직 payable(_address).transfer(msg.value)에서 주목할 것은 payable(_address)와 msg.value다. 먼저 ethDelivery2 함수는 payable이 적용되지 않은 일반 주소 _address를 매개변수로 받는다. 그러나 함수 send나 transfer로 이더를 보내려면 송금받는 주소는 필수적으로 payable이 적용돼야한다. 이러한 이유로 payable이 적용되지 않은 매개변수 _address에 payable(_address)와 같이 payable을 적용해야 한다.

ethDelivery2 함수는 ethDelivery1과 같이 정해진 금액 10 ether를 보내는 것이 아닌, msg.value를 통해 가변적인 금액을 보낼 수 있다. 즉 msg.value는 전송된 wei를 나타내므로 자유롭게 송금 금액을 입력해 특정 주소로 보낼 수 있다. 추가적으로 ethDelivery2 함수를 통해 이더를 보내므로 모디파이어 payable이 적용된 것을 알 수 있다.

그림 9.26 예제 9.3을 컴파일한 후 Deploy 버튼을 클릭해 배포

예제 9.3을 컴파일하고 나서 그림 9.26의 Deploy 버튼을 클릭해 예제 9.3을 배포한다.

그림 9.27 etherUnits 버튼 클릭해 결괏값 확인

etherUnit 함수를 실행하면 그림 9.27과 같은 결과 화면을 볼 수 있다. 즉 이 함수는 1 ether, 1 gwei, 1 wei를 wei의 단위로 반환하는데, 솔리디티는 이더의 단위를 지원한다.

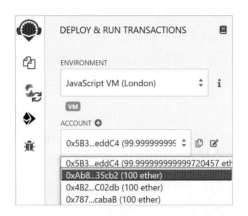

그림 9.28 두 번째 주소로 변경

두 번째 주소를 복사해 이더를 보내려면 그림 9.28과 같이 두 번째 주소를 선택한다.

그림 9.29 두 번째 주소 복사

두 번째 주소로 변경한 후 그림의 네모 박스로 표시한 부분을 클릭해 이 주소를 복사한다.

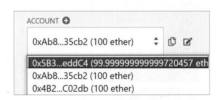

그림 9.30 첫 번째 주소로 다시 변경

그림 9.28과 그림 9.29를 통해 두 번째 주소를 복사했다면 그림 9.30과 같이 첫 번째 주소를 다시 선택한다.

그림 9.31 복사한 두 번째 주소 getBalance를 통해 그 주소의 이더 잔액 확인

함수 send와 transfer을 통해 두 번째 주소로 이더를 보내기 전에 이 주소의 잔액을 알아보겠다. 그림 9.31과 같이 복사한 두 번째 주소를 getBalance의 매개변수로 입력한 후 이 함수를 실행해 결괏값을 확인한다. 두 번째 주소의 잔액은 100 ether가 나올 것이다.

그림 9.32 복사한 두 번째 주소를 ethDelivery1 매개변수로 입력 후 실행

그림 9.29에서 복사한 두 번째 주소를 함수 ethDelivery1의 매개변수에 입력한다. 그리고 나서 그림 9.32의 ethDelivery1 버튼을 클릭하면 그림 9.33과 같은 오류 화면이 나올 것이다.

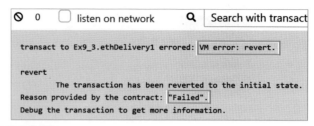

그림 9.33 ethDelivery1 실행 실패 화면

그림 9.33은 ethDelivery1 함수에 있는 send 함수의 결괏값이 false가 나와 트랜잭션에 실패한 화면이다. 이와 같이 트랜잭션이 실패한 이유는 send는 10 ether를 보낸다고 명시했으나 실제로 ethDelivery1 함수를 호출할 때 전송 값을 10 ether로 입력하지 않아서 오류가 발생했기 때문이다.

그림 9.34 VALUE에 10 ether 지정

그림 9.33과 같이 오류가 나지 않으려면 그림 9.34에서처럼 **VALUE**로 가서 **10 ether**를 입력한다.

그림 9.35 함수 ethDelivery1을 클릭하고 난 후 함수 getBalance를 실행해 결괏값 확인

그림 9.34와 같이 **VALUE**에 10 ether를 입력한 상태로 그림 9.35의 `ethDelivery1` 버튼을 클릭한다. 그러면 10 ether를 두 번째 주소로 보낼 수 있다. 그리고 나서 `getBalance`를 클릭하면 110 ether가 나온다. 결론적으로 첫 번째 주소로 `ethDelivery1` 함수를 실행했으므로 첫 번째 주소의 10 ether가 두 번째 주소로 옮겨졌다.

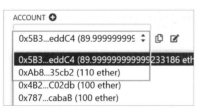

그림 9.36 첫 번째와 두 번째 주소의 이더 잔액의 변화

그림 9.36을 보면 첫 번째 주소의 10 ether가 두 번째 주소로 옮겨진 것을 쉽게 알 수 있다.

그림 9.37 VALUE에 15 ether를 지정

ethDelivery2 함수를 실행하려면 먼저 VALUE에 값을 지정해야 한다. 그림 9.37과 같이 15 ether를 입력해 ethDelivery2를 통해 15 ether를 특정 주소로 보내겠다.

그림 9.37과 같이 VALUE에 15 ether를 입력한 상태에서 그림 9.38과 같이 ethDelivery2 함수에 두 번째 주소를 입력한다. 그리고 나서 ethDelivery2 버튼을 클릭해 ethDelivery2 함수를 실행시킨다. ethDelivery2 함수가 실행되면 함수 transfer을 통해 15 ether가 두 번째 주소로 보내질 것이다.

getBalance 함수로 두 번째 주소의 현재 잔액을 조회하면 110 ether에서 125 ether로 변한 것을 알 수 있다. 즉 첫 번째 주소로 ethDelivery2를 실행했으므로 첫 번째 주소의 15 ether가 두 번째 주소로 이동한 것이다.

버전 0.7 전후 call 함수 정의 방법

예제 9.4는 call 함수를 솔리디티 버전 0.7 전후로 정의하는 방법을 보여준다.

예제 9.4 call 함수 0.7 버전 전후

```
// SPDX-License-Identifier: GPL-3.0
pragma solidity >=0.5.0 <0.9.0;


contract Ex9_4 {

    function getBalance(address _address) public view returns(uint) {
```

```
        return _address.balance;
    }

    function ethDelivery1(address _address) public payable {
        (bool result, ) = _address.call{value:msg.value, gas: 30000}("");
        require(result, "Failed");
    }
/*
    function ethDelivery2(address _address) public payable {
        (bool result, ) = _address.call.value(msg.value).gas(30000)("");
        require(result, "Failed");
    }
*/
}
```

ethDelivery1 함수는 0.7 이상에서 call을 정의하는 방법이다. 반면에 주석 처리가 된 ethDelivery2 함수는 0.7 미만에 call을 명시하는 방법이다. 버전 0.7 전후 call의 정의 방법은 유사하며 같은 방식으로 작동하므로 0.7 미만의 call이 정의된 함수 ethDelivery2는 따로 살펴보지 않고 ethDelivery1 함수만 살펴보겠다.

getBalance 함수는 이전 장에서 보았듯이 특정 주소의 잔액을 나타낸다. ethDelivery1 함수의 로직을 보면 (bool result,) = _address.call{value:msg.value, gas: 30000}("")와 같이 명시돼 있다. call 함수는 2개의 반환값을 갖고 있다. 첫 번째는 call 함수의 성공 여부를 true 또는 false로 출력하며 두 번째는 호출한 함수의 결괏값을 bytes형으로 반환한다.

함수를 호출하지 않았으므로 bytes형의 값을 따로 받지 않고 call 함수의 성공 여부만 받도록 하겠다. 이는 곧 이더가 성공적으로 보내졌는지 파악할 수 있는 결괏값이다. call 함수의 결괏값만 받으려면 (bool result,)와 같이 두 번째 반환값의 칸을 공란으로 둔다. 추가적으로 call 함수의 끝 부분은 ("")인 것을 알 수 있으며 현재 따로 함수를 호출하지 않으므로 입력해줄 필요가 없다. call 함수를 통해 외부 스마트 컨트랙트에 정의된 함수를 호출하는 방법은 9.4절에서 자세히 다루겠다.

함수 ethDelivery1 로직의 _address.call{value:msg.value, gas: 30000}("")를 보면 송금받을 주소의 _address는 따로 payable을 명시하지 않아도 된다. call 함수의 value는 송금할 wei를 나타내며 이 call의 value는 msg.value이므로 ethDelivery1 함수가 실행될 때 전송된 wei가 _address에 보내질 것이다.

call 함수의 gas는 제공하는 가스의 양을 나타내며 가스를 제공받는 대상은 뒤에서 배울 fallback 또는 receive 함수다. 예제 9.4에서 gas는 30000 gwei이므로 fallback 또는 receive 함수에 30000 gwei를 제공한다. 사실 gas를 따로 명시하지 않아도 되며 gas를 명시하지 않는다면 사용할 수 있는 모든 가스를 fallback 또는 receive 함수에 제공한다. call 함수는 실패를 해도 트랜잭션 실패가 발생하지 않으므로 require를 따로 명시해서 결괏값이 false일 때 require를 통해 트랜잭션을 실패로 만들어야 한다.

그림 9.39 예제 9.4를 컴파일한 후 Deploy 버튼을 클릭해 예제 배포

그림 9.39와 같이 예제 9.4를 컴파일하고 나서 Deploy 버튼을 클릭해 배포한다.

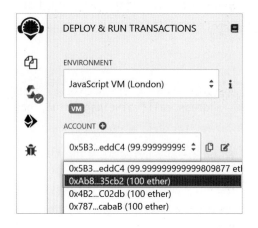

그림 9.40 두 번째 주소로 변경

두 번째 주소를 복사해서 ethDelivery1 함수를 통해 이더를 보내려면 그림 9.40과 같이 두 번째 주소를 선택한다.

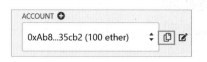

그림 9.41 두 번째 주소 복사

두 번째 주소로 선택한 후 그림 9.41과 같이 네모 박스로 표시한 곳을 클릭해 이 주소를 복사한다.

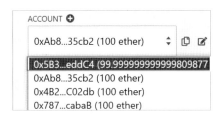

그림 9.42 첫 번째 주소 선택

두 번째 주소를 복사하고 나서 다시 첫 번째 주소를 선택한다. 즉 첫 번째 주소로 ethDelivery1 함수를
실행해 두 번째 주소로 이더를 보낸다.

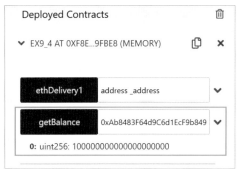

그림 9.43 두 번째 주소의 현재 잔액 확인

ethDelivery1 함수를 실행하기 전에 함수 getBalance를 실행해 두 번째 주소의 현재 잔액을 확인한
다. ethDelivery1 함수를 실행하면 그림 9.43과 같이 100 ether가 있는 것을 확인할 수 있다.

그림 9.44 VALUE에 10 ether를 지정

그림 9.44와 같이 VALUE에 10 ether를 지정해 ethDelivery1 함수를 통해 10 ether를 두 번째 주소
로 보낸다.

그림 9.45 ethDelivery1 실행 후 getBalance의 결괏값 확인

VALUE에 10 ether를 지정한 상태에서 ethDelivery1 함수에 복사한 두 번째 주소를 붙여 넣는다. 그러고 나서 그림 9.45의 ethDelivery1 버튼을 클릭해 10 ether를 두 번째 주소로 보낸다. 첫 번째 주소로 ethDelivery1 함수를 실행했으므로 첫 번째 주소의 10 ether가 두 번째 주소에 전송됐을 것이다. ethDelivery1 함수를 실행하고 나서 getBalance를 통해 두 번째 주소의 현재 잔액을 확인한다. 두 번째 주소의 현재 잔액은 그림 9.45와 같이 110 ether이다. 즉 기존에 그림 9.43에서 두 번째 주소는 100 ether였으나 첫 번째 주소에게서 10 ether를 받아 110 ether가 된 것이다.

9.3 함수 fallback과 receive

앞에서 주소 타입의 내장 함수 send, call, transfer를 알아봤다. send, call, transfer 함수를 통해 사람의 주소 EOA로만 이더를 보냈었다. 이번에는 컨트랙트의 주소 CA로 이더를 보내는 방법을 살펴보겠다. 앞서 언급했듯이 스마트 컨트랙트가 이더를 받으려면 솔리디티 버전 0.6 전후로 무기명 함수 fallback 또는 receive를 선언해야 한다. 간단하게 fallback 함수는 이더를 받는 기능과 존재하지 않는 함수가 호출될 때 처리하는 기능이 있다. 외부에서 존재하지 않는 함수가 호출될 때 대처하는 기능은 다음 장인 call 함수를 배우고 나서 알아보겠다.

이번 장에서는 스마트 컨트랙트가 fallback 또는 receive 함수를 통해 이더를 받는 방법과 솔리디티 버전별로 fallback 함수 정의 방법을 살펴보겠다.

9.3.1 함수 fallback의 기능

함수 fallback의 기능을 크게 2가지로 나눌 수 있다.

01. CA로 전송된 이더를 받는 기능

스마트 컨트랙트에 fallback 함수를 선언해야 스마트 컨트랙트가 이더를 받을 수 있게 된다. 더 나아가서 fall-back 함수에 로직을 따로 정의할 수 있다. 스마트 컨트랙트가 이더를 받을 때 fallback 함수의 로직이 실행된다. 예를 들어 이더를 보낸 사람의 주소를 따로 저장하고 싶다면 fallback 함수 로직에 특정 이벤트를 정의해 이더 송금자의 주소를 출력할 수 있다.

더 나아가서 fallback 함수가 실행된다는 것은 가스를 소비해서 실행된다는 것이다. fallback 함수는 이전 장에서 본 함수 send, call, transfer로부터 가스를 받는다. 함수 send와 transfer는 2300 gwei를 fallback 함수에게 제공하며 call 함수는 사용할 수 있는 모든 가스를 제공한다. 앞서 언급했듯이 향후 가스비가 오를 경우를 대비해서 call 함수를 통해 이더를 보내는 것이 권장된다. 즉 2300 gwei로는 함수 fallback의 로직을 실행시키기 힘들 수 있다.

02. 스마트 컨트랙트에 존재하지 않는 함수가 불렸을 때 대신 호출을 받는 기능

영어사전에 의하면 fallback은 대비책이라 부르며 fallback 함수는 대비책 함수다. 쉽게 생각하면 스마트 컨트랙트 내에 존재하지 않는 함수가 호출됐을 때 fallback 함수가 대신 호출된다. 이 기능은 9.4절의 call 함수로 외부 스마트 컨트랙트 함수를 호출하는 방법을 배우고 나서 자세히 알아보겠다.

솔리디티 버전 0.6 미만에서는 fallback 함수를 통해 위 2가지 기능을 모두 수행했다. 그러나 하나의 fallback 함수로 2가지 기능을 모두 수행하기에 어려움이 존재할 것이다.

이러한 어려움을 해소하고자 receive 함수가 새롭게 도입됐다. 솔리디티 버전 0.6 이상부터는 fallback 대신에 receive를 통해서 스마트 컨트랙트가 이더를 받을 수 있다. 즉 기존 2가지 일을 했던 fallback 입장에서는 receive와 일을 분담한다고 생각할 수 있다. 결론적으로 receive는 스마트 컨트랙트가 이더를 받을 수 있도록 돕고, fallback은 스마트 컨트랙트에 존재하지 않는 함수가 호출됐을 때 대처한다.

한 가지 주의할 점은 솔리디티 버전 0.6 이상에서 fallback 함수는 이더를 받는 기능이 사라진 것이 아니라 이더를 받는 함수 receive가 새롭게 추가된 것이다. 즉 특정 스마트 컨트랙트에 receive를 정의하지 않고 fallback에 payable을 붙여 정의하면 스마트 컨트랙트는 여전히 이더를 받을 수 있다.

9.3.2 솔리디티 버전 0.6 미만 fallback

솔리디티 버전 0.6 미만 함수 `fallback`의 특징은 다음과 같다.

01. 이름이 존재하지 않는 무기명 함수다.

02. `fallback` 함수에 가시성 지정자 `external`을 필수로 붙여야 한다.

03. `fallback` 함수는 매개변수가 존재하지 않는다.

04. `fallback` 함수는 반환값이 존재하지 않는다.

05. `fallback` 함수에 `payable`이 적용돼야 스마트 컨트랙트가 이더를 받을 수 있다.

06. 스마트 컨트랙트가 이더를 받으면 `payable`이 적용된 함수 `fallback`이 실행된다. `send`와 `transfer` 함수를 통해 이더를 받은 경우 `fallback` 함수는 2300 `gwei`만큼의 가스를 소비해 자신의 로직을 실행시킬 수 있다.

07. 그러나 앞에서 봤듯이 가스 2300 `gwei`는 `fallback` 함수를 실행하는 데 매우 제한적이며 향후 명령 코드의 가스 비용이 증가할 수 있으므로 `fallback` 함수를 실행하기에 충분하지 않을 수 있다.

08. 이러한 문제를 해결하려면 함수 `call`을 이용해 이더를 보내야 한다. 함수 `call`을 사용하면 현재 소비할 수 있는 모든 가스를 `fallback` 함수에 전달한다. 이러한 특징으로 `call` 함수의 사용이 권장되고 있다.

09. `fallback` 함수에 `payable`을 적용하지 않을 시 스마트 컨트랙트는 `fallback` 함수를 통해 이더를 받을 수 없다. 함수 `fallback`은 존재하지 않는 함수가 호출됐을 때만 실행된다.

10. 하나의 스마트 컨트랙트는 하나의 `fallback` 함수를 수용할 수 있다.

```
function() external payable {
    // fallback 함수 로직
}
```

그림 9.46 솔리디티 버전 0.6 미만에서 fallback 함수 정의 방법

그림 9.46은 솔리디티 버전 0.6 미만에서 `fallback` 함수을 정의하는 방법을 나타낸다. `fallback` 함수는 무기명 함수이므로 함수명을 적지 않으며, 가시성 지정자 `external`은 필수적으로 명시해야 한다. `fallback` 함수에 `payable`이 있으므로 이 함수가 정의된 스마트 컨트랙트는 이더를 받을 수 있다.

더 나아가서 모든 스마트 컨트랙트가 최신 버전으로 작성되지 않았으며 최신 버전이 아닌 스마트 컨트랙트를 참고해야 하는 순간이 있을 것이다. 이러한 이유로 버전 0.6 미만의 `fallback` 함수를 간단히 살펴 보겠다.

버전 0.6 미만에 fallback 함수 정의 방법

예제 9.5를 통해 솔리디티 0.6 버전 미만의 fallback 함수 정의 방법을 알아보겠다. 먼저 Ex9_5 스마트 컨트랙트의 pragma solidity >=0.5.0 <0.6.0;을 보면 솔리디티 버전 0.5 이상 0.6 미만으로 제한돼 있다.

예제 9.5 fallback 함수 0.6 버전 미만

```
// SPDX-License-Identifier: GPL-3.0
pragma solidity >=0.5.0 <0.6.0;

contract Ex9_5 {

    event Obtain(address from, uint amount);

    function() external payable {
        emit Obtain(msg.sender, msg.value);
    }

    function getBalance(address _address) public view returns(uint) {
        return _address.balance;
    }

    function sendEther(address payable _address) public payable {
        _address.transfer(msg.value);
    }
}
```

Ex9_5 스마트 컨트랙트는 3개의 함수와 1개의 이벤트가 있다. 두 개의 함수 getBalance와 sendEther는 앞에서 본 함수라서 설명을 간략히 하겠다. 함수 getBalance는 특정 주소의 잔액을 wei 단위로 반환하며 sendEther는 transfer 함수를 통해 특정 주소로 주어진 wei를 보낸다.

남은 함수는 fallback이며 이름이 없는 것을 쉽게 알 수 있다. fallback 함수에 payable이 적용됐으므로 Ex9_5 스마트 컨트랙트의 주소로 이더를 받을 수 있다. 이더를 받으면 fallback 함수의 로직이 실행될 것이다. fallback 함수의 로직은 이벤트 Obtain을 출력한다.

이벤트 Obtain은 두 개의 매개변수 주소형 타입의 from과 정수형 타입의 amount가 있다. 첫 번째 매개변수 from은 이더의 보낸 주소를 나타내며 두 번째 매개변수 amount는 전송된 wei의 양을 나타낸다.

예제 9.5를 컴파일하고 나서 그림 9.47의 **Deploy** 버튼을 클릭해 예제를 배포한다.

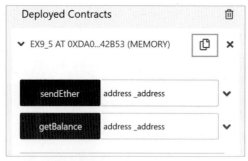

예제 9.5가 배포되면 그림 9.48과 같이 예제 9.5가 배포된 화면을 볼 수 있다. 배포된 스마트 컨트랙트 주소로 이더를 보내려면 네모 박스로 표시한 부분을 클릭해 배포된 예제 9.5 주소를 복사한다.

복사한 예제 9.5의 주소를 함수 **getBalance** 매개변수에 입력한다. 그러고 나서 **getBalance** 함수를 실행해 현재 배포된 예제 9.5의 이더 잔액을 확인한다. 그림 9.49와 같이 현재 배포된 스마트 컨트랙트의 현재 잔액이 0 wei인 것을 알 수 있다.

그림 9.50 VALUE에 10 wei이 입력

함수 sendEther를 통해 현재 배포된 스마트 컨트랙트로 이더를 보내기 전에 그림 9.50과 같이 **VALUE**
에 전송할 이더의 양을 자유롭게 입력한다. 그림 9.50에서는 **10 wei**를 입력했다.

그림 9.51 sendEther 함수 실행 후 getBalance 함수를 실행해 결괏값 확인

VALUE에 **10 wei**를 입력한 상태에서 **sendEther** 함수에 그림 9.49에서 복사한 예제 9.5의 스마트 컨
트랙트 주소를 입력한다. 그러고 나서 그림 9.51의 **sendEther** 버튼을 클릭해 **10 wei**를 보내면 그림
9.52와 같은 결과 화면을 볼 수 있다. 마지막으로 **getBalance** 함수를 통해 배포된 스마트 컨트랙트의
잔액을 확인하면 그림 9.51과 같이 **10 wei**가 전송된 것을 알 수 있다.

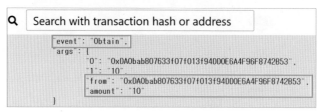

```
"event": "Obtain",
"args": {
    "0": "0xDA0bab807633f07f013f94D00E6A4F96F8742B53",
    "1": "10",
    "from": "0xDA0bab807633f07f013f94D00E6A4F96F8742B53",
    "amount": "10"
}
```

그림 9.52 함수 sendEther 결과 화면

sendEther 함수를 실행해 10 wei를 예제 9.5의 주소로 보내면 예제 9.5에 있는 fallback 함수가 10 wei를 받고 예제 9.5의 fallback 함수가 실행된다. 함수 fallback의 로직은 Obtain 이벤트를 출력하며 이 이벤트는 매개변수 from에 msg.sender와 매개변수 amount에 msg.value를 받고 출력한다.

그림 9.52에서 볼 수 있듯이 Obtain 이벤트의 amount에 10 wei의 10이 나왔다. 즉 sendEther 함수를 통해 예제 9.5에 10 wei를 보냈기에 Obtain의 amount가 10인 것을 쉽게 알 수 있다.

반면에 Obtain 이벤트의 from은 msg.sender를 입력받아 출력하는데, 유저의 주소가 아닌 예제 9.5의 주소가 나왔다. 유저의 주소로 sendEther 함수를 실행해 예제 9.5의 스마트 컨트랙트에 10 wei를 보냈지만 msg.sender가 유저의 주소가 아닌 예제 9.5의 주소가 나온 것이 이해가 가지 않을 수 있다. 이 부분은 그림 9.53을 통해 이해하면 쉽다.

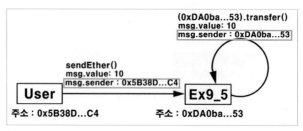

그림 9.53 함수 sendEther의 흐름

유저의 주소 0x5B38Da6a701c568545dCfcB03FcB875f56beddC4로 예제 9.5의 함수 sendEther의 실행과 동시에 10 wei를 전송했다. 그림 9.53에서 볼 수 있듯이 sendEther 함수의 msg.sender는 유저의 주소다.

sendEther 함수는 transfer 함수를 통해 예제 9.5의 주소로 유저에게 받은 10 wei를 다시 보내며 예제 9.5는 함수 fallback을 통해서 10 wei를 받는다. 함수 fallback 입장에서는 10 wei를 예제 9.5의 transfer 함수로 받았으므로 msg.sender는 예제 9.5의 주소가 된다.

9.3.3 솔리디티 버전 0.6 이상 fallback과 receive

솔리디티 버전 0.6 이상부터 무기명 fallback 함수는 그림 9.54처럼 receive와 fallback 함수로 나 눈다. 기존 fallback 함수는 이더를 받으며 존재하지 않는 함수가 호출될 때 대신 실행된다.

버전 0.6 이상부터는 receive 함수가 이더를 받으며 fallback 함수는 스마트 컨트랙트에 존재하지 않는 함수가 호출될 때 처리한다. 스마트 컨트랙트에 존재하지 않는 함수가 불릴 때 실행되는 fallback 함수는 call 함수를 배우고 나서 예제를 살펴보겠다. 여기서는 이더를 받는 기능에 중점을 두겠다.

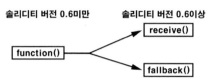

그림 9.54 솔리디티 버전 0.6 이상 fallback과 receive

솔리디티 버전 0.6 이상의 함수 receive의 특징은 다음과 같다.

01. 함수를 시작하는 키워드 function 없이 receive()만 입력한다.

02. receive 함수에 가시성 지정자 external을 필수로 붙여야 한다.

03. receive 함수에 모디파이어 payable을 필수로 붙여야 한다.

04. receive 함수는 매개변수가 존재하지 않는다.

05. receive 함수는 반환값이 존재하지 않는다.

06. 하나의 스마트 컨트랙트는 하나의 receive 함수를 수용할 수 있다.

07. receive 함수에 키워드 virtual과 override 적용이 가능하므로 오버라이딩이 가능하다.

08. receive 함수에 추가로 모디파이어를 적용할 수 있다.

09. receive 함수는 스마트 컨트랙트가 이더를 받을 수 있게 도와준다.

    스마트 컨트랙트가 이더를 받으면 receive 함수가 실행된다. send와 transfer 함수를 통해 이더를 받은 경우 2300 gwei만큼 가스를 소비해 receive 함수가 실행된다.

    그러나 2300 gwei는 receive 함수를 실행하기에 가스가 부족할 수 있다. 예를 들어 receive 함수의 로직이 특정 변수의 값을 저장하거나 받은 이더를 다른 곳으로 보낸다면 가스 2300 gwei로 receive 함수를 실행할 수가 없어서 트랜잭션에 실패할 것이다.

    이러한 문제를 해소하려면 call 함수를 사용해서 이더를 보낸다. call 함수는 receive 함수에게 현재 소비할 수 있는 모든 가스를 제공한다.

```
receive() external payable {
    // receive 함수 로직
}
```

그림 9.55 receive 함수 정의 방법

그림 9.55와 같이 receive 함수를 정의할 수 있다. 그림 9.55에서 볼 수 있듯이 receive 함수를 정의 시 function 키워드를 붙일 필요가 없으며 가시성 지정자 external과 payable은 필수적으로 명시한다.

솔리디티 버전 0.6 이상의 함수 fallback의 특징은 다음과 같다.

01. 함수를 시작하는 키워드 function 없이 fallback()만 입력한다.

02. fallback 함수에 가시성 지정자 external을 필수로 붙여야 한다.

03. fallback 함수에 모디파이어 payable을 선택적으로 붙일 수 있다.

    fallback 함수에 payable을 적용하지 않으면 존재하지 않는 함수가 호출됐을 때 fallback 함수가 실행된다.

    fallback 함수에 payable을 적용하고 receive 함수가 정의되지 않았다면 fallback 함수를 통해 이더를 받을 수 있다. send와 transfer 함수를 통해 이더를 받는 경우 fallback 함수는 2300 gwei 가스를 소비해 실행된다.

    그러나 2300 gwei는 가스의 소비량이 적어 fallback 함수를 실행하기에 어려울 수 있으므로 call 함수를 사용해 이더를 보내는 것이 권장된다. call 함수를 통해 이더를 보내면 fallback 함수는 현재 이용할 수 있는 모든 가스를 소비할 수 있다.

04. fallback 함수는 매개변수가 존재하지 않는다.

05. fallback 함수는 반환값이 존재하지 않는다.

06. 하나의 스마트 컨트랙트는 하나의 fallback 함수를 수용할 수 있다.

07. fallback 함수에 키워드 virtual과 override 적용이 가능하므로 오버라이딩이 가능하다.

08. fallback 함수에 추가로 모디파이어를 적용할 수 있다.

```
fallback() external payable {
    // fallback 함수 로직
}
```

그림 9.56 솔리디티 버전 0.6 이상 fallback 함수 정의 방법

receive 함수 정의 방법

예제 9.6은 receive 함수를 선언하는 방법을 나타내며 이 함수를 통해 Ex9_6 스마트 컨트랙트가 이더를 받을 수 있는지 확인할 것이다.

```
// SPDX-License-Identifier: GPL-3.0
pragma solidity >=0.7.0 <0.9.0;

contract Ex9_6 {

    event Obtain(address from, uint amount);
    receive() external payable {
        emit Obtain(msg.sender, msg.value);
    }

    function getBalance() public view returns(uint) {
        return address(this).balance;
    }

    function sendEther() public payable {
        payable(address(this)).transfer(msg.value);
    }
}
```

예제 9.6에는 3개의 함수와 1개의 이벤트가 있다. getBalance와 sendEther 함수에 키워드 this가 있는 것을 알 수 있다. 키워드 this는 자기 자신, 즉 예제 9.6의 스마트 컨트랙트를 가리키며 address(this)를 통해 예제 9.6의 주소를 갖고 온다.

결국 getBalance 함수의 address(this).balance는 예제 9.6의 현재 잔액을 나타낸다. sendEther 함수에 있는 transfer 함수는 payable이 적용된 주소로 이더를 보내므로 payable(address(this))를 통해 예제 9.6 주소에 payable을 적용했다. 즉, sendEther 함수의 payable(address(this)).transfer(msg.value)는 함수가 실행되면서 전송된 wei가 예제 9.6으로 보내진다.

receive 함수는 예제 9.6 스마트 컨트랙트가 이더를 받을 수 있게 도와준다. 바꿔 말하면 예제 9.6 스마트 컨트랙트는 receive 함수를 통해 이더를 받을 수 있게 된다. 더 나아가서 예제 9.6 스마트 컨트랙트가 이더를 받을 때 receive 함수가 실행되며 함수 sendEther에 있는 transfer 함수를 통해 이더를 받게 되면 receive 함수는 가스 2300 gwei를 소비하게 된다.

이벤트 Obtain은 두 개의 매개변수 from과 amount를 받으며 receive 함수가 실행될 때 출력된다. receive 함수의 emit Obtain(msg.sender, msg.value)를 보면 msg.sender와 msg.value가 입력 돼 있다. 즉, Obtain 이벤트는 이더를 보낸 주소 msg.sender와 전송된 이더의 양을 wei의 단위로 표현 한 msg.value를 출력한다.

그림 9.57 예제 9.6을 컴파일한 후 Deploy 버튼을 클릭해 예제 9.6 배포

예제 9.6을 컴파일하고 나서 그림 9.57의 Deploy 버튼을 클릭해 예제를 배포한다.

그림 9.58 버튼 getBalance를 클릭해 예제 9.6의 현재 잔액 확인

예제 9.6을 배포하면 그림 9.58과 같은 화면을 볼 수 있다. getBalance 버튼을 클릭해 스마트 컨트랙트의 현재 잔액을 확인한다.

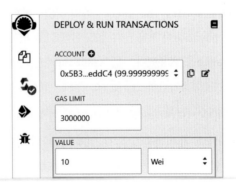

그림 9.59 VALUE에 10wei를 입력

sendEther 함수를 통해 예제 9.6 스마트 컨트랙트로 이더를 보내려면 VALUE에 보내고자 하는 이더의 양을 지정해야 한다. 그림 9.59와 같이 10 wei를 입력해 현재 배포된 스마트 컨트랙트에 10 wei만 송금해 보자.

그림 9.60 버튼 sendEther 클릭 후 버튼 getBalance를 클릭해 현재 잔액 확인

VALUE에 10 wei를 입력한 상태에서 sendEther 함수를 실행한다. sendEther 함수를 실행하면 그림 9.61과 같은 결과 화면을 볼 수 있다. 그리고 나서 getBalance 함수를 실행하면 그림 9.60과 같이 Ex9_6 스마트 컨트랙트의 잔액이 10 wei만큼 증가된 것을 확인할 수 있다. 결론적으로 10 wei가 전송됐다.

```
{
    "from": "0xd9145CCE52D386f254917e481eB44e9943F39138",
    "topic": "0x0368838220383a15f8cb55f018fd7c72a2a7b39241ce69b3633d92b2dcb3aca7",
    "event": "Obtain",
    "args": {
        "0": "0xd9145CCE52D386f254917e481eB44e9943F39138",
        "1": "10",
        "from": "0xd9145CCE52D386f254917e481eB44e9943F39138",
        "amount": "10"
    }
}
```

그림 9.61 함수 sendEther의 결과 화면

sendEther 함수가 실행되면 이 함수의 로직인 transfer 함수는 예제 9.6 스마트 컨트랙트로 이더를 보낸다. 현재 VALUE에 10 wei를 입력했으므로 배포된 스마트 컨트랙트는 10 wei를 받게 된다. 10 wei를 받게 되면 스마트 컨트랙트에 있는 함수 receive가 실행된다.

그림 9.61과 같이 receive 함수는 Obtain 이벤트를 출력한다. 현재 10 wei를 보냈으므로 amount에 10이 출력된 것을 알 수 있으며, from은 유저의 주소가 아닌 예제 9.6의 스마트 컨트랙트 주소다. 예제

9.5에서 봤듯이 유저가 sendEther 함수를 실행시킨다고 해도 실질적으로 이더를 송금하는 transfer 함수가 예제 9.6의 주소로 실행됐기 때문이다. msg.sender의 개념이 헷갈릴 수 있으므로 다시 한번 짚고 넘어가겠다.

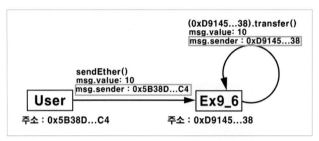

먼저 0x5B38Da6a701c568545dCfcB03FcB875f56beddC4의 주소를 갖고 있는 유저가 함수 sendEther를 실행했다. msg.sender는 트랜잭션을 준 주소를 나타내므로 sendEther 함수의 msg.sender는 유저의 주소가 될 것이다. 즉 유저가 sendEther 함수를 실행시키는 트랜잭션을 보냈다.

그리고 나서 sendEther 함수에 있는 transfer 함수가 실행되어 예제 9.6 스마트 컨트랙트에 10 wei를 줄 것이다. 10 wei를 받으면 receive 함수가 실행된다. 즉, transfer 함수가 실행된 곳은 예제 9.6이므로 receive 함수의 msg.sender는 예제 9.6의 주소가 된다.

버전 0.6 이상일 때 fallback 함수로 이더 받기

예제 9.7은 함수 receive 없이 Ex9_7 스마트 컨트랙트가 오직 payable을 적용한 fallback 함수만으로 이더를 받을 수 있는지 보기 위한 예제다. 즉 솔리디티 버전 0.6 미만의 fallback 함수를 버전 0.6 이상에 선언한 것이다.

예제 9.7 payable이 적용된 fallback 함수로 이더 받기

```
// SPDX-License-Identifier: GPL-3.0
pragma solidity >=0.7.0 <0.9.0;

contract Ex9_7 {

    event Obtain(address from, uint amount);
    fallback() external payable {
        emit Obtain(msg.sender, msg.value);
    }
```

```
    function getBalance() public view returns(uint) {
        return address(this).balance;
    }

    function sendEther() public payable {
        payable(address(this)).transfer(msg.value);
    }
}
```

예제 9.7은 예제 9.6의 receive 함수를 payable을 적용한 fallback 함수로 변경했으므로 따로 추가
설명없이 이 예제를 바로 실습하겠다.

예제 9.7을 컴파일하면 그림 9.63과 같은 경고를 볼 수
있다. 이 경고는 함수 receive를 명시하지 않고 함수
fallback에 payable을 적용해 이더를 받으려고 했기 때
문에 발생한 것이다. 즉 receive를 통해 이더를 받는 것을
권장한다.

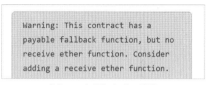

그림 9.63 예제 9.7 컴파일 시 경고 발생

그림 9.64 예제 9.7을 컴파일한 후 Deploy 버튼을 클릭해 예제 9.7을 배포

예제 9.7을 컴파일하고 나서 그림 9.64의 Deploy 버튼을 클릭해 예제를 배포한다.

그림 9.65 버튼 getBalance를 클릭해 예제 9.7의 현재 잔액 확인

그림 9.65의 getBalance를 클릭해 예제 9.7의 현재 잔액을 확인하면 **0 wei**가 나오는 것을 알 수 있다.

sendEther 함수를 실행해 이더를 보내려면 **VALUE**에 보내고자 하는 이더의 액수를 자유롭게 입력한다. 그림 9.66과 같이 **VALUE**에 **100 wei**를 입력하겠다.

VALUE에 **100 wei**를 입력하고 나서 버튼 **sendEther**를 클릭해 **100 wei**를 예제 9.7 스마트 컨트랙트로 보낸다. 그리고 나서 getBalance를 클릭하면 Ex9_7 스마트 컨트랙트가 **100 wei**를 받은 것을 알 수 있다. 즉, receive 함수없이 payable이 적용된 fallback 함수로 이더를 받은 것이다.

```
"from": "0xD7ACd2a9FD159E69Bb102A1ca21C9a3e3A5F771B",
"topic": "0x0368838220383a15f8cb55f018fd7c72a2a7b39241ce69b3633d92b2dcb3aca7",
"event": "Obtain",
"args": {
    "0": "0xD7ACd2a9FD159E69Bb102A1ca21C9a3e3A5F771B",
    "1": "100",
    "from": "0xD7ACd2a9FD159E69Bb102A1ca21C9a3e3A5F771B",
    "amount": "100"
}
```

그림 9.68 함수 sendEtrher의 결과 화면

예제 9.7 스마트 컨트랙트가 이더를 받으면 payable이 적용된 fallback 함수가 실행된다. 그림 9.68 과 같이 fallback 함수의 로직 Obtain 이벤트가 잘 출력됐다.

모디파이어 payable을 적용한 생성자

예제 9.8과 같이 생성자에 payable을 적용한다면 스마트 컨트랙트 배포와 동시에 그 스마트 컨트랙트에 이더를 보낼 수 있다.

예제 9.8 생성자에 payable을 적용해 배포 시 이더 받기

```solidity
// SPDX-License-Identifier: GPL-3.0
pragma solidity >=0.7.0 <0.9.0;

contract Ex9_8 {

    constructor() payable {

    }

    function getBalance() public view returns(uint) {
        return address(this).balance;
    }
}
```

예제 9.8에는 2개의 함수 getBalance와 생성자가 있다. 먼저 getBalance 함수는 예제 9.8 스마트 컨트랙트의 현재 이더 잔액을 반환한다. 생성자 함수에서 한 가지 주목해야 할 점은 예제 9.8의 생성자는 payable이 적용될 시 Ex9_8 스마트 컨트랙트가 배포와 동시에 이더를 받을 수 있다는 점이다.

그림 9.69 VALUE에 100 입력 후 Deploy 버튼을 클릭해 예제 9.8 배포

예제 9.8을 컴파일하고 나서 **VALUE**에 **Ex9_8** 스마트 컨트랙트에 보내고자 하는 이더의 액수를 자유롭게 입력한다. 그림 9.69와 같이 **VALUE**에 **100**을 입력한다. 그리고 나서 `Deploy` 버튼을 눌러 예제 9.8을 배포한다. 참고로 `Deploy` 버튼의 색이 빨간색으로 표시되는데, 이는 생성자에 `payable`이 적용됐기 때문이다.

그림 9.70 버튼 getBalance를 클릭해 현재 잔액 확인

예제 9.8을 배포한 후 `getBalance` 버튼을 클릭하면 그림 9.70과 같이 예제 9.8의 현재 잔액 `100 wei`를 확인할 수 있다. 즉, **Ex9_8** 스마트 컨트랙트가 배포되면서 `100 wei`를 받은 것이다.

9.4 함수 call과 delegatecall

이번에는 주소형 타입의 내장 함수 `call`과 `delegatecall`에 대해 알아보겠다. `call`과 `delegatecall` 함수는 문법은 같으나 작동하는 방식이 다르므로 서로 비교하면서 살펴보겠다. 비교적 개념이 쉬운 `call` 함수를 배우고 나서 `delegatecall`을 `call`과 비교하면서 알아보자.

9.4.1 함수 call

call 함수는 9.2절에서 이더를 보내는 함수 send 및 transfer와 같이 알아봤다. 추가로 이스탄불 하드
포크 이후 명령 코드의 가스 가격이 올랐으며 향후 가격이 더 올라서 send와 transfer 함수가 제공하는
가스 2300 gwei가 부족할 수 있으므로 소비할 수 있는 모든 가스를 제공하는 call 함수의 사용을 권장
하고 있다.

그러나 call 함수는 이더를 보내는 기능만 하는 것이 아니라 외부 스마트 컨트랙트의 함수를 호출할 수
있다. 더 나아가서 솔리디티 버전 0.7 전후로 call 함수의 이더를 보내는 문법이 약간 달라졌지만, 내용
은 같으므로 이번 절의 예제에서는 솔리디티 버전 0.7 이상의 call만 보겠다.

이더를 보내는 call 함수의 기능과 정의 방법은 다음과 같다.

01. 이더를 보내는 call

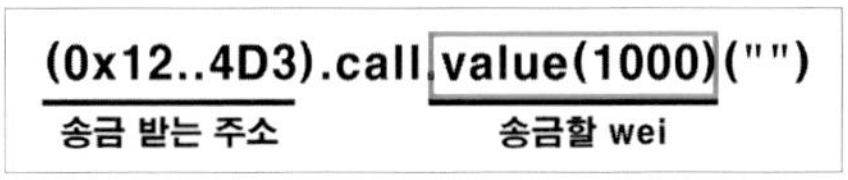

그림 9.71 솔리디티 버전 0.7 미만 call 함수로 이더 전송

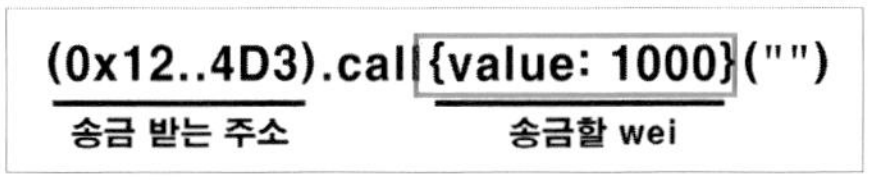

그림 9.72 솔리디티 버전 0.7 이상 call 함수로 이더 전송

02. 함수를 호출하는 call

그림 9.73 call 함수로 외부 스마트 컨트랙트에 있는 함수 호출

앞에서 봤듯이 call 함수는 이더를 보내는 기능과 외부 스마트 컨트랙트의 함수를 호출하는 기능이 있
다. 이더를 보내는 기능은 9.2절에서 이미 배웠으므로 추가로 설명은 하지 않겠다. 아울러 이더를 보내
면서 함수 호출도 가능하다. 이 부분은 예제를 통해 알아보겠다.

그림 9.73은 call 함수를 통해 외부 스마트 컨트랙트에 정의된 함수를 호출하는 방법이다. 원하는 함수
를 호출하려면 그 함수가 존재하는 스마트 컨트랙트의 주소를 알아야 하며 그 스마트 컨트랙트 주소에

점 연산자를 이용해 call 함수를 적용한다. 그리고 나서 **abi.encodeWithSignature**를 통해 호출하고 자 하는 함수를 명시한다.

더 나아가서 그림 9.73과 같이 함수에 매개변수가 있다면 매개변수의 자료형을 명시해줘야 한다. 이때 주의할 점은 uint와 같이 uint256을 나타내는 축약 단어는 사용할 수 없으며, 매개변수 사이에 띄어쓰 기도 없어야 한다는 것이다. 즉, 그림 9.73과 같이 매개변수 사이에 띄어쓰기 없이 uint256으로 정확하 게 명시해야 한다.

그리고 나서 그림 9.73과 같이 함수에 입력될 매개변수를 따로 입력한다. 결론적으로 그림 9.73은 0x3F..4D3의 주소를 갖고 있는 스마트 컨트랙트의 add 함수에 매개변수로 10과 15를 입력해 호출하고 있다.

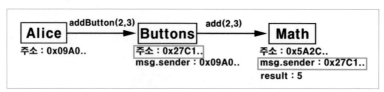

그림 9.74 함수 call의 외부 함수 호출 흐름

다음 절에서 배울 delegatecall을 이해하려면 call 함수는 외부 함수를 호출하는 흐름을 이해하는 것이 매우 중요하다. 그림 9.74를 보면 유저 Alice와 2개의 스마트 컨트랙트가 있다. 유저 Alice는 Buttons 스마트 컨트랙트의 함수 addButton에 매개변수 2와 3을 입력하고 호출한다.

유저 Alice가 addButton을 호출했으므로 msg.sender는 Alice의 주소인 0x09A0..인 것을 알 수 있다. addButton 함수는 스마트 컨트랙트 Math의 함수 add를 호출해 두 개의 매개변수 2와 3을 더하고 result에 결괏값 5를 저장한다. 즉, Buttons의 addButton은 Math의 add 함수를 부르는 역할을 하며 모든 계산과 결괏값의 저장은 Math 스마트 컨트랙트에서 역할을 맡는다.

Math 스마트 컨트랙트의 함수 add는 Buttons 스마트 컨트랙트가 불렀으므로 Math의 msg.sender는 Buttons의 주소인 0x27C1..인 것을 알 수 있다. 예제를 통해서 자세히 알아보겠다.

call 함수로 외부 스마트 컨트랙트의 함수 호출

앞서 살펴봤듯이 call 함수는 이더를 보낼 수 있고 외부 스마트 컨트랙트에 존재하는 함수를 호출할 수 도 있다. 예제 9.9는 call 함수를 통해 외부에 있는 함수를 호출하고 있다.

```solidity
// SPDX-License-Identifier: GPL-3.0
pragma solidity >=0.7.0 <0.9.0;


contract Math {

    uint result = 0;
    function add(uint256 _num1, uint256 _num2) public {
        result = _num1 + _num2;
    }


    function returnResult() public view returns(uint) {
        return result;
    }
}
contract Buttons {

    function addButton(address _address,uint _num1, uint _num2) public {
        (bool success, ) = _address.call(
            abi.encodeWithSignature("add(uint256,uint256)",_num1 ,_num2)
            );
        require(success, "Failed");
    }


    function showResult(address _address) public returns(bytes memory) {
        (bool success, bytes memory result) = _address.call(
            abi.encodeWithSignature("returnResult()")
            );
        require(success, "Failed");
        return result;
    }
}
```

예제 9.9에는 두 개의 스마트 컨트랙트 Math와 Buttons가 존재한다. Math의 add 함수는 두 개의 매개
변수를 받아 값을 더하며 result 변수에 더한 값을 저장한다. Math의 returnResult 함수는 간단하게
result 변수를 반환한다.

Buttons의 addButton 함수는 call 함수를 통해 Math의 add를 호출한다. Math의 add는 매개변수가 필요하므로 addButton에서 매개변수 _num1과 _num2를 입력받는다. 그러고 나서 call **함수를** 통해 Math의 add를 호출할 때 abi.encodeWithSignature("add(uint256,uint256)",_num1 ,_num2)와 같이 Buttons의 addButton에서 입력받은 매개변수 _num1과 _num2를 Math의 add에 입력해 add 함수를 호출한다.

Math의 returnResult는 매개변수가 필요하지 않아 Buttons의 showResult에 있는 call에 따로 매개변수를 입력하지 않았다. 그러나 Math의 add와 다르게 Math의 returnResult는 result 변수를 반환하므로 Buttons의 showResult에 (bool success, bytes memory result)와 같은 식으로 bytes memory result를 추가해줬다. 즉, bytes memory result는 Math의 returnResult에서 반환된 값을 바이트형으로 받을 것이다.

그림 9.75 예제 9.9 컴파일 후 Math 스마트 컨트랙트 배포

그림 9.76 예제 9.9 컴파일 후 Buttons 스마트 컨트랙트 배포

예제 **9.9**를 컴파일하고 나서 스마트 컨트랙트 **Math**와 **Buttons** 스마트 컨트랙트를 배포한다.

그림 9.77 Math 스마트 컨트랙트 주소 복사 후 Buttons 스마트 컨트랙트 펼치기

그림 9.77의 상단 네모 박스를 클릭해 Math의 주소를 복사한다. Math의 주소는 Buttons 스마트 컨트랙트에서 call 함수로 Math에 있는 함수를 호출할 때 필요하다. 그러고 나서 하단에 있는 네모 박스를 클릭해 Buttons 스마트 컨트랙트를 펼친다.

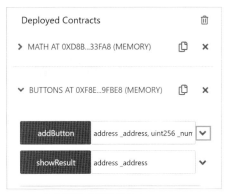

그림 9.78 네모 박스를 클릭해 함수 addButton의 매개변수 입력창 펼치기

그림 9.78의 네모 박스를 클릭해 함수 addButton의 매개변수 입력창을 펼친다.

그림 9.79 addButton 함수에 매개변수 입력 후 transact 버튼을 클릭해 실행

그림 9.79에서 보듯이 함수 addButton은 3개의 매개변수가 필요하다. 첫 번째 매개변수에는 그림 9.77에서 복사한 Math의 주소를 입력한다. 현재 Math의 주소를 이용해 Math의 add 함수를 호출하려고 한다.

add 함수는 두 개의 매개변수가 필요하므로 addButton 함수의 두 번째와 세 번째 매개변수를 입력받아 add 함수의 매개변수로 다시 전달해 입력한다. 그림 9.79와 같이 두 번째와 세 번째 매개변수 2와 3을 넣겠다.

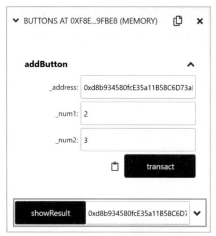

그림 9.80 showResult 함수에 매개변수 입력 후 버튼 showResult를 클릭해 결괏값 확인

shwoResult 함수에 Math의 주소를 입력한 후 실행하면 Math의 returnResult 함수가 실행된다. returnResult 함수는 변수 result를 반환하며 Math의 add 함수의 결괏값이 result에 저장되어 있다.

```
{
    "0": "bytes: 0x0000000000000000000000000000000000000000000000000000000000000005"
}
```

그림 9.81 showResult 함수의 결과 화면

그림 9.81은 showResult 함수의 결과 화면이다. 즉 showResult 함수는 Math의 returnResult를 호출하며 returnResult는 변수 result를 반환한다. 변수 result는 Math의 add 함수의 결괏값 5를 저장하고 있다. Math의 returnResult로부터 반환된 result를 스마트 컨트랙트 Buttons의 함수 showResult가 바이트형으로 받아서 그림 9.81과 같이 값을 반환한다.

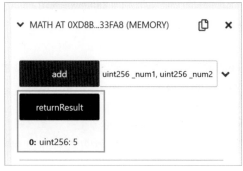

그림 9.82 Math 스마트 컨트랙트의 버튼 returnResult를 클릭해 결괏값 확인

스마트 컨트랙트 Math의 returnResult를 클릭하면 그림 9.82와 같이 변수 return의 값이 5인 것을 알 수 있다. 즉 Buttons 스마트 컨트랙트의 함수 addButton이 Math의 add 함수를 성공적으로 호출해 result 변수에 add 함수의 결괏값을 저장한 것이다.

fallback과 call 함수

예제 9.10은 call 함수로 존재하지 않는 외부 스마트 컨트랙트 함수를 호출할 것이다. 존재하지 않는 함수가 호출됐을 때, 그 외부 스마트 컨트랙트에 정의된 fallback 함수가 대신 호출되는지 볼 것이다. 그리고 나서 call 함수로 외부 스마트 컨트랙트에 존재하는 함수를 호출할 때 이더를 보내겠다.

참고로 예제 9.10은 솔리디티 컴파일러 버전이 0.7 이상 0.9 미만이며, 버전 0.6 미만과 버전 0.6 이상의 fallback 함수는 payable의 차이이므로 버전 0.6 이상의 fallback 함수만 다루겠다.

예제 9.10 call 함수를 통한 존재하지 않는 함수 호출과 이더를 보내면서 함수 호출

```solidity
// SPDX-License-Identifier: GPL-3.0
pragma solidity >=0.7.0 <0.9.0;

contract Receiver {
    event From(string info, address from);
    fallback() external {
        emit From("fallback()",msg.sender);
    }

    function outPut() public payable {
        emit From("outPut()",msg.sender);
    }

    function getBalance() public view returns(uint) {
        return address(this).balance;
    }
}

contract Caller {

    function expectFallback(address _address) public  {
        (bool success, ) = _address.call(
            abi.encodeWithSignature("outPut2()")
```

```
            );
        require(success, "Failed");
    }


    function outPutWithEther(address _address) public payable {
        (bool success, ) = _address.call{value:msg.value}(
            abi.encodeWithSignature("outPut()")
            );
        require(success, "Failed");
    }
}
```

예제 9.10에는 스마트 컨트랙트 Receiver와 Caller가 있다. 간단하게 보면 Caller의 함수가 Receiver의 함수를 호출한다. 각 스마트 컨트랙트를 세부적으로 둘러보겠다.

스마트 컨트랙트 Receiver

```
contract Receiver {

    event From(string info, address from);
    fallback() external {
        emit From("fallback()",msg.sender);
    }


    function outPut() public payable {
        emit From("outPut()",msg.sender);
    }


    function getBalance() public view returns(uint) {
        return address(this).balance;
    }
}
```

Receiver 스마트 컨트랙트에는 1개의 이벤트와 3개의 함수가 있다. 이벤트 From은 두 개의 매개변수 info와 from이 있다. 먼저 From 이벤트의 첫 번째 매개변수 info는 From 이벤트를 출력시킨 함수명이다. 두 번째 매개변수 from은 트랜잭션을 보낸 주소 msg.sender다.

fallback 함수가 선언되면 Receiver 스마트 컨트랙트에 존재하지 않는 함수가 호출됐을 때 fallback 이 대신 실행될 것이다. fallback 함수가 대신 호출되면 From 이벤트가 출력될 것이다. fallback 함수 는 이벤트를 출력할 때 자신의 함수명 fallback()과 자신을 호출한 주소 msg.sender를 입력해 From 이벤트를 출력한다.

outPut 함수는 호출되면 자신의 함수명 outPut()과 자신을 호출한 주소 msg.sender를 From 이벤트 에 입력해 From 이벤트를 출력한다. getBalance 함수는 Receiver 스마트 컨트랙트의 현재 이더의 잔 액을 wei 단위로 반환한다.

더 나아가서 스마트 컨트랙트 Caller의 outPutWithEther 함수를 통해 Receiver 스마트 컨트랙트의 outPut 함수를 호출함 동시에 Receiver 스마트 컨트랙트에 이더를 보내려고 한다. 그러나 Receiver 스마트 컨트랙트는 이더를 받게 도와주는 receive 함수가 없으며 심지어 fallback 함수는 payable이 적용되지 않은 상태다. 즉, Receiver 스마트 컨트랙트가 이더를 받을 수 없는 상태다.

그러나 함수를 호출하면서 이더를 보낼 때 receive 함수 또는 payable이 적용된 fallback 함수는 필 요하지 않다. 함수 outPut에 payable을 적용하면 이 함수가 호출되면서 Receiver 스마트 컨트랙트가 이더를 받을 수 있다. 즉, 호출하려는 함수에 payable을 적용하면 그 함수를 호출하면서 스마트 컨트랙 트에 이더를 줄 수 있다.

스마트 컨트랙트 Caller

```
contract Caller {

    function expectFallback(address _address) public  {
        (bool success, ) = _address.call(
            abi.encodeWithSignature("outPut2()")
            );
        require(success, "Failed");
    }

    function outPutWithEther(address _address) public payable {
        (bool success, ) = _address.call{value:msg.value}(
            abi.encodeWithSignature("outPut()")
            );
        require(success, "Failed");
    }
}
```

Caller 스마트 컨트랙트는 두 개의 함수 expectFallback과 outPutWithEther가 존재한다. 먼저 expectFallback 함수는 Receiver 스마트 컨트랙트에 존재하지 않는 outPut2 함수를 호출하고 있으며 Receiver의 fallback 함수가 대신 호출될 것이다.

outPutWithEther 함수는 Receiver 스마트 컨트랙트의 outPut 함수를 호출하면서 Receiver에게 이더를 보낸다. 즉 outPutWithEther 함수가 실행되면 outPut 함수의 이벤트 From이 출력되는 동시에 Receiver 스마트 컨트랙트가 이더를 받게 된다.

실행

예제 9.10을 작성하고 나서 다음 그림과 같이 실습해보자.

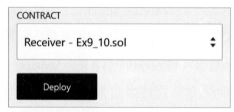

그림 9.83 예제 9.10 컴파일 후 Receiver 스마트 컨트랙트 배포

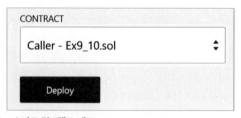

그림 9.84 예제 9.10 컴파일 후 Caller 스마트 컨트랙트 배포

예제 9.10을 컴파일하고 나서 Receiver와 Caller 스마트 컨트랙트를 배포한다.

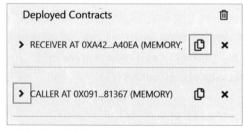

그림 9.85 스마트 컨트랙트 Receiver의 주소를 복사한 후 스마트 컨트랙트 Caller 펼치기

Receiver 스마트 컨트랙트의 함수를 호출하려면 Receiver의 주소가 필요하다. 즉, 그림 9.85의 상단 네모 박스로 표시한 부분을 클릭해 Receiver의 주소를 복사한다. 그리고 나서 하단 네모 박스로 표시한 곳을 클릭해 스마트 컨트랙트 Caller를 펼친다.

그림 9.86 expectFallback 함수에 매개변수 입력 후 expectFallback 함수 실행

그림 9.86과 같이 expectFallback 함수의 매개변수에 복사한 Receiver 스마트 컨트랙트의 주소를 입력한다. 그리고 나서 expectFallback 버튼을 클릭해 expectFallback 함수를 실행시킨다.

```
{
    "from": "0x8f80516c66AE0AD755322B129B413AE0C257D969",
    "topic": "0x1ef5a7e9d1f6af1f9295257ddd3fda24207b9ad75063992adc5ef8ebb7a5f36b",
    "event": "From",
    "args": {
        "0": "fallback()",
        "1": "0xC1144C9dbf6F3489CE9C808a1Da653FB4465403d",
        "info": "fallback()",
        "from": "0xC1144C9dbf6F3489CE9C808a1Da653FB4465403d"
    }
}
```

그림 9.87 함수 expectFallback의 결과 화면

그림 9.87은 함수 expectFallback의 결과 화면이며 expectFallback 함수는 Receiver에 존재하지 않는 함수를 부르므로 fallback 함수가 대신 불린 것을 알 수 있다. 한 가지 주목할 점은 From 이벤트의 매개변수로 유저의 주소 0x5B38Da6a701c568545dCfcB03FcB875f56beddC4가 아닌 Caller의 스마트 컨트랙트 주소가 출력됐다는 점이다. Caller 주소가 출력된 이유는 유저가 expectFallback 함수를 실행시켰다고 해도 call 함수를 통해 존재하지 않는 함수 outPut2를 호출한 주소는 Caller의 주소였기 때문이다.

그림 9.88 VALUE에 1000 wei 입력

outPutWithEther 함수를 실행하려면 이더를 보내야 하므로 그림 9.88과 같이 VALUE에 1000 wei를
입력한다.

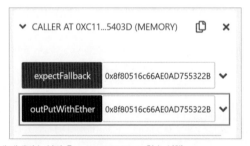

그림 9.89 함수 outPutWithEther에 매개변수 입력 후 outPutWithEther 함수 실행

VALUE에 1000 wei를 입력한 상태에서 outPutWithEther 함수의 매개변수에 Receiver의 주소를 입
력한다. 그러고 나서 그림 9.89의 outPutWithEther 버튼을 클릭해 outPutWithEther 함수를 실행시
킨다.

```
{
    "from": "0x8f80516c66AE0AD755322B129B413AE0C257D969",
    "topic": "0x1ef5a7e9d1f6af1f9295257ddd3fda24207b9ad75063992adc5ef8ebb7a5f36b",
    "event": "From",
    "args": {
        "0": "outPut()",
        "1": "0xC1144C9dbf6F3489CE9C808a1Da653FB4465403d",
        "info": "outPut()",
        "from": "0xC1144C9dbf6F3489CE9C808a1Da653FB4465403d"
    }
}
```

그림 9.90 함수 outPutWithEther 결과 화면

outPutWithEther 함수를 실행하면 그림 9.90과 같은 결과 화면이 나온다. outPutWithEther 함수는 output 함수를 호출했으므로 From 이벤트에 호출된 함수의 이름 output()이 출력된다. 더 나아가서 output()을 호출한 것은 Caller 스마트 컨트랙트이므로 Caller의 주소가 출력된 것을 알 수다.

그림 9.91과 같이 Receiver 스마트 컨트랙트에 getBalance 함수를 실행한다. getBalance 함수를 실행하면 Receiver의 현재 잔액 1000 wei를 볼 수 있다. 현재 잔액이 1000 wei인 이유는 VALUE에 1000 wei를 입력해 outPutWithEther 함수를 실행했기 때문이다.

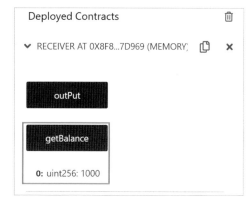

그림 9.91 스마트 컨트랙트 Receiver의 함수 getBalance를 클릭해 결괏값 확인

9.4.2 함수 delegatecall

주소형 타입의 내장 함수 delegatecall은 call과 다르게 이더를 보낼 수 없지만, call과 같이 외부 스마트 컨트랙트에 존재하는 함수를 호출할 수 있다. 한 가지 주목할 점은 함수 call과 delegatecall은 외부 함수를 호출할 수 있다는 점에서 같지만, 함수를 호출하는 방식이 다르다는 것이다.

그림 9.92 함수 call을 통해 함수 호출 시

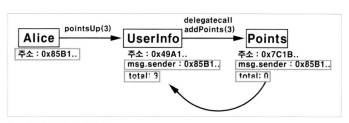

그림 9.93 함수 delegatecall을 통해 함수 호출 시

그림 9.92는 call을 통해 Points 스마트 컨트랙트의 addPoints 함수를 호출하고 있으며 그림 9.93은 delegatecall을 통해 Points의 addPoints를 호출하고 있다. 그림 9.92와 그림 9.93을 보면 Alice 가 UserInfo의 함수 pointsUp를 실행한다.

그림 9.92에서는 UserInfo의 pointsUp 함수가 call 함수를 통해 스마트 컨트랙트 Points의 addPoints 함수를 호출한다. 즉 UserInfo에서 Points의 함수를 호출했으므로 Points의 msg.sender는 UserInfo의 주소인 것을 알 수 있다. 더 나아가서 Points의 함수 addPoints가 실행되면서 Points에 있는 변수 total에 값 3을 저장한 것을 알 수 있다. 즉 UserInfo의 total은 0이며 Points 의 total은 3이다.

반면에 그림 9.93을 보면 UserInfo가 delegatecall을 통해 Points의 addPoint 함수를 호출했지 만 Points의 msg.sender는 UserInfo의 주소가 아닌 유저 Alice의 주소인 것을 알 수 있다. 더 나아 가서 Points의 함수 addPoints가 실행됐지만 UserInfo의 total에 값 3이 저장됐다. 즉 UserInfo의 total은 3이며 Points의 total은 0이다.

결론적으로 delegatecall로 호출된 함수의 로직만 실행해 호출된 함수의 결괏값을 UserInfo와 같은 delegatecall이 명시된 스마트 컨트랙트에 값을 저장한다. 더 나아가서 delegatecall로 호출한 함수 의 msg.sender는 UserInfo의 주소가 아닌 맨 처음 트랜잭션을 준 Alice의 주소인 것을 알 수 있다.

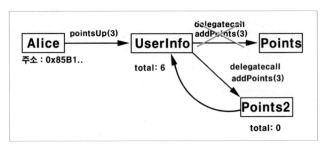

그림 9.94 delegatecall의 장점

앞서 보았듯이 delegatecall 함수로 호출한 함수의 결괏값은 delegatecall이 명시된 UserInfo에 저 장된다. 이 점을 이용하면 스마트 컨트랙트의 로직을 쉽게 변경할 수 있다. 기본적으로 블록체인에 한 번 배포된 스마트 컨트랙트는 변경이 불가능하다.

배포한 스마트 컨트랙트의 로직을 변경하려면 기존 스마트 컨트랙트를 버리고 새로운 스마트 컨트랙트 를 배포해야 한다. 그러나 새롭게 배포한다는 것은 기존 스마트 컨트랙트에 저장된 정보가 없어진다는 것을 뜻한다. 즉 기존에 저장된 정보를 새롭게 배포한 스마트 컨트랙트에 따로 입력해줘야 한다. 입력할 정보가 많다면 시간이 많이 소요되며 정보가 누락이 될 가능성이 있다.

이러한 불편함은 delegatecall로 해소할 수 있다. delegatecall 함수를 통해 외부 스마트 컨트랙트에 있는 함수를 호출하면 그 함수의 로직만 실행되고 결괏값은 delegatecall이 명시된 스마트 컨트랙트에 저장된다. 즉, 로직이 있는 외부 스마트 컨트랙트에 저장된 정보가 없기에 새로운 로직을 가진 스마트 컨트랙트를 배포해서 사용할 수 있다. 그림 9.94를 보면 쉽게 이해할 수 있다.

그림 9.94의 Alice는 UserInfo의 pointsUp 함수를 실행한다. pointsUp 함수가 실행되면 delegatecall을 통해 Points 스마트 컨트랙트의 addPoints가 실행된다. addPoints 함수가 실행되면 delegatecall이 정의된 스마트 컨트랙트 UserInfo의 total 변수에 결괏값이 저장된다.

addPoints의 로직을 변경해 addPoints에 받은 매개변수의 값에 2를 곱한다고 가정해보겠다. 이미 배포된 기존 스마트 컨트랙트 Points의 addPoints 함수의 로직 변경이 불가능하므로 스마트 컨트랙트 Points를 과감히 버릴 수 있다. 그 이유는 스마트 컨트랙트 Points에 값이 저장되지 않고 UserInfo에 값이 저장됐기 때문이다.

그림 9.94와 같은 새로운 스마트 컨트랙트 Points2를 배포하겠다. Points2의 addPoints 함수의 로직은 매개변수의 값에 2를 곱한다. 그러고 나서 UserInfo에 delegatecall을 통해 addPoints를 호출할 때 Points2의 주소를 입력해 Points2의 addPoints를 호출하게 한다. 결론적으로 delegatecall을 활용함으로써 쉽게 스마트 컨트랙트의 로직을 변경할 수 있다.

call과 delegate 함수 비교

예제 9.11을 통해 call과 delegate 함수를 비교하면서 delegate 함수를 자세히 알아보겠다.

예제 9.11 call과 delegatecall 함수

```solidity
// SPDX-License-Identifier: GPL-3.0
pragma solidity >=0.7.0 <0.9.0;

contract Points {

    uint public total;
    event From(address from);

    function addPoints(uint  point) public {
        total += _point;
        emit From(msg.sender);
    }
}
```

```
contract UserInfo {
    uint public total;
    function pointUpWithCall(address _address, uint _point) public {
        (bool success, ) = _address.call(
            abi.encodeWithSignature("addPoints(uint256)",_point)
            );
        require(success, "Failed");
    }

    function pointUpWithDelegateCall(address _address, uint _point) public {
        (bool success, ) = _address.delegatecall(
            abi.encodeWithSignature("addPoints(uint256)",_point)
            );
        require(success, "Failed");
    }
}
```

예제 9.11에는 UserInfo와 Points 스마트 컨트랙트가 있다. UserInfo의 pointUpWithCall 함수는 call 함수를 통해 Points 스마트 컨트랙트의 addPoints 함수를 호출한다. call 함수를 통해 addPoints 함수가 실행됐으므로 Points 스마트 컨트랙트의 변수 total에 값이 저장되며 From 이벤트의 msg.sender는 UserInfo 스마트 컨트랙트의 주소가 출력될 것이다.

반면, UserInfo 스마트 컨트랙트의 pointUpWithDelegateCall 함수를 실행하면 delegatecall 함수로 Points 스마트 컨트랙트의 addPoints 함수를 호출한다. addPoints 함수는 delegatecall로 호출됐으므로 UserInfo 스마트 컨트랙트의 total 변수에 값이 저장되며 From 이벤트의 msg.sender는 pointUpWithDelegateCall 함수를 실행한 유저의 주소가 될 것이다.

한 가지 주의할 점은 delegatecall을 사용하려면 UserInfo와 Points 스마트 컨트랙트는 같은 변수 total을 정의해야 한다는 것이다. 즉 delegatecall로 Points 스마트 컨트랙트의 addPoints 함수를 호출하면 addPoints 함수는 UserInfo 스마트 컨트랙트의 total 변수에 값을 저장할 것이다. 즉 UserInfo 스마트 컨트랙트에도 변수 total이 필요하다.

그림 9.95 예제 9.11 컴파일 후 Points 스마트 컨트랙트 배포

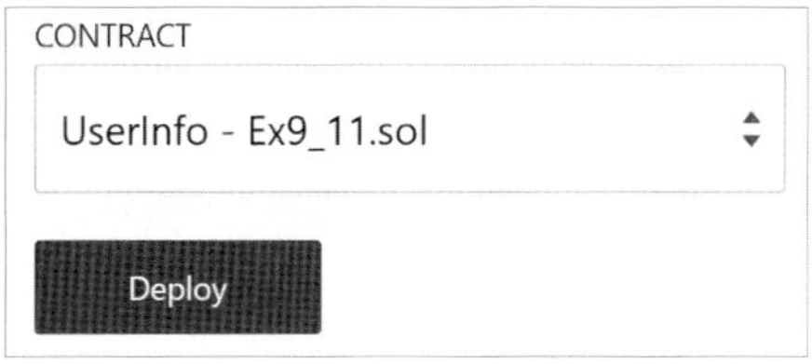

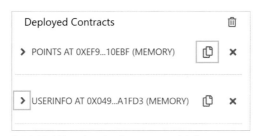

그림 9.96 예제 9.11 컴파일 후 UserInfo 스마트 컨트랙트 배포

예제 9.11을 컴파일하고 나서 Points와 UserInfo 스마트 컨트랙트를 배포한다.

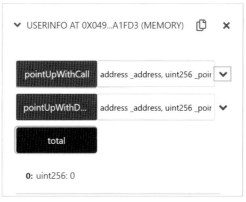

그림 9.97 스마트 컨트랙트 Points의 주소 복사 후 스마트 컨트랙트 UserInfo 펼치기

그림 9.97의 상단 네모 박스를 클릭해 Points 스마트 컨트랙트의 주소를 복사한다. 그러고 나서 하단 네모 박스를 클릭해 UserInfo 스마트 컨트랙트를 펼친다.

USERINFO AT 0X049...A1FD3 (MEMORY)

pointUpWithCall   address _address, uint256 _poir

pointUpWithD...   address _address, uint256 _poir

total

0: uint256: 0

그림 9.98 네모 박스로 표시한 부분 클릭해 입력창 펼치고 나서 버튼 total을 클릭해 결괏값 확인

그림 9.98의 네모 박스를 클릭해 pointUpWitCall 함수의 매개변수 입력창을 펼친다. 그리고 나서 total 버튼을 클릭해 total 변수의 값을 확인한다.

그림 9.99 pointUpWithCall 함수의 매개변수 입력 후 transact 버튼을 클릭해 이 함수 실행

그림 9.99와 같이 pointUpWithCall 함수의 매개변수 _address에 Points 스마트 컨트랙트의 주소를 입력하고 _point에 3을 입력한다. 그리고 나서 transact 버튼을 클릭해 pointUpWithCall 함수를 실행한다.

```
{
        "from": "0xEf9f1ACE83dfbB8f559Da621f4aEA72C6EB10eBf",
        "topic": "0x73f4654aa596b7c464536f39725bd033aa7a07b64fa591e433be6c9e3b71ca58",
        "event": "From",
        "args": {
                "0": "0x0498B7c793D7432Cd9dB27fb02fc9cfdBAfA1Fd3",
                "from": "0x0498B7c793D7432Cd9dB27fb02fc9cfdBAfA1Fd3"
        }
}
```

그림 9.100 pointUpWithCall 함수의 결과 화면

pointUpWithCall 함수를 실행하면 그림 9.100과 같은 결과 화면을 볼 수 있다. UserInfo 스마트 컨트랙트에서 call 함수를 통해 Points 스마트 컨트랙트의 addPoints가 호출됐으므로 msg.sender가 그림 9.100과 같은 UserInfo 스마트 컨트랙트의 주소인 것을 알 수 있다.

그림 9.101 pointUpWithCall 함수 이후 스마트 컨트랙트 Points의 변수 total에 값 저장

pointUpWithCall 함수은 call 함수를 통해 Points 스마트 컨트랙트의 addPoints 함수를 호출했으므로 Points에 있는 total 변수에 값이 저장된다.

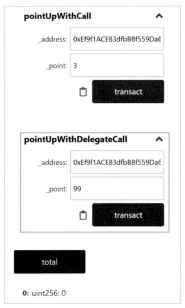

그림 9.102 pointUpWithDelegateCall 함수의 매개변수 입력 후 transact 버튼 클릭

pointUpWithDelegateCall 함수의 _address 매개변수에 스마트 컨트랙트 Points의 주소를 넣고 나서 _point 매개변수에 99를 입력한다. 모든 매개변수의 입력이 끝난 후 transact 버튼을 클릭해 pointUpWithDelegateCall 함수를 실행한다.

```
{
    "from": "0x0498B7c793D7432Cd9dB27fb02fc9cfdBAfA1Fd3",
    "topic": "0x73f4654aa596b7c464536f39725bd033aa7a07b64fa591e433be6c9e3b71ca58",
    "event": "From",
    "args": {
        "0": "0x5B38Da6a701c568545dCfcB03FcB875f56beddC4",
        "from": "0x5B38Da6a701c568545dCfcB03FcB875f56beddC4"
    }
}
```

그림 9.103 pointUpWithDelegateCall 함수의 결과 화면

pointUpWithDelegateCall 함수를 실행하면 그림 9.103과 같은 화면이 나온다. pointUpWithDele
gateCall 함수는 delegatecall을 통해 Points 스마트 컨트랙트의 addPoints 함수를 호출했으므로
msg.sender에 유저의 주소가 나온다.

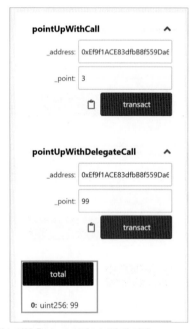

그림 9.104 pointUpWithDelegateCall 함수 실행 후 UserInfo의 total에 값 저장

pointUpWithDelegateCall 함수는 delegatecall을 통해 Points 스마트 컨트랙트의 addPoints 함
수를 호출하므로 delegatecall이 명시된 UserInfo 스마트 컨트랙트에 값이 저장되는 것을 알 수 있
다. 즉 그림 9.104에서 볼 수 있듯이 UserInfo 스마트 컨트랙트의 total 변수에 99가 입력되어 있다.
반면, 그림 9.105에서 볼 수 있듯이 Points 스마트 컨트랙트의 total 값은 여전히 3인 것을 확인할 수
있다.

그림 9.105 delegatecall로 변하지 않는 Points의 변수 total

delegate 함수 응용

예제 9.12를 통해 delegate 함수가 실용적으로 어떻게 응용될 수 있는지 알아보겠다.

예제 9.12 delegatecall 함수의 유연성

```solidity
// SPDX-License-Identifier: GPL-3.0
pragma solidity >=0.7.0 <0.9.0;


contract Points {

    uint public total;
    function addPoints(uint _point) public {
        total += _point;
    }


}
contract Points2 {

    uint public total;
    function addPoints(uint _point) public {
        total += _point*2;
    }


}
contract UserInfo {
    uint public total;
```

```
    function pointsUpWithDelegateCall(address _address, uint _point) public {
        (bool success, ) = _address.delegatecall(
            abi.encodeWithSignature("addPoints(uint256)",_point)
            );
        require(success, "Failed");
    }
}
```

예제 9.12에는 3개의 스마트 컨트랙트 UserInfo, Points, Points2가 있다. Points와 Points2에는 같은 함수 addPoints가 있으며 두 함수는 다른 로직을 갖고 있다. 먼저 Points의 addPoints는 total += _point를 갖고 있으므로 입력받은 매개변수 _point를 기존의 total 값에 더한다. 반면에 Points2의 로직은 매개변수 _point를 받고 나서 total += _point*2와 같이 2를 곱한 후 기존의 total 값에 더한다.

UserInfo는 delegatecall을 통해 Points 또는 Points2의 함수 addPoints를 호출한다. 더 나아가서 delegatecall 함수를 통해 addPoints가 호출됐으므로 addPoints 함수는 UserInfo의 변수 total에 저장하는 것을 알 수 있다.

그림 9.106 예제 9.12 컴파일 후 Points 스마트 컨트랙트 배포

그림 9.107 예제 9.12 컴파일 후 Points2 스마트 컨트랙트 배포

그림 9.108 예제 9.12 컴파일 후 UserInfo 스마트 컨트랙트 배포

예제 9.12를 컴파일한 후 Points, Points2, UserInfo 스마트 컨트랙트를 배포한다.

그림 9.109의 상단 네모 박스를 클릭해 스마트 컨트랙트 Points의 주소를 복사한다. 그러고 나서 하단 네모 박스를 클릭해 UserInfo 스마트 컨트랙트를 펼친다.

그림 9.109 스마트 컨트랙트 Points의 주소를 복사한 후 하단 스마트 컨트랙트 UserInfo 펼치기

그림 9.110의 상단 네모 박스를 클릭해 pointsUp WithDelegateCall 함수의 매개변수 입력창을 펼친다. 그러고 나서 total 버튼을 클릭해 변수 total의 결괏값 0을 확인한다.

그림 9.110 네모 박스로 표시한 부분을 클릭해 입력창을 펼치고 나서 버튼 total을 클릭해 결괏값 확인

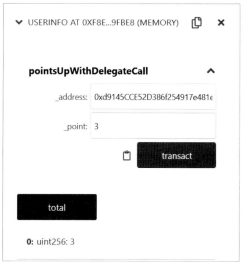

그림 9.111 함수 pointsUpWithDelegateCall 실행 후 total 버튼을 클릭해 결괏값 확인

그림 9.111과 같이 pointsUpWithDelegateCall 함수의 매개변수 _address에 Points의 주소를 입력하고 _point에 3을 입력한다. 그러고 나서 transact 버튼을 클릭해 pointsUpWithDelegateCall 함수를 실행한다. pointsUpWithDelegateCall 함수의 결괏값을 확인하려면 버튼 total을 클릭한다. total 변수의 결괏값은 3이며 delegatecall로 Points 스마트 컨트랙트의 addPoints 함수를 호출했으므로 UserInfo 스마트 컨트랙트의 total 변수에 값이 저장된다.

그림 9.112 스마트 컨트랙트 Points2의 주소 복사

Points 스마트 컨트랙트의 addPoints 함수와 다른 로직을 갖고 있는 Points2 스마트 컨트랙트의 addPoints 함수를 호출하려면 그림 9.112와 같이 Points2 스마트 컨트랙트의 주소를 복사한다.

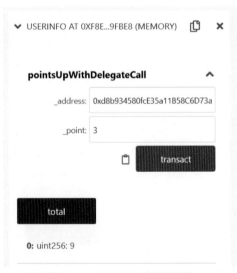

그림 9.113 pointsUpWithDelegateCall 함수 실행 후 total 버튼을 클릭해 결괏값 확인

그림 9.113과 같이 pointsUpWithDelegateCall 함수의 매개변수 _address에 Points2의 주소를 입력해 Point2 스마드 컨드랙드의 addPoints 함수를 호출하겠다. 매개변수 입력 후 transact 버튼을

클릭해 addPoints 함수를 실행한다. 그러고 나서 total 버튼을 클릭하면 9가 출력된다. 즉 Point2 스마트 컨트랙트의 addPoints 함수의 로직은 total += _point*2이다. 매개변수로 3을 받아 2를 곱했으므로 6이 되며, 그림 9.111에서 볼 수 있듯이 total의 값은 3이므로 6 + 3 = 9가 나온다.

9.5 개념 체크

01. 주소형 타입은 (20/40)바이트다.

02. 주소형 타입은 EOA와 CA로 (나뉜다/나뉘지 않는다).

03. EOA는 (외부 소유 계정/컨트랙트 주소)이다.

04. CA는 (외부 소유 계정/컨트랙트 주소)이다.

05. 현재 전송된 잔액은 (msg.sender/msg.value)를 통해 알 수 있다.

06. 현재 트랜잭션을 준 주소는 (msg.sender/msg.value)를 통해 알 수 있다.

07. 이더를 보내는 함수는 (transmit/transfer)이다.

08. 함수 call을 통해 이더를 보낼 때 보내는 주소는 payable을 적용(해야 한다/하지 않는다).

09. 함수 send를 통해 이더를 보낼 때 보내는 주소는 payable을 적용(해야 한다/하지 않는다).

10. transfer 함수를 통해 이더를 보낼 때 보내는 주소는 payable을 적용(해야 한다/하지 않는다).

11. 함수 send는 (2300 gwei/사용할 수 있는 모든 가스)를 receive 함수에 제공한다.

12. 존재하지 않는 함수가 호출될 때 (receive/fallback) 함수가 대신 호출된다.

13. 함수 call은 외부 스마트 컨트랙트에 있는 함수를 호출할 수 (있다/없다).

14. 함수 call은 이더를 보내면서 외부 스마트 컨트랙트에 있는 함수를 호출할 수 (있다/없다).

15. 함수 delegatecall은 이더를 보낼 수 (있다/없다).

[정답]

1. 20	2. 나뉜다	3. 외부 소유 계정	4. 컨트랙트 주소	5. msg.value
6. msg.sender	7. transfer	8. 하지 않는다	9. 해야 한다	10. 해야 한.
11. 2300 gwei	12. fallback	13. 있다	14. 있다	15. 없다

9.6 연습 문제

01. 조건에 맞는 함수를 만들어 보세요.

- 함수 sendEther는 msg.value만큼 이더를 전송하는 함수입니다.

- 함수 call을 이용해 함수 sendEther를 완성하세요.

```
// SPDX-License-Identifier: GPL-3.0
pragma solidity >=0.7.0 <0.9.0;

contract quiz1 {
    function sendEther(address _address) public payable {
        /*
        함수의 로직을 완성시키세요.
        */
    }
}
```

02. 조건에 맞는 함수를 만들어 보세요.

- quiz2 스마트 컨트랙트에 receive 함수를 정의하세요.

- 함수 getBalance가 quiz2의 잔액을 반환하게 함수를 완성하세요.

- 함수 sendEther는 quiz2에게 이더를 보내는 함수이며 transfer 함수를 이용해 완성하세요.

```
// SPDX-License-Identifier: GPL-3.0
pragma solidity >=0.7.0 <0.9.0;

contract quiz2 {

    function getBalance() public view returns(uint) {
        /*
        함수의 로직을 완성시키세요.
        */
    }
    function sendEther() public payable {
        /*
```

함수의 로직을 완성시키세요.
         */
      }
   }

03. 조건에 맞는 함수를 만들어 보세요.

  ▪ 스마트 컨트랙트 quiz3 함수 CallMath는 Math 스마트 컨트랙트의 mul을 호출한다.

  ▪ 함수 call을 이용해 함수 CallMath의 로직을 완성하세요.

```
// SPDX-License-Identifier: GPL-3.0
pragma solidity >=0.7.0 <0.9.0;

contract Math {
    function mul(uint _num1, uint _num2) public pure returns(uint) {
        return _num1 * _num2;
    }
}

contract quiz3 {

     function CallMath(address _address, uint _num1, uint _num2) public returns(-
bytes memory) {
        /*
        함수의 로직을 완성시키세요.
        */
        require(success, "Failed");
        return output;
    }
}
```


04. 조건에 맞는 함수를 만들어 보세요.

  ▪ 스마트 컨트랙트 quiz4 함수 CallMath는 Math 스마트 컨트랙트의 mul을 호출합니다.

  ▪ 함수 delegatecall을 이용해 함수 CallMath의 로직을 완성하세요.

```
// SPDX-License-Identifier: GPL-3.0
pragma solidity >=0.7.0 <0.9.0;

contract Math {
    uint public total;
    function mul(uint _num1, uint _num2) public {
        total = _num1 * _num2;
    }
}

contract quiz4 {
    uint public total;
    function CallMath(address _address, uint _num1, uint _num2) public {
        /*
        함수의 로직을 완성시키세요.
        */
        require(success, "Failed");
    }
}
```

[정답]

1.

```
// SPDX-License-Identifier: GPL-3.0
pragma solidity >=0.7.0 <0.9.0;

contract quiz1 {
    function sendEther(address _address) public payable {
        (bool success,) = _address.call{value:msg.value}("");
        require(success, "Failed");
    }
}
```

2.

```solidity
// SPDX-License-Identifier: GPL-3.0
pragma solidity >=0.7.0 <0.9.0;

contract quiz2 {

    receive() external payable {

    }
    function getBalance() public view returns(uint) {
        return address(this).balance;
    }
    function sendEther() public payable {
        payable(address(this)).transfer(msg.value);
    }
}
```

3.

```solidity
// SPDX-License-Identifier: GPL-3.0
pragma solidity >=0.7.0 <0.9.0;

contract Math {
    function mul(uint _num1, uint _num2) public pure returns(uint) {
        return _num1 * _num2;
    }
}

contract quiz3 {

    function CallMath(address _address, uint _num1, uint _num2) public returns(-
bytes memory) {
        (bool success,bytes memory output) = _address.call(
            abi.encodeWithSignature("mul(uint256,uint256)",_num1,_num2)
            );
        require(success, "Failed");
```

```
        return output;
    }
}
```

4.

```
// SPDX-License-Identifier: GPL-3.0
pragma solidity >=0.7.0 <0.9.0;

contract Math {
    uint public total;
    function mul(uint _num1, uint _num2) public {
        total = _num1 * _num2;
    }
}

contract quiz4 {
    uint public total;
    function CallMath(address _address, uint _num1, uint _num2) public {
        (bool success,) = _address.delegatecall(
            abi.encodeWithSignature("mul(uint256,uint256)",_num1,_num2)
        );
        require(success, "Failed");
    }
}
```

메타마스크를 활용한 배포

이번 장에서는 암호화폐 지갑 메타마스크(Metamask)와 블록 탐색기(Block explorer)를 알아보겠다. 그러고 나서 메타마스크를 이용해 실전 예제를 이더리움 테스트넷(Testnet)에 배포하겠다. 더 나아가서 테스트넷 블록체인 탐색기를 통해 배포된 스마트 컨트랙트의 기록을 살펴보겠다.

이 장에서 배우는 내용:

- 메타마스크 사용법
- 블록 탐색기 사용법
- 실전 예제: Random 스마트 컨트랙트

10.1 메타마스크

메타마스크는 대표적인 암호화폐 지갑이며 이더리움 네트워크와 상호 작용할 수 있게 설계됐다. 즉, 메타마스크를 통해 개인 주소를 발급받아 이더를 보유 및 송금할 수 있으며, 이더리움 네트워크에 배포된 스마트 컨트랙트에 특정한 트랜잭션을 줄 수 있다. 더 나아가서 메타마스크는 이더리움 메인넷 (mainnet) 이외에도 이더리움 테스트넷(testnet)이나 폴리곤 네트워크 등의 타 블록체인 네트워크를 등록할 수 있다. 그리고 나서 메타마스크와 타 네트워크와 상호 작용할 수 있다.

추가로 메타마스크는 구글 크롬의 확장프로그램과 모바일 애플리케이션의 형태로 설치할 수 있다. 이번 장에서는 웹 브라우저용 메타마스크를 설치하고 그 사용법을 살펴보겠다.

10.1.1 메타마스크 설치

먼저 메타마스크를 설치하는 방법을 알아보자.

그림 10.1 메타마스크 검색 화면

그림 10.1과 같이 크롬에 **메타마스크**를 검색한다. 그러고 나서 그림의 네모 박스로 표시한 부분을 클릭해 메타마스크 홈페이지로 들어간다.

그림 10.2 Chrome에 추가 버튼 클릭

메타마스크를 설치하려면 **Chrome에 추가** 버튼을 클릭한다.

그림 10.3 확장 프로그램 추가 버튼 클릭

그림 **10.3**에 표시된 **확장 프로그램 추가** 버튼을 클릭해 설치를 진행한다.

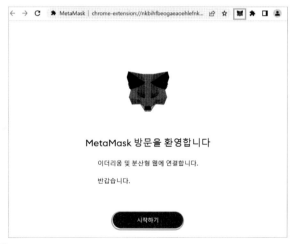

그림 10.4 시작하기 버튼 클릭

설치가 완료되면 그림 **10.4**와 같이 상단 브라우저에 메타마스크 아이콘이 나온다. 하단의 **시작하기** 버튼을 클릭해 개인 지갑을 발행한다.

그림 10.5 지갑 생성 버튼 클릭

새롭게 지갑을 생성하려면 그림 **10.5**의 **지갑 생성** 버튼을 클릭한다.

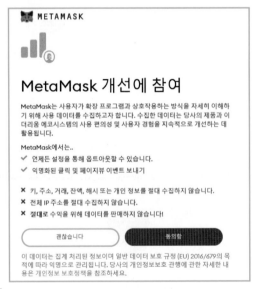

그림 10.6 [괜찮습니다] 버튼 클릭

[지갑 생성] 버튼을 누르면 그림 10.6과 같은 'MetaMask 개선에 참여' 화면이 나온다. 두 개의 버튼이 나오는데, 개선에 동의하면 **동의함** 버튼을 누르며 동의하지 않으면 **[괜찮습니다]** 버튼을 클릭한다. 그림 10.6과 같이 **[괜찮습니다]** 버튼을 클릭하겠다.

그림 10.7과 같이 지갑의 비밀번호를 입력해 지갑을 생성한다.

그림 10.7 입력창에 사용할 비밀번호를 입력

그림 10.8과 같이 체크 박스에 표시하고 나서 **생성** 버튼을 클릭한다.

그림 10.8 체크 박스 표시 후 생성 버튼 클릭

그림 10.9 다음 버튼 클릭

그림 10.9와 같이 지갑을 보호하는 영상이 나오는데, **다음** 버튼을 클릭해 다음 단계로 넘어간다.

그림 10.10 비밀 복구 구문 클릭

그림 **10.10**에 네모 박스로 표시한 **비밀 단어** 복구 문구를 클릭해 비밀 복구 구문을 확인한다.

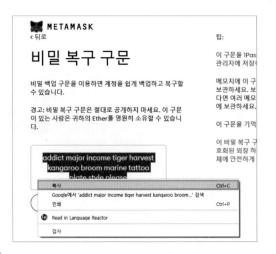

그림 10.11 비밀 복구 구문 복사

그림 **10.11**과 같이 비밀 복구 구문을 복사한다. 비밀 복구 구문을 통해 지갑을 불러올 수 있으므로 외부로 노출시키지 말아야 한다.

그림 10.12 복사한 비밀 복구 구문을 메모장에 붙여넣기

그림 10.12와 같이 복사한 비밀 복구 구문을 잠시 메모장에 붙여 넣는다.

그림 10.13 비밀 복구 구문을 순서대로 입력

메모장에 붙여 넣은 비밀 복구 구문을 확인하면서 그림 10.13처럼 그 구문을 순서대로 입력한다.

그림 10.14 확인 버튼 클릭

비밀 복구 구문을 순서대로 입력한 후 그림 10.14의 **확인** 버튼을 클릭한다.

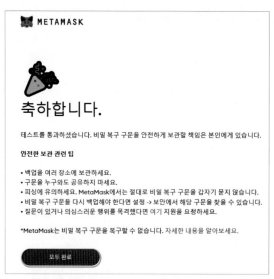

그림 10.15 모두 완료 버튼 클릭

모두 완료 버튼을 클릭해 지갑 생성을 완료한다.

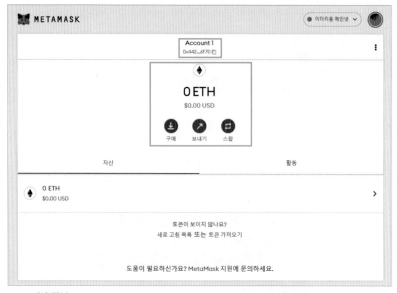

그림 10.16 Account1 지갑 화면

지갑을 생성하면 그림 10.16과 같은 화면을 볼 수 있다. 상단에서 Account1의 주소를 볼 수 있으며 복사하기 아이콘을 누르면 주소를 복사할 수 있다. 그 아래로 Account1 주소의 이더 잔액이 나타나는데, 현재 0 ether가 있는 것을 알 수 있다.

10.1.2 메타마스크 테스트넷 추가

이번에는 메타마스크를 테스트넷에 추가하는 방법을 살펴보겠다.

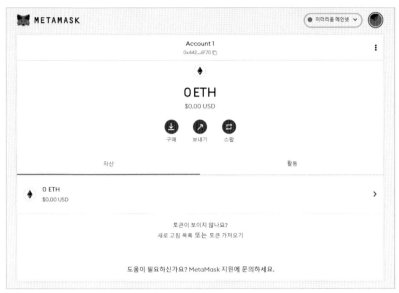

그림 10.17 이더리움 메인넷 클릭

현재 블록체인 네트워크를 변경하려면 그림의 오른쪽 상단 네모 박스로 표시한 **이더리움 메인넷**을 클릭
한다.

그림 10.18 보기/숨기기 버튼 클릭

이더리움 테스트넷을 추가하려면 **보기/숨기기** 버튼을 클릭한다.

그림 10.19 끄기 버튼 클릭

그림 10.20 테스트 네트워크 보기 켜기로 변환

그림 **10.19**의 테스트 네트워크 보기에서 **끄기**를 클릭하고 그림 **10.20**과 같이 네트워크 보기를 켜기로 변경한다.

그림 10.21 이더리움 메인넷 클릭

블록체인 네트워크를 변경하려면 그림 상단의 네모 박스로 표시한 **이더리움 메인넷**을 클릭한다.

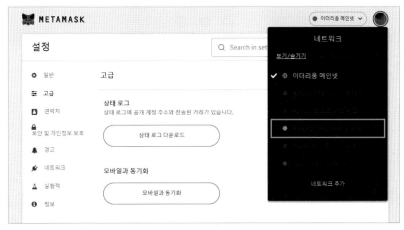

그림 10.22 Rinkeby 테스트 네트워크 클릭

그림 **10.22**에 네모 박스로 표시한 **Rinkeby 테스트 네트워크**를 클릭해 그 테스트 네트워크로 변경한다.

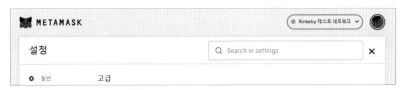

그림 10.23 변경된 Rinkeby 테스트 네트워크 확인

그림 **10.23**과 같이 **Rinkeby** 테스트 네트워크로 변경된 것을 확인할 수 있다.

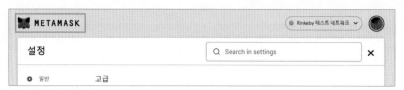
그림 10.24 METAMASK 로고 클릭

METAMASK 로고를 클릭해 그림 10.25와 같이 메타마스크 메인 화면으로 돌아간다.

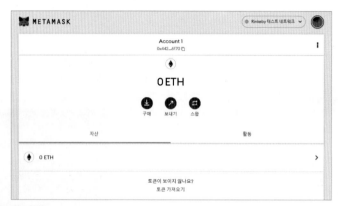
그림 10.25 메타마스크 메인 화면

10.1.3 메타마스크 계정 추가

이번에는 메타마스크에 새로운 계정의 주소를 추가하는 방법을 알아보겠다.

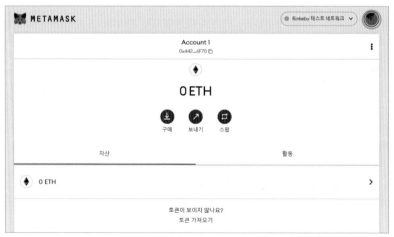
그림 10.26 화면 오른쪽 상단 아이콘 클릭

계정을 추가하려면 메타마스크 메인 화면 오른쪽 상단의 아이콘을 클릭한다.

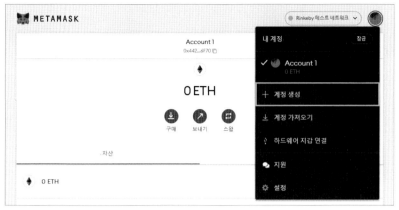

그림 10.27 계정 생성 버튼 클릭

그림 10.27의 **계정 생성** 버튼을 클릭해 계정을 생성한다.

그림 10.28 생성 버튼 클릭

그림 10.28에서 볼 수 있듯이 계정 이름 입력창에 생성하고자 하는 계정의 이름을 입력할 수 있다. 그림
10.28과 같이 계정 이름을 기본값 계정 2로 지정하고 **생성** 버튼을 클릭해 계정 2를 생성하겠다.

그림 10.29 계정 2 생성 완료 화면

그림 10.29에서 확인할 수 있듯이 계정 2가 성공적으로 생성됐다. 화면 상단에서 계정의 이름과 주소를 확인할 수 있다.

10.1.4 Rinkeby 테스트넷 이더 받기

이번에는 새롭게 생성한 계정 2에 Rinkeby 테스트넷의 이더를 받는 법을 살펴보겠다.

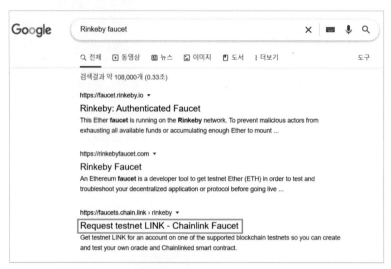

그림 10.30 Rinkeby faucet 검색 화면

그림 10.30과 같이 Rinkeby faucet을 검색한 후 네모 박스로 표시한 부분을 클릭한다.

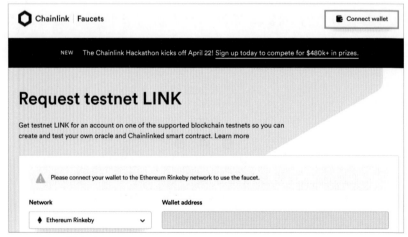

그림 10.31 Connect wallet 버튼 클릭

화면에서 Connect wallet 버튼을 클릭해 메타마스크와 이 사이트를 연결한다.

그림 10.32 MetaMask 클릭

그림 **10.32**와 같이 **MetaMask**를 클릭해 메타마스크와 이 사이트를 연결한다.

그림 10.33 모두 선택 체크 박스 클릭 후 다음 버튼 클릭

그림 **10.33**의 **모두 선택** 체크 박스를 클릭한 후 **다음** 버튼을 클릭한다.

그림 10.34 연결 버튼 클릭

연결 버튼을 클릭해 모든 계정을 이 사이트에 연결한다.

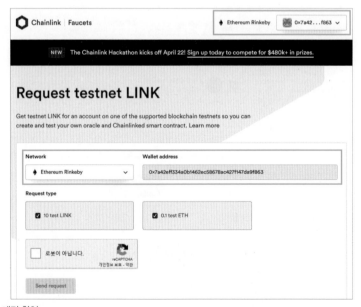

그림 10.35 연결된 계정 확인

그림 10.35에서 볼 수 있듯이 계정 2의 주소가 연결된 것을 확인할 수 있다.

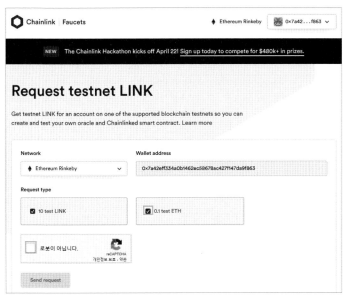

그림 10.36 '로봇이 아닙니다.' 버튼 클릭

0.1 test ETH에 체크가 된 것을 확인한 후 네모 박스로 표시한 **로봇이 아닙니다.** 버튼을 클릭한다.

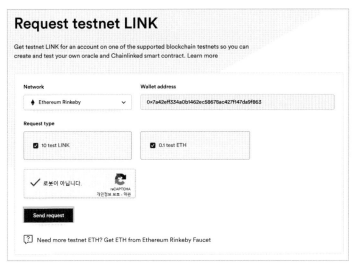

그림 10.37 Send request 클릭

Send request 버튼을 클릭해 0.1 ether를 받는다.

그림 10.38 Close 버튼 클릭

그림 10.38에서 볼 수 있듯이 Request complete가 완료된 후 네모 박스로 표시한 Close 버튼을 클릭한다.

그림 10.39 확장 프로그램 버튼을 클릭해 확장 프로그램 목록 열기

메타마스크를 실행하려면 그림 10.39에 표시된 확장 프로그램 버튼을 클릭한다.

그림 10.40 고정 버튼을 클릭해 상단에 메타마스크 고정

그림 10.40과 같이 네모 박스로 표시한 **고정 버튼**을 클릭해 메타마스크를 상단 주소창에 고정시킨다.

그림 10.41 주소창 옆에 생성된 메타마스크 아이콘 확인

그림 10.41에서 확인할 수 있듯이 메타마스크가 상단에 고정됐다.

그림 10.42 메타마스크 아이콘을 클릭해 메타마스크 실행

상단에 고정된 메타마스크 아이콘을 클릭해 메타마스크를 실행한다.

그림 10.43 전송받은 0.1 ether 확인

그림 10.43에서 볼 수 있듯이 **0.1 ether**가 계정 2로 입금된 것을 알 수 있다.

10.1.5 이더 보내기

이더를 얻었으니 보내는 방법을 알아보자.

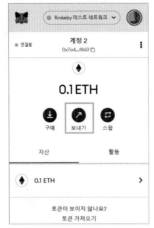

그림 10.44 보내기 버튼을 클릭해 이더 전송하기

그림 10.44와 같이 **보내기** 버튼을 클릭해 이더를 전송한다.

그림 10.45 Account1로 보내기 위해 내 계정 간 전송 버튼을 클릭

그림 10.45의 입력창에 이더를 보내고자 하는 주소를 입력할 수 있다. 그러나 현재 이더를 보낼 대상은 같은 지갑에 있는 계정 Account1이므로 **내 계정 간 전송**을 클릭한다.

그림 10.46 이더를 보내고자 하는 주소 Account1을 선택

그림 10.46에서 볼 수 있듯이 이더를 보낼 대상으로 Account1을 선택한다.

그림 10.47 최대 버튼 클릭해

그림 10.47과 같이 **최대** 버튼을 클릭해 갖고 있는 모든 이더를 전송할 금액 입력창에 입력한다.

그림 10.48 금액 입력창 확인 후 다음 버튼 클릭

그림 10.48에서 볼 수 있듯이 보낼 대상이 Account1인 것을 알 수 있다. 더 나아가서 최대 버튼을 눌렀어도 0.1 ether가 아닌 0.0999685 ether가 입력된 것을 알 수 있다. 그 이유는 0.1 ether에서 소비될 예상 가스비를 제외하고 남은 금액이 0.0999685 ether이기 때문이다. 그림 10.48의 **다음** 버튼을 클릭한다.

그림 10.49 활동 버튼을 클릭해 이 계정의 거래 내역 확인

그림 10.49에 네모 박스로 표시한 **활동** 버튼을 클릭해 이 계정의 거래 내역을 확인한다.

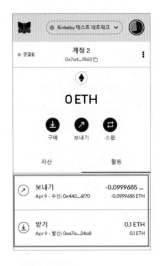

그림 10.50 전송 내역 확인

그림 10.50에서 볼 수 있듯이 계정 2가 0.1 ether를 받고 나서 0.0999685 ether를 보낸 내역을 확인할 수 있다.

그림 10.51 계정 아이콘을 클릭해 계정 변경

계정 Account1이 잘 받았는지 확인하려면 그림 10.51의 네모 박스로 표시한 아이콘을 클릭해 Account1 계정으로 변경한다.

그림 10.52 Account1 선택

그림 10.52에서 볼 수 있듯이 Account1에 0.0999685 ether가 있는 것을 확인할 수 있으며 Account1을 클릭해 이 계정으로 변경한다.

그림 10.53 Account1의 이더 잔액 확인

그림 10.53의 활동을 보면 0.0999685 ether를 받은 내역이 나오지만, 이 지갑의 잔액은 0.1 ether다. 이 잔액이 반올림돼서 0.1 ether인 것으로 보인다.

10.2 블록 탐색기

이번에는 **이더스캔(Etherscan)**, 즉 이더리움 메인넷의 블록 탐색기를 알아보겠다. 일반적으로 블록체인의 모든 거래내역은 공개돼 있으며 블록 탐색기를 통해 블록의 정보를 조회할 수 있다.

그림 10.54 이더스캔 검색 화면

그림 10.54와 같이 **이더스캔**을 검색한다. 그러고 나서 네모 박스로 표시한 부분을 클릭해 이더스캔 홈페이지로 들어간다.

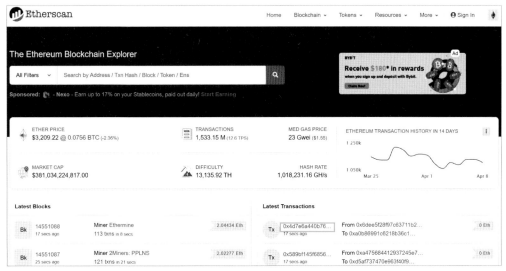

그림 10.55 네모 박스로 표시한 부분 클릭해서 정보 보기

그림 10.55의 검색창에 주소 또는 블록의 트랜잭션 해시를 검색해 블록의 정보를 조회할 수 있다. 최근 블록과 트랜잭션을 나타내는 Latest Blocks와 Latest Transactions 카테고리가 있으며, 네모 박스로 표시한 부분을 클릭해 최근 트랜잭션 정보를 조회한다.

그림 10.56 최근 트랜잭션 정보

그림 10.56은 최근 트랜잭션의 정보를 나타내며 19,980USDC가 전송된 것을 알 수 있다. 더 나아가서 Timestamp, From, Interacted With(to)를 확인하면 언제 트랜잭션이 발생했는지, 누가 보냈는지, 누가 받았는지 등 모든 정보가 나온다.

10.3 스마트 컨트랙트 Random 게임 배포

메타마스크를 이용해 스마트 컨트랙트를 Rinkeby 테스트넷에 배포하고 이더스캔에서 배포 내역을 확인해보겠다. 여기서는 스마트 컨트랙트를 이용해서 그림 10.57과 같은 간단한 게임을 만들어 보려고 한다.

10.3.1 Random 게임 설명

Random 게임은 참가자 5명 가운데 한 명의 우승자를 무작위로 뽑는다.

이 게임을 구현한 Random 스마트 컨트랙트에는 게임의 우승자를 나타내는 WinnerNumber 변수가 있다.

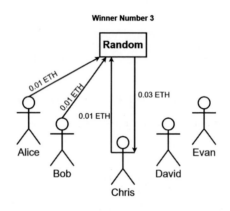

그림 10.57 Random 게임

그림 10.57에서는 WinnerNumber가 3이므로 세 번째 참여자가 게임의 우승자가 된다. 게임에 우승자가 나오면 다음 회차로 넘어가고, WinnerNumber는 무작위 값을 갖는다.

그림 10.57에서 볼 수 있듯이 Alice부터 Evan까지 0.01 ether씩 Random에게 송금해 게임에 참여한다. 먼저 Alice와 Bob은 0.01 ether를 Random에 보내 게임에 참여한다. 그러나 Alice와 Bob은 세 번째 참여자가 아닌 첫 번째와 두 번째 참여자이므로 게임에서 우승하지 못하며 Random의 누적액은 0.02 ether가 된다.

반면에 Chris는 0.01 ether를 Random에 세 번째로 전송했기에 세 번째 참가자가 된다. 즉, 우승자의 지표를 나타내는 WinnerNumber가 3이므로 세 번째 참여자 Chris가 우승자가 된다. 우승자가 된 Chirs는 Random으로부터 우승 상금 0.03 ether를 받게 된다. 우승 상금 0.03 ether는 Alice, Bob, Chris에게 받은 총 누적액이다. 그다음 Random은 다음 게임을 시작하려고 WinnerNumber의 값을 무작위로 변경한다.

Random 게임에는 몇 가지 규칙이 있는데, 그 규칙은 다음과 같다.

01. 0.01 ether로만 참여할 수 있다.

02. 0.01 ether 초과 또는 0.01 ether 미만일 시 트랜잭션 실패가 발생해 게임에 참여할 수 없다.

03. 한 회당 중복해서 참여 불가하다.

04. 하나의 계정으로 여러 번 게임에 참여해 이득을 취할 수 있으므로 중복 참여할 수 없다. 즉 우승자가 나오기 전까지 같은 회에서는 같은 계정의 주소로 게임에 참여할 수 없다.

05. 난수를 갖고 있는 WinnerNumber번째 사람이 우승한다.

06. 매회 변수 WinnerNumber는 무작위로 바뀌며 WinnerNumber의 값 번째에 참여한 사람이 우승한다.

07. 배포자만 WinnerNumber를 확인할 수 있다.

08. 일반 참여자가 변수 WinnerNumber를 보고 우승할 수 있으므로 배포자만 확인할 수 있게 한다.

이 규칙을 기반으로 Random 스마트 컨트랙트를 작성해 보자. 더 나아가서 이 스마트 컨트랙트를 Rinkeby 테스트넷에 배포해 Rinkeby 이더스캔을 통해 이 스마트 컨트랙트의 내역을 살펴본다.

10.3.2 Random 게임 스마트 컨트랙트 작성

Random 게임 스마트 컨트랙트의 코드를 하나씩 분석해보겠다.

예제 10.1 Random 게임

```
// SPDX-License-Identifier: GPL-3.0

pragma solidity >=0.7.0 < 0.9.0;

contract Ramdom {

    event PaidAddress(address indexed sender, uint256 payment);
    event WinnerAddress(address indexed winner);

    modifier onlyOwner() {
        require(msg.sender == owner,"Ownable: caller is not the owner");
        _;
    }
```

```solidity
    mapping (uint256=> mapping(address => bool)) public paidAddressList;

    address public owner;
    uint private winnerNumber = 0;
    string private key1;
    uint private key2;

    uint public round = 1;
    uint public playNumber = 0;

    constructor(string memory _key1, uint _key2){
        owner = msg.sender;
        key1 = _key1;
        key2 = _key2;
        winnerNumber = randomNumber();
    }

    receive() external payable {
        require(msg.value == 10**16, "Must be 0.01 ether.");
            require(paidAddressList[round][msg.sender] == false, "Must be the first
time.");
        paidAddressList[round][msg.sender] = true;
        ++playNumber;

        if(playNumber == winnerNumber){
            (bool success,)= msg.sender.call{value:address(this).balance}("");
            require(success, "Failed");
            playNumber = 0;
            ++round;
            winnerNumber = randomNumber();
            emit WinnerAddress(msg.sender);
        }else{
            emit PaidAddress(msg.sender,msg.value);
        }
    }
```

```
function randomNumber() private view returns(uint) {
        uint num = uint(keccak256(abi.encode(key1))) + key2 + (block.timestamp) +
(block.number);
        return (num - ((num / 10) * 10))+1;
    }


    function setSecretKey(string memory _key1, uint _key2) public onlyOwner() {
        key1 = _key1;
        key2 = _key2;
    }


    function getSecretKey() public view onlyOwner() returns(string memory, uint){
        return(key1, key2);
    }


    function getWinnerNumber() public view onlyOwner() returns(uint256){
        return winnerNumber;
    }


    function getRound() public view returns(uint256){
        return round;
    }


    function getbalance() public view returns(uint256){
        return address(this).balance;
    }
}
```

먼저 Random 스마트 컨트랙트의 PaidAddress와 WinnerAddress 이벤트를 알아보자.

```
event PaidAddress(address indexed sender, uint256 payment);
event WinnerAddress(address indexed winner);
```

PaidAddress는 Random 게임에 참여할 때 출력되는 이벤트이며 참여한 주소와 참여한 비용 0.01 ether 를 매개변수로 받는다. 반면 이벤트 WinnerAddress는 게임의 우승자가 나올 때만 출력되며 이 게임의 우승자 주소를 매개변수로 받는다.

다음은 배포자만 실행할 수 있도록 함수에 제한을 적용할 수 있는 onlyOwner 모디파이어가 있다.

```
modifier onlyOwner() {
    require(msg.sender == owner, "Ownable: caller is not the owner");
    _;
}
```

앞서 Random 게임의 규칙에서 말했듯이 몇몇 함수는 배포자만 실행할 수 있어야 하므로 모디파이어 onlyOwner가 작성됐다. 변수 owner에는 생성자를 통해 배포자의 주소가 대입된다. 즉 onlyOwner가 적용된 함수는 배포자만 실행할 수 있다.

매핑 paidAddressList를 통해 게임 회차마다 참여한 주소의 중복을 판가름할 수 있다. 먼저 paidAddressList를 자세히 보면 이중 매핑 형태를 갖고 있다. 첫 번째 매핑 키의 자료형은 uint이며 첫 번째 매핑의 키에 대응하는 값은 두 번째 매핑 mapping(address=>bool)이다.

```
mapping (uint=> mapping(address => bool)) public paidAddressList;
```

먼저 두 번째 매핑 mapping(address=>bool)부터 살펴보겠다. 두 번째 매핑의 키의 자료형은 address 이며 이 키에 대응되는 값의 자료형은 bool이다. 즉, 두 번째 매핑에 주소를 키 값으로 입력하면 true 또는 false를 반환한다.

특정 주소를 두 번째 매핑에 대입해 true가 나온다면 그 주소는 이미 게임에 참여한 것이다. 즉 매핑에 주소를 입력했을 때 false가 나오는 주소만 게임에 참여할 수 있다. 다시 말해, 두 번째 매핑의 값이 false인 주소가 참여하고 난 후 이 주소의 매핑 값을 true로 변경해 중복 참여를 방지한다.

더 나아가서 첫 번째 매핑의 키 값은 게임의 회차를 나타낸다. 누군가 우승한다면 게임의 회차는 바뀔 것이다. 즉, 첫 번째 매핑의 키 값이 변경되면 두 번째 매핑 역시 초기화된다. 그림 10.58을 통해 쉽게 이해할 수 있다.

그림 10.58은 이중 매핑 paidAddressList 의 구조를 나타낸다. 가장 바깥쪽 네모 박스는 첫 번째 매핑을 나타내며 이 박스 안에 들어

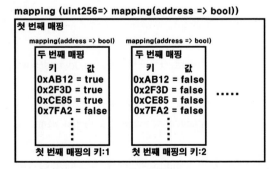

그림 10.58 이중 매핑 paidAddressList 구조

있는 작은 네모 박스는 두 번째 매핑을 나타낸다. 먼저 첫 번째 매핑의 키가 1일 때를 보자. 첫 번째 매핑의 키가 1이라는 것은 Random 게임 1회차를 나타낸다.

첫 번째 매핑의 키 1에 대응되는 두 번째 매핑의 키와 값을 보면 3개의 주소가 true인 것을 확인할 수 있다. 즉, 두 번째 매핑에서 3개의 주소가 true를 반환하므로 이미 게임에 참여했다는 뜻이다.

0xCE85로 시작하는 주소가 우승자라면 게임의 회차는 1에서 2가 될 것이다. 즉, 첫 번째 매핑의 키 값은 1에서 2가 되고 첫 번째 매핑의 키 2에 대응되는 두 번째 매핑은 아직 아무것도 값이 저장돼 있지 않기에 모든 값이 초기화됐다고 볼 수 있다. 결론적으로 게임의 회차가 바뀌면서 이전에 게임을 참가했던 주소는 다시 false가 되어 게임에 참가할 수 있다.

다음은 Random 스마트 컨트랙트에 정의된 변수를 보자.

```
address public owner;
uint private winnerNumber = 0;
string private key1;
uint private key2;
uint public round = 1;
uint public playNumber = 0;
```

변수 owner는 Random 게임을 배포한 주소를 나타낸다. 변수 winnerNumber는 게임의 우승자를 나타내는 지표다. 즉 winnerNumber번째 게임에 참여한 주소가 게임의 우승자가 되며 회차마다 winnerNumber의 값은 무작위로 변한다. 변수 key1과 key2는 winnerNumber에 입력될 난수를 발생할 때 쓰이는 요소다.

더 나아가서 변수 winnerNumber, key1, key2는 가시성 지정자가 private으로 지정돼 있다. 이 변수는 게임에서 이길 수 있는 요소를 제공할 수 있으므로 private을 지정해 아무도 접근하지 못하게 했다.

변수 round는 게임의 회차를 나타내며 게임의 회차가 바뀔 때마다 paidAddressList의 두 번째 매핑 값이 초기화되는 것을 앞서 살펴봤다. 변수 playNumber는 현재 몇 번째 참가자인지를 의미한다. 즉 playNumber와 winnerNumber가 같을 시 게임에서 우승하게 된다.

다음 Random 스마트 컨트랙트의 생성자를 알아보자.

```
constructor(string memory _key1, uint _key2){
    owner = msg.sender;
    key1 = _key1;
    key2 = _key2;
    winnerNumber = randomNumber();
}
```

Random 스마트 컨트랙트 생성자는 두 가지 매개변수 _key1과 _key2를 받아 key1과 key2 변수에 대입한다. 이 변수는 randomNumber 함수에서 난수를 생성할 때 쓰이는 요소다. 생성자의 로직을 보면 변수 onwer에 msg.sender가 입력된 것을 알 수 있으며 msg.sender는 Random 스마트 컨트랙트를 배포한 주소가 된다. 즉, 앞에서 본 모디파이어 onlyOnwer에 배포자의 주소를 갖고 있는 변수 owner가 사용된다.

앞서 살펴본 변수 winnerNumber는 게임의 우승자를 나타내는 기준점이며 생성자에서 함수 randomNumber에 의해 무작위로 값이 입력된다. 즉 함수 randomNumber는 변수 key1, key2와 다른 요소를 통해 1에서 10까지 난수를 발생한다.

Random 스마트 컨트랙트의 receive 함수의 로직을 탐구해 보자.

```
receive() external payable {
        require(msg.value == 10**16, "Must be 0.01 ether.");
        require(paidAddressList[round][msg.sender] == false, "Must be the first time.");
        paidAddressList[round][msg.sender] = true;
        ++playNumber;


        if(playNumber == winnerNumber){
            (bool success,)= msg.sender.call{value:address(this).balance}("");
            require(success, "Failed");
            playNumber = 0;
            ++round;
            winnerNumber = randomNumber();
            emit winnerAddress(msg.sender);
        }else{
            emit paidAddress(msg.sender,msg.value);
        }
    }
```

receive 함수가 있으므로 Random 스마트 컨트랙트는 이더를 받을 수 있다. 먼저 receive 함수에 두 개의 require가 있다. 첫 번째 require의 조건문은 msg.value == 10**16이므로 0.01 ether만 받을 수 있다. 여기서 1 ether는 1018을 나타내므로 0.01 ether는 1016을 나타낸다.

두 번째 require는 paidAddressList[round][msg.sender] == false이며 중복 참여 여부를 판가름한다. 즉, 참여하는 주소가 paidAddressList 매핑에 false를 반환한다면 중복 참여한 주소가 아니므로 트랜잭션은 실패하지 않는다.

두 개의 require를 지나면 paidAddressList[round][msg.sender] = true에 의해서 게임에 참여한 주소는 paidAddressList 매핑에 true로 값이 변경된다. 즉 게임에 참여한 주소로 더 이상 참여를 할 수 없다. 그리고 나서 변수 playNumber의 값이 1만큼 증가한다. 즉, playNumber 변수는 현재 주소가 몇 번째 참가자인지 나타내며 게임에 정상적으로 참가했기에 1이 증가한다.

현재 참가 번째를 나타내는 playNumber와 우승자를 나타내는 숫자 winnerNumber가 같지 않다면 현재 참가자는 우승자가 아닌 것을 의미한다. 이때는 if 조건문의 else 문이 실행돼 바로 PaidAddress 이벤트가 출력된다.

반면에 playNumber와 winnerNumber가 같다면 우승자를 나타내므로 if 조건문의 로직이 실행될 것이다. 이 조건문의 로직을 보면 call 함수를 통해 Random 스마트 컨트랙트에 누적된 잔액을 msg.sender의 주소로 보낸다. 여기서 msg.sender의 주소는 게임을 참여한 사람의 주소, 즉 우승자의 주소가 된다. 결론적으로 우승자에게 누적된 이더를 보낸다.

그리고 나서 playNumber를 0으로 초기화하고 변수 round에 1을 증가하여 다음 게임의 회차가 되게 한다. 즉 매핑 paidAddressList의 첫 번째 매핑의 키가 변경됐으므로 게임 참가 중복 여부를 나타내는 두 번째 매핑은 초기화된다. 그리고 나서 winnerNumber는 함수 randomNumber를 통해 새로운 값을 입력받고 이벤트 WinnerAddress가 출력된다.

난수를 발생시키는 함수 randomNumber의 로직을 보겠다.

```
function randomNumber() private view returns(uint) {
        uint num = uint(keccak256(abi.encode(key1))) + key2 + (block.timestamp) +
(block.number);
        return (num - ((num / 10) * 10))+1;
    }
```

함수 randomNumber는 난수 값을 생성해 반환하며 반환된 난수는 변수 winnerNumber에 대입된다. 여기서는 간단하게 난수를 발생하려고 4가지 요소 변수 key1, key2, block.timestamp, block.number를 조합했다.

먼저 문자열형 key1과 정수형 key2는 Random 스마트 컨트랙트를 배포할 때 생성자의 매개변수로 입력받으며 배포자만 key1과 key2의 값을 알 것이다. 전역 변수 block.timestamp와 block.number는 블록의 현재 시간과 블록의 현재 번호를 나타낸다. 즉 블록의 현재 시간과 블록의 현재 번호는 트랜잭션이 일어나서 새로운 블록이 생성될 때마다 항상 변하므로 우승자가 나올 때마다 이 함수는 난수를 반환한다. 여기서 한 가지 주목해야 할 점은 현재 4가지 요소를 더해서 num이라는 변수에 대입하고 있다는 것이다. 그러나 key1 변수는 문자열이므로 uint(keccak256(abi.encode(key1)))와 같은 방식으로 정수형으로 변환해야 한다. 모든 요소의 값을 더한 후 (num - ((num / 10) * 10))+1을 통해 1부터 10까지의 수를 무작위로 생성할 수 있다. 예를 들어 num을 5279라고 가정하고 그림 10.59를 통해 계산 방식을 살펴보자.

그림 10.59에서 한 가지 주목할 점은 5279/10은 527.9가 아닌 527이라는 점이다. 솔리디티는 소수점을 지원하지 않으므로 소수점 이하의 수는 탈락된다. 추가로 1부터 100까지의 난수를 발생시키고 싶다면 (5279-(5279/100)*100)+1을 계산한다.

```
num = 5279
(num - ((num/10)*10))+1
= (5279 - ((5279/10)*10))+1
= (5279 - (527)*10))+1
= (5279 - 5270)+1
= 9+1
= 10
```

그림 10.59 난수 발생 계산 예시

사실, 함수 randomNumber와 같은 방식으로 난수를 생성하는 것은 보안적으로 취약하며, key1과 key2를 스마트 컨트랙트에 저장하는 것은 보안적으로 치명적이다. 그러나 편의상 이 함수를 통해 난수를 생성하겠다. 보통은 체인링크(ChainLink)에서 제공하는 스마트 컨트랙트를 통해 난수를 생성한다.

setSecret과 getSecretKey 함수를 보자.

```
function setSecretKey(string memory _key1, uint _key2) public onlyOwner() {
    key1 = _key1;
    key2 = _key2;
}

function getSecretKey() public view onlyOwner() returns(string memory, uint){
    return(key1, key2);
}
```

setSecretKey와 getSecretKey 함수 모두 모디파이어 onlyOwner가 적용돼 있다. 즉, 배포자만 setSecretKey와 getSecretKey 함수를 실행할 수 있다. 먼저 setSecretkey 함수는 난수를 발생할 때 필요한 요소 key1과 key2의 값을 변경한다. 함수 getSecretKey는 key1과 key2를 반환한다.

getWinnerNumber, getRound, getBalance 함수를 알아보자.

```
function getWinnerNumber() public view onlyOwner() returns(uint256){
    return winnerNumber;
}
```

```
function getRound() public view returns(uint256){
    return round;
}

function getBalance() public view returns(uint256){
    return address(this).balance;
}
```

Raondom 스마트 컨트랙트 getWinnerNumber, getRound, getBalance 함수가 있다. 먼저 getWinnerNumber는 모디파이어 onlyOwner가 적용됐으므로 배포자만 이 함수를 실행할 수 있다. getWinnerNumber 함수는 게임 우승자의 지표를 나타내는 변수 winnerNumber를 반환한다.

함수 getRound는 게임의 회차를 나타내는 변수 round를 반환하며 함수 getBalance는 현재 게임의 누적액을 반환한다.

10.3.3 컴파일

Random 게임 스마트 컨트랙트를 컴파일할 차례다.

그림 10.60 ENVIRONMENT에 Injected Web3를 선택해 메타마스크와 리믹스를 연결

그림 10.60과 같이 컴파일한 후 ENVIRONMENT에서 Injected Web3를 선택해 메타마스크와 리믹스를 연결한다. 그러나 Injected Web3를 선택해도 선택되지 않는 경우가 있다. 그럴 경우 그림 10.61과 그림 10.62를 참고한다.

그림 10.61 현재 Remix 주소는 https로 시작

그림 10.62 현재 리믹스 주소의 https를 http로 변경하면 새로운 리믹스 홈페이지 진입

만약 Injected Web3가 선택되지 않는 경우 그림 10.61과 그림 10.62에서처럼 원래 리믹스의 주소 https를 http로 변경한다. 그러면 새로운 리믹스 홈페이지로 들어갈 텐데, 이때 예제 10.1을 다시 작성한 후 컴파일한다. 그러고 나서 그림 10.60과 같이 ENVIRONMENT에서 Injected Web3를 선택한다.

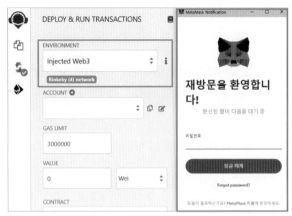

그림 10.63 Injected Web3 선택 시 메타마스크 자동 실행

그림 10.63에서 볼 수 있듯이 ENVIRONMENT에서 Injected Web3가 선택되는 순간 메타마스크가 자동 실행되는 것을 알 수 있다. 메타마스크에 비밀번호를 입력해서 잠금 해제를 푼다. 추가적으로 ENVIRONMENT에 Rinkeby(4) network라고 돼 있는데, 이는 현재 메타마스크가 연결된 블록체인 네트워크를 나타낸다.

그림 10.64 모두 선택에 체크한 후 [다음] 버튼을 클릭해 리믹스와 계정 연결 진행

메타마스크에 로그인하면 그림 10.64와 같은 화면이 나온다. 모두 선택에 체크 표시를 해서 모든 계정과 리믹스를 연결할 준비를 한다. 그러고 나서 하단의 [다음] 버튼을 클릭해 연결을 진행한다.

그림 10.65 연결 버튼을 클릭해 계정과 리믹스 연결

그림 10.65의 **연결** 버튼을 클릭해 메타마스크의 계정과 리믹스를 연결한다.

그림 10.66 ACCOUNT에 연결된 계정 확인

메타마스크가 리믹스와 정상적으로 연결되면 그림 10.66과 같은 결과 화면을 볼 수 있다. ACCOUNT에 현재 연결된 주소 0x442…56F70과 현재 주소의 잔액 0.099968499 ether를 확인할 수 있다.

10.3.4 배포

컴파일한 Random 스마트 계약을 배포한다.

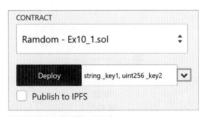

그림 10.67 컴파일 후 네모 박스 부분을 클릭해 생성자 입력창 펼치기

그림 10.67의 네모 박스 부분을 클릭해 Random 스마트 컨트랙트의 생성자 입력창을 펼친다.

그림 10.68 매개변수 _key1과 _key2 입력 후 버튼 transact를 클릭해 배포

예제 10.1을 배포하려면 매개변수 _key1과 _key2를 입력해야 한다. 이때 주의할 점은 _key1은 문자열로 값을 넣어줘야 하며 _key2는 정수형으로 값을 입력해야 한다는 것이다. 그림 10.68과 같이 _key1과 _key2에 D_One과 123456789를 입력한 후 transact 버튼을 클릭해 배포한다.

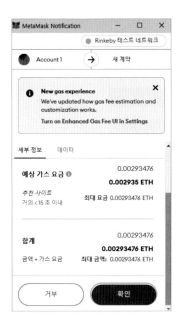

그림 10.69 확인 버튼을 클릭해 배포

transact 버튼을 누르면 그림 10.69와 같이 메타마스크가 실행된다. 현재 메타마스크가 예제 10.1을 배포하는 데 필요한 가스 비용을 보여주며 배포 여부를 묻는다. **확인** 버튼을 클릭해 배포한다.

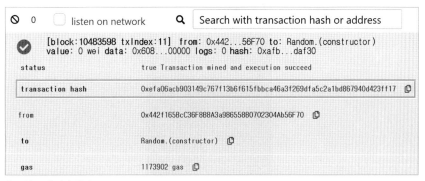

그림 10.70 배포 성공 시 결과 화면

예제 10.1이 테스트넷 Rinkeby에 성공적으로 배포되면 그림 10.70과 같은 화면을 볼 수 있다. 더 나아가서 네모 박스로 표시한 **transaction hash**를 복사해 **Rinkeby** 블록 탐색기에 입력하면 예제 10.1이 배포된 정보를 확인할 수 있다. 배포된 스마트 컨트랙트 Random을 실행해보고 나서 최종적으로 Rinkeby 블록 탐색기를 통해 스마트 컨트랙트 Random의 트랜잭션 기록을 살펴보자.

그림 10.71 버튼 owner와 getWinnerNumber를 클릭해 결괏값 확인

owner 버튼을 클릭하면 현재 예제 10.1을 배포한 주소를 확인할 수 있으며 getWinnerNumber 버튼을 클릭하면 3이 나온다. 즉, 세 번째 게임에 참가한 사람이 우승한다. 더 나아가서 getWinnerNumber 함수는 모디파이어 onlyOwner가 적용되어 배포자만 이 함수를 실행할 수 있다.

그림 10.72 계정 3 생성 후 계정 2와 계정 3 이더 받기

그림 10.71에서 확인했듯이 winnnerNumber는 3이 나왔다. 즉, 세 번째 참가한 주소가 우승할 것이다. 그러나 메타마스크에 주소가 2개 있으므로 그림 10.72와 같이 계정을 하나 더 추가한다. 그리고 나서 게임에 참가하려면 이더가 필요하므로 계정 2와 계정 3에 이더를 입금한다. 계정을 추가하는 방법은 10.1.3을 통해 살펴봤으며 이더를 받는 방법은 10.1.4에서 실습했다.

그림 10.73 예제 10.1의 배포된 스마트 컨트랙트 Random 주소 복사

Random 게임에 참가하려면 0.01 ether를 보내야 하므로 Random 스마트 컨트랙트의 주소가 필요하다. 그림 10.73의 네모 박스로 표시한 부분을 클릭해 주소를 복사한다.

그림 10.74 메타마스크에서 Rinkeby 테스트 네트워크가 선택됐는지 확인 후 보내기 버튼 클릭

그림 10.74와 같이 메타마스크에 들어간 후 Rinkeby 테스트 네트워크가 선택됐는지 확인한다. 네트워크가 다르다면 게임에 참가할 수 없다. 네트워크 확인 후 **보내기** 버튼을 클릭해 Random 스마트 컨트랙트에 0.01 ether를 보낼 준비를 한다.

그림 10.75 보낼 주소와 금액을 확인한 후 [다음] 버튼을 클릭해 보내기 진행

그림 10.75와 같이 그림 10.73에서 복사한 Random 스마트 컨트랙트의 주소를 붙여넣고 보낼 금액을 `0.01 ether`로 설정한다. 그러고 나서 [**다음**] 버튼을 클릭해 보내기를 진행한다. 한 가지 주의할 점은 `0.01 ether`를 초과하거나 `0.01 ether` 미만이면 트랜잭션에 실패하므로 반드시 `0.01 ether`를 보내야 한다는 점이다.

그림 10.76 확인 버튼을 클릭해 0.01 ether를 Random 스마트 컨트랙트에 전송

그림 10.76에서처럼 예상 가스 요금이 나오며 예상 가스 요금과 전송할 금액 0.01 ether가 합쳐진 금액을 확인할 수 있다. **확인** 버튼을 클릭해 0.01 ether를 Random 스마트 컨트랙트에 전송한다.

전송이 완료되면 계정 2와 계정 3도 Random 스마트 컨트랙트에 0.01 ether를 전송한다. 추가로 이미 0.01 ether를 전송한 계정 1로 보내면 트랜잭션 실패가 나는 것을 알 수 있다.

그림 10.77 0.01 ether를 보내기 전 계정 3의 잔액

그림 10.71에서 확인했듯이 winnerNumber는 3이므로 세 번째 참가 주소 계정 3이 게임에서 이길 것이다. 그림 10.77은 게임에 참가하기 전 금액이다. 즉, 0.01 ether를 보내기 전의 금액이다. 0.01 ether를 보내 게임에 참가하면 게임에 우승해 0.03 ether를 받을 것이다.

그림 10.78 0.01 ether를 보내고 난 후 게임에 우승해 0.03 ether 수령

계정 3이 0.01 ether를 보내 세 번째 참가자가 돼서 게임에 우승해 0.03 ether를 받은 것을 알 수 있다. 즉, 계정 3의 잔액은 0.1 ether였으며 0.01 ether를 보내 0.09 ether가 됐다. 그리고 나서 그림 10.78과 같이 0.03 ether를 받아 0.1199 ether가 됐다. 0.09 ether에서 0.03 ether를 받았는데 0.12 ether가 되지 않은 이유는 가스비로 소모됐기 때문이다.

그림 10.79 버튼 getWinnerNumber를 클릭해 결괏값 확인

게임에 우승자가 나오고 게임의 회차가 바뀌어서 **getWinnerNumber**가 3에서 8로 변했다.

10.3.5 이더스캔에서 기록 찾기

Rinkeby 테스트넷에 Random 스마트 컨트랙트를 배포하고 **0.01 ether**를 전송했으므로 모든 기록을 이더스캔을 통해 찾을 수 있다. 10.2절에서는 이더리움 메인넷 이더스캔을 검색해서 들어갔지만, 이번에는 스마트 컨트랙트를 Rinkeby 테스트넷에 배포했으므로 Rinkeby 테스트넷 이더스캔에 들어가야한다. 각 블록체인 네트워크마다 블록 탐색기가 존재한다. 그림 **10.80**과 같이 **Rinkeby testnet etherscan**으로 검색해 네모 박스로 표시한 링크를 클릭해 이더스캔으로 들어간다.

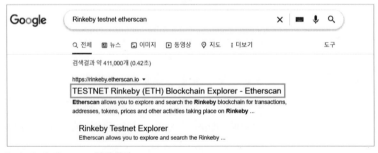

그림 10.80 Rinkeby testnet etherscan 검색 화면

그림 **10.81**과 같이 **Random** 스마트 컨트랙트 주소를 검색창에 입력한 후 네모 박스로 표시한 검색 버튼을 클릭해 검색한다.

그림 10.81 Random 스마트 컨트랙트 주소 입력 후 검색 버튼을 클릭해 검색

그림 10.82에서처럼 Random 스마트 컨트랙트의 트랜잭션 기록을 볼 수 있다. 총 4개의 트랜잭션의 정보가 있는 것을 알 수 있으며 가장 첫 번째 트랜잭션의 To에 Contract Creation이라고 명시돼 있다. 즉 Random 스마트 컨트랙트가 배포된 것을 나타낸다. 나머지 3개의 트랜잭션을 보면 Value에 0.01 ether씩 보낸 것을 확인할 수 있다. 즉, 계정 1, 계정 2, 계정 3으로 0.01 ether를 Random 스마트 컨트랙트에 보낸 기록이다.

	Txn Hash	Method ⓘ	Block	Age	From ▼		To ▼	Value	Txn Fee
⊙	0xee8c56310511562d8f...	Transfer	10484056	1 hr 14 mins ago	0xbf5dafe1ce458cf50e4...	IN	0x79d70a70bcf18c76f50...	0.01 Ether	0.0001043265 🐻
⊙	0x4074f1e9cfc7723e7f4...	Transfer	10484038	1 hr 19 mins ago	0x7a42eff334a0b1462ec...	IN	0x79d70a70bcf18c76f50...	0.01 Ether	0.0000823545 🐻
⊙	0x02c1de9a00af91e53b...	Transfer	10484030	1 hr 21 mins ago	0x442f165bcc36f8b8a3a...	IN	0x79d70a70bcf18c76f50...	0.01 Ether	0.0001080045 🐻
⊙	0xefa06acb903149c767f...	0x60806040	10483598	3 hrs 9 mins ago	0x442f165bcc36f8b8a3a...	IN	Contract Creation	0 Ether	0.002934755011 🐻

Transactions Internal Txns Contract Events
↓F Latest 4 from a total of 4 transactions

그림 10.82 Random 스마트 컨트랙트의 트랜잭션 기록

더 나아가서 왼쪽에 네모 박스로 표시한 가장 최근 트랜잭션 해시를 클릭해서 자세히 알아보자. 참고로 최근 트랜잭션은 계정 3과 Random 스마트 컨트랙트의 트랜잭션이므로 계정 3이 0.03 ether를 받은 정보를 확인할 수 있다.

⑦ Block:	10484056	331 Block Confirmations
⑦ Timestamp:	ⓣ 1 hr 23 mins ago (Apr-11-2022 05:20:12 AM +UTC)	
⑦ From:	0xbf5dafe1ce458cf50e4d60673b4930c78d408a93 📋	
⑦ To:	⊙ Contract 0x79d70a70bcf18c76f505dcac967ca1fb85ddccb0 ✓ 📋	
	└ TRANSFER 0.03 Ether From 0x79d70a70bcf18c76f505dcac9... To → 0xbf5dafe1ce458cf50e4d60673...	
⑦ Value:	0.01 Ether ($0.00)	

그림 10.83 계정 3과 Random 스마트 컨트랙트의 트랜잭션 세부 정보

그림 10.83의 네모 박스로 표시한 정보를 보면 Random 스마트 컨트랙트에서 계정 3으로 0.03 ether 가 전송된 것을 알 수 있다. 즉, 계정 3은 게임에 우승했으므로 Random 스마트 컨트랙트로부터 0.03 ether를 받았다.

그림 10.84 Random 스마트 컨트랙트 이벤트 확인

그림 10.84의 Logs 탭을 클릭하면 이벤트를 확인할 수 있다. 현재 이벤트는 해시화로 인해 이더스캔에 서 알아보기 힘들다. 참고로 Web3.js 라이브러리를 통해 쉽게 알아볼 수 있다.

그러나 현재 이더스캔에서 이벤트를 알아보기 힘들어도 게임에 우승자가 나오면 WinnerAddress 이벤 트가 출력된다. 즉, 계정 3이 게임에서 우승했기에 이벤트 WinnerAddress는 계정 3의 주소를 출력했을 것이다. 그림 10.84에 네모 박스로 표시한 주소를 보면 계정 3의 주소가 나온 것을 알 수 있다.

Appendix

부록

부록 A. DGIT로 깃허브에 스마트 컨트랙트 파일 저장

2장에서 remixd를 설치해 스마트 컨트랙트를 로컬에 저장하는 방법을 알아봤다. 부록 A에서는 리믹스 DGIT 플러그인을 이용해 스마트 컨트랙트를 깃허브에 저장하는 방법을 소개한다.

깃허브는 프로그램 소스 코드를 깃 저장소에 저장하여 버전 관리를 돕는 서비스다. DGIT을 사용하려면 깃허브의 리포지토리(Repository)를 미리 생성해야 한다. 리포지토리는 깃허브에 저장하는 저장소를 나타낸다. 더 나아가서 리포지토리에 파일을 업로드하려면 해당 깃허브 계정의 개인 액세스 토큰(personal access token)을 사전에 발급받아야 한다.

[Step 1] 깃허브 회원 가입
웹브라우저에서 깃허브(https://github.com) 웹사이트에 접속한다.

그림 A.1 깃허브 첫 페이지

그림 A.1은 깃허브의 첫 페이지다. 오른쪽 상단에 **Sign in**과 **Sign up** 버튼이 있다. 깃허브의 회원이 아니라면 **Sign up** 버튼을 통해 회원가입을 한다. 깃허브의 회원이라면 **Sign in** 버튼을 클릭하면 다음 그림과 같은 로그인 페이지가 나온다.

그림 A.2 로그인 페이지

가입 시 지정한 이메일 주소와 패스워드를 입력하고 **Sign in** 버튼을 클릭해 로그인한다.

[Step 2] 리포지토리 생성

깃허브에 로그인하면 다음 그림과 같이 **New** 버튼을 볼 수 있다.

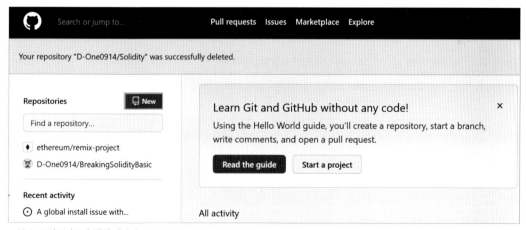

그림 A.3 리포지토리 생성 페이지

New 버튼을 클릭하면 그림 1.5와 같은 리포지토리 생성 페이지가 나온다.

Create a new repository

A repository contains all project files, including the revision history. Already have a project repository elsewhere?
Import a repository.

Owner *   Repository name *

🎮 D-One0914 ▾   /   Solidity| ✓

Great repository names are   Solidity is available. le. Need inspiration? How about **jubilant-palm-tree**?

Description (optional)

◉ 📖 **Public**
        Anyone on the internet can see this repository. You choose who can commit.

○ 🔒 **Private**
        You choose who can see and commit to this repository.

Initialize this repository with:
Skip this step if you're importing an existing repository.

☐ **Add a README file**
        This is where you can write a long description for your project. Learn more.

☐ **Add .gitignore**
        Choose which files not to track from a list of templates. Learn more.

☐ **Choose a license**
        A license tells others what they can and can't do with your code. Learn more.

Create repository

그림 A.4 리포지토리 생성하기

Repository name 란에 리포지토리의 이름을 지정할 수 있다. 이 책에서는 리포지토리 이름을 Solidity
로 명시하겠다. **Create repository** 버튼을 클릭해 리포지토리를 생성한다.

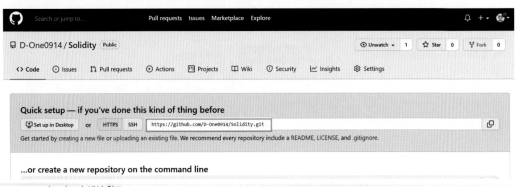

그림 A.5 리포지토리 생성 완료

그림 A.5는 리포지토리가 성공적으로 생성된 것을 보여준다. 네모 박스로 표시한 리포지토리 주소를 복사한다. 복사된 주소는 DGIT에 입력할 것이며 메모장에 잠시 보관하기를 권장한다.

[Step 3] 개인 액세스 토큰 발급

생성된 리포지토리에 파일을 업로드하려면 해당 계정의 개인 액세스 토큰을 발행해야 한다. 그림 A.6과 같이 오른쪽 상단에 있는 프로필 아이콘을 클릭한 후 **Settings** 버튼을 클릭한다.

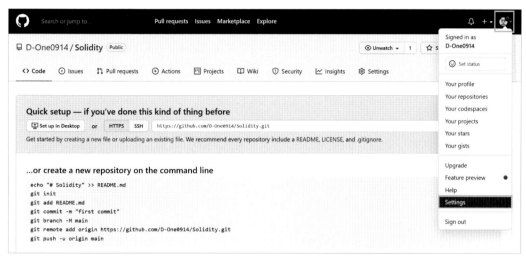

그림 A.6 Settings 버튼 클릭

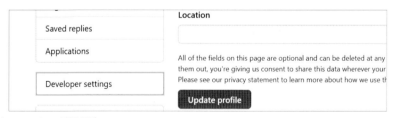

그림 A.7 Developer settings 버튼 클릭

그림 A.7과 같이 **Developer settings** 버튼을 클릭하여 Developer settings 페이지로 들어간다.

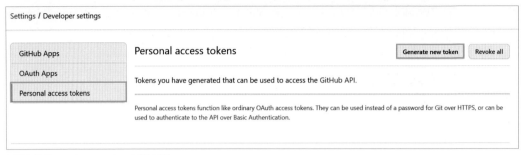

그림 A.8 Generate new token 버튼 클릭

그림 A.8 왼쪽의 **Personal access token** 버튼을 클릭한 후 **Generate new token**을 눌러서 그림 A.9
와 같이 New Personal access token 페이지로 이동한다.

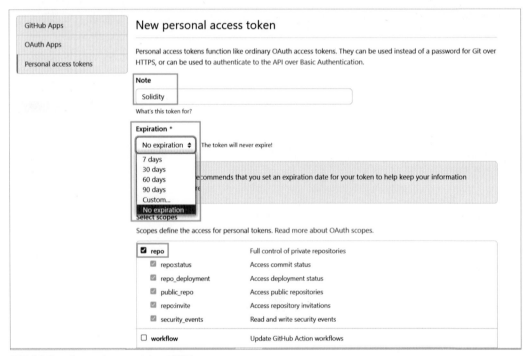

그림 A.9 New Personal access token 페이지

그림 A.9 New Personal access token 페이지의 Note는 토큰의 이름을 나타낸다. 이 책에서는 Solidity
로 지정하겠다. Expiration은 토큰의 유효기간을 나타낸다. 책에서는 No expiration(토큰의 유효 기간
이 없음)을 선택하겠다. 발행할 토큰으로 리포지토리와 상호작용하므로 repo를 선택한다.

그림 A.10 Generate token 버튼 클릭

New Personal access token 페이지의 맨 아래에 있는 **Generate token** 버튼을 눌러서 토큰을 생성한다.

그림 A.11 개인 액세스 토큰 생성 완료

그림 A.11과 같이 토큰이 생성된 것을 확인할 수 있다. 토큰의 값은 따로 복사하여 메모장에 잠시 보관하는 것을 권장한다. 토큰의 값은 생성 직후에만 확인이 가능하다.

[Step 4] 플러그인 DGIT 설정

그림 A.12처럼 리믹스로 다시 돌아온 후 왼쪽에 네모 박스로 표시한 플러그 모양 아이콘 **Plugin Manager**를 클릭한다. 플러그인 검색창에 dgit을 입력한다. 그러면 Inactive Modules 목록에 DGIT이 나온 것을 알 수 있다. 네모 박스로 표시한 **Activate** 버튼을 클릭하여 DGIT를 활성화한다.

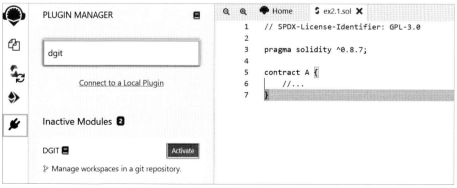

그림 A.12 플러그인 매니저 페이지

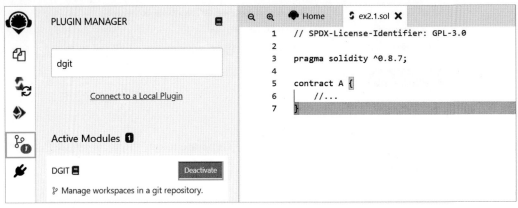

그림 A.13 DGIT 활성화

그림 A.13은 DGIT가 Active Modules 목록에 포함되어 활성화된 것을 보여준다. 이는 **Deactivate** 버튼을 클릭하여 비활성화할 수 있다. 🎋 버튼은 **DGIT**를 나타내며 클릭하여 DGIT 페이지로 이동한다.

그림 A.14 DGIT 페이지

그림 A.14는 DGIT 페이지를 나타낸다. 페이지 상단에 표시된 repo: Solidity는 현재 워크스페이스가 Solidity라는 뜻이다. storage는 현재 워크스페이스의 용량을 나타낸다. **GitHub**를 클릭하여 본격적으로 현재 워크스페이스 Solidity와 깃허브 연동 작업을 하겠다.

그림 A.15 깃허브 설정

그림 A.14의 GitHub 버튼을 클릭하면 그림 A.15의 화면이 나타난다. 현재 해당 워크스페이스 Solidity 를 깃허브에 업로드하려면 해당 워크스페이스에 깃 저장소를 추가해야 한다. 네모 박스로 표시한 `init` 버튼을 누르면 해당 워크스페이스에 .git이 생성된 것을 확인할 수 있다. GIT REMOTE의 NAME과 URL 란에 그림 A.5에서 생성한 리포지토리 이름과 URL을 집어넣는다.

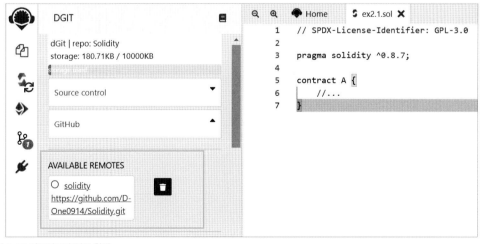

그림 A.16 리포지토리 연동 확인

GIT REMOTE를 성공적으로 입력하면 그림 A.16과 같이 AVAILABLE REMOTES 부분에 리포지토리가 성공적으로 연동됐음이 표시된다.

그림 A.17 개인 액세스 토큰 입력

DGIT 페이지의 스크롤을 내리면 그림 A.17처럼 CONFIG의 PERSONAL GITHUB TOKEN 란을 볼 수 있다. 여기에 그림 A.11에서 생성한 깃허브 계정의 개인 액세스 토큰을 복사하여 넣어준다. 개인 액세스 토큰이 세팅되지 않으면 리포지토리에 폴더와 파일 업로드가 불가능하다. 리포지토리 업로드 시 NAME 과 EMAIL이 업로드자로 표시가 된다.

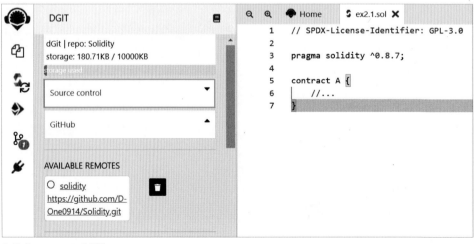

그림 A.18 Source control 클릭

위쪽으로 스크롤해서 그림 A.18의 Source control을 클릭하면 그림 A.19와 같은 화면이 나타난다.

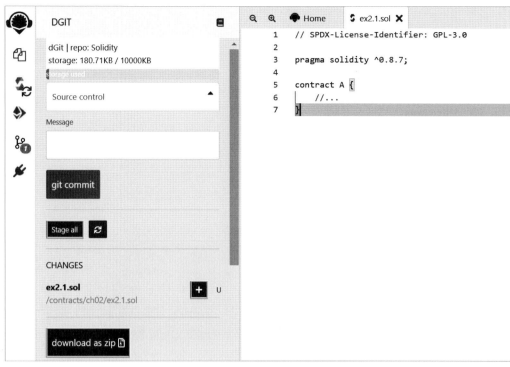

그림 A.19 파일 업로드 지정 버튼 클릭

그림 A.19의 CHANGES는 해당 리포지토리와 리믹스 워크스페이스가 다름을 나타내며 리포지토리에
업로드할 수 있다. 네모 박스로 표시한 Stage all 버튼을 클릭하면 CHANGES에 들어 있는 모든 파일
이 리포지토리에 업로드될 계획임을 나타낸다. 반면에, ➕ 버튼을 이용하면 업로드할 파일을 개별적으
로 선택할 수 있다. 깃허브 리포지토리 업로드와 별개로 네모 박스로 표시한 download as zip은 해당
워크스페이스 Solidity를 ZIP 파일 형식으로 컴퓨터의 로컬 저장소에 다운로드하는 버튼이다.

그림 A.20 git commit 클릭

그림 A.20은 그림 A.19와 다르게 ex2.1.sol이 STAGED 란에 있다. 즉, 리포지토리에 업로드될 예정이라는 뜻이다. ➖를 이용하면 업로드 예정을 해제할 수 있다. Message 란에 리포지토리에 업로드될 작업물에 대한 설명을 기록한다. 여기서는 MyFirstCommit으로 지정했으며 설정이 끝나면 git commit 버튼을 눌러준다.

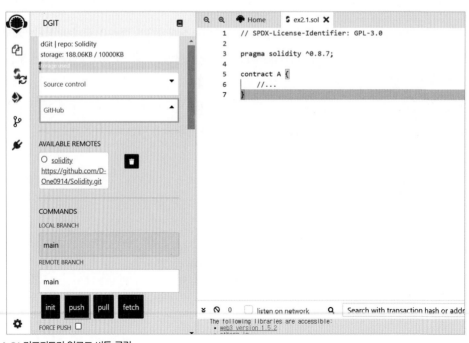

그림 A.21 리포지토리 업로드 버튼 클릭

그림 A.21와 같이 다시 GitHub 버튼을 눌러서 돌아온다. 최종적으로 리포지토리에 업로드하려면 네모 박스로 표시한 push 버튼을 클릭한다.

그림 A.22 리포지토리 업로드

그림 A.22는 리포지토리에 성공적으로 워크스페이스 Solidity가 업로드된 것을 보여준다. 그림 A.17에 지정한 EMAIL이 업로드한 사람으로 표시되어 있으며 그림 A.20에 지정한 Message인 MyFirstCommit 이 나타난 것을 확인할 수 있다.

[Step 5] 워크스페이스 다운로드

그림 A.23에 네모 박스로 표시한 Download Workspaces를 클릭하면 현재 지정된 워크스페이스에 저 장된 파일을 Zip 형태로 다운로드한다. 앞서 살펴본 두 가지 방식보다 쉽게 작성한 스마트 컨트랙트를 다운로드할 수 있다.

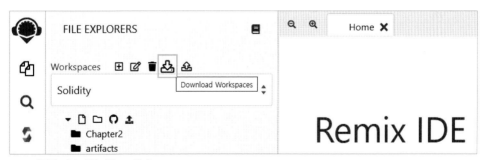

그림 A.23 저장된 모든 파일 다운로드하기

부록 B. 진법 변환

표 B.1 진수 표기법

진수	개수	표기법
2 진수	2개	0,1
8 진수	8개	0,1,2,3,4,5,6,7
10 진수	10개	0,1,2,3,4,5,6,7,8,9
16 진수	16개	0,1,2,3,4,5,6,7,8,9,a,b,c,d,e,f

표 B.1에서 볼 수 있듯이 진수는 2진수, 8진수, 10진수, 16진수의 4개의 진수가 존재한다. 각 진수는 자신의 진수 개수만큼 0을 포함하여 표현한다. 예를 들어 2진수는 2개로 구성되어 있으며 0부터 시작하여 0과 1로만 표현이 가능하다.

16진수의 경우는 다른 진수와 약간 차이점이 있다. 16진수는 0~9까지의 숫자 10개와 a~f까지의 알파벳 6개(총 16개)로 구성된다. 16진수는 0을 포함하기 때문에 숫자 9는 16진수의 1번째 자리에 오고 a는 11번째 자리에 온다.

$$\mathbf{1110\ 1111_{(2)}}$$

$$= \begin{array}{cc} 1 \times 2^3 + 1 \times 2^2 + 1 \times 2^1 + 0 \times 2^0 & 1 \times 2^3 + 1 \times 2^2 + 1 \times 2^1 + 1 \times 2^0 \end{array} \cdots ①$$

$$= \begin{array}{cc} 8 + 4 + 2 + 0 & 8 + 4 + 2 + 1 \end{array} \cdots ②$$

$$= \begin{array}{cc} 14_{(10)} & 15_{(10)} \end{array} \cdots ③$$

$$= \mathbf{e\,f_{(16)}} \cdots ④$$

$$\mathbf{1110\ 1111_{(2)} = e\,f_{(16)}}$$

그림 B.1 2진수를 16진수로 변환하는 과정

그림 B.1은 2진수를 16진수로 변환하는 과정이다. 2진수 1110 1111은 총 8개의 숫자로 구성되며 2진수의 각 숫자는 1비트다. 즉 8개로 구성된 2진수는 8비트라 말할 수 있다. 2진수를 16진수로 변환하려면 4개의 숫자인 4비트씩 끊어서 16진수로 변환해야 한다. 이는 2진수의 4비트로 16진수의 최고의 값이 15, 즉 f를 표현할 수 있기 때문이다. 그림 B.1의 경우, 1110과 1111로 나눈다. 2개의 4비트로 나누어진 2진수는 10진수로 변환하고 나서 16진수로 변환할 수 있다. 그림 B.1의 2진수 1110 1111을 16진수 ef로 변환하는 과정을 번호 순서대로 차례차례 설명하겠다.

01. 1110 1111의 2진수를 4비트 단위로 끊는다. 그러고 나서 1110과 1111을 차례차례 10진수로 변환한다. 먼저 2진수 1111은 총 4개의 자릿수를 갖고 있으며 일의 자릿수 2^0과 일의 자릿수에 위치한 값 1을 곱해준다. 마찬가지로 1111의 십의 자릿수와 해당 자릿수에 위치한 값은 2^1과 1이므로 2^1과 1을 곱해준다. 이와 같이 그림 B.1의 ①처럼 다른 자릿수도 곱해준다. 2진수 1110 역시 2진수 1111에 했던 방식으로 값을 구해준다.

02. 1번의 과정이 끝나면 10진수의 값이 나오고, 이렇게 나온 10진수의 값을 모두 더해준다.

03. 2번을 통해 2진수 1110은 10진수 14가 되며, 2진수 1111은 10진수 15가 되는 것을 알 수 있다.

04. 10진수 14와 15를 16진수로 변환해야 한다. 16진수는 앞서 언급했듯이 숫자 0을 포함하여 총 16개의 숫자와 문자로 표현이 가능하다. 1번째부터 10번째까지는 숫자 0~9이며 11번째부터 16번째는 알파벳 a~f이다. 해당하는 10진수의 14는 15번째 자리인 e에 해당한다. 다시 설명하자면, 11번째부터 16번째까지 알파벳으로 표현하지 않고 숫자로 표현했다면 0부터 시작하는 16진수 숫자의 15번째자리는 숫자 14일 것이다. 이와 같이 10진수의 15는 16진수의 16번째 자리인 f를 나타낸다.

05. 결론적으로 2진수 1110 1111은 16진수 ef로 변환되는 것을 알 수 있다.

2진수에서 16진수 변환법을 살펴봤으니, 반대로 16진수에서 2진수로 변경하는 법을 알아보겠다. 16진수를 2진수로 변환하려면 그림 B.2와 같이 10진수로 먼저 변환하여 2진수를 구해야 한다.

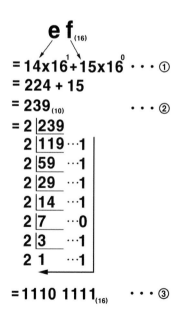

그림 B.2 16진수를 2진수로 변환하는 과정

그림 B.2의 16진수 ef를 2진수 1110 1111로 변환하는 과정을 번호 순서대로 알아보겠다.

① 2진수를 구하려면 16진수 ef를 숫자로 먼저 변경해야 한다. 16진수의 ef는 15번째와 16번째를 나타내므로 14와 15로 변경할 수 있다. 자세히 설명하자면 16진수는 0을 포함하여 1번째자리부터 10번째 자리까지 숫자 0~9로 표현하며 11번째 자리부터 16번째 자리 알파벳 a~f로 표현한다.

16진수의 e와 f는 15번째와 16번째 자리인 것을 알 수 있으며 알파벳으로 표현하지 않고 16진수의 마지막 숫자인 9부터 15번째 자리와 16번째 자리까지 숫자를 세우면 14와 15가 나오는 것을 알 수 있다. 16진수 ef 중 f는 일의 자리이기 때문에 16^0과 f를 10진수로 표현한 15를 곱해주며, e는 10의 자리이므로 16^1과 e를 10진수로 표현한 14로 곱한다. 그리고 나서 곱한 값을 다시 더해준다.

② 16진수 ef를 10진수로 변환하면 239가 나오는 것을 알 수 있다. 10진수를 2진수로 변환해야 한다. 2진수로 변환하려면 239를 2진수의 2로 몫이 나눠지지 않을 때까지 나눠준다.

③ 완전히 나눠지고 난 후 마지막 몫과 모든 나머지 값을 화살표 방향대로 써준다. 결론적으로 16진수 ef는 2진수 1110 1111로 표현할 수 있다.

부록 C. 전역 변수

표 C.1은 솔리디티 문서에서 제공하는 전역 변수 모음이다.

표 C.1 전역 변수

전역 변수	자료형	반환값
blockhash(uint blockNumber) returns (bytes32)	bytes32	가장 최근에 생성된 256개 블록의 해시를 반환한다. 해당 반환값은 bytes32의 자료형을 갖고 있다. 해당 범위가 벗어나거나 현재 블록 번호를 입력할 경우 0을 반환한다.
block.basefee	uint	현재 블록에 필요한 최소한의 가스 요금
block.chainid	uint	현재 블록체인 네트워크 아이디
block.coinbase	address payable	현재 블록 채굴자의 주소
block.difficulty	uint	현재 블록 난이도
block.gaslimit	uint	현재 블록 가스 제한량
block.number	uint	현재 블록 번호
block.timestamp	uint	유닉스 에포크(Unix Epoch) 이후의 현재 블록 타임스탬프
gasleft() returns (uint256)	uint	잔여 가스를 반환하며 해당 반환값은 uint 자료형을 갖고 있다.
msg.data	bytes	트랜잭션에 전송된 원시 데이터

전역 변수	자료형	반환값
msg.sender	address	현재 호출한 메시지 발신자
msg.sig	bytes4	calldata의 첫 4바이트(함수 식별자)
msg.value	uint	메시지와 함께 전송된 wei의 개수
tx.gasprice	uint	트랜잭션의 가스 가격
tx.origin	address	트랜잭션의 발신자

부록 D. 함수 스타일

솔리디티에서 권장하는 함수의 스타일은 크게 함수가 짧을 경우 또는 길 경우로 나뉜다. 여기서 소개할 권장 구문과 비권장 구문은 솔리디티 문서[1]에서 제공하는 예제다.

길이가 짧은 함수

함수가 짧으면 권장 구문과 같이 괄호를 함수 선언부와 같은 줄에 둔다. 함수 선언부의 끝 부분에 공백을 한 칸 두어 괄호를 열고 함수가 끝나는 부분 다음 줄에 공백 없이 괄호를 닫는다. 함수의 내부는 들여쓰기를 하여 작성한다.

권장 구문

```
function increment(uint x) public pure returns (uint) {
    return x + 1;
}


function increment(uint x) public pure onlyowner returns (uint) {
    return x + 1;
}
```

---

1 https://docs.soliditylang.org/en/latest/style-guide.html

비권장 구문

```solidity
function increment(uint x) public pure returns (uint)
{
    return x + 1;
}

function increment(uint x) public pure returns (uint){
    return x + 1;
}

function increment(uint x) public pure returns (uint) {
    return x + 1;
    }
```

길이가 긴 함수

매개변수가 많거나, 제어자가 많이 적용되었거나, 반환할 값이 많아질 때 함수가 길어진다. 권장 구문과
같이 길어질 때 줄을 바꾸어 명시해준다.

매개변수가 많을 때 권장 구문

```solidity
function thisFunctionHasLotsOfArguments(
    address a,
    address b,
    address c,
    address d,
    address e,
    address f
)
    public
{
    doSomething();
}
```

매개변수가 많을 때 비권장 구문

```
function thisFunctionHasLotsOfArguments(address a, address b, address c,
    address d, address e, address f) public {
    doSomething();
}


function thisFunctionHasLotsOfArguments(address a,
                                        address b,
                                        address c,
                                        address d,
                                        address e,
                                        address f) public {
    doSomething();
}


function thisFunctionHasLotsOfArguments(
    address a,
    address b,
    address c,
    address d,
    address e,
    address f) public {
    doSomething();
}
```

함수에 적용된 제어자가 많을 때 권장 구문

```
function thisFunctionNameIsReallyLong(address x, address y, address z)
    public
    onlyowner
    priced
    returns (address)
{
    doSomething();
}
```

```
function thisFunctionNameIsReallyLong(
    address x,
    address y,
    address z,
)
    public
    onlyowner
    priced
    returns (address)
{
    doSomething();
}
```

함수에 적용된 제어자가 많을 때 비권장 구문

```
function thisFunctionNameIsReallyLong(address x, address y, address z)
                                      public
                                      onlyowner
                                      priced
                                      returns (address) {
    doSomething();
}

function thisFunctionNameIsReallyLong(address x, address y, address z)
    public onlyowner priced returns (address)
{
    doSomething();
}

function thisFunctionNameIsReallyLong(address x, address y, address z)
    public
    onlyowner
    priced
    returns (address) {
    doSomething();
}
```

매개변수와 반환값이 많을 때 권장 구문

```
function thisFunctionNameIsReallyLong(
    address a,
    address b,
    address c
)
    public
    returns (
        address someAddressName,
        uint256 LongArgument,
        uint256 Argument
    )
{
    doSomething()

    return (
        veryLongReturnArg1,
        veryLongReturnArg2,
        veryLongReturnArg3
    );
}
```

매개변수와 반환값이 많을 때 비권장 구문

```
function thisFunctionNameIsReallyLong(
    address a,
    address b,
    address c
)
    public
    returns (address someAddressName,
            uint256 LongArgument,
            uint256 Argument)
{
    doSomething()
```

```
    return (veryLongReturnArg1,
            veryLongReturnArg1,
            veryLongReturnArg1);
}
```

부록 E. 주소의 내장 변수 및 함수

표 E.1 주소의 내장 변수 및 함수

주소의 내장 변수 및 함수	반환값 자료형	설명
(address).balance	uint	현재 주소가 보유하고 있는 이더의 잔액을 wei 단위로 표시
(address).code	bytes memory	코드가 존재하는 주소 (EOA 시 0 반환)
(address).codehash	btes32	코드가 존재하는 주소의 코드 해시화
payable(address). transfer(uint256 amount)	실패 시 오류 발생	주어진 양만큼의 wei를 주소로 전달하며 실패 시 false를 반환한다. 성공 시 true를 반환하며 가스 2300 gwei를 제공한다. 가스는 변경할 수 없다.
payable(address).send(uint256 amount)	bool	주어진 양만큼의 wei를 주소로 전달하며 실패 시 false를 반환한다. 성공 시 true를 반환하며 가스 2300 gwei를 제공한다. 가스는 변경할 수 없다.
(address).call(bytes memory)	(bool, bytes memory)	주어진 페이로드로 저수준의 CALL을 실행한다. bytes형의 값과 성공 시 true, 실패 시 false를 반환한다. 사용할 수 있는 모든 가스를 제공하며 해당 가스 양에 제한을 둘 수 있다.
(address).delegatecall(bytes memory)	(bool, bytes memory)	주어진 페이로드로 저수준의 DELEGATECALL을 실행한다. bytes형의 값과 성공 시 true, 실패 시 false를 반환한다. 사용할 수 있는 모든 가스를 제공하며 해당 가스 양에 제한을 둘 수 있다.
(address).staticcall(bytes memory)	(bool, bytes memory)	주어진 페이로드로 저수준의 STATICCALL을 실행한다. bytes형의 값과 성공 시 true, 실패 시 false를 반환한다. 사용할 수 있는 모든 가스를 제공하며 해당 가스 양에 제한을 둘 수 있다.